야고보서는 신약연구에 있어서 자주 무시되어 온 서신서다. 외관상 야고보서에 일관되고 통일된 구조가 보이지 않는다는 점, 그리고 신학적으로도 기독교적이기보다는 유대교적 분위기가 강하다는 점 때문이다. 피터 데이비스의 야고보서 주석은 야고보서에 관한 이런 기존의 오해를 불식시키는 주석서다. 그는 편집비평을 도구로 야고보서를 분석하면서 야고보서가 통일된 구조를 가지고 있으며, 서신서 전반에 흐르는 일관된 신학이 있음을 증명해낸다. 또한 NIGTC 주석 시리즈의 전통을 따라 야고보서의 원문 분석에 유용한 통찰력들을 제공해준다. 야고보서를 통일된 구조의 관점에서 "삶의 정황"을 따라 깊이 있게 주해하기 원하는 이들이 빼놓지 않고 참고해야 할 값진 주석이다.

김경식 | 웨스트민스터신학대학원대학교 신약학 교수

바울 서신의 경쟁상대로 간주되는 야고보서의 다양한 층위를 탁월하게 분석한 주석은 많지 않다. 주석은 전통적으로 기독교의 향배를 가늠하는 방향키와 같아서, 과거의 주석은 오늘을 넘어 미래의 주석을 위한 토대가 되기 마련이다. 따라서 본문의 내용을 철저히 판독하는 주석 작업은 성서연구의 자리에서 결코 양보할 수 없는 영역이다. 방대한 분량이 주는 중압감과 단편적 정보만을 제공하는 얄팍함 사이에서 본 NIGTC 주석은 탁월한 전문성을 바탕으로 이전의 권위 있는 주석서들을 당당히 계승한다. 이처럼 충실하게 분석한 최고의 주석서 앞에서 설교자와 성서연구자들은 모두 환호하게 될 것이다.

윤철원 | 서울신학대학교 신학대학원 신약학 교수

개신교 500여 년 역사에서 바울은 늘 앞자리에 있었고, 바울 서신의 이신칭의에 찍힌 방점은 야고보서를 "지푸라기 서신"으로 몰아 신약성경의 외곽자리에 두었다. 하지만 20세기 후반부터 본격화된 율법/믿음 논쟁이 믿음과 행위에 대한 개신교의 의식을 재고하게 하는 태풍의 눈이 되면서, 야고보서에 붙은 주홍글씨는 재심(再審)의 기회를 얻고 있다. 데이비스의 『NIGTC 야고보서』는 그런 해명 기회에 꼭 필요한 변론서다. 데이비스는 이 책에서 야고보서의 유대-그리스-교회적 배경과 학자들의 치열한 논쟁 지형을 거침없이 알려주면서, 그리스어 본문의 의미를 찬찬히 풀어준다. 뒷자리에 있던 야고보의 실천적 권면을 찬찬히 들을 때가 왔다.

기진섭 | 에스라성경대학원대학교 신약학 교수

피터 데이비스는 1947년 캐나다에서 출생한로마 가톨릭 신부이자 성서학자다. 『NIGTC 야고보서』(1982), 『베드로전서』(1990), 『베드로후서와 유다서』(2011) 등의 집필을 통해 그가 가진 일반 서신 분야의 학문적 깊이와 조예가 잘 증명되었다. 『NIGTC 야고보서』는 그의 초기 대표작이라고 할 수 있다. 로마 가톨릭적 관점으로 야고보서를 안내받을 좋은 기회다. 일독을 권한다.

조광호 | 서울장신대학교 신약학 교수

NIGTC 신약주석 시리즈는 성경을 깊이 이해하고 바르게 설교하기 원하는 목회자와 신학생을 위한 주석서다. 성경을 사랑한다고 "말로만 할 뿐 행동으로 실천하지 못하는 이"에게 이 시리즈는 그야말로 언감생심이다. 가일층 야고보서 주석이니 더 말해 무엇하랴. 90쪽이 넘는 서론은 저자와 연대를 비롯한 야고보서의 문학-역사-신학-언어적 환경과 요소를 넉넉하게 제공해 준다. 이어 200쪽이 넘는 주석에서는 서론(1:1)과 결론적 서술(5:7-20) 외 야고보서 네 개의 핵심 단락들(1:2-27; 2:1-26; 3:1-4:12; 4:13-5:6)을 면밀하게 다루어 준다. 여기서 첫 단락(1장)의 키워드들(시험, 지혜, 부, 말, 후함/행함)은 이어지는 세 단락들(2-5장) 안에서 반복-확대-적용되는데 있어 이중적 핵심진술로 간주된다. 1974년 야고보서로 박사학위를 취득한 이후 야고보서와 다른 일반 서신을 꾸준히 연구해온 피터 데이비스 박사, 그의 야고보서 주석이 한국교회 목회자와 성도의 손에도 들려질 수 있어 참 기쁘다. 야고보서란 밭에 감춰진 복음의 보화가 보다 풍성하게 발견될 수 있다면 참 좋겠다.

허주 | 아세아연합신학대학교 신약학 교수

야고보서를 이해하는 데 주요한 기여를 한 저작이다. 데이비스는 오늘날의 비평적·주석적 도구를 사용하여 최고의 주석서를 내어놓았다.

Journal of the Evangelical Theology Society

데이비스의 주석은 정보의 보고이며 신중한 주석 방법이 그 특징이다. 비평적으로 살펴볼 가치가 있는 책이다.

Journal of Biblical Literature

보수적이지만 자극적인 방식으로 야고보서를 다룬다. 균형을 이룬 다수의 논의가 유용한 요약 및 고대 문헌과의 대조로 더욱 빛을 발한다. 수준 높은 주석서다.

Interpretation

THE EPISTLE OF JAMES

A Commentary on the Greek Text

Peter H. Davids

NIGTC 야고보서

피터 데이비스 지음 | 오광만 옮김

사랑하는 아내이며 진실한 배우자이고

사랑스러운 친구이자 믿음직한 조언자인

주디스에게 이 책을 바칩니다.

차례

서론 / 33

I. 저자와 연대 / 36

II. 형식과 구조 / 68

III. 삶의 정황 / 78

IV. 신학 / 87

V. 언어와 사본 / 124

편집자 서문

근래 영어 성경 본문을 근거로 한 일련의 주석들이 많이 출간되었다. 하지만 특별히 그리스어 본문을 연구하는 학생들의 필요를 충족시키려고 시도한 주석은 그리 많지 않다. 새 국제 그리스어 성경 주석(*New International Greek Testament Commentary*, 약어로 *NIGTC*)의 출판을 통해 이러한 간격을 채워주려는 현재의 계획은 이 시리즈의 첫 편집자들 중 한 사람이었던 워드 가스크(W. Ward Gasque) 박사의 비전으로 이루어졌다. 많은 신학교에서 그리스어 과목을 축소하고 있을 때, 우리는 편집자로서 *NIGTC*가 그리스어 신약성경을 지속해서 연구하는 일의 가치를 입증하고, 이러한 연구에 자극제가 되기를 소망한다.

    *NIGTC*의 주석들은 방대한 규모의 비평 주석보다는 덜 전문적인 내용을 원하는 학생들을 위한 것이다. 동시에 이 주석들은 현대의 학문적인 업적들과 교류하면서 신약 연구에 공헌한 그 연구들의 학문적 업적을 반영하려고 노력했다. 학술논문과 학위논문 등에 나타난 신약성경과 관련한 깊이 있는 연구들이 끊임없이 풍성하게 나오고 있는 마당에 이 시리즈물은 그 연구결과를 잘 반영하여 독자들이 쉽게 접근할 수 있는 형태로 만들었다. 그러므로 이 시리즈에 속한 주석에는 완전하지는 않지만 그럼에도 충분한 참고문헌들이 포함되었으며, 주석들마다 신약성경 본문에서 제기되는 역사와 주석과 해석의 모든 중요한 문제를 다루려고 시도했다.

    최근 학계가 얻은 것 중 하나는 신약성경의 여러 책에 신학적인 특성이 있음을 인정한 것을 꼽을 수 있다. *NIGTC*에 속한 주석들은 역사비평과 언어학적 석의에 근거하여 본문에 대한 신학적인 이해를 제공하려고 애썼다. 본문을 어떻게 설명해야 하는지 제시하려는 바람이 어느 정도 있기는 하지만, 본문을 현대 독자들에게 적용하고 설명하는 것이 이 주석의 주요 목표는 아니다.

　무엇보다도 특정 작업을 하기에 적합한 전문적인 자질을 고려하다 보니 집필진이 다양한 국적을 가진 학자들로 구성되지는 않았지만, 영어권 안에서 국제적 성격을 지니는 것이 이 시리즈의 목표다. 이 출판물은 패터노스터 출판사와 어드먼스 출판사에서 공동으로 감행한 것이다.

　이 시리즈의 일차 목표는 하나님의 말씀 사역에 종사하는 사람들을 섬김으로써 하나님께 영광을 돌리는 데 있다. 이 주석이 이러한 도움이 되기를 기도한다.

I. 하워드 마셜(I. Howard Marshall)
W. 워드 가스크(W. Ward Gasque)

저자 서문

1971년 봄에 리처드 롱네커(Richard N. Longenecker) 박사는 미국 트리니티 신학교 학생들에게 "야고보서에 있는 공동체적 관심사는 적절한 연구 주제가 될 것"이라고 제안했다. 나는 내가 1980년에도 야고보서를 계속 연구하고 있을 것인지 알지 못했다. 초기의 연구 프로젝트의 결과는 단지 부분적으로만 성공했을 뿐이다. 그 당시 내게는 수체크(Souček)의 논문과 워드(R. B. Ward)의 논문이 없었기 때문이다. 하지만 야고보서를 다룬 연구가 부족하다는 사실은 여전히 놀라웠다.

그해 말에 맨체스터 대학교에서 앞에서 관찰한 것과 신약 윤리학에 대한 나의 관심이 댄 비아(Dan O. Via)의 다음과 같은 논평과 상호작용했다. "편집사비평이 복음서와 가장 밀접히 연결되었지만, 신약의 다른 책과 관련하여 전통과 해석 사이의 관계를 밝히기 위해 편집비평이 사용되지 못할 이유는 없으며, 실제로 사용되고 있다"(Perrin, viii). 이런 교류의 결과가 내가 1974년에 완성한 박사학위 논문이었다. 논문의 제목은 "유대적인 특성을 지닌 야고보서의 주제들"(Themes in the Epistle of James that are Judaistic in Character)이다. 이 논문에서 나는 유대의 전통들이 야고보서에서는 어떻게 바뀌게 되었는지를 보여주려 하였다. 논문을 쓰는 동안 나는 영어로 된 학문적인 야고보서 주석이 적다는 사실을 확신하게 되었다. 뮈스너(Mussner)와 캉티나(Cantinat)의 주석에 필적하는 영어 주석이 없었다. 디벨리우스(Dibelius)가 쓴 주석의 번역본이 도움은 되었지만, 그의 주석은 기본적으로 1921년에 나온 것을 수정한 것이었다. 쿰란 자료나 편집사비평에서 얻은 내용은 충분히 고려되지 않았다. 로우프스(Ropes)와 메이어(Mayor)의 주석은 65년이 더 된 것들이다. 미튼(Mitton)과 애덤슨(Adamson)의 주석은 (특히 그리스어를 논하는 부분에서) 독자들이 접근하는 데 한계가 있다. 이러한 까닭에 워드 가스크 박사가 1975년 마르부르크에서 이 야고보서 주석 프로젝트를 하면 어떻겠냐고 처음으로 제안했을 때, 나는 선뜻 동의했다.

하지만 나는 이전에 출간된 야고보서 주석들을 대체하는 데 목적을 두지 않았고(그 책들에 반영된 어마어마한 학문적 업적을 단순히 재생할 필요는 없다) 다음에 목적을 두었다. (1) 야고보서 본문에 대한 분명한 주해와 (2) 현대 독일과 프랑스 학자들의 학문적인 통찰을 영어로 읽게 하는 것과 (3) 과거의 학문적인 업적을 나 자신의 연구와 과거 10년에서 16년 이상 이루어진 학문적 공동체의 연구들로 보충하는 것이다. 그래서 이 주석은 독자들에게 메이어나 디벨리우스가 제공한 유용한 차트와 참고문헌 및 그밖에 다른 자료들을 자유롭게 언급할 것이다. 이 주석에서는 앞의 논의를 그대로 재생하지 않고 수집하고 소화하여 제시하려 할 것이다.

이 작품이 내 힘만으로 이루어진 것이 아니었음은 명백하다. 맨 처음에 내게 영감을 주었고 내가 작업하는 동안 계속해서 격려해준 롱네커(Longenecker) 박사, 내가 맨체스터에서 체류하는 동안 우정을 나누고 도움을 준 폴 레너드(Paul E. Leonard) 박사에게 감사한다. 참사회원 스몰리(S. S. Smalley) 박사는 내가 학위논문을 쓰는 동안 인내심을 가지고 지도해주었으며, 브루스(F. F. Bruce) 교수는 많은 부분에서 건설적인 비평을 해주었다. 룬트 대학교의 비르예르 에르핫손(Birger Gerhardsson) 교수와 라니 메이어(Lanney Mayer) 씨는 각각 내게 시험 전통과 "예체르"("공상") 전통에 대해 격려하고 충고해주었다. 수잔 쉘던(Susan Sheldon) 여사는 박사학위 논문을 타이핑해주었고(그중 일부는 이 책에 있다), 제임스 무어(James R. Moore) 박사는 이 책을 쓰는 기간 내내 지원과 건설적인 충고를 제공했다. 티머시 프리버그(Timothy R. Friberg) 박사는 야고보서의 문법 패턴을 찾는 데 매우 유용한, 야고보서 본문에 대한 컴퓨터 분석을 내게 제공(하고 분석 과정에 참여하도록 허락)했다. 이 주석을 쓰는 동안 기복이 많았지만 베셀(W. W. Wessel) 박사와 로스(S. S. Laws) 교수의 충고와 호의 및 그들의 저작을 통해 도움을 받았다.

이 책을 출판하는 데 도움을 준 분들에게도 감사를 표하고 싶다. 이 시리즈 주석을 쓰도록 내게 제안하고 편집상의 지도를 해준 가스크 박사와 마셜 박사, 패터노스터 출판사의 피터 커즌스(Peter Cousins) 씨와 어드먼스 출판사의 마를린 판엘더렌(Marlin VanElderen) 씨와 직원들에게 감사한다. 이들은 인내심을 발휘했고 나를 재촉하고 격려하며 책을 제작하는 데 많은 수고를 했다. 나의 제자 중 한 사람인 메리앤 그라프뮬러(Maryanne Grafmueller) 양과 그레첸 베일리(Gretchen Bailey) 양에게 고마움을 전한다. 이들은 진득하게 앉아 원고를 타이핑해주었다(그들은 부탁한 일 이상을 해주었다!). 내게 이 책을 쓰기 위한 시간과 필요한 여러 경비를 제공해준 트리니티 신학교(Trinity Episcopal School for Ministry)와 특히 이 책의 최종본을 읽고 검토해준 스티븐 놀(Stephen Noll) 박사께 감사한다.

마지막으로 내 아내 주디스에게 고마움을 전한다. 주디스는 내가 이 책을 쓰느라 미국에서 영국으로, 영국에서 독일로, 다시 미국으로 돌아오는 여정 가운데서와, 세 아이가 태어나고 한 아이가 먼저 주님 품으로 돌아간 사건을 겪는 가운데, 그리고 목회 사역과 교수 사역을 감당하는 가운데 지속적으로 나를 지원했다. 주디스가 없었다면, 교정과 제안은 말할 것도 없고 이 책이 빛을 보지 못했을 것이다. 주디스는 야고보서에서 가르치는 교리를 마음에 새기지 않고 세상에서 그 교훈대로 살지 않는다면 이러한 작업에 들어가는 모든 학문이 가치가 없다는 사실을 끊임없이 내게 상기시켜 주었다.

펜실베이니아주 암브리지에서
1980년 6월 3일

약어표

1. 성경

성경 인용은 한글개역개정을 따른다. 약자는 통상적으로 성경을 표현하는 표준적인 약어를 사용한다. 저자가 활용한 구약의 그리스어 역본(70인역)은 LXX로(특히 시편에서), 히브리어 성경은 MT로 표기한다.

2. 고대 자료들

외경

Bar.	바룩서
1 Esd.	제1에스드라서
Jud.	유딧서
1, 2 Macc.	마카베오상, 하
Sir.	집회서
Sus.	수산나
Tob.	토빗
Wis.	지혜서

위경

Apoc. Abr.	Apocalypse of Abraham

Apoc. Mos.	Apocalypse of Moses
Aristeas	Letter of Aristeas
Ass. Mos.	Assumption of Moses
Asc. Isa.	Ascension of Isaiah
2 Esd.	2 Esdras 또는 4 Ezra
Eth. Enoch	Ethiopic Enoch 또는 1 Enoch
Gr. Enoch	Greek Book of Enoch
Heb. Enoch	Hebrew Book of Enoch 또는 3 Enoch
Jub.	Book of Jubilees
Life of Adam	Life of Adam and Eve
3 Macc.	3 Maccabees
4 Macc.	4 Maccabees
Mart. Isa.	Martyrdom of Isaiah
Par. Jer.	Paralipomena Jeremias
Pss. Sol.	Psalms of Solomon
Sib.	Sibylline Oracles
Sl. Enoch	Slavonic Book of Enoch 또는 2 Enoch
Syr. Bar.	Syriac Apocalypse of Baruch 또는 2 Baruch
Test. Abr.	Testament of Abraham. *The Testament of Abraham* (trans. Michael E. Stone, SBLTT 2), Missoula, Montana, 1972에서 인용함.
Test. Job	Testament of Job. *The Testament of Job* (trans. Robert A. Kraft, SBLTT 5), Missoula, Montana, 1974에서 인용함.
Test. XII	Testaments of the Twelve Patriarchs
Test. Ash.	Testament of Asher
Test. Ben.	Testament of Benjamin
Test. Dan	Testament of Dan
Test. Gad	Testament of Gad

Test. Iss.	Testament of Issachar
Test. Jos.	Testament of Joseph
Test. Jud.	Testament of Judah
Test. Lev.	Testament of Levi
Test. Naph.	Testament of Naphtali
Test. Reub.	Testament of Reuben
Test. Sim.	Testament of Simeon
Test. Zeb.	Testament of Zebulun

사해사본 그리고 관련된 본문들

CD	Cairo Damascus Document
1QapGen	*Genesis Apocryphon* from Qumran Cave 1
1QH	*Hodayot* (Thanksgiving Hymns) from Qumran Cave 1
1QpHab	*Pesher on Habakkuk* from Qumran Cave 1
1QM	*Milhamah* (War Scroll) from Qumran Cave 1
1QMyst	*Mysterion* from Qumran Cave 1
1QS	*Serek hayyahad* (Rule of the Community or Manual of Discipline) from Qumran Cave I
1QSa	Appendix A to 1QS (*Rule of the Congregation*)
1QSb	Appendix B to 1QS (*Blessings*)
4QpPs	*Pesher on Psalms* from Qumran Cave 4
11QPs^a	Psalms Scroll from Qumran Cave 11

다른 대표적인 기호가 사용될 수도 있다.

랍비 문헌

Frg. Tg.	*Fragmentary Targum*
Tg. Ps.-J.	*Targum Pseudo-Jonathan*

미쉬나 논문들

Ab.	Aboth
A. Zar.	Abodah Zarah
Arak.	Arakhin
B. B.	Baba Bathra
Ber.	Berakhoth
B. K.	Baba Kamma
B. M.	Baba Metzia
Hag.	Hagigah
Kidd.	Kiddushin
Meg.	Megillah
Men.	Menahoth
Ned.	Nedarim
Pes.	Pesahim
R. Sh.	Rosh ha-Shanah
Sanh.	Sanhedrin
Shab.	Shabbath
Shebu.	Shebuoth
Sukk.	Sukkah
Taan.	Taanith
Yeb.	Yebamoth
Yom.	Yoma

m. = Mishna

b. = Babylonian Talmud

Bar. = Baraita

j. = Jerusalem Talmud

t. = Tosephta

그밖에 통상적인 기호들

Abot R. Nat.	*Abot de Rabbi Nathan*
Mek.	*Mekilta*
Midr.	*Midrash* 성경책의 약어와 함께 인용됨
Pesiq. R.	*Pesiqta Rabbati*
Pirqe R. El.	*Rabbi Eliezer*
Rab.	*Rabbah* 성경책의 약어와 함께 인용됨
Sipra	*Sipra*
Sipre	*Sipre*

고전 및 그리스 작가들과 자료

Aelian	Aelian, *De Natura Animalium*
Antigonus	Antigonus Carystius, *Mirabilia*
Antiphanes	Antiphanes, *Comicus*
Aristotle	Aristotle
Eth. Eud.	*Ethica Eudemia*
Pol.	*Politica*
Q. Mech.	*Quaestiones Mechanica*
Cicero	Marcus Tullius Cicero
Nat. D.	*De Natura Deorum*
Parad.	*Paradoxa Stoicorum*
Dem.	Demosthenes
De Cor.	*De Corona*
Dio Chrys.	Dio Cocceianus 또는 Chrysostomos
Diod. Sic.	Diodorus Siculus
Diog. Laert.	Diogenes Laertius
Diog. Oin.	Diogenes of Oinoanda
Dion. Hal.	Dionysius of Halicarnassus

Epict.	Epictetus (*Discourses*)
Ench.	*Enchiridon*
Galen	Galen, *De Simplicitate medicamamentum temperatum et facile*
Hdt.	Herodotus
Heracl.	Heraclitus
Homer	Homer
Od.	*Odyssey*
Isid. *Epis.*	Isidore of Pelusium, *Epistles*
Jos.	Flavius Josephus
Ant.	*Jewish Antiquities*
Ap.	*Against Apion*
War	*The Jewish War*
Lucian	Lucian
Amores	*Amores*
Bis. Accus.	*Bis Accusatus*
Dem.	*Demonax*
Herm.	*Hermotimus*
Jup. Trag.	*Juppiter Tragoedus*
Lucretius	Lucretius
M. Ant.	Marcus Aurelius Antoninus
Musonius	Musonius Rufus, *Reliquiae*
Ovid	Ovid, *Ex Ponto*
Philo	Philo of Alexandria
Abr.	*De Abrahamo*
Cher.	*De Cherubim*
Decal.	*De Decalogo*
Det. Pot. lns.	*Quod Deterius Potiori Insidiari Soleat*
Deus lmm.	*Quod Deus Sit Immutabilis*

Ebr.	*De Ebrietate*
Exsec.	*De Exsecrationibus*
Flacc.	*In Flaccum*
Fug.	*De Fuga et Inventione*
Gig.	*De Gigantibus*
Jos.	*De Josepho*
Leg. AIl.	*Legum Allegoriae*
Migr. Abr.	*De Migratione Abrahami*
Mut Nom.	*De Mutatione Nominum*
Omn. Prob. Lib.	*Quod Omnis Probus Liber Sit*
Op. Mund.	*De Opificio Mundi*
Plant.	*De Plantatione*
Post. C.	*De Posteritate Caini*
Praem.	*De Praemiis et Poenis*
Prov.	*De Providentia*
Sacr.	*De Sacrificiis Abelis et Caini*
Som.	*De Somniis*
Spec. Leg.	*De Specialibus Legibus*
Virt.	*De Virtutibus*
Philostr.	Philostratus
VA	*Vita Apollonii*
Phocyl.	Phocylides
Poema Admon.	*Poema Admonitionis*
Plato	Plato
Alc.	*Alcibiades*
Menex.	*Menexenus*
Phdr.	*Phaedrus*
Rep.	*Respublica*

Symp.	*Symposium*
Pliny	Pliny the Elder
Nat. Hist.	*Naturalis Historia* (Nalural History)
Plut.	Plutarch
Co. Ir.	*De Cohibenda Ira*
Gar.	*De Garrulitate*
Lyc.	*Lycurgus*
Mor.	*Moralia*
Per.	*Pericles*
Q. Adol.	*Quomodo Adolescens Poetas Audiire Debeat*
Thes.	*Theseus*
Tranq.	*De Trallquillitate Animi*
Polyb.	Polybius
Procl.	Proclus
In Tim.	*In Platonis Timaeum Commentari*
Ps.-Cal.	Pseudo-Callisthenes
Ps.-Isocrates	Pseudo-Isocrates, *Ad Demollicum*
Ps.-Menander	Pseudo-Menander
Ps.-Phocyl.	Pseudo-Phocylides
Seneca	L. Annaeus Seneca
Benef.	*De Beneficiis*
De Clem.	*De Clementia*
Ep.	*Epistulae*
Ira	*De Ira*
Vit.	*De Vita Beata*
Simplicius	Simplicius, *In Aristotelis de Caelo Commentaria*
Soph.	Sophocles
Ant.	*Antigone*

Stob.	Iohannis Stobaeus
Ecl.	*Eclogues* (*Eklogai*)
Teles	Teles Philosophus
Thuc.	Thucydides
Hist.	*History of the Peloponnesian War*
Xen.	Xenophon
Ap.	*Apologia Socratis*
Cyr.	*Cyropaedia*
Mem.	*Memorabilia*

신약 위경과 초기 기독교 작가들

Act. Jn.	Acts of John
Act. Phil.	Acts of Philip
Act. Thom.	Acts of Thomas
Barn.	Epistle of Barnabas
1, 2 Clem.	1 and 2 Clement
Clem. Alex.	Clement of Alexandria
Paed.	*Paedagogus*
Strom.	*Stromateis*
Clem. *Hom.*	Pseudo-Clementine *Homilies*
Did.	Didache
Epiph.	Epiphanius
Haer.	*Haereses* (*Refutation of All Heresies*)
Euseb.	Eusebius of Caesarea
HE	*Historia Ecclesiastica*
Praep. Ev.	*Praeparatio Evangelica*
Hermas	The Shepherd of Hermas
Man.	*Mandates*

Sim.	*Similitudes*
Vis.	*Visions*
Ign.	Ignatius of Antioch
Eph.	*Letter to the Ephesians*
Mag.	*Letter to the Magnesians*
Phil.	*Letter to the Philadelphians*
Pol.	*Letter to Polycarp*
Trall.	*Letter to the Trallians*
Iren.	Irenaeus
Haer.	*Adversus Haereses*
John Dam.	John of Damascus, *De Fide Orthodoxa*
Justin	Justin Martyr
Apol.	*Apology*
Dial.	*Dialogue with Trypho*
Maximus	S. Maximus Confessor, *Quaestiones ad Thalassium* (PG 90)
Od. Sol.	Odes of Solomon
Origen	Origen
Hom.	*Homilies*
Polycarp	Polycarp, *Letter to the Philippians*
Ps.-Ign.	Pseudo-Ignatius, *Letter to the Ephesians*

달리 언급하지 않는 경우, 인용된 모든 고전 및 그리스 문헌과 기독교 문헌들은 통상적인 기호로 표시된 표준 자료(참조. LSJ)를 따른다.

3. 본문비평과 여러 기호

이 주석에 사용된 그리스어 성경은 *The Greek New Testament* (London, 1975³)이며, 이 책에서 등장하는 기호는 그 본문의 비평 각주에서 사용된 것이다.

4. 사전 및 정기간행물

AB	Anchor Bible
AnBib	Analecta biblica
ANET	J. B. Pritchard (ed.), *Ancient Near Eastern Texts*, Princeton, 1969³
APOT	R. H. Charles (ed.), *Apocrypha and Pseudepigrapha of the Old Testament*
ASNU	*Acta seminarii neotestamentici upsaliensis*
ATANT	Abhandlungen zur Theologie des Alten und Neuen Testaments
ATR	*Anglican Theological Review*
BAG	W. Bauer, W. F. Arndt, and F. W. Gingrich, *A Greek-English Lexicon of the New Testament*, Chicago, 1957
BDF	F. Blass, A. Debrunner, and R. W. Funk, *A Greek Grammar of the New Testament*, Chicago, 1961
BeO	*Bibbia e Oriente*
BHT	Beiträge zur historischen Theologie
Bib	*Biblica*
BJRL	*Bulletin of the John Rylands University, Library of Manchester*
BWANT	Beiträge zur Wissenschaft vom Alten und Neuen Testament
BZ	*Biblische Zeitschrift*
BZNW	Beihefte zur *ZNW*
Cath	*Catholica*
CBQ	*Catholic Biblical Quarterly*
ConB	Coniectanea biblica
ConNT	*Coniectanea neotestamentica*
DAGR	*Dictionaire des Antiquités Grecques et Romaines*

DNTT	C. Brown (ed.), *Dictionary of New Testament Theology*, Exeter/Grand Rapids, I, 1975, II, 1976, III, 1978
DTT	*Dansk teologisk tidsskrift*
EBib	Etudes bibliques
EKKNT	Evangelisch-katholischer Kommentar zum Neuen Testament
ETL	*Ephemerides theologicae lovanienses*
ETR	*Etudes theologiques et religieuses*
EvQ	*Evangelical Quarterly*
EvT	*Evangelische Theologie*
Ex	*Expositor*
ExpTim	*Expository Times*
HNT	Handbuch zum Neuen Testament
HNTC	Harper's New Testament Commentaries
HTKNT	Herders theologischer Kommentar zum Neuen Testament
HTR	*Harvard Theological Review*
HUCA	*Hebrew Union College Annual*
IB	*Interpreter's Bible*
ICC	International Critical Commentary
IEJ	*Israel Exploration Journal*
Int	*Interpretation*
JAAR	*Journal of the American Academy of Religion*
JB	A. Jones (*ed.*), *Jerusalem Bible*
JBL	*Journal of Biblical Literature*
JQR	*Jewish Quarterly Review*
JR	*Journal of Religion*
JSS	*Journal of Semitic Studies*
JTS	*Journal of Theological Studies*
Judaica	*Judaica: Beiträge zum Verständnis*

KD	*Kerygma und Dogma*
LCL	Loeb Classical Library
LPGL	G. W. H. Lampe, *Patristic Greek Lexicon*, Oxford, 1961
LSJ	H. G. Liddell, R. Scott, and H. S. Jones, *A Greek-English Lexicon*, Oxford, 1968
LUÅ	Lunds universitets årsskrift
MeyerK	H. A. W. Meyer, Kritisch-exegetischer Kommentar über das Neue Testament
MHT	J. H. Moulton, W. F. Howard, and N. Turner, *Grammar of New estament Greek*, Edinburgh, I, 1908, II, 1929, III, 1963, IV, 1976
MM	J. H. Moulton and G. Milligan, *The Vocabulary of the Greek New Testament*, London, 1930
MNTC	Moffatt New Testament Commentary
NEB	*New English Bible*
NedTTs	*Nederlands theologisch tijdschrift*
Nestle	E. Nestle (et al.), *Novum Testamentum Graece*, Stuttgart, 1963²⁵, 1979²⁶
NIV	*New International Version*
NICNT	New International Commentary on the New Testament (또한 the New London Commentary on the New Testament로 불리기도 함)
NovT	*Novum Testamentum*
NovTSup	Novum Testamentum, Supplements
NTD	Das Neue Testament Deutsch
NTS	*New Testament Studies*
NTTS	New Testament Tools and Studies
OTS	*Oudtestamentische Studiën*
PG	J. Migne, *Patrologia graeca*

RB	*Revue biblique*
RevExp	*Review and Expositor*
RevistB	*Revista biblica*
RevQ	*Revue de Qumran*
RHPR	*Revue d'histoire et de philosophie religieuses*
RHR	*Revue de l'histoire des religions*
RNT	Regensburger Neues Testament
RSV	*Revised Standard Version*
RTQR	*Revue de théologie et de questions religieuses*
SB	Sources bibliques
SBLTT	Society of Biblical Literature Texts and Translations
SBT	Studies in Biblical Theology
SE	*Studia Evangelica* I, II, III (= TU 73 [1959], 87 [1964], 88 [1964])
SGV	Sammlung gemeinverständlicher Vorträge und Schriften
SJT	*Scottish Journal of Theology*
SP	*Studia patristica*
ST	*Studia theologica*
StB	*Studia biblica*
StBTh	Studia Biblica et Theologica
Str-B	H. Strack and P. Billerbeck, *Kommentar zum Neuen Testament*
SWJT	*Southwestern Journal of Theology*
TDNT	G. Kittel and G. Friedrich (eds.), *Theological Dictionary of the New Testament*, Grand Rapids, I-X, 1964-1976
TGl	*Theologie und Glaube*
Th	*Themelios*
THAT	E. Jenni and C. Westermann (eds.), *Theologisches Handwörterbuch zum Alten Testament*, München, I, 1971, II, 1976

TLb	*Theologisches Literaturblatt*
TLZ	*Theologische Literaturzeitung*
TNTC	Tyndale New Testament Commentaries
TQ	*Theologische Quartalschrift*
TRE	*Theologische Realenzyklopädie*
TRu	*Theologische Rundschau*
TU	Texte und Untersuchungen
TynB	*Tyndale Bulletin*
TZ	*Theologische Zeitschrift*
UBS³	K. Aland (et al.), *The Greek New Testament*, United Bible Societies, 1975³
UUÅ	Uppsala universitets årskrift
VD	*Verbum domini*
VE	*Vox Evangelica*
Vermes	G. Vermes, *The Dead Sea Scrolls in English*, Harmondsworth, Middlesex, 1968
VTSup	Vetus Testamentum, Supplements
WH	B. F. Westcott and F. J. A. Hort, *The New Testament in Greek*, London, 1881
WUNT	Wissenschaftliche Untersuchungen zum Neuen Testament
ZKT	*Zeitschrift für katholische Theologie*
ZNW	*Zeitschrift für neutestamentliche Wissenschaft*
ZRGG	*Zeitschrift für Religions- und Geistesgeschichte*
ZTK	*Zeitschrift für Theologie und Kirche*
Zürcher	*Zürcher Bibel*

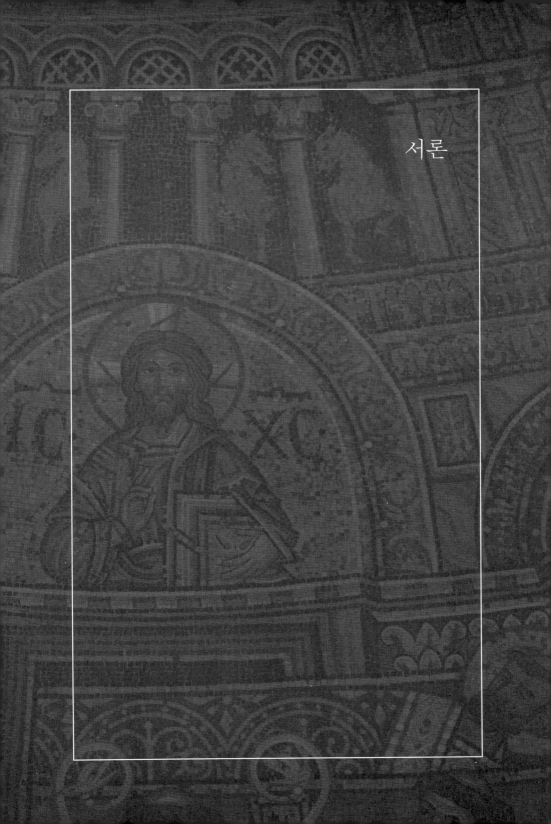

서론

공관복음서는 말할 것도 없이 바울 서신에서 야고보서와 비슷한 더 유명한 서신들이 신약 연구의 각광을 받았던 것에 비해, 야고보서는 오랫동안 상대적으로 무시를 받는 수모를 겪어왔다. 아마도 루터가 야고보서에 대해 지나치게 폄하한 것이 이렇게 된 원인이 아닐까 생각한다. 그래서 독일의 루터교 신학자들이 야고보서를 제쳐두고 기독론적인 바울 서신을 더 연구하게 되었을 것이다. 또는 루터의 언급이 없었더라도 이렇게 된 원인이 야고보서가 분량이 적다는 사실과 (거대한 히브리서 뒤에 끼어 있는) 모호한 위치와 비합리적으로 보이는 교훈에 있을 수도 있다. 하지만 학자들의 관심의 주류가 다른 방향으로 흘렀다는 사실은 명백하다.

그러나 지금은 먹구름 같은 모호함이 종점에 이르고 있다는 조짐이 보인다. 지난 십여 년간 여러 주석이 등장하면서 야고보서에 새로운 관심의 불을 지폈다. 1964년에 두 개의 중요한 주석이 출판되었다. 디벨리우스(M. Dibelius)의 주석을 업데이트한 그리븐(H. Greeven)의 주석과 뮈스너(F. Mussner)의 훌륭한 주석이 그것이다. 그 이후 목회자들을 겨냥한 대부분의 시리즈 주석들이 꽤 많이 업데이트되었다. 미흘(J. Michl), 미튼(C. L. Mitton), 윌리엄스(R. R. Williams), 라이케(B. Reicke), 슈라게(W. Schrage), 애덤슨(J. B. Adamson)이 그 예다. 좀 더 최근에는 캉티나(J. Cantinat)가 지금은 오래된 걸작인 마티(J. Marty)의 주석을 대체하는 중요한 프랑스어 주석을 출판했으며, 로스(S. S. Laws)가 영어로 된 독창적인 연구를 추가했다. 이 모든 관심은 야고보서를 주제로 한 신학논문 및 학위논문의 급증과 일치되었다.

하지만 이러한 활동은 19세기에서 20세기로 넘어가는 시기부터 야고보서의 저자 및 장소 문제와 좀 더 특별하게는 구조와 목적과 신학적 문제를 둘러싼 야고보서 위를 맴돌던 질문들을 다시 시작한 것에 불과했다. 본서의 서론이 겨냥하고 있는 것은 바로 이 질문들이다. 나는 여기서 많은 경우 전승비평과 (가능하다면 상당히 광범위하게) 편집비평의 방법론을 사용하여 다른 사람들이 이미 발견한 통찰을 적용하는 일에 다소간 기여하려 한다. 이 일을 수행하면서 다른 사람들이 철저히 다룬 문제들에는 주목하지 않을 것이다. 그 주석들을 얼마든지 참고할 수 있기 때문이다. 본서의 서론은 여전히 답변을 기다리는 질문 몇 개에 관심을 집중하고 이어지는 본문 주석에 근거하여 그 질문에 어떻게 답할지 제시하려고 한다.

I. 저자와 연대

어떤 책의 배경을 논하려면 반드시 그 책이 기록된 연대를 파악하고 있어야 한다. 따라서 야고보서[1]의 연대에 대한 논의는 야고보서의 배경과 관련된 일부 결론에 의문의 여지를 남긴다. 한편으로 야고보서의 유대적 배경과 관련하여 발견한 내용은 야고보서의 저작 시기에 대한 일부 이론에 다른 이론들보다 좀 더 강력하게 힘을 실어준다. 야고보서의 경우 저자 문제는 서신의 연대와 관련이 있다. 현재 형태의 야고보서의 저작 연대를 의인 야고보가 생존했던 시기로 설정하려면, 바로 이 야고보가 이 서신을 기록했든지, 아니면 적어도 그가 서신의 중요한 자료들을 제공했어야 한다.[2] 그러므로 야고보서의 저작 연대와 저자는 별개의 문제로 다룰 수가 없기에 하나의 문제로 논의하는 것이 적절하다.

1. 주요한 역사적 입장들

야고보서의 저자와 연대에 관련한 전통적인 입장은 기원후 253년(오리게네스의 사망)에 결정적으로 등장했고, 4세기 말(히에로니무스, 아우구스티누스, 카르타고 공의회)에 확정되었다. 그때부터 16세기까지 야고보서는 의인 야고보

---

1) 이 주석에서 "야고보서"와 "그 서신"은 야고보서를 가리키는 용어다. 야고보서의 저자는 일원화된 저자나 구체적인 저자를 구별하지 않고 "저자" 또는 "야고보"로 언급될 것이다. "의인 야고보"는 예루살렘의 첫 주교로 널리 알려진 예수의 동생 야고보를 가리킨다.
2) Elliott-Binns(43-52)가 예외적으로 이 견해를 반대하는 중요한 인물이다. 그는 야고보서의 기록 시기를 초기로 설정해야 한다고 믿는다. 하지만 그는 1:1이 삽입된 내용이라고 주장하면서 한 갈릴리 사람이 이 서신을 기록했다는, 비(非)야고보 저작설을 고수한다. Kennedy(37-52)는 비슷한 시기를 주장하면서도, 어떤 그리스인이 이 서신의 저자라고 주장한다. 하지만 Kennedy는 자신이 고수하는 이런 입장에 대한 분명한 이유를 제시하지 않는다. Spitta는 야고보서의 기록 연대를 의인 야고보보다 더 이른 시기로 설정하며, Meyer와 Easton은 그들의 입장으로 봐서는 굳이 그렇게 할 필요가 없는데도 야고보서가 후기에 기록되었다고 생각한다.

가 예루살렘 교회의 의장직을 수행하고 있는 동안(대략 기원후 40-62년이다. 시작 시기는 덜 분명하다) 그의 손으로 기록된 것이라고 일반적으로 받아들여진다. 루터는 에라스무스처럼 야고보서를 내적 증거에 근거하여 야고보라는 이름을 가진 다른 경건한 그리스도인의 작품으로 보았다.[3] 하지만 야고보서에 대한 비평은 교회 안에서 잠잠히 있다가 1826년에 야고보서에 대한 데 베테(De Wette)의 현대적 비평과 더불어 일어났다.[4] 데 베테 이후 세 가지 새로운 사상의 흐름이 등장했다.[5]

첫 번째 새로운 사상의 흐름은 서술 순서와 연대기적인 면에서 야고보서의 시기를 의인 야고보의 생애보다 더 늦은 시기로 설정한다. 야고보서에 유대 기독교적 개념과 바울의 사상이 분명히 종합되었다는 이유로 야고보서의 저작 시기를 2세기로 잡는 하르낙(Harnack)과 윌리허(Jülicher) 및 튀빙겐 학파는 이 입장의 더욱 급진적인 형태를 제시한다.[6] 이 통상적인 입장을 취하고 있는 최근의 학자들은 일반적으로 야고보서의 저작 연대를 1세기 후반이나 2세기 초로 잡으면서, 이 서신이 익명의 저자에 의해 기록되었다는 견해를 취한다.[7] 이러한 일반적 입장을 취하는 학자들은 야고보서 사본이 늦게 입증되었다는 점과 세련된 그리스어, 그리고 유대적 사상

---

3) Ropes, 45. Ropes에 따르면, 에라스무스는 야고보서의 (사도인 의인 야고보를 비롯하여) 사도적 저작성을 의심했지만, 유독 루터만 사도가 저자임을 확실히 부인했다.

4) Hort(xii)는 1835년에 야고보서의 비평을 다룬 Kern이 첫 번째 현대 학자였다고 주장한다. 그러나 Ropes는 De Wette가 1826년에 출판한 Einleitung으로 Kern보다 앞서 비평 문제를 제기하였다고 주장함으로써 Hort의 견해를 수정했다. 참조. De Wette, III, 192-193. 이 책에서 De Wette는 자신이 39년 전에 Einleitung에서 취한 견해를 확인한다.

5) 표 1은 다양한 학자들이 고수한 주장을 요약한 것이다. 이 표는 완벽한 목록은 아니지만 20세기에 분명한 견해를 고수한 수많은 학자를 보여준다. Schammberger(7-32)는 긴 소논문에서 Kern(1835년)과 Schlatter(1932년) 사이에 발표된 야고보서 해석에 대한 자료를 제시한다. 이 논문의 결정적인 약점은 영어권 학자들(예. Ropes, Hort, Mayor, Knowling)을 도외시했다는 것과 중요한 독일 학자 한두 명(예. De Wette)을 빠뜨렸다는 데 있다.

6) 이 극단적인 입장은 오늘날 거의 폐기되었다. 참조. Mayor, clxxviii-cxcii.

7) Moffatt(2)은 예외다. 그는 의인 야고보가 아니라 야고보라는 이름을 가진 어떤 사람이 야고보서를 썼다고 믿는다. Windisch(3)는 어느 전승도 의인 야고보에게서 직접 기인한다고 생각하지 않는다. 하지만 그의 이론은 그 전승의 핵심이 그에게서 온 것임을 받아들인다. 익명성 문제와 이 이론들의 발전사에 대한 평가는 Guthrie를 참조하라.

과 형식보다는 그리스적 사상과 형식, 또한 바울 사상(로마서와 갈라디아서가
아니라면 이 두 서신에 의존한 바울 사상)의 어떤 형태를 의존했다는 사실을 강
조한다.

두 번째이자 더 최근에 등장한 새로운 사상의 흐름은, 야고보서가 구
술 형태든 기록된 형태든 의인 야고보에게서 나온 자료를 의존했으나 야
고보서의 최종 형태는 이 자료를 수정하고 첨가한 것이라고 믿는다. 버킷
(Burkitt)이 이 입장을 취한다. 하지만 그는 희박한 증거에 의존하여 야고보
서가 원래 아람어로 된 것을 자유롭게 번역한 것이라고 주장한다.[8] 반면에
녹스(W. L. Knox)는 그가 현존한다고 믿는 자료의 다양한 층을 조심스럽게
구별해냄으로써 이 입장의 더 쉽게 옹호할 수 있는 한 유형을 설명했다.[9]
이 서신에 그리스적 기원이 있다는, 첫 번째 집단에 의해 제기된 논의들은
이런 학자들에게 좋은 인상을 주었다. 하지만 그들도 야고보서의 자료 대
부분이 초기 유대 기독교적 자료나 팔레스타인 유대교에 기원을 둔다고 주
장하는 논의들을 용납했다. 그래서 이 입장은 어려운 딜레마를 해결하려는
타협안이다.

세 번째 새로운 사상의 흐름은 야고보가 서신을 기록하였고 나중에 기
독교적으로 재작업했거나 내용을 삽입했다는, 순전히 유대적 기원을 주장
하는 견해다. 이 주장의 가장 단순한 형태는 스피타(F. Spitta)와 마세비오(L.
Massebieau)가 처음 독자적으로 제안했고, 야고보서가 두 삽입어구를 단순
히 첨가함으로써(1:1과 2:1) 기독교적으로 변용된 기독교 이전의 유대 자료
를 나타낸다고 주장한다.[10] 아널드 마이어(Arnold Meyer)는 야고보서가 야

---

8) Burkitt, 69-70. "원본이 아람어였다는 것은 의문의 여지가 없다. 현재 우리가 가지고 있는
   야고보서는 아주 문자적이지 않게 그리스어로 번역된 것이다." 그가 제시하는 증거는 그
   가 오역이 있다고 주장하는 3:6인데, 'lm'를 m'ln'("등장")로 잘못 읽어 ὁ κόσμος가 잘못 표현
   됐다고 본다.
9) Knox, 10-17. Knox는 야고보서가 여러 그리스적인 주석 단락들로 나뉘었고 의인 야고보에
   게서 나왔음직한 하나의 본문으로 이루어졌다고 주장한다. 2장은 완전하고 부가적인 그리스
   적 비난의 글이다. 4장과 5장의 몇 군데에서 Knox는 자료의 원천을 확신하지 못한다.
10) Spitta는 1891년에 더 유명한 책을 썼으나, Massebieau는 Spitta보다 1년 앞서 책을 썼다. 두
    본문 가운데 2:1에는 Mayor(cxciii-cxciv)도 인정한, 삽입 이론을 지지하는 가장 중요한 증

곱이 그의 아들들인 열두 족장에게 한 연설이며, 각 족장이 알레고리적으로 덕목, 악, 행위 등과 같은 특징적인 품성으로 표현되었다고 주장하여 독자들에게 강한 호기심을 불러일으켰다. 이스턴(Easton)과 타이엔(Thyen)이 마이어의 주장을 따랐다. 언뜻 보면 이 이론은 매우 그럴듯하고 흥미롭다. 특히 1:1의 인사말과 같은 야고보서의 몇몇 난해한 부분을 잘 설명하는 까닭이다. 하지만 마이어는 족장들이 누군지를 밝히는 데 있어 우리를 실망하게 한다. 그가 밝힌 내용 대부분은 근거가 매우 빈약하다. 조금 나은 것이 이삭과 리브가 및 이스라엘이 아닌 몇몇 나라다. 하지만 그중 누구도 야곱의 아들이 아니다.[11] 그러나 마이어와 스피타 모두 그리스적 기원과 관련된 증거를 일축하며, 야고보서의 본질적으로 유대적인 특성을 강력하게 논거한다.

전통적인 입장을 옹호하는 사람들이 없었던 것은 아니다. 하지만 이 입장은 뚜렷이 구별되는 두 입장으로 나뉘었다. 패리(Parry)와 타스커(Tasker)가 한 입장을 대표한다. 이 입장에 따르면, 의인 야고보가 야고보서를 썼으나 생애 마지막 무렵인 기원후 60-62년에 이 책을 썼다는 것이다.[12] 이 두 사람은 교회가 정착되고 널리 퍼져 있었다는 점이 후기 저작설의 증거라고 믿는다. 하지만 야고보서 2:14-26이 바울 사상의 왜곡된 형태에 대한 반응이고 이로써 갈라디아서와 로마서보다 나중에 기록되었을 수 있다는 그들의 신념에 의해 이 문제가 결정된다. 그러므로 이 입장은 앞에서 언급한 첫 번째 새로운 사상의 흐름에 속하는 보수적인 목소리다.

거가 있다.

11) Meyer, Easton(10-11)과 Thyen(16) 모두 Meyer를 따라 Test. XII와의 유비를 찾는다. Thyen의 스승인 Bultmann(*Theology*, 11, 143)은 야고보서가 그리스도인들이 넘겨받은 유대적인 작품일 가능성이 매우 크다는 점을 인정한다. 하지만 Bultmann은 구체적으로 어떤 특정한 유대적 이론을 선호하지 않는다. "기독교의 위치가 '중간' 위치라고 이해하는 내용이 이 책에는 없다. 회당 전통의 도덕주의가 포함되어 있으며, 야고보서가 단지 이 전통 아래에 일반적으로 놓여 있기만 한 것이 아니라, 야고보서의 저자가 유대 문헌을 넘겨받아 그것을 약간 수정했을 가능성이 있다."

12) Parry, 99-100; Tasker, 20, 31.

표 1. 야고보서의 저작 연대에 대한 대표적인 입장들

유대적 기원	의인 야고보	야고보 이후
의인 야고보 이전 L. Massebieau 1895 F. Spitta 1896 의인 야고보 이후 A. Meyer 1930 H. Thyen 1955 R. Bultmann 1955? B. S. Easton 1957 비(非)야고보, 하지만 초기 L. E. Elliott-Binns 1956	초기(AD 40-50) R. J. Knowling 1904 T. Zahn 1909 J. B. Mayor 1910 G. H. Rendall 1927 G. Kittel 1942 W. W. Wessel 1953 A. Ross 1954 D. Guthrie 1964 J. A. T. Robinson 1976 선호하는 것 없음 (AD 40-62) J. H. Moulton 1907 A. Schlatter 1932 J. Schneider 1961 F. Mussner 1964 J. Michl 1968 J. Adamson 1976 후기(AD 51-62) W. H. Bennett 1901 R. St. J. Parry 1903 F. J. A. Hort 1909 J. Chaine 1927 R. V. G. Tasker 1956 C. L. Mitton 1966 E. M. Sidebottom 1967 F. F. Bruce 1969	일부분만 야고보 저술 W. O. E. Oesterley 1910 F. C. Burkitt 1924 W. L. Knox 1945 H. Windisch 1951? E. C. Blackman 1957 익명의 저자(AD 70-130) B. W. Bacon 1911 J. H. Ropes 1916 J. Moffatt 1928 B. H. Streeter 1928 J. Marty 1935 E. J. Goodspeed 1937 F. Hauck 1937 F. Young 1948 H.-J. Schoeps 1949 H. Windisch 1951? A. H. McNeile 1953 R. Bultmann 1955 M. H. Shepherd, Jr. 1956 M. Dibelius 1964, 1976 B. Reicke 1964 W. G. Kümmel 1966 S. S. C. Marshall (Laws) 1968 W. Schrage 1973 J. Cantinat 1973 S. Laws 1980

주: 1. 이 단락에는 20세기 주석들만 포함시켰다. 다음의 오래된 주석들은 초기 연대를 선호한다. 알포드(H. Alford, 1859), 플럼터(E. H. Plumptre, 1878), 허더(J. Huther, 1882), 플러머(A. Plummer, 1891), 사먼(G. Salmon, 1894), 카(A. Carr, 1899). 반면 고데(F. Godet, 1876)는 후기 연대를 선호한다.

     2. 이름 뒤에 열거된 숫자는 저자가 선호하는 연대를 밝힌 주석의 최신판을 가리킨다.

반면에 메이어(Mayor)와 키텔(Kittel)은 의인 야고보가 예루살렘 교회의 지도자로 있을 때 야고보서를 기록했다고 주장한다. 개연성이 높은 연대는 예루살렘 공회 직전일 것이다.[13] 이 주장을 하는 학자들은 모든 증거가 교회 발전의 초기 단계와 바울 사상이 발흥하기 전의 교리와 이방인 회심자들을 교회에 받아들이는 문제를 둘러선 논쟁이 벌어지기 전의 상황을 지지한다고 믿는다. 유대적 관행들은 옹호되지 않았다. 당연한 일로 여겨졌다.

누구나 이 입장 중 하나 또는 그 이상을 털어내고 확고한 해결점을 제시할 수 있기를 소망한다. 하지만 이것은 그렇게 할 수 있는 문제가 아니다. 각각의 입장들은 저마다 강한 증거와 세심한 논증으로 각 입장의 최고의 형태를 지지한다. 그러므로 각각의 증거를 자세히 검토해야만 이 주석을 위한 가설을 채택할 가능성을 타진할 수 있을 것이다.

2. 직접적인 주장

최상의 증거 유형은 저자와 저서를 분명히 확인해주는(예를 들어, 저서에서 인용한 부분으로) 저자와 같은 시대를 살았던 믿을 만한 사람의 증거일 것이다. 이것이 없으면(이는 아주 분명하다), 저작 연대를 주장하기 위해 저서 자체를 철저히 살펴야 한다. 하지만 야고보서에는 이런 증거조차 보이지 않는다. 하지만 1:1은 야고보서가 야고보라는 사람에 의해 기록되었다고 천명하는데, 이 이름이 야고보서의 연대를 알 수 있는 단서가 될 수 있을 것이다.

그러나 이 야고보가 누구인지를 밝히는 것은 해석학적인 문제다. 이 시점에서 저자가 자신을 지칭한 내용의 진위를 고려할 필요는 없다. 단지 그 의미가 무엇인지를 밝히는 해석학적 작업만이 필요할 뿐이다. 앞에서 언급한 마이어의 논제를 받아들일 수만 있다면, 1:1은 야고보서의 저작 연

---

13) Mayor, cxix-cli; Kittel. Kittel은 다른 두 논문에서 그의 생각을 확장시키며, 마지막 논문에서는 K. Aland가 제기한 비평에 답한다.

대를 규명하는 데 있어 그리 중요하지 않다. 하지만 그 논제가 언뜻 보기에
는 매력적인 것 같아도 마이어가 밝힌 내용이 빈약하므로 우리는 그의 가
설을 개연성이 없는 것으로 판단하고 넘어가야 한다.[14] 모팻은 1:1이 야고
보라는 이름을 가진 교회의 미지의 교사를 저자로 지칭한다고 믿는다.[15] 확
실히 이럴 가능성은 있다. 하지만 개연성은 없다. 지금 아무도 모르는 이 중
요하지 않은 교사가 누구라고 교회(즉 열두 지파)에 속한 다수의 대상에게
글을 쓸 수 있을까? 무게감 있는 어조는 고사하고 말이다. 일단 잘 알려진
몇몇 야고보를 제외할 수도 있다. 이를테면, 세베대의 아들 야고보는 어떤
글도 남기지 않은 채 매우 이른 시기에 죽었을 것이다.[16] 알패오의 아들 야
고보는 완전히 시아에서 사라져서 그(와 알패오의 아들 이외의 다른 야고보가 존
재했다면, 작은 야고보)는 모팻의 미지의 야고보 가설이 직면하는 동일한 문
제를 마주하게 된다. 즉 그 역시 그다지 중요한 인물이 아니라서 단순히 자
기를 지칭하는 말로만 자신을 소개할 수는 없었을 것이라는 문제다. 미튼
은 1:1에 언급된 이름을 잘 알려지지 않은 야고보와 동일시하는 것을 반대
하면서, 서신에 언급된 야고보를 의인 야고보로 보는 것이 좋은 네 가지 이
유를 제시한다. 첫째, 전통적으로 야고보서의 저자가 사도 중에 야고보라는
이름을 가진 사람이 아니라 의인 야고보라고 믿을 만한 좋은 까닭이 있었
을 것이다. 둘째, 야고보서는 의인 야고보에 관해 알려진 내용과 어울린다.
셋째, 의인 야고보에게만 이 서신에서 주장하는 권위가 있다. 넷째, 야고보
서는 몇 가지 점에서 누가가 의인 야고보에 대해 기록하고 있는 내용과 부

---

14) 본서 40-43쪽을 보라. Meyer의 책에는 야고보가 누구인지를 밝힌 내용을 담은 도표가 포
함되었는데, 이는 그의 논제를 파악하는 데 도움이 된다. 야고보의 정체를 밝히지는 못하고
개연성이 적어 보이는 Meyer의 가설(야고보서가 야곱이 그의 열두 아들에게 말한 일반 연
설이라는 주장)의 한 형태도 가능하다면, 이보다 더 나은 가설(본질적으로 Spitta의 이론)
이 있다. 하지만 유대적 기원을 주장하는 모든 이론은 이 서신에 기독교적 자료가 상당히
많다는 사실로 인해 좌초된다. 본서 56-60쪽을 참조하라.
15) Moffatt, 2. 루터의 입장(본서 38쪽)은 이 문제에도 적합하다.
16) 행 12장은 세베대의 아들 야고보가 기원후 44년 이전에 죽었음을 암시한다. 따라서 그가
야고보서를 기록했을 가능성 자체는 배제할 수 없다고 하더라도, 이 서신을 기록했을 개연
성은 제거된다.

합한다.[17] 미튼이 제시한 두 번째와 네 번째 이유에 의문을 제기할 수 있을 것이다. 하지만 큄멜은 그 증거의 종합적인 가치를 잘 요약했다. "사실 초기 기독교에서 아주 잘 알려져 있고 높은 지위를 가지고 있어서 그 이름만으로도 충분히 그의 정체를 알 만한 사람은 한 명뿐이다. 주님의 형제 야고보다. 분명 야고보서는 그에 의해 기록된 것처럼 주장한다."[18]

　　하지만 즉각 다음과 같은 질문이 제기된다. 정말 1:1이 야고보서 원문에 있던 것인가? 혹시 후기 전승에서 덧붙여진 주석일 수는 없는가?[19] 이에 대한 답변으로 1:2의 일부분에 1:1이 반드시 있어야 한다는 확고한 전통과 개연성을 지적할 수 있다.[20] 하지만 이러한 사안들로도 1:1이 덧붙여진 주석이라는 가능성이 제거되지는 않는다. 백 보 양보해서, 1:1이 이후에 첨가된 주석이 아니라고 하더라도, 과연 그것이 필연적으로 야고보가 저자라는 사실을 암시한다고 할 수 있을까? 한편으로 저자는 익명일 수도 있다. 아니면 그 이름은 이 권면하는 서신의 후견인을 가리킬 수도 있다.[21] 그러므로 이것이 아마도 가장 개연성이 높은 이론일 것이다. 하지만 우리는 이런 이론과 야고보가 실제 저자라는 이론, 이 둘 사이에서 결정을 내려야 하며, 그러한 결정은 1:1의 진정성에 대한 찬반 논의와, 다른 이론을 반대하면서 저작 연대와 저자 문제를 하나로 결합하는 특정한 견해를 지지하는 주장에 근거해야 한다.

---

17) Mitton, 229-31. 의인 야고보가 야고보서의 저자임을 지지하는 사람 대부분은 이와 비슷한 이유를 제시한다. Mitton이 제시한 것은 너무 구체적인 용어로 되어 있기는 하지만 가장 간단명료하다.

18) Kümmel, 290.

19) Elliott-Binns, 47-48. Blackman(25)은 이 논제의 한 형태를 조건부로 인정했다.

20) 1:2의 πᾶσαν χαρὰν ἡγήσασθε ἀδελφοί μου라는 말에는 저자가 서신을 쓰는 대상이 누구인지를 밝히기 위해 1:1이 필요한 것으로 보인다고 지적하는 학자들이 있다. 참조. Windisch, 3.

21) Dibelius, 24-30. Windisch(3)는 전체 명칭이 Διδαχὴ Ἰάκωβου ταῖς δώδεκα φυλαῖς ταῖς ἐν τῇ διασπορᾷ라고 주장한다. Windisch는 "이 '야고보의 교훈'은 열두 개로 엮인 금언집"이며, 유대 지혜문학과 그리스적 권면 자료와 비슷하다는 사실을 덧붙인다.

3. 외적 증거

확실한 저작 연대를 지지하는 간편한 직접적인 근거가 없으므로, 우리는
야고보서의 연대와 저자 문제를 밝힐 외적 증거로 관심을 돌린다. 이 외적
증거 자체는 문제가 있다. 직접적인 증거가 빈약하고 후대의 것이기 때문
이다. 오리게네스는 야고보서를 의인 야고보가 기록했다는 것과 그것이 성
경이라는 점을 처음으로 분명하게 언급했다.[22] 서방 교회는 4세기 말(히포
회의가 열린 기원후 393년과 제3차 카르타고 공의회가 열린 397년)에야 비로소 야
고보서를 정경으로 완전히 받아들였다. 히에로니무스와 아우구스티누스
는 약간 주저하며 카르타고 공의회 이전에 야고보서를 받아들였지만 말
이다. 키릴로스의 교리문답, 나지안주스의 그레고리오스, 그리고 아타나시
오스는 야고보서를 정경으로 인용했으나, 모프수에스티아의 테오도로스는
야고보서를 정경으로 인정하지 않았고, 페시타 역 이전의 시리아어 성경
에는 야고보서가 포함되지 않았다. 에우세비오스는 야고보서를 성경으로
사용하기는 했지만 "논란이 있는 책들"($\dot{\alpha}\nu\tau\iota\lambda\epsilon\gamma\acute{o}\mu\epsilon\nu\alpha$) 가운데 하나로 인용
했다.[23]

---

22) 이 언급의 정확한 연대는 알려지지 않았다. 오리게네스가 기원후 253년에 사망하기 이전임
은 확실하다. Mayor(lxvi-lxxxiv)는 기원후 397년 이전에 야고보서를 인용했거나 암시한
자료들을 가장 잘 모아 두었다.

23) Mayor, lxvi-lxix. 참조. Kidd, 11, 130; Guthrie, Introduction, 737; Souter, 220-26. Souter는
다음과 같은 사실을 지적했다. (1) 로마의 정경 목록, 페시타 역, 카르타고 공의회, 아우구스
티누스, 히에로니무스(Letter to Paulinus), 그리고 아타나시오스의 축일 서신(festal letter)
39에 야고보서가 정경으로 받아들여졌거나 정경으로 열거되었다(AD 367-435년). 그리고
(2) 시리아의 정경 목록, 360년의 아프리카의 정경 목록, 그리고 아다이의 교리(Doctrine
of Addai, 400년경에 기록된 것으로 추정되는 책으로서, 아다이가 아브가르 왕을 개종시키
기 위해 에데사로 파견된 이야기가 기록되었음 — 역주)에는 야고보서가 생략되었다. 마지
막에 언급된 책은 매우 배타적이다. "율법과 예언자와 복음서…그리고 바울 서신과…열두
사도들의 행전…이 책들은 하나님의 교회에서 읽히고 있다. 다른 책들은 이 책들과 함께 읽
어서는 안 된다." 이 증거는 야고보서를 받아들인 것이 이집트에서 시작하여 북쪽과 서쪽
으로 확장되었음을 보여준다. 야고보서가 한정된 곳에서 회람되었다는 주장들은, 초기 시
리아 증거가 더 유리하게 작용했다면 곤란한 점이 없었을 것이다. 야고보서가 이집트에서
유래했다고 주장하는 이론들만 이 증거를 쉽게 다룬다. 나그함마디에서 발견된 사본들도

이 증거는 부정적이다. 야고보서는 초기 사본 증거가 없다. 동방 교회는 서방 교회보다 이른 시기에 야고보서를 받아들였다. 증거의 특성상 서방 교회가 침묵한 이유를 설명하지 못한다. 그 증거가 야고보서의 후기 연대와 비(非)사도적 저작설을 수반하는 이론들을 용인하는 것은 확실하지만, 야고보서에 대한 관심이 한정되었고 제한적으로 회람되었다는 이론 역시 동방 교회가 먼저 야고보서를 받아들였음을 입증하는 설명이 될 것이다.[24] 카(Carr)는 이 증거가 현대인들의 마음을 적잖이 혼란스럽게 했다고 지적한다. "야고보서의 진정성과 관련한 [초기의] 의심은 추정되는 저자가 야고보서를 썼다고 할 수 없다거나 야고보서에 포함된 교리의 오류에서 발생한 것이 아니라, 이후의 저자들이 야고보서를 인용하지 않았다는 사실에서 발생한 것으로 생각된다."[25] 야고보서가 완성된 이후 100년에서 125년 동안 야고보서를 직접 인용한 사람은 한 사람도 없었다.[26] 어떤 이론도 이 사실을 설명하지 못했다. 따라서 그 사실은 우리로 하여금 이것이 야고보서의 초기 사용에 관한 상황을 정확히 보여주지 않음을 입증하는 증거를 조심스럽게 찾도록 한다.

어쩌면 야고보서에 대한 이러한 의아스러운 간격을 메우는 데 도움이 될 만한 간접적인 외적 증거가 있을 수 있다. 메이어(J. B. Mayor)는 이러한 간접 증거를 찾았다고 주장하면서 초기 교부들의 야고보서 암시와 「클레멘스1서」와 「헤르마스의 목자」에 있는 가장 분명한 야고보서의 암시로

이집트에서 야고보서 전승이 널리 받아들여졌음을 입증한다.

24) Guthrie(*Introduction*, 737-39)는 야고보서의 비논쟁적인 특성으로 인해 야고보서에 대한 관심이 적었다는 의견을 피력한다. 이는 반(反)영지주의적 논쟁에서는 거의 사용되지 않았을 주장한다. 동시에 야고보서의 유대적 특성으로 인해 영지주의자들이 야고보서를 멀리했을 것이다. 물론 이 주장을 받아들이기 위해서는 야고보서가 사실은 반영지주의적이라는 Schammberger의 주장을 거부해야만 한다.

25) Carr, ix.

26) 튀빙겐 학파 이후의 학자들이 제안한 2세기 중엽보다 늦은 저작 연대를 설정하는 사람은 아무도 없다. 따라서 가장 늦은 연대도 야고보서를 처음 인용한 오리게네스보다 100년이 앞설 것이고, 가장 이른 연대는 오리게네스보다 200년이 앞설 것이다.

14쪽을 채운다.[27]「헤르마스의 목자」에 있는 암시들은 모팻과 로스가 야고보서의 저작 시기를 최대로 늦추어도 기원후 90년으로 설정할 정도로 강력하다.[28] 하지만 그 암시들에는 문제가 있다. 그 암시들은 흔히 쓰이는 희귀한 단어들과 일반적으로 취급되는 비슷한 주제들 그리고 흔히 사용되는 비슷한 사상들로 이루어졌다. 그 암시들은 하나의 단락이 다른 단락에 의존했음을 절대적으로 입증하기에 충분한, 자주 사용되는 구문론적인 거대 단락으로 이루어지지 않았다. 설령 이러한 인용이 존재한다고 하더라도, 인용의 방향이 어느 쪽이든 될 수 있거나, 야고보서와 그와 비교되는 작품이 모두 제3의 작품에서 빌려온 것이었을 수도 있다.[29] 하지만 야고보서가 주제들을 다루고 있는 방법과 속사도 교부들이 그 주제들을 취급했던 방법을 비교해보면, 야고보서가 더 이른 시기에 기록된 책일 개연성이 드러난다. 하지만 그러한 주장은 주관적일 수밖에 없다. 예를 들어, 헤르마스가 야고보서를 알았을 개연성은 높지만, 그렇다고 그 논거가 완벽하다고 할 수는 없다.[30]

---

27) Mayor, lxix-lxxxiv.

28) Moffatt, 1; Laws, 22-23. Marshall(230-31)은 Hermas *Man*. 5, 9, 12을 검토한 후에 이러한 논지를 편다. "비교적 적은 이 세 가지 명령의 문맥에서 발견할 수 있는 야고보서의 수많은 반향에서 우리는 헤르마스가 실제로 야고보서를 알고 있었고 사용했다고 생각하게 된다." Marshall은「헤르마스의 목자」가 기록되기 전 로마 교회의 다른 지역에서 야고보서가 작성되었다고 주장한다.

29) Seitz("Relationship", 131-40)는 야고보서의 몇몇 부분이「헤르마스의 목자」와「클레멘스 1서」및「클레멘스2서」와 공통자료를 가진다고 주장한다. 이러한 관계는 자료들의 유사성을 설명하는 가장 좋은 설명이다. Shepherd(40-51)는 이 자료 가설을 받아들이며, 오리게네스(Sermon on Mt. 27:9)가 고전 2:9에서 인용됐다고 주장하는「엘리야의 비밀들」(the Secrets of Elijah)이 그 자료라는 논지를 편다. Young(339-45)은 외경 문헌이 자료였다는 Seitz의 주장을 지지하지만, 야고보서가 클레멘스를 통해 간접적으로 그 자료를 받았다고 믿는다. 이 공동의 자료에서 나온 증거는 명확하지 않다.

30) 두 제한된 분야에서 나는 경건과 가난의 관계와 δίψυχος("두 마음")의 의미에 대해 야고보서와「헤르마스의 목자」를 비교하며 이러한 결론으로 이끈 증거를 제시했다(Davids, 472-73, 63-66). 우리는 약 5장이 예컨대 Did. 16 또는 10:6, Ign. *Eph*. 11:1, Barn. 4, 또는 Hermas *Sim*. 9보다 더 생생하고 현재적이며 즉각적인 종말론을 제시한다는 사실을 주목해야 한다. 야고보는 공관복음 전승도 다르게 사용한다. 야고보가 공관복음 전승을 사용할 때, 그는 그것을 예수의 말씀으로 인용하지 않는다. 야고보는 본문의 행마다 속사도 교부들의 어록보다는 공관복음 어록들을 더 많이 암시한다. 그는 여전히 공관복음의 어록들이 "구전으로

그렇다면 외적인 증거로는 야고보서의 저작 연대에 관해 결정적으로 결론을 내리지 못한다. 일관된 견해는 야고보서가 후기에 기록되었거나 한 정된 곳, 이를테면 유대 기독교회의 위축되던 집단에서 회람되었다는 것 이다. 사실 사도 교부들과 비교해보면 야고보서는 어느 교부들보다도 일찍 기록되었을 것이며, 교부 중에 야고보서의 존재를 알았던 사람이 있을 수 는 있다. 하지만 이 증거는 추론에 의한 것이기에 확실하지 않다. 이 불확실 성은 내적인 증거로 관심을 돌려, 각각의 이론을 야고보서에 포함된 자료 와 비교해야 함을 뜻한다.

4. 내적 증거

야고보서의 연대와 저자를 입증할 만한 내적 증거를 조사하는 것은 1:1에 서 주장하고 있는 저자 문제와 직결된다. 질문은 이것이다. 의인 야고보나 (이후의) 다른 어떤 사람이 이런 유형의 인사말을 썼을 가능성이 더 있을 까? 익명의 저자 이론과 상반되게 인사말은 단순하다. ("주의 형제", "예루살 렘의 장로" 또는 "그리스도의 사도"와 같은) 존칭이 생략되었다. 익명을 사용하 는 저자는 자신이 "야고보"라는 것을 더 잘 밝히고 그의 권위를 강조할 것 이다. 이러한 단순함은 저자를 규명하는 이론들에 부분적인 영향을 준다. 이 자기 명명 자체가 의인 야고보에게서 내려온 전승의 일부, 곧 그의 일반 적인 자기 명명에 대한 기억이라는 입장을 견지하지 않는다면 말이다. 그 러므로 인사말은, 비록 의문을 제기하는 학자들이 있다고 하더라도, 의인 야고보가 그 저자라는 이론을 가장 잘 지지한다.[31] 1:1이 대답을 제시한다.

전해지던" 시대에 살았다. 그러나 인용은 불필요했다. Kittel("Jakobusbrief", 54-112)은 이 증거와 믿음과 행위 문제를 둘러싼 야고보의 입장과 사도 교부들을 조사하고는 야고보서 가 더 "초기의 작품"인 것 같다는, 앞에서 제시한 결론을 지지한다. 참조. Kittel, 83-84, 93- 94과 Spitta, 230-36(야고보서와 「클레멘스1서」에 관하여).

31) 인사말이 의인 야고보가 저자라는 사실을 지지한다고 생각하는 사람 중에는 Kümmel과 Windisch가 있다. Kümmel(290)은 "당당한 자기 명명의 단순함"을 야고보가 이 서신의 저 자라는 두 증거 가운데 하나로 인용한다. Windisch(3)는 "흩어져 있는 열두 지파에게 서

하지만 그 증거는 야고보서의 다른 측면들을 조심스럽게 검토한 것과 비교해야 한다. 네 가지 측면이 있다. (1) 야고보서의 그리스 문화, (2) 야고보서의 유대 기독교 문화, (3) 야고보서의 역사적-교리적 위치, (4) 야고보서의 "야고보와 바울 논쟁" 등이다.

a. 야고보서의 그리스 문화

그리스 문화 영역에는 야고보서의 언어 문제가 첫 번째 문제로 대두된다. 언어 문제는 갈릴리 유대인인 의인 야고보가 야고보서를 썼다고 믿는 사람들에게 첫 번째로 꼽히는 문제다. 야고보서의 그리스어가 신약 시대 당시 상류층에 속한 사람들 사이에서 사용되던 것이라는 주장이 제기되기 때문이다. 이러한 주장은 부분적으로는 정당하다.[32] 야고보서의 그리스 문화에 매료된 사람들은 언어 문제에 더하여, 확실한 것은 아니지만,[33]

신을 쓰는 주님의 형제의 권위" 때문에 의인 야고보를 야고보서의 저자로 볼만하다고 생각한다. 하지만 Meyer(110-11)는 인사말에 "주의 형제라는 그의 칭호"가 생략되었다는 이유로 진위에 어긋난다고 주장한다. Kittel(73-75)은 의인 야고보와 예수의 관계를 언급하지 않은 것은 야고보가 사망한 이후 익명의 저자가 야고보서를 기록했다는 견해를 배제한다고 지적함으로써 Meyer를 반박한다. 야고보와 예수의 관계는 그가 죽은 이후에야 비로소 강조되었기 때문이다. "먼저, 1세기 말과 2세기에는 어떤 사람의 주님과의 관계가 진지하게 받아들여졌고, 그런 관계가 있었다면 강조되었다. 그러나 두 번째로, 사도 시대 초기에는 이러한 관계에서 비롯되는 특별한 어조나 권위를 주장하는 일이 없었다." 에우세비오스의 교회사(Euseb. HE 1.7.14; 3.19-20; 4.22.4-5)에서 야고보와 예수의 혈육 관계의 중요성과 그 관계로 인해 그의 친족들이 교회에서 지도적인 위치를 갖게 된 증거를 관찰할 수 있을 것이다. 참조. Epiph. Haer. 29.7. Kittel은 그의 논지를 설득력 있게 논증한다. 그 증거에는 의인 야고보의 사후에야 비로소 그와 예수의 관계가 점차 강조되었다는 것이 드러나기 때문이다.

32) Mayor(ccxliv)는 야고보서의 그리스어가 히브리서를 제외하고는 신약의 다른 책보다 고전적 그리스어의 순정함에 더 가깝다고 주장한다. Zahn(I, 112)은 이 주장을 수정했다. 큰 실수는 없었지만, 야고보의 그리스어 이해에는 한계가 있었다. 그의 짧고 단순한 문장은 당대의 수려한 문장이 아니다. 그리스어의 수준으로 보아 야고보서가 아람어 원본을 번역한 것이라고 주장하는 이론들은 배제된다. 그리스어가 조악한 번역 투의 그리스어가 아닐뿐더러 종종 등장하는 익살과 그밖에 다른 문체들은 번역 글에서는 찾아볼 수 없는 것들이다(본서 126-31쪽을 참조하라).

33) Kennedy, 39은 "야고보서에 있는 구약 인용들은 히브리어 본문과 다른 경우에도 70인역 본문과 일치한다"고 진술한다. 이 진술은 사실이다. 하지만 이것은 매우 제한된 증거에 근거했다. (1) B와 필론의 글에서 그러하듯이, 약 2:11에는 출 20:13-14(LXX은 15절)이 역순

야고보서가 마소라 본문이 아니라 70인역을 인용했다고 주장하며, 야고보서가 필론과 다른 그리스적 유대인들의 사상과 가깝다고 주장한다. 그래서 케네디는 이렇게 말한다. "편견 없는 연구자라면 누구라도 이 서신의 유대인 저자가 그리스 문화의 영역에 대해 일반적인 수준보다 더 익숙했다는 결론을 피하기는 어려운 것 같다."[34]

그렇다면 첫 번째 쟁점은 의인 야고보의 그리스어 구사 능력이다. 갈릴리 사람의 그리스어 구사 능력 문제에 대해 물튼은 이렇게 주장한다. "예수와 그의 제자들이 자주 아람어를 사용했다는 것은 의문의 여지가 없다. 하지만 그들이 그리스어 역시 자유로이 쓸 수 있었다는 것 역시 거의 확실하다. 초기 신자들 진영에서 나왔다고 알려진 저작들에 있어서 그리스어 사용이 문제가 된다는 어떤 암시도 없다." 물튼은 여기에 그들이 어려서부터 그리스어를 사용한 사람처럼 그리스어를 사용했을 것이라고 덧붙인다. 교육 수준에 따라 세련미와 수준이 다양하겠지만, 그리스어를 번역하거나 "불완전하게 아는 숙어로 자신들의 생각을 힘들게 표현하는 외국인들"처

으로 인용되었다. 하지만 이것은 역순으로 된 자료의 사용만큼이나 효과의 역순일 수 있다. (2) 약 2:23에는 창 15:6이 인용되었는데, 문법적인 연결을 위해 70인역에서 접속사 δέ를 첨가했을 뿐이며, 70인역의 이 본문은 마소라 본문을 벗어나지 않았다. (3) 약 4:5에는 잠 3:34이 인용되었는데, 야고보는 κύριος를 θεός로 대체하면서 70인역에서 벗어났다. 야고보와 70인역 모두 마소라 본문에 있는 언어 유희를 택하지 않았다는 점에서 야고보는 70인역을 따랐다. 이것은 야고보가 70인역을 사용한 유일한 명백한 증거다. 하지만 이 경우 인용 형식은 기독교적 권면에서 매우 전통적이다. (4) 약 2:8에는 레 19:18이 인용되었다. 하지만 70인역과 마소라 본문은 다르지 않다. (5) 약 3:9는 창 1:26-27의 암시일 수 있다. 70인역의 창 1:26에서는 수식어 없이 εἰκόνα와 ὁμοίωσιν이 사용되고, 창 1:27에서는 κατ᾽ εἰκόνα θεοῦ가 사용되었지만, 야고보는 καθ᾽ ὁμοίωσιν θεοῦ를 사용했기 때문이다. 그러므로 이 자료들에는 70인역을 명백하게 의존했다는 증거가 나타나지 않는다. Laws("Scripture", 211-12)는 야고보가 성경을 인용할 때는 히브리 본문을 알지 못하여 70인역을 정확히 인용한다고 주장한다. 하지만 이 주장은 증거의 한계를 너무 벗어났다. Ward(25-26)는 그 증거를 잘 요약한다. "성경 인용과 강력한 성경 암시에 근거하여, 야고보가 70인역을 직접적으로 의존했다는 것은 전혀 확실하지 않다. 문제의 구약 본문 중에서 잠 3:34만 마소라 본문과 비교할 때 70인역과 현저하게 다르다. 하지만 야고보서, 베드로전서, 「클레멘스1서」 모두 이 본문을 동일한 형식으로 인용하는 까닭에, 이 인용이 권면 전통을 통해 저자에게 오게 되었을 가능성이 더 크다. 그 전통에서 잠 3:34의 70인역 본문은 복종과 겸손이라는 주제와 연결되었다."

34) Kennedy, 51; Laws, 4-6. 하지만 Davids, 33-36과 본서 126-31을 참조하라.

럼 그리스어를 사용하지는 않았다.[35] 다른 유능한 학자들은 야고보서의 그
리스어의 세련됨을 의인 야고보가 그 서신을 썼다는 것에 반하는 주요 요
인으로 이해한다.[36] 실제의 쟁점은 교육 문제임이 틀림없다. 갈릴리에는 많
은 그리스 도시와 비유대인들이 거주하는 지역이 있었으며, 팔레스타인 전
역에서 유대인들이 그리스어를 사용했다는 광범위한 증거가 있기에, 야고
보가 그리스어를 유창하게 말하지 못했다고 생각할 만한 이유는 없다.[37] 하
지만 야고보가 그의 서신에서 관찰되는 문체를 사용하여 글을 쓰는 데 필
요한 교육을 받았느냐 하는 문제가 제기될 수는 있다.

　　위의 내용과 밀접하게 연관된 사안은 바로 팔레스타인에 미친 그리스
적 영향이다. 의인 야고보는 그리스적 서신 형식을 사용했는가? 그리고 그
는 더욱 그리스화 된 유대 공동체 안에서 유행하던 어구나 성경을 사용했
는가? 이럴 가능성이 없지는 않다. 첫째, 갈릴리에는 그리스화된 많은 유대
인이 살고 있었다는 것이 확실하며, 사도행전 6장에 따르면, 예루살렘 교회
에는 그리스화된 유대 그리스도인들이 있었다. 여기에 예루살렘의 유대인
들과 팔레스타인에 일반적으로 퍼져 있던 헬레니즘의 증거를 첨가할 경우,
의인 야고보가 이러한 자료를 사용했다고 해서 놀랍지는 않을 것이다.[38] 하

---

35) MHT I. 8. II. 26-27에서 W. F. Howard는 베드로의 그리스어 실력이 그의 아람어 실력보다
　　나았을 수 있고, 야고보서에는 셈어를 모국어로 사용했다는 증거와 그래서 야고보서에서
　　사용된 그리스어 저변에 셈어 어법 형태가 있다고 주장한다. Dalman(*Jesus*, 1-7)은 팔레스
　　타인에 사는 유대인들 사이에 그들의 모국어인 아람어가 일상적으로 사용되었음에도 갈릴
　　리와 유다 지역에서 그리스어가 광범위하게 사용되었다고 주장한다. 하지만 그는 그들의
　　그리스어 지식의 세련미는 논하지 않는다. 참조. Argyle, 87-89.

36) 대표적인 예가 Ropes, 50; Windisch, 3; Kümmel, 290; Blackman, 26 등이다. 하지만 이렇
　　게 결정하는 이유는 조심스럽게 검토되어야 한다. 일례로 Burkitt, 66은 "성전의 행각에서
　　많은 시간을 보내는 수염을 깎지 않은 경건한 자들에게서 기대할 수 있는 것보다는 더 훌
　　륭하고 문학적인 그리스어로 글을 썼다"고 말한다. 이는 야고보가 왜 훌륭한 그리스어를
　　쓸 수 없었는지 그 이유를 제시하는 Burkitt이 야고보를 다루는 헤게시포스의 전설에 상당
　　히 의존했음을 보여준다.

37) Sevenster(190-91)는 팔레스타인의 그리스 문화에 대한 증거를 검토한 후, 의인 야고보가
　　그리스어를 말할 수 있었다는 것이 확실하며, 아무도 그가 훌륭한 그리스어를 쓸 줄 알았을
　　가능성을 배제할 수 없다고 결론을 내린다. 참조. Goodenough, V, 13, 51, 56, 184-98.

38) Sevenster. 190-91. Goodenough는 회당의 실내장식에서 이교 상징을 사용한 광범위한 증

지만 둘째, 야고보서에 실제로 특징적인 그리스적 자료를 많이 의존했다는 것이 나타나는지에 대해서는 논의의 여지가 상당히 있다. 우리는 앞에서 야고보가 70인역을 사용했을 수는 있지만 70인역에만 한정되지는 않았다고 주장했다.[39] 야고보서 2:11과 4:6 모두 70인역을 직접 의존했다기보다는 실제로 공통된 교회의 용례를 따랐을 것이다(특히 베드로전서와 「클레멘스1서」 모두 잠 3:34의 비슷한 판본을 인용하고 있다). 야고보서 3:9은 야고보가 70인역만을 사용했다는 주장에 대한 반증이다. 더욱이 필자는 야고보서의 주제들을 폭넓게 연구하면서(Davids, 529), 야고보가 특히 지혜문학이나 필론(야고보는 필론의 글을 읽지 않았을 것이다)을 의존하지 않았다고 주장했다. 그때와 마찬가지로 본 주석에서도 필자는 일반적으로 인용된 그리스적 형식들이 팔레스타인에서는 낯선 것이었을 거라는 사실을 보여줄 것이다. 사실 본문 중에는 그 본문의 원래 의미가 잊혔고 유대적 환경에서 새로운 의미를 지니게 되었다는 증거를 보여주는 부분(예. 3:6)도 있다. 물론 형식적으로는 야고보서가 "헬레니즘적"인 서신일 수 있다. 아래에서(본서 70-79쪽), 야고보가 요한1서뿐만 아니라 그리스의 일부 서신에 등장하는 분명한 형식을 사용했음을 주장할 것이다.

반면에 애덤슨(Adamson, "Inductive", 245-256)과 베셀(Wessel, 73-89)은 야고보서가 회당의 설교였다는 몇 가지 흔적을 보여준다. 특히 베셀은 그리스적 비난의 글의 특징들이나 디벨리우스가 권면적 글에서 발견한 특징들이 야고보서에는 빠져 있거나("진정한 일관성의 결여", "권면이 상정하는 분명한 상황의 결여"), 회당의 설교에서도 발견되는 것("대화", "인사말의 방법", "주제들의 가변성", "두운법" 사용 등)임을 지적한다(이것은 확실히 그의 논지의 중요한 공헌이다). 사실 고전문학자들 중에는 지금도 비난의 글이라는 특징적인 문학 형식이 존재한 적이 있었는지를 두고 의문을 제기하는 사람들이 있다.[40] 오

거를 발견한다. 문학적인 용어도 광범위하게 유입되었을 것이다.

39) 위의 각주 35을 보라.

40) 참조. Jocelyn(145-46)은 이렇게 주장한다. "그 용어(diatribe, "비난의 글")는 현대인들이 고전문학을 다룬 논문을 장식하기 위해 사용하는 다른 위조 고대 유물들과 아울러 학자들

히려 산만한 구어체 담화가 글로 담길 때 어떤 특징들이 발견된다. 이와 같은 담화 형식이 팔레스타인의 유대적 상황과 그리스적 상황에서 다르다고 추정할 이유는 없다. 하지만 원래 설교였던 것이 서신 형식으로 제시된 것은 주목할 만하다.

　모순적으로 보이는 형식들을 설명하려 한다면, 야고보서 기록에 두 단계가 있었다는 가설의 어떤 유형을 받아들일 수밖에 없을 것이다. 이 동일한 가설은 다음과 같은 점들을 설명할 수도 있다. 일부 어휘(예. 1:13ff.의 ἐπιθυμία와 4:1ff.의 ἡδονή)의 기이한 일탈, 다른 곳에 반영된 매우 세련된 그리스어와 다른 곳에 있는 셈어 어법 간의 모순, 그리고 (비록 야고보서가 결국 하나의 책으로 모습을 드러냈지만) 야고보서의 주제들 간의 명백한 일관성 없는 연결 등이다. 가설은 무척 단순하다. 야고보서는 두 단계로 기록된 작품일 가능성이 크다는 것이다. 첫 번째 단계는 일련의 유대 기독교적 설교, 어록, 격언들이다. 이것 중에는 아람어를 모국어로 사용한 한 사람에 의해 그리스어로 기록된 것이 있고, 나머지 부분에는 아람어를 그리스어로 번역한 것이 많이 있다. 두 번째 단계는 이러한 단편들을 한데 모아 하나로 만드는 서신의 편집 단계다. 앞으로 본 주석에서 보여주겠지만, 이와 같은 두 단계 이론에서 학생들은 디벨리우스와 다른 사람들이 발견한 자료 및 형식의 다양성을 인정하면서도, 디벨리우스와 같은 학자들이 놓쳤던 편집적인 통일성을 많이 발견할 수 있을 것이다.

　의인 야고보는 첫 번째 세트의 자료(설교)의 저자이거나 두 단계 모두의 저자일 수 있다(즉 자신의 여러 설교를 합쳐 서신 형식으로 만듦). 그 후에 문학적인 그리스어를 상당히 유창하게 구사하는 대필자가 저자를 도와 이 작품을 기록했을 것이다. 과거에 이러한 견해는 야고보서가 초기 작품이고 의인 야고보의 권위를 전달한다고 확신하지만, 의인 야고보가 이처럼 세련된 그리스어를 구사할 수 있다고는 확신하지 못 하는 사람들에게 인정받았다. 그래서 뮈스너는 의인 야고보가 그리스어로 글을 썼을 수는 있었지만 "서

_____
의 담화에서 사라져야 한다." Wifstrand, 177-78.

신의 언어와 문체의 특징은 어쩌면 그리스어를 사용하는 협력자에게서 비롯된 것일 것이다"라고 제안했다.[41] 다른 학자들은 뮈스너보다 그리스 필경사에 더 무게를 두는데, 그들은 그 필경사가 그의 고향 회중의 유익을 위해 의인 야고보의 교훈의 일부분을 (야고보의 승인과 감독하에) 요약한 순례자였다고 제안한다.[42] 마지막으로, 편집자는 저자에게는 알려지지 않은, 저자의 죽음 직전이나 직후에 그의 자료들을 수정하고 편찬한 사람일 수 있다. 이 경우 비록 야고보가 서신이 보내졌음을 몰랐을지라도, 의인 야고보가 야고보서의 저자라는 것은 확실히 보장을 받는다. 야고보서의 저작 연대도 두 개가 있을 것이다. 하나는 원래 설교의 연대이고, 다른 하나는 편집 작업의 연대다.[43]

그렇다면 야고보서의 그리스 문화에서 얻는 증거는 결정적이지 않다. 그 증거가 전통적으로는 비팔레스타인 배경과 야고보서의 후기 연대를 강하게 지지하는 증거가 되어왔지만, 이제는 이것이 야고보서에 적용된다고는 말할 수 없게 되었다. 어느 팔레스타인 사람이라도 이 서신을 기록할 수 있었다. 의인 야고보가 서신을 기록할 수 있을 만큼 교육을 잘 받았는지가 현실적인 쟁점이다. 이것은 최종판이 야고보에 의해 기록되지 않았다고 주장하는 사람들이 좋아하는 질문이다. 목수 아들의 교육 수준에 대해서는 누구나 의심하는 경향이 있기 때문이다. 하지만 우리에게는 의인 야고보가 사용했을 법한 그리스어 수준을 입증할 만한 증거가 없고 그가 그리스인 비서를 사용했는지 알 도리가 없는 까닭에, 야고보서의 그리스 문화로부터 의인 야고보가 야고보서 자체를 기록했거나 그가 기초로 삼은 설교를 산출하지 못했을 것이라고 결정적으로 주장할 수는 없다.

---

41) Mussner, 8.
42) Mitton, 232; Schneider, 4.
43) Bruce, 127은 이 이론의 변형된 형태를 제시한다. "서신의 그리스어는 조심스러운 문학적 개정의 산물일 수 있다."

b. 야고보서의 유대 기독교 문화

헬레니즘 문화의 문제는 유대 기독교 문화에 대한 문제로 이어진다. 유대교가 헬레니즘 문화와 기독교 문화의 가교인 까닭이다. 유대 문화에 대한 암시는 ἰδού("보라")의 잦은 사용부터 하나님의 유일성 강조(2:19)와 같은 신학적 개념에 이르기까지 광범위하다. 유대 문화는 야고보서의 사상적 배경이다. 학자들은 유대 문화가 존재한다는 사실에 대해서는 이의를 제기하지 않지만,[44] 특히 팔레스타인적인 문화의 본보기에는 주목할 필요가 있다. 야고보서 5:7에는 ἕως λάβη πρόϊμον καὶ ὄψιμον("이른 비와 늦은 비를 기다리나니")이 언급된다.[45] 이 가을비와 봄비는 이집트나 이탈리아 또는 소아시아(이 지역들은 야고보서의 기원 장소로 지목되는 곳이다)가 아니라 팔레스타인 기후의 특징이다. 이 언급으로부터 저자가 팔레스타인을 잘 알고 있는 사람이라는 결론이 난다. 그는 팔레스타인을 매우 잘 알고 있어서 무의식적으로 이른 비와 늦은 비를 언급했거나(아마도 그는 자신에게는 익숙한 기후를 팔레스타인 바깥에 사는 독자들이 이해하지 못할 것이라는 사실을 인식하지 못한 채 이것을 언급했을 테다), 팔레스타인 독자에게 알려진 지역의 기후 상황을 정확하게 인용했거나 둘 중에 하나다.[46]

---

44) Spitta는 이 사실에 근거하여 그의 논지를 세운다. 비교. Guthrie, *Introduction*, 741; Ropes, 29–31. Marshall(248)은 야고보가 "파생적인 의미에서"만 유대적이라고 주장한다. 야고보가 경험한 유대교는 언젠가 회당에서 교훈을 들은 적이 있는 이방인의 유대교라는 것이다(참조. Laws, 4). 본 주석에서는 이것이 사실과 전혀 다르다는 것을 보여줄 것이다. 야고보의 교훈을 설명하는 데 있어 유대교의 전통은 그의 사상 가운데 부수적인 부분이라고 말하기에는 너무 중요한 역할을 하기 때문이다.

45) 문맥이 농사와 관련되므로, 이 표현은 이른 비와 늦은 비를 가리킨다(10월과 4월). 참조. 렘 5:24.

46) Oesterley(392ff., 401)는 이 부분을 Kittel(81)처럼 이해한다. 기후 상황에 대해서는 Baly, 47–52을 참조하라. 이 기후 상황은 동부 지중해 연안의 북쪽 지역보다 비가 덜 내리는 팔레스타인에서는 무척 중요하다. 하지만 이러한 기후 주기는 소아시아 남단을 비롯하여 동부 연안 전체로 확대된다. 그러므로 비록 팔레스타인이 여기서 염두에 둔 지역으로 개연성이 가장 높은 지역이라고 해도, 페니키아와 시리아 및 길리기아도 가능성이 있는 지역이다. Marshall(106)은 기후 현상에 대한 이 언급이 단순히 70인역에서 양식화된 예증으로 사용된 것에 해당한다고 주장한다(참조. Laws, 212). 하지만 그녀는 렘 5:24의 어구가 그런 식으로 사용되었다는 증거를 제시하지 않는다. 이 본문은 예레미야서에서 인내로 기다리는 것

하지만 야고보서의 유대적 경향에 대해서는 거의 논쟁이 없다는 것을 근거로 스피타와 마이어와 같은 일부 학자들은 사소한 기독교적인 결말 이외에는 야고보서에 기독교적인 흔적이 거의 존재하지 않는다고 주장한다. 우리는 세 가지 이유로 이 주장을 강하게 거부해야 한다. (1) 야고보서에는 유대적 사상이 아니라 기독교적인 몇몇 사상이 깊게 내재되어 있다. (2) 야고보서는 신약의 일부 문헌과 매우 닮아 있다. (3) 야고보서는 아마도 예수의 말씀들을 암시하고 있을 것이다.[47]

야고보서에서는 구체적으로 기독교적인 주장이 거의 발견되지 않는다. 하지만 그런 주장이 존재한다는 사실이 중요하다. 물론 1:1과 2:1은 기독교적이다. 하지만 두 본문의 기독교적인 단락들은 쉽게 삽입될 수 있는 것들이기에, 이것을 증거로 사용할 수는 없다. 그런데 만일 야고보서에 다른 기독교적인 자료가 있음을 인정한다면, 이 두 본문 역시 진정성이 있는 것으로 받아들여야 한다. 다음의 예들은 야고보서에 실제로 존재하고, 삽입된 것일 수가 없는 기독교적 자료들이다. (1) τοὺς πρεσβυτέρους τῆς ἐκκλησίας (교회의 장로들, 5:14), (2) "첫 열매"라는 개념과 말씀으로 구원받는다는 개념 (1:18ff.),[48] 그리고 (3) 예수를 "심판주", "주", "이름"과 같은 용어들로 언급했다는 사실[49] 등이다. 누구라도 이 예들과 그 예들이 속해 있는 보다 큰 전체를 순전히 유대 맥락에 끼워 맞추려고 한다면, 그것은 결코 쉬운 일이 아닐 것이다.

하지만 이런 구체적인 진술들 이외에 야고보서에는 신약성경과의 유사성이 나타나 있다. 메이어는 이 유사성의 실례를 보여주는 다수의 언급을 제시한다. 이 언급들은 신약성경과 문어적인 관계는 없지만, 사상적인

을 설명하는 데 사용되지도 않았다. 그렇기에 이 표현이 상투적인 용어라는 주장은 의심스럽다.

47) Ropes(32-33)는 이 논의들을 잘 요약하였다. 참조. Guthrie, *Introduction*, 743-44, 756.

48) Mayor, cc-cci.

49) Ropes, 32. "심판주"(4:12; 5:9)는 적어도 그리스도를 가리킬 것이다. "주"에 대해서는 5:7-8을 참조하라. "이름"에 대해서는 2:7과 5:14을 참조하라. 반대 논증에 대해서는 Spitta와 Marshall(188-193)을 보라.

면에서 신약의 여러 본문과 밀접성을 보여준다.[50] 그렇지만 베드로전서와
는 문어적인 관계가 있다고 할 수 있다.[51] 야고보서와 베드로전서 간의 관
계성은 야고보서와 앞에서 논한 비정경 작품(예. 「헤르마스의 목자」) 간의 관
계성보다 더 크다. 그럼에도 불구하고, 분명한 암시가 있다고 해도 한 저자
가 다른 작품을 사용했음을 입증하기에는 충분하지 않다. 그 증거가 두 작
품이 적어도 동일한 전통에 의존했음을 입증하기는 하지만 말이다. 이것은
단지 저자들이 오랫동안 동일한 지역에서 살았음을 의미하거나(다른 저자가
반드시 그 지역에 있었을 동안은 아니지만), 그들이 예컨대 유대 기독교 공동체
처럼 교회의 동일한 영역에 있었음을 의미할 수는 있다. 어쩌면 야고보서
는 두 작품 중에서 더 "원시적"이며 그래서 더 초기 작품일 것이다. 하지만
원시성에 대한 판단은 필연적으로 주관적일 수밖에 없으며, 그러한 까닭에
불확실하다.[52]

　　예수와 그의 가르침에 대한 암시들은 야고보서가 기독교적 문서임을
입증하는 최종적인 부분이다. 예수의 생애와 부활, 또는 자신을 분명히 저
자로 밝히는 사람과 예수의 관계를 언급하는 곳이 없다는 사실이 의인 야
고보(또는 예수의 생애 동안 그를 개인적으로 따르던 사람)가 이 서신의 저자라
는 것을 반증하는 결정적인 증거라고 주장하는 학자들이 있다.[53] 반면에

---

50) Mayor, lxxxv-cix.

51) Mayor, cvi-cvii.

52) Parry(99-100)는 야고보서가 베드로전서 저자에 의해 사용되었다고 주장한다.
Mayor(clxix)는 이렇게 말한다. "분명히 상반되는 관점에서 동일한 주제를 다루면서 동일
한 예를 사용하는 두 저자 A와 B 사이에 직접적인 문어적인 연결이 있다고 인정되는 곳에
서, 만일 A의 주장이 B의 주장을 직접 언급하지 않지만 B의 주장이 모든 면에서 A의 주장
과 일치하는 것이 드러난다면, A에게 우선권이 있다. 다시 동일한 관점에서 동일한 규모로
동일한 주제를 다루면서 동일한 인용을 사용하는 두 저자 사이에 연관성이 있다는 것이 인
정되는 곳에서는, 가장 간단명료한 형식으로 사상을 전해주고 그가 인용한 어구의 정확성
에 큰 신경을 쓰지 않는 저자가 더 초기의 저자일 개연성이 있다." 하지만 만일 야고보서와
베드로전서(나 바울 서신들) 간의 어떠한 직접적인 문어적 연관성을 거절한다면, 그리고
두 번째 주장이 단지 개연성에 불과하므로, Mayor의 주장은 그가 믿는 것만큼 결정적이지
않다.

53) Parry(4)는 이것을 주요한 문제로 여긴다. 참조. Oesterley, 397과 Kümmel, 290.

몇 가지를 고려하면 이 논증은 약화된다. (1) 복음서에 보존된 정보에 따르면, 의인 야고보는 예수가 십자가에 못 박히시기 전에는 예수를 따르지 않았다. (2) (야고보서가 기록된 복음서보다 앞서 기록되었다면) 청중들이 예수의 생애보다는 구약성경을 더 잘 알고 있었다면, 이것은 저자가 행동의 모범으로 예수의 생애보다는 구약성경을 사용한 상황을 설명할 수 있다. (3) 의인 야고보는 자신과 예수와의 혈육 관계를 의도적으로 작게 취급했을 것이다. (4) 비록 앞의 고려 사항들이 받아들여지지 않는다고 해도, 야고보서에서 예수의 교훈을 암시하는 내용은 그 주장의 효과를 낮춘다.[54]

이 암시들은 야고보서의 배경에 관한 분명하고 중요한 정보다. 첫째, 예수의 윤리적인 교훈을 언급하는 본문은 매우 많다. 사실 야고보서 전체는 산상설교의 분위기를 풍긴다.[55] 둘째, 이 암시들은 가끔 등장하는 예수의 일반 원리들의 실제적인 적용이다(약 5:2-3은 마 6:19의 적용이다). 셋째, 자료는 기록된 복음서가 아니라 기록되기 이전의 공관복음 전통에서 나왔다.[56] 종합적으로 말해서 이 암시들은 저자가 예수의 교훈에 흠뻑 젖은 사람이라는 것과 그 저자가 기록된 복음서 전통을 접촉하기 전에 그의 서신이 기록되었음을 보여준다.[57] 복음서 전통은 마태복음에 사용되었던 것과 비슷한 전통 자료를 가리킬 수도 있다. 예수의 사상을 의존한 경우에도 예수를 언급하지 않았다는 사실은 온전히 신약 서신서의 특징이다. 예

---

54) Moulton(5-55)은 또 다른 이유를 제시한다. 즉 야고보서가 예수의 가르침과 다른 윤리적인 자료를 혼합하여 어느 그리스도인이 유대인들을 위해 기록한 것이라고 말이다. 기록 목적은 유대인들의 마음을 끌고, 그렇게 하여 복음을 위한 길을 놓는 것이다. 그는 예수를 직접 언급한 본문을 전부 나중에 첨가된 주석으로 본다. 하지만 우리는 Moulton의 이론을 거부한다. 그는 단지 야고보서에서 복음 전도의 의도만을 보았을 뿐이다. 야고보서에 나타난 예수의 교훈에 대한 암시에 대해서는 본서 108-13쪽을 보라.

55) Mayor, lxxxv-xc.

56) 이 암시들이 저자가 교회에서 낭독된 복음을 부정확하게 기억한 내용에서 나온 것이라는 Shepherd(50-51)의 주장은 거부해야 한다. Elliott-Binns(47)와 그밖에 다른 사람들은 이 자료들이 기록되기 이전의 특성을 띤다는 점을 분명히 보여주었다. 암시 중에는 성경에 포함되지 않은 예수의 어록들도 있다. 참조. Resch.

57) Windisch, 3; Kümmel, 290. Kittel, "Jakobusbrief", 92-93은 이 암시들 형식이 속사도 교부들의 형식과 다름을 지적한다.

를 들어, 바울은 예수를 두어 번밖에 인용하지 않는다. 하지만 그는 많은 곳에서 예수 전통을 의존한다. 야고보가 다룬 주제들의 특성을 고려할 때 야고보는 그의 암시에서 예수 전통에 더 가깝다. 하지만 그는 인용보다는 신약성경의 관행인 암시를 활용한다. 이것은 복음서가 아직 등장하기 이전 구전 시대에 필요했을 법한 관행이다. 이 증거는 야고보서의 초기 저작 연대와 의인 야고보가 저자임을 옹호하는 이론이다. 하지만 이 증거로 그러한 이론이 세워지지는 않는다. 기록된 복음서를 아직 접하지 않았거나 야고보에게서 받은 전승들의 형식을 바꾸려 하지 않은 후기 저자를 생각할 수 있다. 아마도 그는 그 전승들을 복음서보다 더 신성한 것으로 여겼을 것이다.

c. 야고보서의 역사적-교리적 위치

하지만 설령 야고보서에 이러한 기독교적 층이 있음을 인정한다고 하더라도, 야고보서의 역사적-교리적 위치는 또 다른 문제를 일으킨다. 여기서 가장 중요한 문제는 다음과 같다. (1) 기독론, (2) 교회론과 교회의 상황, (3) 선교적 관심 등이다.

야고보의 기독론 문제는 그가 기독론을 분명하게 다루지 않는다는 데 있다. 1:1과 2:1에만 명시적인 기독론이 있다. 빈디쉬와 그밖에 여러 학자는 저자에게 메시아에 대한 믿음이 있었음을 입증하기에는 이 구절들이 너무 적다고 여긴다.[58] 하지만 비록 예수의 동생들이 기독론을 강조하려 하지 않았을 것이라는 타스커의 주장이 틀렸을지라도,[59] 기독론이 분명히 부족하다는 사실은, 많은 기독론이 필요하지도 않고 암시적인 기독론이 부족하지도 않은 서신에 있어 흠은 아니다. 첫째, 기독론의 부족을 비난하는 것은 그것의 필요성을 사실로 받아들인다. 이 서신은 독자들과 교의적인 신앙(적어도 예수의 가르침을 받아들이는 것)을 이미 공유하고 있고, 교의적인 결

58) Windisch, 3; Oesterley, 399.
59) Tasker, 28.

과가 아니라 윤리적인 결과를 주장하는 것 같다. 이러한 목적은 자세한 기독론을 제시하도록 요구하지 않는다.[60]

둘째, 야고보서를 기독교 서신으로 추정한다면 야고보서에는 기독론이 암시되어 있다.[61] 야고보서가 기독교적인 서신이라면, 1:1과 2:1은 정말로 ὁ κύριος Ἰησοῦς Χριστός를 언급하는 것이다. 이것은 확실히 메시아적 신앙이다. 이 언급들 이외에 야고보는 예수를 여러 번 ὁ κύριος로 언급하고, 지금 그가 영광 중에 살아 계심을 믿으며, 그가 심판주로 다시 오실 것을 바란다.[62] 이 기독론은 야고보서의 초기 연대를 가리키는 원시적인 것일지도 모른다.[63] 하지만 이것은 이보다 훨씬 더 많은 것을 믿은 사람의 충분히 전개되지 않은 기독론적인 사상일 수도 있다.

교회론과 교회의 상황은 중요성에 있어 기독론 문제와 동일한 문제를 제시한다. 이 문제의 첫 번째 특징은 저자가 교회를 지칭하기 위해 사용하는 용어다. 저자는 어느 사람이 "너희의 회당에"("εἰς συναγωγὴν ὑμῶν") 들어온다고 말할 때, 신약성경에서는 거의 사용되지 않고 유대적 표현처럼 들리는 문구를 사용한다.[64] 동시에 저자는 "τοὺς πρεσβυτέρους τῆς ἐκκλησίας"("교회의 장로들")에 대해서 기록한다(5:14). 이 어구는 비록 본문을 감독제가 발흥하기 이전 시대로 저작 연대를 설정하지만, 일반적인 기

---

60) 이 서신에는 저자의 신앙이 완전히 제시되었다고 믿게 하는 내용이 아무것도 없다. Mitton(9)은 이렇게 썼다. "이 서신은 예루살렘을 찾은 유대 기독교 방문객들의 유익을 위해 기록되었다. 그들은 야고보만의 특징적인 교훈을 그들의 고향에 있는 그리스도인들의 유익을 위해 전달하기를 원했다." 하지만 이것이 야고보서를 기록한 이유였다고 해도, 이러한 서신은 야고보의 대표적인 가르침을 다 담아내지 못했을 수 있고, 오히려 야고보의 교훈 전체보다는 기록 당시 예루살렘에 있던 회중의 문제를 더 보여줄 것이다.
61) 참조. Ropes, 32.
62) 순서대로 약 5:7-8, 14; 2:1; 4:12; 5:9이 이 내용을 언급한다.
63) 기독론의 "결핍"은 실제 영지주의와 그밖에 기독론적인 논쟁들이 한창이었을 후기 연대가 아니라, 후기에 자세히 표현된 기독론적인 형식들이 발전되기 전 초기 연대를 암시하는, 상대적으로 "원시적인" 기독교를 의미한다. Kittel, "Jakobusbrief", 83-109을 참조하라.
64) 이것은 아마도 교회에서 재판을 목적으로 모인 회합을 지칭하려고 사용되었을 것이다. Ward, "Partiality"와 해당 주석을 참조하라.

독교 용어다.[65] 그래서 야고보서의 용어에 비춰볼 때, 튀빙겐 학파 유형의
연대는 제거되고, 오히려 초기 저작 연대가 암시된다고 볼 수 있다.

　　교회의 상황을 특징짓는 다음 요소들은 "흩어져"(ἐν τῇ διασπορᾷ) 있다
(1:1)는 것과 "여러 가지 시험"(ποικίλοι πειρασμοί)이 있다는 것이다. 그 시험
에는 부자로 인해 야기되는 시험도 있었다(2:6-8). 저자가 정부에 의한 박
해에 공식적으로 연루되었다고 언급하지 않음에도 불구하고, 여기에 묘사
된 내용은 1세기 중엽을 배제하지 않는다. 초기의 신자들이 사도행전 2:9-
11에 언급된 집단의 한 부분을 대표한다면, 교회가 "흩어져 있다"는 것은
틀림없이 매우 이른 시기를 가리킬 것이다. 어쨌든지 예루살렘 교회는 확
실히 사도행전 8:1-4의 διασπείρων("흩어지다")이 διασπορά("퍼짐")를 만들
어낸 것으로 보았을 것이다. 후대의 역사는 이것을 제한적으로 이해했지만
말이다. 흩어짐은 교회가 "부자들"이라고 묘사했을 사람들에 의한 박해에
서 비롯되었을 것이다.[66] 그래서 기원후 70년 이전 기간에 예루살렘 교회
(와 팔레스타인 교회 전체)는 부자 유대인들로부터 산발적인 박해를 경험했다
(굳이 특별한 다른 이유를 들지 않는다 하더라도, 부자는 가끔 가난한 자들을 억압했기
때문이다). 그래서 이 묘사는 로마에 의한 공식적인 박해가 퍼져 있던 교회
에 가해졌음을 상상할 수 있게 하지만, 그것은 팔레스타인 근교에서 부자
유대인들에 의해 가해졌던 산발적인 박해의 상황에도 들어맞는다.[67]

　　교회 상황의 세 번째 특징은 교회 내부에서 발견되는 도덕적인 문제들
이다(약 4:1ff.; 2:1ff.). 학자 중에는 이 문제들이 교회의 처음 열정이 사라지고
그들의 죄악이 자리를 잡았던 교회의 후기 상황을 암시한다고 주장하는 사

---

65) Moffatt(1)은 이 증거에 따라 연대를 설정한다.
66) 본서의 서론 100-108쪽과 1:9-11; 2:5-6; 5:1-6 주석을 보라.
67) 행 8:1-4과 9:1ff.은 예루살렘에서 박해가 이른 시기에 발생했으며, 그곳에서 그리스도인들
　　이 도망한 지역으로 퍼졌다고 언급한다. 근대 역사학에서 볼 때 이것은 주요하거나 총체적
　　인 박해가 아닐지도 모르지만, 대제사장의 사람들을 피해 도망하던 이들에게는 틀림없이
　　그 박해가 실제로 중요하고 광범위한 것으로 보였을 것이다. 기원후 56년에 이르러서는 바
　　울이 넓은 영역에서 박해를 당했으며(고후 11:23ff.), 유대 기독교 집단들에게도 박해가 있
　　었을 것이다. 물론 약 2:6-8은 종교적인 박해가 아니라, 보호받지 못하고 인기 없는 소수
　　집단인 가난한 자들을 부자들이 착취했음을 나타낼 수 있다.

람들이 있다.[68] 반면에 이 문제들은 저자에 의해 분명히 묘사되지 않았으며, 그가 말하고 있는 것이 어느 교회든지 시작된 지 수년 안에 발생할 수 있는 문제라는 것은 확실하다. 그 문제들은 최근에 개종한 유대인들의 잘못일 수도 있다. 유대인들은 그들이 가진 새로운 믿음이 의미하는 바가 무엇인지를 알아야 할 필요가 있었다. 이것으로써 예수의 가르침의 실천적인 문제들의 적용이 설명된다. 야고보의 정죄가 가혹하기에 후기 연대를 선호할 수도 있지만, 교회의 전체 상황은 야고보서의 초기 연대를 지지한다.

　　교회의 상황과 달리, 선교에 대한 관심의 결여 문제에는 연대를 암시하는 내용이 들어 있지 않다. 교회의 선교 이전 기간을 암시하는 증거는 없다. 그러므로 이 사실은 초기 연대를 암시하지 않는다. 하지만 이와 마찬가지로 이 사실은 후기 연대를 암시하지도 않는다. 언제 교회가 안정되어 선교 활동을 잊게 되었을까? 그리고 그 연대가 아주 늦다면, 왜 야고보서에 그 기간의 교리적 논쟁을 암시하는 내용이 포함되지 않았을까?[69] 윤리적 문제가 교회사의 모든 시기에 다뤄질 수밖에 없었고, 어느 저자도 글을 쓸 때 매번 자신의 선교적 관심을 언급해야 할 필요는 없었다고 추정하는 것이 더 안전하다. 글의 어떤 부분이 어느 시기에 어떤 저자에 의해 기록되었는지를 결정하기 위해, 저자와 그의 주된 활동들 및 그가 마주한 일반적인 교회의 상황 그리고 저술하는 동안 필요했던 구체적 필요 등에 대한 정보가 많이 필요하다. 야고보서의 경우에는 이러한 정보가 없다.

d. 야고보서의 "야고보-바울 논쟁"

　　"야고보-바울 논쟁"은 이미 수집한 자료를 최종적으로 보충한다. 여기서는 다음 사안들이 중요한 쟁점들을 창출한다. (1) 의인 야고보의 "율법주의", (2) 이방인들을 받아들임, (3) 2:14ff.의 "반바울적인 논증" 등이다.

---

68) 참조. Parry, 4.
69) Tasker(32)는 기원후 62년 연대를 지지하기 위해 이 주장에 의존한 것 같다. 비교. McNeile, 203과 Bultmann, *Theology*, II. 162-63.

의인 야고보의 율법주의 문제는 이 서신의 저작 연대와 저자를 조사함에 있어 몇 가지 결정적인 핵심 중 하나가 된다. 야고보서에는 할례가 언급되지 않았으며, 확실히 의식적 경건이나 제의적 경건의 준수가 강조되지 않았다. 사실 "자유의 율법"(2:12)이라는 언급은 이러한 경건과 정 반대를 암시하는 것 같다. 이 점들을 의인 야고보가 바리새적인 경건을 엄격히 지키는 의식주의자였다는 추측과 연결시키는 학자들은 이 사실들이 야고보서가 의인 야고보에 의해 기록된 것이 아님을 의미한다고 주장한다. 그들에 따르면 야고보서는 야고보 이후에 기록되었다.[70] 하지만 우리는 의인 야고보가 율법주의자였다는 추측에 대해 이의를 제기할 수밖에 없다. 의인 야고보에 대한 에비온파의 칭송으로 지나치게 과장된, 대체로 거짓인 것이 확실한 헤게시포스의 설명에 너무도 자주 의존하여,[71] 금욕주의자이며 율법주의자인 야고보가 이 서신을 기록하지 않은 것이 확실하다는 결과를 내놓게 되었다.[72] 사도행전은 의인 야고보를 교회의 극단적인 유대 율법주의적인 집단과 바울의 선교를 지원하던 사람들 간에 화평을 유지하려고 노력한 중재자로 제시한다. 짐작건대 바울도 그랬듯이 야고보는 율법을 지킨 유대인으로 등장한다. 야고보는 유대 공동체를 대상으로 선교하는 일에 전념했으며(바울은 야고보와 구별된 소명을 받았지만, 유대인 공동체를 향한 선교를 적극적으로 지원했다), 율법주의자들을 반대하는 바울의 입장에도 동의했다.[73]

---

70) 예, Kümmel, 290; Windisch, 3.
71) 헤게시포스의 설명에는 의인 야고보가 엄격한 율법주의자(바리새인 중에 바리새인이며, 모든 유대인에게 매우 존경을 받았던 나사렛 사람)로 묘사된다. 하지만 그 설명에는 (개연성이 적은 다른 언급 가운데) 야고보가 성전의 거룩한 장소에 들어갔다는 것과, 유대인들이 그를 그리스도인들을 반대하는 증인으로 세웠다는 점이 포함된다. 야고보가 나실인이었을 가능성은 있다(출생부터는 아니다!). 하지만 헤게시포스의 설명이 워낙 사실 같지 않은 이야기들로 가득 차 있어서, 그의 책에서 야고보에 관해 진술된 것 중 믿을 수 있는 것은 하나도 없다. 참조. Kittel, "Stellung", 145; Lightfoot, 367.
72) Burkitt(66)은 Martin(*Foundations*, II, 360)처럼 헤게시포스의 입장을 받아들인 한 예다. Plumptre는 사실 같지 않은 이야기 중 몇 개를 그럴듯하게 설명함으로써 그 내용을 되살리려고 노력했다. 하지만 그는 그 이야기들이 얼마나 믿을만한 것이 못 되는지 보여주기만 했다.
73) 행 15:13-21에 언급된 의인 야고보의 지위는 중재하는 지위였다. 그는 이방인 회심자들을

이런 사람이 그의 서신에서 율법주의적인 경건을 강조하는 인물로 제시되리라고는 아무도 기대하지 않았을 것이다. 그가 필요하다면 율법적인 경건에서 예들을 사용했을 수 있었겠지만 말이다. 하지만 백 보 양보하여 의인 야고보가 율법주의자였다고 해도, 아무도 그가 동일한 지위를 가지고 있던 유대 그리스도인들에게 서신을 쓰면서 이런 형식의 경건을 강조하기를 기대하지는 않았을 것이다. 특히 그가 예루살렘 공회와 그 공회에서 다루어진 율법적인 논쟁이 일어나기 이전에 서신을 쓰고 있었다면 말이다.

　이방인들을 받아들이는 문제를 둘러싼 논의는 그 자체로 의인 야고보와 율법주의와의 관련성을 벗어나는 문제다. 이 문제에 대해 우리는 갈라디아서 2장은 예외로 하고, 신약의 기록에서 의인 야고보가 이방인들을 받아들이는 것을 반대한 적이 없으며 오히려 사도행전 15장과 21장에서 바울에게도 용납될 수 있는 중재적인 위치를 취했다는 것에 주목한다. 야고보가 그의 지위에 과민반응을 보이는 유대 그리스도인들에게 서신을 쓰고 있다는 사실과 그 문제가 그의 서신의 주제에 적합하지 않다는 사실에도 불구하고, 이방인들을 받아들이는 문제는 (만일 그가 서신을 쓰던 당시에 제기되었다면) 누구라도 그가 그것을 언급했으리라고 기대할 만큼 중요한 문제다. 이 논의가 언급되지 않았다는 사실은, 침묵 논법이 가치가 있다면, 그 서신

유대교 회심자로 만들기를 바란 사람들의 요구를 제한했지만, 이방 교회에게는 유대인들이 가장 중요하게 여기는 세칙들을 거스르지 말라고 주의를 시켰다. 행 21:18-26은 바울이 유대 그리스도인들의 우려를 달래주기를 바라는 사람들 가운데 야고보가 있었다고 제시한다. 하지만 확실히 당시 야고보는 극단주의자나 율법주의자의 모습이 아니었다. 그가 바울의 이방인 선교를 전적으로 받아들였기 때문이다. 갈 2:1-10에는 야고보가 바울의 사역과 교리를 인정했음이 천명되었다. 바울은 그의 복음에 덧붙일 어떠한 율법주의적인 내용도 받지 않았다. 갈 2:12의 "야고보에게서 온 사람들"이 그에게서 파송 받은 대표자들이었다는 것은 확실하다. 하지만 (1) 그들의 사명은 안디옥에서 율법주의적 사상을 강요하던 것과는 관계가 없었다. (2) 그들은 이방인들에게 율법 준수의 문제를 제기하지 않았을 테고, 단지 (스데반이 율법을 무효로 만들려고 했을 때 제기된 박해라는 예민한 문제와 관련하여) 베드로의 행동이 유대인들에게 미쳤을 영향에 주시만 했을 것이다. 야고보가 그들의 의견에 동의했는지를 확인하기에는 자료가 너무도 빈약하다. 그렇다면 야고보에 대한 대체적인 그림은 율법주의자가 아니라 개인적으로는 율법을 지킨 사람으로서 바울의 지위를 인정하였고, 바울의 선교와 보다 율법적인 경향을 띤 교회 간에 평화를 지키려고 한 사람이다. 참조. Kittel, "Stellung", 145; Carroll; Schmithals.

(또는 적어도 서신의 자료)이 예루살렘 공회 이전 혹은 그 논의가 종식되었던 기원후 70년 이후라고 할 만큼 오랜 후에 기록되었음을 암시한다.

하지만 바울의 생각과 일치하는 사람이 "바울에 반대하는" 강력한 "논쟁자"로서 2:14-26의 내용을 쓸 수는 없었을 것이다. 이 본문의 의도에 대해 내린 결정은 야고보서의 저작 연대와 저자에 관한 결론으로 향하는 또 다른 전환점이다. 야고보가 갈라디아서나 로마서를 의존하거나 논박했다면, 야고보서의 연대를 나중으로, 곧 (바울의 서신들이 회람될 시간적 여유를 위해서) 이 두 서신보다 훨씬 뒤로 잡아야 한다. 하지만 일반적으로 오늘날 학자들은 야고보가 이 바울 서신들이나 바울을 직접 논박하려 했다고는 믿지 않는다. 로우프스는 이렇게 말한다.

> 야고보와 바울이 이처럼 날카롭게 대조되고는 있지만, 야고보서에는 유대 율법의 타당성을 두고 바울의 기독교와 벌이는 논쟁을 암시하는 내용이 전혀 등장하지 않을뿐더러 바울을 개인적으로 공격하는 암시도 없다. 2:14-26에서 야고보는 교의적 논쟁에 몰두하지 않고, 도덕적인 해이를 변명하기 위해 믿음으로만 의롭게 된다는 바울의 칭의 교리에 대해 생겼거나 생길지도 모르는 실천적 오용과 맞서고 있다. 야고보는 바울이 믿음으로 의롭다 함을 받는다고 말한 것이 실제로 무슨 의미인지를 이해하지 못한 것 같고, 어구 자체가 야고보에게는 낯설었으며, 야고보도 그 어구를 진실로 좋아하지는 않았던 것 같다.[74]

사실, 야고보가 바울을 직접 공격했다고 주장하는 것은 야고보가 완전히 어리석은 사람이라고 주장하는 것이다. 야고보가 바울의 주장을 전혀 논박하지 못하고, 오히려 바울이 동의했을 법한 글을 내놓았기 때문이다. 그렇다면 저자가 오해된 바울 사상을 공격하려고 의도했는지(이는 의인 야고

---

74) Ropes, 35.

보의 생애 후반기나 그보다 더 늦은 시기를 요구한다),[75] 아니면 엄격한 유대 기독교의 정통성과 같은 것을 공격하려 했는지[76]가 실제적인 문제다.

야고보서가 오해된 바울 사상을 다루었다고 본다면, 야고보서의 연대는 시리아에서 진행된 바울의 초기 선교 사역보다 늦은 시기 그리고 바울 서신(바울 입장의 변질을 다루기 위한 효과적인 인용 자료)이 광범위하게 회람되기 이전 연대나 (바울이 그 전통의 근원이라면) 바울이 의인 야고보를 만난 시기가 변호하기에 가장 손쉽다. 비록 오해된 바울 사상이 좋은 추측이지만, 그와 같은 입장이 여기서 발견되는 형태로 실제로 존재한 적이 있다는 증거는 이 서신밖에 없다. 그런 입장이 실제로 존재했다면, 매우 일찍 등장했을 수는 있다. 그러므로 원래의 전통에 대해 늦은 연대는 요구되지 않는다.

야고보가 바울의 사상이 아니라 유대교에 뿌리를 둔 교리를 염두에 두었다는 다른 견해도 개연성이 있다. 예를 들어, 「마카베오상」 2:52에 사용된 창세기 15:6; 22:1과 야고보서에서 사용된 아브라함의 시험 전통 간의 관련성에 비춰볼 때, 야고보가 아브라함의 예를 제시하려고 바울 사상을 의존한 것 같지는 않다. 더욱이, 야고보서 2:14-26의 핵심 내용이 자선을 요구하는 것이므로, 본문의 주제는 율법주의에 대한 바울의 관심과 다르며, 본 주석에서 관찰하겠지만, 야고보는 πίστις(믿음), ἔργα(행위), δικαιοσύνη(의)와 같은 매우 중요한 용어를 바울과는 다르게 그리고 더욱 "원시적인" 의미로 사용한다. 마지막으로 이 본문은 야고보서 1:22-25을 확대한다. 그리고 야고보서 2장에 바울의 사상이 있다고 보는 사람들은 보통 야고보서 1장에서는 바울의 사상을 감지하지 못한다. 오해된 바울 사상보다는 복음의 요구들을 축소하려는 유대 기독교적인 시도를 논박하고 있다는 것이 야고보서를 이해하는 가장 좋은 방법이라고 생각된다.[77]

---

75) Ropes(35)는 이 증거로부터 기원후 70년 이후 연대를 지지한다. 하지만 Tasker(32)는 그 증거가 단순히 의인 야고보의 생애 후반기에 야고보서가 기록되었음을 정당화한다고 믿는다. 참조. Laws, 15-18; Burchard. "Jakobus", 44-45.

76) Kittel, "Jakobusbrief", 56-68.

77) 본서 108-115쪽과 관련 본문의 주석을 보라.

e. 결론

앞에서 제시한 증거로부터 우리는 몇 가지 제한된 결론을 도출할 수 있다. 첫째, 야고보서 본문에 깊이 박혀 있는 기독교 자료의 증거를 고려하면 야고보서의 순전히 유대적 기원을 주장하는 이론은 개연성이 없다. 둘째, 그 자료 중에는 야고보서 배후에 있는 전통들의 초기 연대와 의인 야고보가 이 서신의 저자일 개연성을 지지하는 요소들이 있다. (1) 간접적인 외적 증거, (2) 저자의 자기 명명, (3) 강한 유대적 영향, (4) 예수의 말씀들이 기록되기 이전의 전승 사용, (5) 야고보가 서신을 보내는 교회들의 상황, (6) 이방인 수신자에 대한 언급의 부재 등이다. 이 주장 중에서 초기 연대를 가리키기에 빈약한 것들이 몇 개 있지만, 개중에는 매우 강한 것들이 있다. 이 자료들이 의인 야고보가 살아 있는 동안에 나온 것이라면, 기원후 40년과 예루살렘 공회 사이인 초기 연대가 그 전통이 기인한 기간이라고 주장하는 것이 가장 좋다. 야고보서에 이 기간 이후로 쟁점이 된 이방인들을 받아들이는 문제가 언급되지 않은 까닭이다. 명시적인 기독론의 부재역시 초기 연대를 지지한다. 셋째, 자료 중에는 야고보서의 늦은 저작 연대를 선호하기에 빈약한 것들이 있다. (1) 직접적인 외적 증거, (2) 그리스어의 관용적 표현, (3) 속사도 교부들과의 유사성, (4) 야고보가 바울 사상과 교류했을 가능성 등이다. 의인 야고보가 그리스어의 관용적인 표현을 기술했을 가능성과 "반바울적인 논쟁"의 존재에 대해 어떤 결정을 내리는 것이 분명 핵심 문제다. 하지만 야고보서의 최종 편집이 (편집자가 바울 서신을 아직 접하지 않았다고 추측하면서) 기원후 55-56년이나 어쩌면 75-85년에 이루어졌다고 가정한다면, 이러한 특징들은 쉽게 설명될 수 있다. 편집은 유대 기독교적 상황에서 이루어졌을 것이며, 그래서 서신의 회람은 제한되었을 것이다. 예루살렘의 파괴와 아울러 유대 기독교의 멸망 역시 회람을 제한했던 한 요인일 것이다.

이 간략한 논의로써 야고보서의 연대와 기원에 대한 복잡한 문제가 해결되지 않았다는 것은 확실하다. 검토한 증거는 지지할 만한 결론을 분명히 지향한다. 키텔은 기존의 입장을 수정하여 야고보서의 초기 연대를 주장하는 것 같다. 원천 자료가 초기의 것일 수 있으며, 이것은 이 자료가 의인 야고보의 자료일 개연성이 높음을 뜻한다. 야고보서에 사용된 그리스어의 관용어에 비춰볼 때, 야고보가 그의 서신을 편집하는 일에 타인의 도움을 받았거나, 아니면 교회가 예루살렘으로부터 퍼져나가 그리스어를 더욱 많이 사용하기 시작했을 때 그의 교훈이 늦은 시기(어쩌면 그의 사후)에 편집되었을 가능성이 크다. 이 결론은 가난과 부에 대한 야고보서의 교훈이 놓였던 삶의 정황으로 제안될 내용에 적합하다. 이 결론은 그리스어 관용어와 같은, 야고보서에서 관찰되는 현상들에 대한 가장 만족스러운 설명인 것 같다. 이것은 야고보서를 검토할 때 사용할 수 있는 알맞은 작업가설 역할을 한다.

II. 형식과 구조

앞 단락에서 우리는 야고보서가 두 단계로 이루어진 작품이라고 주장했다. 표면적으로 볼 때 의인 야고보에게서 유래한 일련의 설교와 어록들이 첫 단계다. 우리는 편집자가 모든 자료를 야고보에게서 온 것으로 믿었다고 추정하지만, 더 작은 단위들이 모두 동일한 전통에 속했는지는 확신할 수 없다. 예를 들어 격언 중에는 편집자가 좋아하던 것들이 있었을 수 있다. 그리고 이후에 이 단위들이 야고나 교회의 구성원 중 한 사람에 의해 편집되어 서신으로 만들어졌을 수 있다. 이러한 결론에 이르게 하는 표시들은 많은 사람이 야고보서에서 어떠한 통일성도 발견하지 못하도록 한 것들과 동일하다. 즉 (1) 다른 단위들 사이에서 분명한 사상의 흐름도 없이 다른 단락과 인접한 독립된 의미 단위들, (2) 문체적 다양성, (3) 두 의미 단위들을 연결하기 위해 사용된 것이 분명한 격언들, (4) 다른 분명한 사상적 연결 없이 단위들을 연결하기 위해 사용된 연결어들, (5) 동일한 주제를 논의할 때 사용한 다른 어휘(물론 저자의 관점은 동일하다) 등이다.

그렇다면 이 자료는 야고보서를 두 가지 방법으로 묘사할 수 있음을 의미한다. 첫째, 책의 형식을 비평적으로 검토할 수 있다. 이것은 야고보서를 단락별로 분석하는 디벨리우스의 기본적인 접근이다. 그의 분석에서 주목할 수 있는 중요한 특징은 두 유형의 자료가 등장한다는 것이다. (1) 디벨리우스가 "비난의 글"(diatribe)이라고 명명한 구술 담화와, (2) 일련의 어록들로 결합될 수 있고 격언을 포함하는 어록들이다.[78] 이러한 분석은 기본적으로는 옳다. 본 주석에서는 (비록 개별 문제마다 의견을 달리하더라도) 두 가지 문제에 대해서만 디벨리우스의 견해에 이의를 제기할 것이다. (1) "비난의 글"은 긴 담화를 지칭하기에는 올바른 용어가 아닌 것 같다. 조슬린 교수가 문학적 범주로서 "비난의 글"이라는 용어를 거부한 것이 옳지 않다고

78) Dibelius, 1; Ropes, 10–18.

하더라도,[79] 우리는 베셀이 정리한 자료들을 여전히 직면해야 한다. 베셀은
이용할 수 있는 원천 자료들을 고려할 때 내릴 수 있는 최선의 결론이, 비
난의 글의 특징들이 사실은 유대 회당 설교의 특징이라고 주장한다. 예컨
대, (수사학적인 질문, 질문과 대답, 그리고 가상의 대적자를 포함하는) 대화, 청중을
직접 부름(예. "내 형제들아"), 다양한 주제들, 격한 말들 등이다.[80] 따라서 야
고보서에서 일련의 설교가 있다고 말하는 것은 야고보서에 일련의 비난의
말이 있다고 말하는 것만큼 논리적이다. 야고보서에는 구술 담화가 포함되
었으며, 이런 담화가 일어날 법한 상황을 상상할 수 있는 곳에서만 그리스
용어가 적용될 만한지 아니면 유대 용어가 적용될 만한지 드러날 것이다.
우리가 내린 이러한 결론을 강화하는 것은, 이제 등장하기 시작하며 이러
한 일부 담화의 수사학적인 구조 저변에 놓여 있는 대구법에 관심을 집중
시키는 자료들이다(예. 약 2:14-26).[81] 그러한 대구법은 유대적 기원의 가능
성을 더욱 높여줄 것이다.

　(2) 어록들과 격언들은 디벨리우스(Dibelius, 6)가 믿었던 것만큼 관계
가 없지도 뒤죽박죽되어 있지도 않다. 아래에서 그리고 본 주석에서 제시
하는 분석에 따르면, 많은 어록이 공통적인 주제를 따르거나 단위들을 연
결한다는 것(약 2:13)이 드러날 것이다. 따라서 원래는 분리되었던 것이 지
금은 보다 거대한 전체의 부분을 이룬다. 야고보서의 문체가 「집회서」, 「지
혜서」, 또는 잠언에서 드러나는 지혜 문헌의 문체와 현저하게 다르다는 것
을 주목하는 것도 중요하다.

　둘째, 양식비평적 연구를 수행한 후에는 야고보서를 총체적으로 검
토할 수 있다. 이 단계에서 몇 가지 가설에 대한 진척이 이루어졌다. 이전
에 나온 저서들은 야고보서를 지혜문학으로 이해했다.[82] 하지만 지혜문

---

79) 위의 각주 40을 보라.
80) Wessel, 71-112. 회당의 설교 형식을 입증하는 증거 중에는 기원후 70년 이후의 것이 많다.
　하지만 사해사본, 요세푸스, 복음서, 그리고 그밖에 초기의 다른 자료들의 전통들과 비교하
　면, 기본적인 특징들이 달라지지 않았을 가능성이 많이 있다. 참조. Marmorstein, 183-204.
81) Burge; Mussner, 30-31.
82) Carpenter가 대표적인 예다.

학의 형식은 야고보서의 권면 유형과 연결된 구술 담화 및 과격한 어조에 적합하지 않다. 이후에 나온 저서들은 야고보서를 권면, 즉 이소크라테스(Isocrates)의 「니코클레스에게」(Ad Nicoclem)에서부터 시작하는 고대 세계의 일반적인 도덕적 권면 장르에 속하는 것으로 보는 경향이 있었다.[83] 따라서 야고보서를 단순한 도덕적인 권면이 아닌 일련의 고립된 단위들로 이해한다. 이것이 야고보서에 대한 총체적인 그림이라는 것이 중요하다. 아무도 야고보서가 근본적으로 도덕적인 권면이라는 것을 부인하지 않으며, 야고보서에 권면 목록이 있다는 사실도 부인할 수 없었다.[84] 하지만 이것이 근본적인 문학적 특성이 권면임을 받아들인다는 의미는 아니다. 디벨리우스가 주장하듯이, 권면의 기본 특성은 다음과 같다. (1) "곳곳에 배어 있는 **절충주의**", (2) **"연속성의 결여"**, (3) **"다른 곳에서 동일한 주제들의 반복"**, 그리고 (4) **"그것들**[모든 도덕적 권면] **모두 적합한 단일한 틀**[즉 청중과 상황]**을 구성할 수 없음"** 등이다.[85] 야고보서는 이 요구들을 부분적으로만 만족시킬 뿐이다. 주제들의 반복은 존재한다. 하지만 그것은 매우 분명한 삶의 정황에 적합한 결정적인 패턴 안에서 이루어지는 반복이다. 절충주의는 양식비평을 넘어 편집비평으로 옮겨가지 못할 때만 분명히 드러난다.

이 시점에서 야고보서 연구에 사용된 개요의 발전을 비교하는 것이 유익할 것이다. 물론 디벨리우스와 칸티나는 단지 일련의 관련 없는 단락들이 있다고 이해한다. 그들의 개요에는 종속이 드러나지 않는다. 뮈스너는 여기서 한 걸음 더 나아가 몇몇 단락에서 종속과 더 큰 단위들을 발견한다. 논리적으로 뮈스너는 야고보서 전체의 신학적 주제들과 관련한 일련의 논문으로 이 연구를 이어갔다. 애덤슨(Adamson, 44-45)은 야고보서 전체에서 지속적인 론도(rondo) 패턴을 발견하면서 야고보서의 가장 자세한 개요를 제시했다.

---

83) Dibelius, 3-11; Cantinat, 14-16.
84) 3:13-18 주석을 참조하라.
85) Dibelius, 4-11(강조는 원저자의 것임). Dibelius는 「토빗」, 「디다케」와 바나바의 "두 길" 단락, 그리고 Ps.-Isocrates, Ps.-Phocylides, Ps.-Menander 그리고 Test. XII을 인용한다.

본서에서 나는 세 가지 방법으로 야고보서를 분석했다. 첫째, 나의 독립적인 분석이다. 둘째, 이 분석은 내가 프란시스(F. O. Francis)의 저서를 발견하면서 확증되고 확대되었다. 프란시스는 그의 저서에서 필요한 역사적인 차원을 첨가했다. 마지막으로, 다수의 상세한 내용에 있어 이 분석은 언어학적인 관점에서 시행된 야고보서의 독립적인 담화 분석으로 재확인되었다.[86]

액면 그대로 보면 야고보서는 서신으로 보인다. 하지만 야고보서는 문학적인 서신, 즉 특정한 교회에 보내진 바울 서신과 같은 실제 편지가 아니라 출판을 위한 소책자인 문학적 서신인 것이 분명하다. 이 말이 의미하는 바는 이것이다. (1) 이러한 서신은 서신의 (서신 출판의 대상이 되는 사람들인) "수신자들"의 삶의 정황이 아니라 출판 장소의 삶의 정황을 반영한다. (2) 이러한 서신의 형식은 특히 개인적인 상세 내용의 부재뿐 아니라 그밖의 다른 여러 점에서 실제 편지의 형식과 다르다.

프란시스가 증명한 것은 다음과 같다. (1) 문학적 편지와 실제 편지의 서론 형식은 종종 반복되는 경우가 있다(Jos. *Ant.* 8:50-54; Euseb. *Praep. Ev.* 9.33-34; 1 Macc. 10:25-45; 몬 4-7; 살전, 살후). (2) 서론 형식에는 축복/감사 형식이 종종 포함된다. (3) 서론에서 가끔은 서론을 인사말과 연결시키는 같은 어원의 단어들이 사용되기도 한다. (4) 서론에 등장하는 주제들은 서신의 나머지 부분에서 반복되거나 실제로 서신의 구조에 영향을 주기도 한다. 결론에 사용되는 어구와 관련하여 다음과 같은 사실이 분명해진다. (1) 야고보서와 요한1서에서는 결론적인 어구가 종말론적인 명령으로 시작한다. (2) 서신들의 결론적인 어구에 가끔 주제를 반복하는 어구가 있다. (3) 그리스의 편지들은 자주 πρὸς πάντων("모든 사람에게")과 건강 기원 또는 맹세의 형식으로 마무리한다. (4) 기독교 서신들(예. 바울 서신)은 종종 기

---

86) Hill과 Torakawa를 참조하라. 그들은 텍사스주 달라스에 있는 국제언어학센터(International Linguistics Center)에서 일했다. 이 주석은 더 큰 단위들 간의 신학적 연관성을 간과한 곳에서만 두 사람과 입장이 다르다. 참조. Ekstrom과 Rountree.

도에 관한 내용으로 끝나기도 한다.[87]

프란시스가 옳다면, 야고보서는 사상과 어록들의 무작위적 수집물과는 거리가 먼, 조심스럽게 구성된 작품이다. 이 작품을 자세히 연구해보면, 이것이 사실임이 입증될 것이다. 달리 말해서 학자들은, 야고보서에 대한 디벨리우스의 양식비평적 관점(가치가 있기는 하지만)을 넘어 편집비평적 단계를 발견해야 한다.

그렇다면 야고보서는 하나의 단위로서 서신의 서론으로 시작하고 (1:1), 하나의 표제어를 거쳐 이중적인 서론적 진술로 움직인다(1:2-27). 첫 번째 단락은 시험과 지혜 및 부(富)를 주제로 한다(1:2-11). 두 번째 단락은 시험과 언어 사용 그리고 후함/행함에 관하여 이 주제들을 반복하며(1:12-25), 요약적 진술과 전환적 언급으로 마무리한다(1:26-27). 두 번째 단락이 단순한 반복이 아니라 주제들을 다시 다루며 발전시키고 병합한다는 사실을 주목하는 것이 중요하다. 이렇게 하여 시험 주제는 시험에서 실패함의 문제(즉 하나님을 시험하기)를 논하고, 지혜 주제는 순전한 언어 사용으로 발전되며(3:1-18에서도 논함), 부(富) 주제는 순종과 나눔 문제로 발전된다. 이 주제들 사이에 내적 통일성이 등장하기 시작함에 따라 주제들 사이의 경계들이 병합된다. 이런 현상은 4장에서도 벌어진다.

야고보서에 사용된 자료의 중요한 단락들에서 이 주제들은 대구법적인 효과를 드러내며 역순으로 계속된다. 서론이 순종하라는 명령으로 끝나듯이(적어도 부와 관련하여 부분적으로라도), 본론의 첫 번째 단락은 이것이 의미하는 바가 무엇인지를 차별과 자선의 관점으로 두 부분에 걸쳐 구체적으로 설명한다. 서론의 끝부분이 부와 관련하여 순종을 언어 사용과 점차 병합하듯이, 두 번째 주제는 다시 언어 사용과 지혜 문제를 거론한다(3:1-4:12은 네 단락으로 나뉜다). 이 주제에 속한 악한 충동(시험 주제)이 이번에는 욕심에 특별히 초점이 맞춰져 다시 논의된다. 그래서 마지막 단락은 그리

---

87) Francis. 더 쉽게 접근할 수 있는 예들만 인용했다. 파피루스 증거에 대해서는 Francis의 연구를 참조하는 것이 좋다.

스도인들이 그들이 가진 부를 사용하면서(4:13-17) 어떻게 시대정신에 굴복하는지, 그리고 비그리스도인들이 그들의 부를 이용하여 어떻게 교회를 억압하는지(5:1-6; 비교. 2:5-6)와 관련하여 탐욕의 작용을 다루어야 한다.[88]

그런 다음에 결론적 진술은 주제의 반복과 결부된 종말론적 권면으로 이루어졌다(5:7-11). 이것으로 서신을 마무리할 수 있었을 것이다. 하지만 저자는 정상적으로 서신의 결론에 사용되는 주제로 이야기를 계속 진행한다. Πρὸς πάντων에 이어지는 맹세의 형식(또는 이 경우 모든 맹세를 금함, 5:12)과 건강하기를 바람(이 경우 어떻게 기도를 통하여 건강을 얻을 수 있는지에 대한 지침이 제시됨) 등이 그것이다. 기도 주제가 포함된 것은 그것이 건강 주제에 적합할뿐더러 기독교적 편지의 마지막 주제로 자주 사용되는 데 그 까닭이 있다. 마지막 몇 절(5:19-20) 역시 기도가 저자의 목적과 사람들을 죄로부터 돌이키게 하는 문제와 얼마나 관련이 있는지를 보여준다. 이 두 절에 저자가 서신을 쓴 목적이 포함되어 있다.

본 주석에서 우리는 형식과 내용 면에서 야고보서와 요한1서 간의 놀라운 병행 어구들을 다 논할 수는 없고 단지 간략히 언급하려 한다. 두 서신에는 이중적인 서론, 본론의 주제적 대구법, 그리고 결론의 (서신의 목적을 제시할지도 모르는 짧은 부록과 함께) 기도와 건강을 언급한 내용이 있다. 두 서신은 윤리적으로 이원론적이며, 세상을 전적으로 부정한다. 두 서신은 공동체적인 관심에 기초하고 있다. 또한 둘 다 관대함이라는 주제를 다룬다. 차이점이 있다면, 요한1서는 이러한 형식과 주제 자료들을 나중에 사용하는 것으로 보이며, 윤리적 관심과 아울러 (야고보서에는 없는) 원형적인

---

88) 이러한 분석과 Hill과 Torakawa의 분석이 일치하지 않는 중요한 두 곳이 있다. 첫째, 두 사람은 그리스 편지 형식을 모른 채 1:19ff.의 내용을 2:1-3:18과 연결한다. 그들은 주제의 통일성은 감지했지만, 1:26-27의 요약적이고 전환적인 구조를 놓쳤다. 둘째, 두 사람은 1:19-3:18을 4:1-5:20에서 분리한다. 전자는 개인적인 내용을 다루고, 후자는 공동체의 문제를 다룬다고 생각하면서 말이다. 3:1-18과 비교하여 4:1ff.의 내용이 공동체에 좀 더 초점이 맞춰져 있는 것은 사실이다. 하지만 Ward가 증명했듯이, 서신서 전체에는 개인적 윤리가 아니라 공동체적인 관심사에 대한 관심을 발산한다.

영지주의 교사들과 관련한 교리적 관심도 있다는 것이다.[89] 야고보서보다
는 요한1서에서는 기도의 효과에 대해 더 많은 경고가 있기도 하다(비교. 약
5:15과 요일 5:14-15, 또한 16-17절도 가능성이 있음). 따라서 야고보서와 요한1서
의 문학적 스타일과 몇몇 관심사는 전적으로 다르지만, 어떤 점에서 두 서
신 사이에는 요한1서가 야고보가 알고 있는 형식과 내용에 있어 동일한 전
통의 흐름을 알고 있다고 주장할 정도로 매우 긴밀한 유사성이 있다.

    야고보서와 베드로전서 간에도 비슷한 형식적 관계가 존재한다.[90] 이
를테면, 베드로전서 1:6-7에는 야고보서 1:2-4에서 사용된 것과 매우 비
슷한 일련의 어록이 사용되었다(약 4:6-10과 벧전 5:5-9; 약 5:20과 벧전 4:8; 약
1:18과 벧전 1:23; 약 4:1과 벧전 2:11; 약 1:10과 벧전 1:24-25). 하지만 인용한 문헌
들에서 볼 수 있듯이, 야고보서와 베드로전서가 동일한 전통을 많이 알고
있었고(예. 약 5:20. 이러한 까닭에 이 본문을 주님의 말씀이라고 생각하는 사람들이
있다), 구약성경에서 동일한 인용을 사용하며(약 4:6-10; 약 1:10-11), 선호되는
형식들을 동일하게 알고 있었다(약 1:2-4)고 주장하기에 충분한 사상의 중
복이 있기는 하지만, 야고보서와 베드로전서 사이에는 거시 구조적인 유사
성도 없을뿐더러 차용을 주장할 만큼 겹치는 부분도 없다. 거시 구조에서
는 요한1서가 야고보서에 훨씬 더 가깝다. 하지만 야고보서가 베드로전서
에 알려진 많은 전통을 공유하고 있는 것은 사실이다. 이는 야고보서의 삶
의 정황을 고려하면 예상되는 점이다.

야고보서 분석

I. 서신서의 서론 1:1

II. 여는 말 1:2-27

---

89) Schammberger는 동의하지 않는다. 그는 야고보가 강한 반(反) 영지주의적 격론을 벌이고
    있다고 믿는다. 하지만 야고보서에 있다고 주장되는 영지주의적 흔적은 대부분 그가 그렇
    게 보기로 결심했기 때문이다.

90) 야고보서와 베드로전서의 관계에 대해서는 Spitta, 183-202; Mayor, cii-cvii; Ropes, 22-23;
    Dibelius, 30-31; Wifstrand를 참조하라.

1. 첫 번째 단락: 시험, 지혜, 부 1:2-11

   a. 시험은 기쁨을 낳음 1:2-4

   b. 지혜는 기도를 통해 옴 1:5-8

   c. 가난은 부를 능가함 1:9-11

2. 두 번째 단락: 시험, 언어 사용, 후함 1:12-27

   a. 시험은 복을 낳음 1:12-18

   b. 순전한 언어는 노하지 않음 1:19-21

   c. 순종에는 후함이 요구됨 1:22-25

   d. 요약과 전환 1:26-27

III. 가난과 후함의 탁월함 2:1-26

1. 차별을 금함 2:1-13

   a. 예: 판단하는 모임 2:1-4

   b. 이치에 맞는 주장 2:5-7

   c. 성경적 주장 2:8-12

   d. 순종하라는 요구(전환) 2:13

2. 후함이 필요함 2:14-26

   a. 예: 가난한 그리스도인 2:14-17

   b. 이치에 맞는 주장 2:18-20

   c. 성경적 주장(두 부분): 아브라함과 라합 2:21-26

IV. 순전한 언어를 요구함 3:1-4:12

1. 순전한 언어는 노하지 않음 3:1-12

   a. 스스로 높이는 것에 대한 경고 3:1-2a

   b. 혀의 힘에 대한 경고 3:2b-5a

   c. 혀의 이중적인 사용에 대한 경고 3:5b-12

2. 순전한 언어는 지혜에서 옴 3:13-18

3. 순전한 기도는 노하지 않으며 진실함 4:1-10(12)

   a. 노와 정욕으로 기도함 4:1-3

   b. 세상과 벗 됨을 정죄함 4:4-6

더 자세한 내용은 Boismard; Bultmann; Burge; Ekstrom; Exler; Forbes; Francis; Gertner; Gertner, "Midrashim"; Hill; Souček; Thyen; Wessel을 보라.

야고보서의 구조 도표

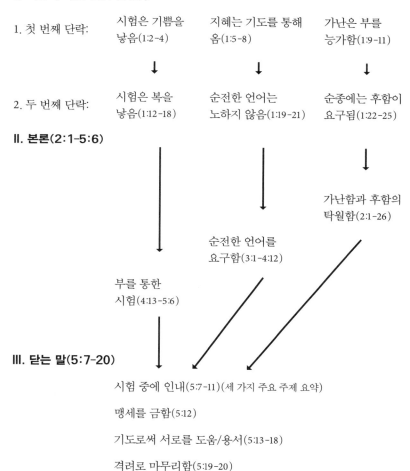

I. 이중의 여는 말(1:2-27)

1. 첫 번째 단락: 시험은 기쁨을 낳음(1:2-4) | 지혜는 기도를 통해 옴(1:5-8) | 가난은 부를 능가함(1:9-11)

2. 두 번째 단락: 시험은 복을 낳음(1:12-18) | 순전한 언어는 노하지 않음(1:19-21) | 순종에는 후함이 요구됨(1:22-25)

II. 본론(2:1-5:6)

가난함과 후함의 탁월함(2:1-26)

순전한 언어를 요구함(3:1-4:12)

부를 통한 시험(4:13-5:6)

III. 닫는 말(5:7-20)

시험 중에 인내(5:7-11)(세 가지 주요 주제 요약)

맹세를 금함(5:12)

기도로써 서로를 도움/용서(5:13-18)

격려로 마무리함(5:19-20)

III. 삶의 정황

본 주석에서는 야고보서의 삶의 정황 문제에 대해 최종적인 답을 제시할 수 없음을 분명히 한다. 모든 사람이 몇 가지 상황을 염두에 두고 진행해야 한다는 것 또한 분명하다. 비록 디벨리우스(Dibelius, 47)와 같은 몇몇 사람이, 그러한 정황을 발견하거나 지역적인 상태를 논의하려는 시도를 거의 전부 포기하고, 염두에 둔 정황이 팔레스타인의 상황이 아닌 디아스포라 유대 기독교회의 상황이라는 것보다 더 구체적으로는 말할 수 없을 정도로 그 자료가 무척 전통적이라고 믿지만 말이다.[91] 반면에 모팻은 지혜 전통과의 관련성을 이유로 야고보서의 정확한 위치를 이집트로 단정한다. 라이케와 로스는 야고보서가 「헤르마스의 목자」와 유사하고 로마적 색채가 있다는 점에 고무되어, 비록 서로의 연대 설정은 다르지만, 확신을 가지고 야고보서의 위치를 로마로 설정한다.[92] 다른 많은 사람은 야고보서를 팔레스타인과 시리아 내부 어딘가(예. 가이사랴)에 두려고 한다.[93] 각각의 정황은 다르지만, 주해에 영향을 끼치는 것은 바로 이러한 정황이다.

    야고보서에 대해 현재 검토하고 있는 내용에서는 분명하고 구체적인 역사적 상황을 찾을 수 없다. 데살로니가전서나 고린도전서를 기록하게 만든 분명한 위기나 베드로전서 4:12과 (아마도) 요한계시록을 기록하게 한 구체적인 위기는 야고보서에서 목격되지 않는다. 야고보서 1:2은 교회가 공교롭게 겪을 수도 있는 일반적인 박해를 망라한다. 야고보서 2:2-4에 묘사된 상황은 단지 어떤 교훈을 소개하기 위해 사용된 비유적 내러티브에

---

91) Bultmann(Theology, II, 143)은 헬레니즘 문화권의 회당에서 나온 유대 문헌을 어떤 그리스도인이 개작한 것으로 생각한다. 이와 같은 이중 저작 이론은 드물지 않다.

92) Laws, 22-26. 또한 Marshall, 227-47; Reicke, 6(참조. 그의 논제를 발전시킨 Reicke, Diakonie). Laws는 야고보서의 연대를 「헤르마스의 목자」보다 이전으로 잡지만, Reicke는 「클레멘스1서」와 동시대로 잡는다.

93) Ropes, 49. 오리게네스가 야고보서를 야고보가 팔레스타인에 머문 기간 동안 기록했다고 명백히 언급한 첫 번째 사람이기에 Ropes는 이 자료가 지역 회람설에 적합하다고 믿는다.

불과하지, 글로에와 같은 역사상의 인물이 바울에게 전해준 실제의 보고가 아니다. 또한 우리는 5:1-6이 한 부자들 집단에 한정된다고 생각하지도 않는다. 저자는 대체로 구약 예언에 등장하는 부자들에 대한 전통적인 묘사에 의존했다.[94] 하지만 이러한 자료 선택이 저자나 그의 독자 혹은 저자와 독자 모두의 삶의 정황을 어떻게 해서 반영할 수 없는지는 이해하기 어렵다. 저자가 교회의 상황을 부자들이 교인이었거나 그들이 교회에 관용을 베푼 상황으로 보았다면, 부자들을 박해자로 언급하지는 않았을 것이다. 이뿐만 아니라 저자가 실제로 부자들을 상인으로 이해했다면, 그는 부자들을 농부로 묘사하지는 않았을 것이다. 저자가 기록 이전의 단편들(글이든 구전이든)을 전통에서 가져와 전하는 중이라면, 사실 그의 자료는 현재 상황에 대해 말해주기보다 그 단편들이 형성되던 당대의 상황에 대해 더 많이 말해주었을 것이다. 하지만 그가 (문학적인 기록보관자로서 섬기기보다는) 당대의 청중에게 실제로 뭔가를 말하려고 했다면, 그는 단편들을 선택할 때 자기 시대와 관련된 것들로 한정했을 것이다. 그러므로 야고보서의 자료에 있는 문화적인 묘사가 야고보서의 저자(또는 그의 독자)가 처한 일반적인 상황과 관련한 것을 묘사한다고 믿을 이유가 충분히 있다.[95]

기본적인 문화 자료는 야고보서 4:13-5:6의 "화" 단락에 등장한다. 이 단락에는 두 집단의 사람들이 묘사되었다. 상인 집단(4:13-17)과 농부 집단(5:1-5)이다. 야고보는 농부 집단을 οἱ πλούσιοι("부자들")라는 칭호로 낙인찍는다. 야고보서 2:6-7은 οἱ πλούσιοι에 대한 묘사를 덧붙이는데, 그 본문에서는 그들이 공동체에서 엄청난 권위를 가진 사람들로서 동료 그리스도

---

94) Feuillet, "sens", 277.

95) 참조. Mussner, 80-83. Adamson("Inductive", 7-52, 60)은 야고보서의 경제 상황에 대해 더 자세한 설명을 제공한다. 본 주석에서 나는 Adamson과 견해를 달리하면서 다음과 같이 주장할 것이다. (1) Adamson은 기간을 너무 좁게 설정했다. (2) 그는 야고보서에 미친 그리스의 영향을 과도하게 평가했다. 이러한 모습이 일반적으로 Martin(97-103)의 글에도 등장한다. Martin은 헤게시포스의 내러티브를 너무 진지하게 취급한 것으로 보인다. 그래서 그는 제사장들이 활동하던 60년대의 상황을 제안한다. 이것 역시 기간을 불필요하게 좁게 설정한 것이다.

인들에게 반감을 품고 그들을 박해하는 사람들로 묘사되었다.

팔레스타인이 이러한 자료가 어울릴 수 있는 유일한 땅은 아니지만, 그 자료는 팔레스타인의 상황, 특히 기원후 70년 이전에 만연한 상황에 가장 적합하다. 비록 요세푸스(*Ap.* 1:60)가 고대 이스라엘 사람들이 상인이 아니라 농부에 불과했다고 주장하더라도, 경제적 결핍과 농지 부족 때문에 많은 유대인이 직업을 무역이나 상업으로 바꾸었다. 증가하는 인구에 비해 한정된 지역 때문에 모든 사람이 농사를 지을 수는 없었다. 그래서 다수의 차남은 그들의 형에게 땅을 주어 생계를 유지하도록 할 수밖에 없었다. 동시에 그리스의 상품들이 유입되었기에 많은 사람이 무역으로 한몫을 단단히 잡으려 했다.[96) 도시의 상황, 특히 예루살렘에서는 유대인 상인 집단이 발흥했으며, 무역이 부자가 되는 가장 빠른 수단으로 이해되었다.[97) 도시 중심부를 벗어나면 농업이 사람들의 주된 활동으로 남았다. 해안 마을에서는 물리적인 위치로 인해 상업이 성행했다. 예루살렘을 중요한 무역 도시가 되게 한 것은 단순하다. 예루살렘이 유대인의 삶의 중심으로서 종교적 중요성을 지녔다는 사실이다. 따라서 예루살렘의 상업적인 중요성과 그 땅의 국내 무역은 성전의 멸망과 함께 중단되었다.[98)

---

96) Schürer(II, 52-80)는 그리스의 상품들이 유입되었다는 것을 보여준다. 점령지에서 기대할 수 있는 그리스의 주화나 행정적인 용어들뿐만 아니라 상업적인 용어들 및 심지어 일반적인 국내 물품들을 지칭하는 명칭들이 그리스어의 차용어로써 아람어에 등장한다. 이러한 자료들은 특히 70년 이전 기간에 주변의 여러 나라로부터 무역이 몰려들었음을 암시한다. 예수도 이러한 무역 활동을 증언하신다(마 13:45-46). 참조. Jeremias, *Jerusalem*, 30-57, 195; G. Smith, I, 367-73.

97) 이러한 상황에 대한 증거는 다음 저서들에 잘 수집되었다. Grant, 72-76; Heichelheim, 150(하지만 이 저서가 랍비들의 묘사를 기원후 70년 이전으로 투영하여 이해한다는 점을 주의해야 한다); G. Smith, I, 310-36; Klausner, 184-92.

98) Schürer(I, 514-28)는 전쟁 이후의 빈곤을 묘사한다. 경제 문제를 악화시키고 전쟁 이전 시대의 쇠퇴를 어느 정도 야기한 자연재해에 대해서는 Jeremias, *Jerusalem*, 140-44을 참조하라. 전쟁 이후의 암울한 현실에 대해서는 Heichelheim, 182; Baron, II. 102-108을 보라. 기근과 관련된 내용이 탈무드에 언급되었지만, 그 땅은 어느 정도 빠르게 상태를 회복했다. 농장 대부분이 몰수되지는 않았으므로, 농경 생활은 아마도 기원후 75년경까지 정상적으로 계속되었을 것이다. 전쟁으로 인해 인구가 줄었다는 것은 식량 부족이 어느 정도 해소되었다는 것과 다른 영구적인 변화로 이어졌음을 뜻하기는 했지만 말이다. 무역은 좀 더 느

야고보는 교회에 있는 상인들의 물질주의에 대해 강한 어조로 말한다. 그는 상인들이 본질적으로 하나님을 무시하며 겉으로 보이는 그들의 자족함을 자랑하고 있다고 비난한다.[99] 하지만 실제로 이것은 연약함과 불안정한 상황을 자랑하는 것이다. 이 사람들은 공관복음에 간직된 기독교 전통을 따르지 않았다. 그들은 자신들의 미래 전체를 하나님의 손에 맡기지 않았다.[100]

부자 농부 집단은 팔레스타인에서 전혀 새로운 부류가 아니었다.[101] 팔레스타인에는 초창기부터 농사지을 땅이 있었다. 하지만 그 땅이 부자들의 수중에 들어가게 된 것은 왕정 시대의 상황으로부터 유래한다. 고대 전통에 따르면, 하나님만이 그 땅의 주인이셨고, 그가 그 땅을 각 지파에게 주셔서 양도할 수 없는 가족의 구역으로 나누게 하셨다.[102] 왕과 정복을 통해 경제적인 변화가 왔다. 왕의 중앙집권화된 권력을 통해 권력을 가진 사람들은 큰 부동산을 소유할 수 있게 되었다.[103]

바벨론에 포로로 잡혀감에 따라 대규모의 부동산들이 분해되었고, 그

리게 회복되었으며, 유대 지방에서 대부분의 무역이 회복되지는 않았다. 유대 지방이 성전과 성전으로 인해 예루살렘에 모인 정치적·종교적 활동에 의존한 까닭이다. 랍비들의 실효적 지배가 미쳤던 곳에서는 랍비들이 종교적인 이유를 들어 부과한 무역 규제들(예. m. A. Zar, 1) 때문에 상업 활동이 분명 제한되었을 것이다.

99) 약 4:16에서 이런 사람들을 특징짓기 위해 사용된 ἀλαζονεία라는 용어는 자부심, 헛된 자랑, 교만, 가식을 의미한다. 해당 본문 주석과 BAG, 34을 참조하라.

100) 어리석은 부자 비유(눅 12:16-21)를 참조하라. 바울에게서도 이와 비슷한 교훈을 찾을 수 있다(고전 4:19; 16:7. 참조. Mussner, 191). 다른 두 요인은 주목할 가치가 있다. (1) 야고보는 이 사람들을 οἱ πλούσιοι라고 부르지 않는다는 것과, (2) 그는 그들이 다른 사람을 착취했다고 비난하지 않는다는 것이다. Adamson("Inductive", 15-17)이 지적했듯이, 상인들이 종종 어려운 시절에 폭리를 취했을 뿐만 아니라 착취로 악명이 높았다는 것은 사실이다(Jeremias, Jerusalem, 122). 하지만 야고보는 그들의 물질주의만을 비난한다. 그는 대규모의 경제적 모험을 비난하지 않으며, 상위 부자 계급에 대해서도 프롤레타리아식 저항을 늘어놓지 않는다. 야고보가 볼 때, 상인들은 예수가 언급한 어리석은 부자처럼 정직하기도(그리고 악하기도 하다) 하다.

101) 본서 56-58쪽에서 주장했고 해당 주석에서 제시하듯이, 저자나 독자 또는 둘 다 팔레스타인을 배경으로 하고 있다는 사실은 약 5:7에 묘사된 가을비와 봄비 언급에서 드러난다. 이것은 지중해 동부 해안평야와 저지대에 한정된 기후다. 참조. Krauss, II, 149-53.

102) Dalman, II, 41-46.

103) 미 2:2; 사 5:8. 참조. Mussner, 77; Davids, 111-12.

땅을 소유한 사람들은 가난하게 되거나 멸망했지만, 변화되지 않은 것은
백성들의 특성이었다. 그래서 부의 집중화 과정은 페르시아, 그리스, 로마
시대의 다양한 환경을 통해 반복되었다. 재산을 불려주거나 파산하게 만
드는 정치적 권력의 원천만 종종 변했다. 이를테면, 헤롯에게 사람들을 처
형하고 그들의 부를 몰수하는 등 고통을 가하는 습관이 있었지만, 사람들
은 계속해서 재산을 얻기도 했고 잃기도 했다. 그리고 유대인의 종교와 문
화에서 오래되고 중요한 위치 때문에 땅은 계속해서 최고의 투자 물품이
었다.[104]

    그렇다면 70년 이전에도 그랬지만 70년 이후에도 인구 대다수가 손
바닥만 한 땅에서 근근이 살아가는 농부들로 이루어진 문화적 상황을 보
게 된다. 그들에게 할당된 땅의 규모와 증가하는 인구에 맞는 조건들 때문
에 장자를 제외한 모든 남자는 (운이 좋다면) 무역업에, 그렇지 않으면 기술
이 필요 없는 노동에 내몰렸다. 장남의 재원도 너무 적어서 가뭄이나 이와
비슷한 재난이 발생하면, 그도 생존을 위해 그의 밭을 저당 잡힐 수밖에 없
었다(종교적 규율들이 그에게 가해진 경제적 압박을 더했다). 지속되는 흉작과 (땅
주인에게 유리한 비율로 씨앗이나 돈을 빌려준) 부유한 땅 주인의 경제적인 힘 때
문에, 장남이 자기 땅에서 내쫓김을 당하는 일이 비일비재했다. 땅이 없는
이러한 농부 중에는 노동자로 고용되거나 남의 땅을 빌려(그것도 종종 과거
에 자기 소유였던 땅이었다) 농사를 짓는 소작농으로 전락한 사람들이 많이 있
었다. 이들은 부자들에 의해 지속적으로 경제적 착취를 당하였다. 이 시기
에 대제사장 가문을 비롯하여 지도층에 있는 정치적 인물들의 탐욕은 악명

---

104) Jeremias(*Jerusalem*, 91)와 Krauss(II, 161)는 농사일에 부여된 높은 가치를 지적한다. 참
    조. Test. Iss. 3:1; 6:2. Adamson("Inductive", 7-9, 17)은 이러한 문화 패턴을 야기한 것이
    (기원전 4세기 그리스에서 πλούσιοι라고 불렸던) 그리스의 부르주아 문화의 확산이었다
    고 주장한다. 이러한 집단이 실제로 그리스 세계에 퍼졌고, 그리스어에 의해 주도된 헬레
    니즘의 영향이 팔레스타인에서도 감지되었다는 것은 의심의 여지가 없다. 하지만 헬레니
    즘의 문화적 현상이 팔레스타인의 부유한 부재 농부들 사이에서 사치와 과시 패턴에 영향
    을 준 것 이상의 작용을 했는가는 의문의 여지가 있다. 이러한 농부들이 실제로 존재했고
    그들의 압제적인 노동 정책들은 그리스의 영향보다 더 오래되었다.

높았다. 다른 여러 경제적 짐에 더하여 과중한 세금과 실정(失政)이 가해졌다.[105]

억압받지만 "자유가 있는" 노동자의 이러한 상황이 성행한 데에는 까닭이 있다. 하이흘하임이 제시했듯이, 이탈리아와는 다르게 팔레스타인에서는 땅 주인들이 그들의 넓은 부동산에서 일할 사람으로 노예보다는 고용된 일꾼을 사용했다. 이러한 관행은 부분적으로는 노예 소유와 관련한 종교적인 요건에 기인한다. 고용된 노동자에 대한 언급은 야고보가 노예에 대해 언급하지 않은 설명이 될 수 있다. 그렇지 않았다면 야고보는 억압받는 계급에 관심을 보였을 것이다. 예레미야와 같은 예언자들이 이런 상황을 향하여 목소리를 높이고 (가정 법규에 나타나듯이) 노예들이 이방인 교회의 교인들이었다는 사실과 상관없이 말이다. 심지어 유대 기독교회에서도 그들이 교회에 들어오는 데 있어 전혀 문제가 없었을 것이다. 유대인이 돈을 주고 산 노예는 전부 할례를 받았기 때문이다.[106]

기원후 135년 이후에는 팔레스타인 내에 산업의 증가와 유대인들의 농업 이탈이 있었다. 이것은 인구의 급격한 감소에 더하여 수입의 감소가 있었음을 의미한다. 두 번에 걸쳐 유대 전쟁이 벌어지는 동안 대지주들은, 비록 모두가 무거운 세금에 시달렸고 그중에 소수는 농지를 몰수당하기도 했지만, 다소간 누구의 방해도 받지 않고 지냈다. 두 전쟁 사이에 총체적인 경제적인 회복의 정도는 이 기간에 부유했다고 알려진 몇몇 랍비들을 통해 판단할 수 있을 것이다(이 보고 중에는 확실히 과장된 내용도 있지만 말이다).[107]

이 정보는 첫 번째 유대 전쟁 이전 마지막 30년 동안 야고보의 상황을 쉽게 그려볼 수 있음을 의미한다. 헤롯 아그리파 1세가 죽은(기원후 44년 - 역주) 이후에는 일련의 기근과 아울러 팔레스타인의 내부 안정에 심각한 퇴

---

105) 세제에 대한 자세한 내용은 Klausner, 179-84; Grant, 64-68; Heichlheim, 146-50, 164-65을 참조하라.
106) Jeremias(*Jerusalem*, 110-11)는 노예제도가 실제로 존재했음을 보여준다(비록 그 증거가 농사를 짓지 않은 도시 상황에서 온 것이기는 하지만 말이다).
107) 참조. Baron, 11, 104-105, 123과 Büchler, 33-40.

보가 발생했다. 또한 바울 서신 전체에서 나타나 있듯이, 교회는 이 기간에 가난해졌다. 이 기간 마지막 10년에는, 성전의 성직자들도 서로 형편이 달랐다. 부유한 고위 제사장 가문들은 로마와 손을 잡고 하급 성직자들에게서 그들이 받아야 했을 십일조를 빼앗았고, 하급 성직자들은 빈곤하게 되어 열심당과 손을 잡았다.[108]

　　이러한 상황이 팔레스타인에서 교회에 어떤 영향을 끼쳤는지 떠올릴 수 있다. 한편으로 교회는 자연히 부자들에 대해 증오심을 가졌을 것이다. 부자들은 그들의 땅에 있는 많은 주민을 "강탈"했다. 그들은 노동을 시키면서 그리스도인들을 차별했을 것이다. 그리고 그들(적어도 고위 제사장 가문)은 교회를 억압하려는 시도에 앞장섰던 사람들이다(그들의 눈에는 교회가 혁명 운동으로 보였을 것이다). 한편, 만일 부자가 교회에 들어오거나 가입하면, 여러 가지 이유로 그에게 환심을 사려 했을 것이다. 그가 가지고 있는 돈은 생존의 수단으로 여겨졌다. 확실한 것은 **그의** 기분을 상하게 해서는 안 된다는 것이다.[109]

　　외적인 상황을 고려한다면, 누구나 내적인 효과도 기대할 것이다. 30년대와 40년대의 관용은 사라져버렸다. 교회는 이제 세상과 다를 바가 없었다. 재정적 압박 아래에서 사람들은 정통 신앙을 견지하려는 경향을 보였지만, 그들은 그들이 돈을 얼마나 가졌든지 그것을 꼭 움켜잡으려 했다. 이러한 경향은 자연히 더 많은 재정적 안정을 얻으려는 계획, 즉 야고보가 보기에 세상을 사랑하는 것의 급증을 의미한다. 교회 밖의 계급투쟁은 열심당과 친로마파 간의 충돌로 이어졌다. 교회 내부에서는 열심당과 연합하려는 유혹과 함께 불평과 비통함과 당파 간 갈등으로 이어졌을 것이다. 결국 열심당은 가난한 자들의 편이었다. 그들이 빚을 기록한 장부들을 소각한 것에서 볼 수 있듯이 말이다.

　　야고보서는 이러한 상황에 적합하다. 사도행전에서 의인 야고보는 중

---

108) Jos, *Ant.*, 20:180-81; Martin, 99.
109) 참조. Burchard, "Jakobus", 29-35.

재자와 공회 의장으로 묘사되었다(행 15:13-21; 21:18-26). 사도행전은 이러한 그림에 잘 어울린다. 야고보는 부자들에게 예수의 가장 강력한 말씀과 맥을 같이하여 신랄한 종말론적 비난을 퍼붓는다(눅 6:24-26). 야고보의 교회는 가난한 자들의 교회다. 유대인들의 아나빔(‘anāwim) 경건이 야고보서 전체에 스며 있다. 하지만 아나빔 경건은 강렬한 종말론적인 기대와 연결되었다. 야고보는 가난한 자들에 대한 공감을 보이면서도, 열심당과 연합하는 것은 거절한다. 그는 그리스도인들에게 세상을 포기하라고 요구한다. 재정적 안전을 찾으려는 욕망은 사실 마귀적이며 시험이다. 더욱이 야고보는 미움과 투기(약 4:1-3), 언어의 남용(3:5b-12), 분노(1:19-20)를 저버릴 것을 촉구한다. 열심당에게 하는 것을 포함하여 어떤 맹세도 해서는 안 되었다 (5:12).

　　물론 이러한 명령들은 공동체에 그 초점이 맞춰져 있다. 야고보는 교회 안에서 하나 됨, 사랑, 자선의 붕괴를 제일 염려한다. 사람들이 압력에 굴함에 따라 믿음의 시험은 교회를 나누고 있었다. 야고보는, 부자들을 맹렬히 비난했지만 증오와 폭력을 행사하지 않았던 예언자적인 태도로, 내적인 하나 됨과 자선을 촉구했다. 그는 사람의 개입이 아니라 주님의 개입이 있을 것을 알렸다. 외적인 붕괴는 종말론적 기대감을 키운다.[110]

　　야고보서의 상황에 대해 확신할 수 있는 사람은 아무도 없겠지만, 지금까지 서술한 내용이 가장 개연성이 높은 것 같다. 그래서 이 주석에서는 야고보서의 원전통이 이 기간의 이른 시기인 40년대 후반과 50년대 초반에 등장했다고 추정한다. 그 전통들은 교회의 지위를 확고히 하려고 이 기간의 후기에 수집되었다. 따라서 야고보서는 전쟁의 폭풍이 팔레스타인의 교회를 덮기 전에 볼 수 있던 팔레스타인 교회에 대한 마지막 모습일 것이다.[111]

---

110) 만일 교회가 요단강 동편으로 도주했다는 전통을 받아들인다면, 이것은 이 장면에 분명히 적합하다. 분열에 대한 경고가 너무 강렬하여 마침내 교회는 존속하기 어려웠을 것이다. 교회는 하나님의 개입을 기다리기 위해 피신했다.

111) 여기서는 야고보서의 전쟁 이전 상황이 선택되었다. 편집상 야고보서가 존경받는 지도자

더 자세한 내용은 von Campenhausen, "Nachfolge"; Carroll; Polhill; Prentice; Reicke, Diakonie; Stauffer를 보라.

의 단순한 교훈 모음집이 아니라, 앞에서 묘사한 여러 문제를 겨냥한 소책자로 보이기 때문이다.

IV. 신학

야고보서에 통일성이 있다는 사실을 받아들이는 순간, 야고보서의 신학을 찾기 시작해야 한다. 야고보서에 단편적이고 통일성이 없는 자료들이 보인다고 해도, 최종 작품은 편집된 완전체인 까닭이다.[112] 물론 이 결론은 누구나 저자의 신학이 지닌 완전한 모습을 추출할 수 있다거나 그 신학이 체계가 잡혀 있다는 의미는 아니다. 저자가 다루는 일곱 영역에 대해 살펴볼 수 있다는 것이며 저자의 사고를 체계적으로 설명해볼 수 있다는 의미다.

더 자세한 내용은 Bieder; Brooks; Cranfield; Eichholz, Jakobus; Henderlite; Kromrei; MacGorman; Maston; Noack; Obermüller, "Themen"; Reicke, *Diakonie*; Rendtorff; Schammberger를 보라. 추가적인 참고문헌이 유용하다고 보이는 곳 이외에는, 이 논의에서는 요약만 할 것이며 자세한 논증과 증거자료는 해당 주석에 맡겨둘 것이다.

1. 고난/시험

야고보서에서 만나는 첫 번째 중요한 주제는 고난 또는 시험(πειρασμός)이라는 주제다. 누구라도 서론에서나 1:12ff.에서 이 주제를 놓칠 수 없을 것이다. 하지만 두 구절 다음부터는 이 주제가 있다는 것을 잊을 가능성이 있다. 그러나 이 주제는 사라지지 않는다. 사실 야고보서의 다른 여러 곳의 근저에 놓여 있는 것이 바로 이 주제다. 고난/시험의 주제는 5:7의 종말론적인 기다림과 (마찬가지로 5:19-20에서 잘못을 범한 사람을 돌이킬 필요와도) 연

---

112) 이것은 야고보서에 전반적인 계획이 없다고 보는 Mussner와 야고보서를 일련의 큰 단락을 서로 연결한 것으로 이해하는 Hoppe에게도 해당한다. 이 단락들 내부에 하나의 신학이 있기 때문이다.

결되었다. 이 주제는 전환점인 4:17에서 다시 등장한다. 이 주제는 세상과
벗 된 문제를 다룬 4:1-10의 저변에 깔려 있으며, 2장 후반부 배후에 있는
주제이기도 하다. 따라서 시험이라는 문제는 야고보서를 묶어주는 줄이다.
목걸이의 줄처럼 구체적인 장신구들의 무늬가 줄 자체보다 더 자주 보이긴
하지만 말이다.

유대교의 시험/고난 사상의 배경에 대해서는 여기서 요약할 수 있는
것 이상을 제시하기가 힘들다. 유대 문헌은 너무 방대하여 심도 있게 전개
할 수는 없으나 몇 가닥은 주목할 수 있다. 첫째, 유대교의 가장 초기 자료
는 일반적으로 고난을 개인적이든지 공동체적이든지 죄와 연결시킨다. 하
나님께 죄를 범한 사람은 그 죄가 제거되기까지 고난을 겪는다. 반면에 의
인은 평생 복을 받는다. 일례로 요세푸스는 다른 사람들의 권모술수에도
늘 이겼다. 비록 이러한 설명이 다수의 상황에 해당된다고 하더라도 고난
을 설명하는 보편적으로 타당한 설명은 아니었다.

둘째, 분열 왕국과 포로기의 경험(특히 예언자들의 경험)을 통해서 유대
교는 고난이 종종 의인들의 운명이기에 개인의 죄가 아니라 개인보다는
더 큰 영적 실체에 뿌리를 두었다는 사실을 의식하게 되었다. 이 시험 전통
이 속하는 부분이 바로 이러한 맥락이다. 이 전통 자체는 문맥보다 더 오래
되었다. 아브라함의 시험(창 22장)과 광야에서의 이스라엘의 시험이 여기
서 생생하게 표현된다. 하지만 전통이 발전됨에 따라(일례로 욥의 산문체의 내
러티브에서), 하나님은 그의 가장 훌륭한 종들을 사탄의 손에서 고난받도록
허용하는 분으로 이해된다. 이러한 발전의 한 부분으로서 오래된 전통들은
하나님을 고난의 직접적인 원인에서 빼버리고 사탄(벨리알, 마스테마)을 그
원인으로 소개한다(예. 1QM 16-17; Jub. 17-19). 그래서 고난은 격전장이 되
었다. 만일 고난을 겪는 사람이 굴복하고 하나님을 비난한다면, 하나님(과
고난 겪는 당사자)은 지는 것이다. 그러나 만일 그 사람이 굳게 선다면, 하나
님은 승리하시고 그 사람은 상을 받는다. 더욱이, 「희년서」의 이원론이 등
장하지 않는 「집회서」와 「솔로몬의 지혜서」 같은 작품들에서는 고난이 긍
정적인 가치를 지닌다. 고난은 경건한 자들을 정화하고 시험하며, 그들이

시험을 통해 더 많은 덕목을 가지고 더 큰 상을 받을 만한 사람으로 나오기 때문이다. 이 모든 이야기 중에서 (다수의 시험을 통과한) 아브라함과 욥 등 두 사람이 부각된다. 사실, 이 성인들은 고난이 낯선 경험이 아니라 경건한 사람들의 **정상적인** 경험임을 보여주기 위해 사용된다.

더 자세한 내용은 Batley; Carmignac; Carmignac, "théologie"; Crenshaw; Davids, 1-184; W. Eichrodt, "Vorsehungsglaube"; Flusser; Gerhardsson; Leaney; Peake; J. A. Sanders; Scharbert; Stamm; Sutcliffe; Wichmann을 보라.

셋째, 고난의 문제와 밀접한 관계가 있는 것이 죄의 기원 문제다. 여기에는 이 서신에 중요한 두 가지 국면이 있다. 한편으로 죄는 점차 인간 내부에 있는 힘, 곧 "예체르"(yēṣer)의 악한 충동으로 이해되었다. 이 충동은 단순히 순수하고 목표가 불분명한 욕망이기에 창조된 본성 중 하나다. 하지만 욕망만은 위험한 힘이다. 그 욕망은 필요한 모든 수단을 강구하여 모든 것을 장악하기 때문이다. 그래서 악한 충동은 적법한 경계를 파기하는 죄로 이어진다. 하지만 필요한 것은 모든 욕망의 전적인 제거가 아니라 악한 욕망을 선을 행하는 것으로 돌리고 한정짓는 저항력이다(이것은 율법, 선한 충동, 성령 등으로 다양하게 묘사되었다). 사람이 악한 충동을 선한 충동에 굴복시킬 때 내부의 충돌은 해결된다.

반면에 죄 문제는 점점 표면화되기도 했다. (어떤 명칭으로 불리든지 간에) 사탄은 사람들을 얻으려고 하나님과 대결하는 존재로 이해되었다. 이 이원론적인 장면은 물론 절대적이지 않다. 유대교 내에서는 결과가 확실했기 때문이다(예. 1QM). 악한 세력의 전략은 어떤 영이든 수단이든 가리지 않고 사람들을 미혹하고 하나님께 충성하는 사람들을 고난받게 하는 데 있다. 이처럼 믿음에 도전하는 사탄의 전략의 심각성은 주의 기도의 마지막 두 간구에 분명히 반영되었다.

이러한 두 지침을 고려할 때 우리는 두 지침을 서로 배타적인 것으로 생각하지 말아야 한다. 예를 들어, 바울은 악한 "예체르"(롬 7장)와 반대 세력인 성령(롬 8장)뿐만 아니라, 시험 및 배교에서 사탄의 역할(고후 2:11)을 분명히 인식했다. 내적 시험과 외적 시험 간의 연결성과, 누구나 택함 받은 집단에 속해 있지만 여전히 죄성을 가지고 있다는 사상의 공존 모두 사해 사본에서 발견된다. 따라서 그러한 사상의 결합이 신약성경에서만 발견되는 것은 아니다.

더 자세한 내용은 Davids, 1-93; Davies, *Paul*, 17-35; Edlund; Hadot; Malina; Murphy; Porter; Seitz, "Spirits"; C. Smith; Stacey; Tennant; N. Williams; Wolverton을 보라.

야고보는 창조적인 방법으로 이 신학을 사용한다. 그는 죄와 고난(특히 질병) 간의 관련성을 잘 알고 있었다. 이것을 그는 5:14-16에서 설명한다. 여기서 그는 죄를 고백하는 것이 사실 치유의 과정에 속하는 것이라고 표현한다. 하지만 그는 조건절 문장으로 자신의 더 깊은 관심사를 드러낸다. 고난으로 말미암아 죄를 짓게 되거나 고난을 피하려고 죄를 짓는 위험이 있다는 것이다.

그렇다면 야고보서가 감당해야 하는 실제적인 문제는 1:2-4, 12-15에 등장한다. 야고보가 편지를 쓰는 공동체는 고난의 문제에 직면하고 있다. 고난은 극심한 박해는 아니고, 저자가 시험(πειρασμός)이라고 이해하는 환경들이다. 시험은 종말론적으로 기대되는 기쁨을 만들어내야 한다. 어찌 되었든지 악의가 아니라 정화에 하나님의 목적이 있기 때문이다. 공동체는 참음과 인내의 덕목을 보여줄 것이며, 그 결과 이전보다 더 온전하게 된다. 그들은 시련을 견디어낸 자들이 될 것이다(δόκιμος, 1:12).

한편, 공동체 안에는 그 상황을 견디기 어려워하는 사람들이 분명히 있었다. 그들은 광야의 이스라엘이 그랬듯이, 시험의 상황에서 하나님을 비난하려는 유혹을 받는다. 이런 행위는 악한 충동에 굴복하고 있다는 실패의 신호다. 이러한 사람은 하나님을 시험하지 말아야 한다는 엄격한 경고를 받는다(1:13). 그들의 실패는 하나님 때문이 아니라 자신들 내부에 있는 충동(ἐπιθυμία)에 기인한다. 하나님은 그들을 악으로 인도하는 분이 아니시다.

이밖에도 다른 세 요인이 시험 문맥에 등장한다. 첫째, 공동체를 억압하는 것 중 하나는 경제적 문제다. 아브라함과 욥 두 사람이 인용된 것은 우연이 아니다. 대중적인 전통에서 그들은 큰 시험을 받았고 의로운 사람이라는 인정과 긍휼히 여김을 받았던 사람들로 알려졌다.[113] 욕심은 사람을 세상과 타협하고 재정적인 안전을 추구하도록 이끈다.

둘째, 공동체 내부 다툼의 원천 역시 악한 충동(ἡδονή)이다(4:1ff.). 공동체 내부의 다툼은 가지려는 욕심의 결과이기 때문이다. 여기서 세상과의 타협이 훨씬 더 분명히 드러난다. 그리고 야고보는 아주 강한 어조로 욕심을 비난한다.

셋째, 야고보는 외부에서 시험하는 자를 잊지 않았다. 1장에는 시험하는 자가 등장하지 않는다. 하지만 3:15에서 그는 공동체를 분열시키고 있는 "지혜"의 원천으로 처음 모습을 드러낸다. 그런 다음에 4:7에서 야고보는 악한 충동으로 미혹을 받는 사람들에게 마귀를 대적하라고 명령한다. 야고보가 목회적인 목적으로 이러한 이원론을 강조하지 않았다는 것은 분명하다. 하지만 분명 그는 사람들의 내적인 악 배후에 영적이고 마귀적인 악의 힘이 있음을 인식했다. 야고보는 사람들 안에 있는 악한 성향을 인정하면서도 동시에 세상에 있는 초자연적인 악의 세력을 인정한다는 점에서 쿰란과 바울의 모호한 생각을 공유한다. 야고보는 시험하는 상황을 하나님의 탓으로 돌리지 않으려는 후기 유대교와 같은 생각을 하지만, 동시에 그는 사람들에게 회개와 책임을 촉구하는 데 관심이 있으므로 사탄을 직접 연루시키려 하지 않는다. 하지만 사탄의 존재가 완전히 가려지지는 않는다.

따라서 고난에 적절하게 반응하려면, 악의 충동에 굴복하거나 하나님께 그 탓을 돌릴 것이 아니라 인내로써 참아야 한다. 1장의 ὑπομονή("인내")

---

113) 이 예들을 좀 더 자세히 논의한 Davids, "Tradition"을 참조하라.

는 5장의 μακροθυμέω("참다")다. 인내와 참음은 두 절에 세 번 반복되며, 그런 다음에 두 절 뒤에 ὑπομονή가 반복해서 등장한다. 이것은 야고보서의 서론과 주제가 반복하는 부분 두 곳에서 야고보가 촉구하는 내용이다. 두 단락 사이에 인내와 참음이 무엇인지 그리고 어떻게 하는지가 등장한다.

이렇게 야고보는 시험/고난 전통을 직접 다룬다. 시험은 인내한다면 성숙함으로 인도한다. 하지만 시험은 하나님에게서 온 것이 아니라 악한 자에게서 온다. 시험에는 고난이 포함된다. 하지만 고난은 욥의 경우에서처럼 영광으로 인도할 것이다.

더 자세한 내용은 Nauck; Thomas를 보라.

2. 종말론

야고보서 전체의 저변에 있는 고난/시험 주제를 논하면서 종말론을 주목하지 않을 수 없다. 앞에서 나는 고난 주제가 쿰란에서 발견되는 주제와 비슷한 이원론적인 문맥에 적합하다고 주장했다. 이와 비슷한 유형의 이원론이 예수와 사탄, 빛과 어두움 간의 명백한 전쟁을 담고 있는 복음서의 기저에 놓여 있다. 이것은 바울에게서도 발견되는 듯하다. 그렇다면 신약성경 배후에 있는 이 종말론이 야고보서에도 반영되었다는 사실은 놀랍지 않다.

야고보서에 있는 가장 강력한 종말론적인 본문은 5:7-11에 있는 주제의 반복 부분이다. 여기서 야고보는 그리스도인이 고난을 당할 때 "주의 재림"(τῆς παρουσίας τοῦ κυρίου)이 있음을 기억하며 인내심을 갖고 참으라고 권한다. 이 "재림"(παρουσία)이 "가까이 왔다"(ἤγγικεν)고 한다(5:8). 이에 미루어볼 때 저자는 교회가 역사의 끝에 서 있다고 이해한다. 이 시대와 다가올 시대 간의 긴장이 고조되었다. 곧 새 시대가 들이닥칠 것이다. 현재 필요한 것은 악에 대한 대적이 아니라 선으로 인내하는 것이다. 교회는 욥처럼 종말론적인 전쟁의 해결을 기다리고 있지만, 교회에 가해지는 강렬한 억압에 직면하여 함께 뭉칠 필요가 있다.

교회의 태도를 묘사했으니, 신속히 다가오는 날이 심판에 직면하여 충성을 촉구한다는 사실을 지적하는 것이 좋을 것 같다. 그는 형제들에게 원망함으로써 교회의 연합을 깨려고 하는 사람들에게 "심판 주가 문밖에 서 계시니라"는 메시지를 전한다(5:9). 가난한 자들(즉 그리스도인들)을 박해하는 자들에게 주는 메시지는 구약의 예언자들이 전한 메시지를 반영한다. 종말론적 심판이 아주 가까이 있어서 그들의 부는 이미 좀 먹었고 녹이 슬었다. 부자들은 보물을 쌓아두었다. 하지만 마지막 날에 그렇게 하였다(먼 미래는 없다). 부자들이 착취한 사람들의 부르짖음이 이미 주님의 귀에 들어갔다. 그리고 그들은 실제로 "도살의 날"에 연회를 베풀었다. 하지만 지금은 사실 종말론적인 도살의 날이다. 이 문맥에서 주의 강림하시기까지 참으라는 촉구는 불길하다. 가난한 그리스도인들에게 강림이 가져올 위로는 부자들에게는 전혀 위로가 될 수 없다. 신약의 묵시문학을 통해 반영되었듯이, 어조는 구약의 심판 신탁의 음울한 어조다.

그렇다면 문학적으로 야고보서의 종말론은 마가복음 13장과 마태복음 24-25장, 데살로니가후서 2장과 요한계시록의 세계에 남아 있다. 이것은 강렬한 묵시적인 기대감으로 충만한 세계다. 그리스도의 재림은 지연을 전혀 생각하지 않고 기다려진다.[114] 야고보의 부름은 끝까지 충성하라는 촉구다. 그리스도의 강림으로 사람들이 바라던 심판과 공의가 임할 것이다. 야고보서에는 실현된 종말론의 기운이 거의 없다.

하지만 종말론은 야고보서가 다룰 주제가 아니다. 그것은 야고보서의 배경이다. 야고보는 그의 독자들과 동일한 사상 세계를 공유하고 있어서 자세한 교훈을 내릴 필요가 없었다. 이 공동체는 바울의 공동체(참조. 살후 2장)처럼, 묵시적 교훈이 믿음의 기본에 속한다고 이해했다. 야고보 교회의 기독교적 세계관에서 작용한 이 교훈의 근본적인 역할을 인정하지 않고서

---

114) 벧후 2장 이외에 재림의 지연이 초기 교회에 끼친 문제가 있었는지는 논란의 여지가 있다. 참조. Smalley. 하지만 설령 Smalley가 틀렸다고 해도, 야고보서에는 지연 문제에 대한 암시가 없다.

는, 야고보서 1:2, 12에 언급된 기쁨을 이해할 수 없다. 토머스(J. Thomas)가 적절히 표현한 것처럼, 이것은 시련에 직면하여 예상되는 기쁨, 곧 "종말론적 기대에 찬 기쁨"(eschatologische Vorfreude)이다. 그가 알고 있는 상(賞)이 빠르게 다가오고 있기 때문이다. 1:12에 언급된 상이 요한계시록 2:10에서 사용된 것과 같은 용어로 표현되었다는 사실은 전혀 놀랍지 않다. 야고보서의 최종 형태의 연대가 언제이든 간에, 야고보서는 슈바이처가 예수에게서 보았고 나중에 요한계시록으로 흘러 들어간 전통 안에 굳게 서 있다.[115]

더 자세한 내용은 Aland; A. Moore, 149-51; Obermüller, "Themen"을 보라.

3. 기독론

주님이 오신다면, 이 주님이 어떤 분이신지를 묻는 것이 어느 정도 유용하다. 야고보서의 기독론적 특징은 무엇인가? 여기서 우리가 무척 주의해야 할 것이 있다. 야고보서의 기독론이 추정된 기독론인 까닭이다. 저자는 필요할 때마다 (기독론과 관련된) 사상들을 언급한다. 그는 기독론을 설명해야 할 필요를 느끼지 않는다. 따라서 우리는 드러나는 그림이 저자의 사상을 충분히 대표하는지 확신할 수 없다.

야고보서에는 분명하게 기독론적인 본문이 두 개 있다. 1:1에서 저자는 자신을 "주 예수 그리스도의 종"(κυρίου Ἰησοῦ Χριστοῦ δοῦλος)으로 언급하고, 2:1에서는 "영광의 주 곧 우리 주 예수 그리스도"(τοῦ κυρίου ἡμῶν Ἰησοῦ Χριστοῦ τῆς δόξης)에 대한 믿음을 언급한다. 이 두 본문의 문법이 난해하고 두 본문의 진정성이 논쟁의 대상이 되어왔지만, 이 본문에는 야고보서

---

115) 야고보의 종말론은 야고보서가 처음에는 받아들여지지 않은 이유 중 하나였을 수 있다. 이와 비슷한 저항을 요한계시록도 마주했기 때문이다.

의 가장 분명한 기독론적 주장이 나타나 있다.[116] 두 본문은 저자가 바울처럼(롬 1:1; 빌 1:1) 자신을 하나님의 종으로만 아니라 예수 그리스도의 종으로 여기고 있다는 사실을 보여준다. 이 분과 관련된 신앙체계도 있다. 이것은 분명히 교리와 실천의 요체를 의미한다. 만일 믿음에 대한 동일한 의미가 2:14ff.에서도 의도되었다면 말이다.

저자가 제시하는 핵심 진술은 κύριος라는 용어에서 나타난다. 이 용어가 그리스도를 지칭하기 위해 그가 선호하는 용어임이 분명하기 때문이다(야고보서에 11번 사용됨). 이 사실은 그가 그리스도를 무엇보다도 부활하신 주님, 즉 모든 사람이 복종해야 할 분으로 생각하고 있음을 의미한다. 분명한 것은 그리스도에 대한 이러한 이해가 바울 사상과 잘 어울린다는 점이다. 마라나타 유형의 문구가 나타내듯이(고전 16:22; 참조. 행 2:26), 이 용어가 바울이 꽃을 피우기 오래전부터 존재했지만 말이다.[117]

저자가 예수를 승천하신 주님으로 이해한 것에 비춰볼 때, 누구나 십자가 신학(*theologia crucis*) 곧 하나님의 아들 기독론이나 구주 기독론의 부재를 주목한다(이러한 기독론의 부재로 인해 야고보서는 결국 루터의 감시 대상 명단에 오르게 되었다). 이런 내용이 부재한 이유는 너무도 분명하다. 첫째, 십자가 신학은 **바울 서신**에서 바울이 특별히 공헌한 내용으로 보인다. 사도행전이 초기 기독교의 설교를 나타낸다면, 사도행전은 그 설교가 바울에게서 발견되는 십자가에 대한 상세한 주장이 아닌, 예수가 주와 그리스도이심에 근거한다고 묘사한다. 바울이 십자가를 선포했던 것은 한편으로는 그의 회심 경험 때문이고 다른 한편으로는 율법과 은혜를 다뤄야 할 필요성 때문이다. 그래서 십자가 설교는 바울의 논쟁적인 서신들의 적절한 관심사이며, 그것이 유대 기독교 공동체 내부에 뭔가 기여한 바가 있다 하더라도 그것

---

116) 야고보서의 기독론적 특성을 부인하기를 원하는 Spitta와 Meyer 같은 학자들만 이 두 본문의 진정성을 부인한다. 본 주석의 서론 2-22쪽과 해당 본문 주석을 참조하라.
117) Bultmann(*Theology*, I. 124-26)은 이 칭호를 바울이 넘겨받은 바울 이전의 사상들 속에 포함시킨다.

은 훨씬 더 적은 역할을 했다.[118] 둘째, 분명 저자는 높임을 받으신 주님의 재림이라는 위협에 직면하여 시대의 끝에 그들이 감당해야 할 적절한 역할을 그리스도인들에게 보여주는 데 관심이 있었다. 다른 기독론적 문구들은 이러한 장면에 어울리지 않았다고 할 수 있다. 1:1에 있는 하나님과 그리스도 간의 병행을 볼 때 하나님의 아들이라는 개념이 저자에게 낯선 것은 아니었겠지만, 이 개념이 야고보서의 목적에 그다지 기여하지는 않았을 것으로 추측할 수 있다.

그렇다면 주님에 대해 어떤 것이 언급되었을까? (1) 주님은 지혜와 그 밖의 영적인 선물들의 원천이시다(1:7). (2) 주님은 모두가 그분 앞에서 낮춰야 할 분이시다(4:10). (3) 주님은 역사와 개인의 운명을 주관하는 분이시다(4:15; 5:4, 10, 11). (4) 주님은 다시 오시며 역사를 끝내실 것이다(5:7, 8). (5) 병자는 주님의 이름으로 기름 부음을 받고, 주님은 병자를 고치는 분이시다(5:13-16). 이 언급에서 분명히 드러나는 사실은 이 본문들이 다 그리스도를 언급하지는 않는다는 것이다. 본 주석에서 밝히겠지만, (1), (2), (3)에 속한 본문들은 하나님을 가리키며, 나머지 본문은 좀 더 "기독론적인" 내용을 언급하는 것 같다.[119] 하지만 여기에 그리스도를 언급한다고 할 수 있는 2:8의 "최고의 법"(문자적으로는 "왕의 법" — 역주)을 첨가해야 할 것이다. 여기서는 비록 이 어구가 지상에서 예수가 하신 말씀을 가리키기도 하겠지만, 형용사 βασιλικός("왕의")가 말하는 바는 Χριστός와 κύριος가 말하는 것에 지나지 않는다. 마지막으로 첨가할 단어는 κριτής("심판주")라는 칭호다 (5:9).

이 목록에서 내릴 수 있는 결론은 비교적 제한되었다. 우리가 얻는 하나님에 대한 그림(θεός가 1-4장에 17번 등장한다)은 유대 사상과 기독교 사상에서 상당히 표준적이다. 하나님은 한 분이시며(2:19), 불변하는 성품을 가

---

118) Longenecker(*Paul*), Stendahl, E. Sanders는 이 점에 대해 설명을 추가한다.
119) 1:12의 이문(異文)은 5:9의 "심판주"와 조화를 이루어 그리스도를 "생명의 면류관"을 주시는 분으로 언급한다. 계 2:10과의 병행구가 다소간에 지침이 되었다면 말이다.

진 창조주이시고(1:17; 3:9), 예언자들을 통하여(5:10) 그리고 아브라함에게 자신을 계시한 분이시다(2:23). 하나님은 그리스도인들 곧 가난한 자들을 선택하셨고(1:18; 2:5), 그들에게 하늘의 지혜와 다른 좋은 선물들을 주신다(1:5, 17). 하나님은 예배의 적법한 대상이시다(3:9). 그분은 백성들을 미혹하신 적이 없다(1:13). 그의 주권적 의지는 도전을 받지 않는다(1:13). 하나님께는 사람의 분노로는 이루지 못하고 사람들의 사랑으로 이루는 의로운 목적이 있다(1:20, 27). 이 목적은 그가 세상과 모든 사람의 자랑을 대적하시며(4:4, 6), 심판 때 만군의 의로운 지도자이심을 의미한다(5:4). 하지만 그는 자기에게 복종하는 사람들, 즉 자신을 낮추며 회개하는 사람들을 얼마든지 받아주신다(4:7, 8).

야고보서의 그리스도상은 다음과 같다. (1) 그의 말씀이 여전히 교회의 지침을 제공하는 교회의 지도자.[120] (2) 그의 이름으로 교회가 세례를 받고 그로 말미암아 병 고침을 받게 되는 하늘에서 높임 받으신 주님(2:7). (3) 장차 오실 주님과 심판 주. 그는 하나님께 기름 부음을 받은 자로서 하나님의 의로운 나라를 세우기 위해 교회 안에서와 땅 위에서 하나님의 공의를 행하실 것이다.

이러한 그리스도상은 발전된 기독론이라고 할 수 없지만, 기독론의 한 형태다. 이 그리스도상에는 선이 분명히 정해지지 않은 초기 교회의 통상적인 양면성이 있다. 어느 한 사례에서 하나님께 귀착되는 것이 다른 곳에서는 그리스도께 속한 역할일 수 있다. 이것은 일관성이 있는 그림이다. 그것을 다르게 표현한다면 "원시적이고 비바울적인 것"일 테다. 분명 이것이 신약성경에서 가장 단순한 기독론에 속하며, 바울에게서 그 발전을 추적할 수 없기 때문이다. 하지만 이 사실이 확고한 저작 연대를 규정하는 도구로 사용될 수는 없다. 야고보가 정말 그가 표현하는 것 이상의 것을 믿었는지

---

120) 이 결론은 약 2:8과 5:12에서만 아니라 야고보서 전체에 걸친, 야고보서와 어록 전승 간의 광범위한 접촉에 기인한다. 본서 109-110쪽에 있는 "야고보서와 공관복음 전승"을 비교한 도표를 보라.

우리로서는 알 도리가 없고, 바울의 영향이 사람들이 종종 생각하는 것만큼이나 초기 교회에 널리 퍼져 있었는지 의심스럽기 때문이다.[121]

더 자세한 내용은 Mussner, "Christologie"를 보라.

4. 가난-경건

야고보가 다루는 고난 문제와 아울러 야고보서의 기독론적 주장들은 모두 경건과 가난의 방정식과 관련이 있다. 이것이 야고보서의 핵심 주제 중 하나라는 것은 분명하다.

야고보서의 여러 개념은 유대 사상에 깊이 뿌리를 두고 있다. 부를 하나님에게서 오는 상으로 칭송하는 구약의 여러 본문이 당연히 있으며(예. 아브라함 이야기), 이것은 구약이나 신약이나 금욕적이지 않다는 사실을 알려준다. 하지만 예언자들이 활동한 시기에 이르러서는 무자비한 사람들이 대개 사회에서 취약한 계층들을 착취하여 먼저 그들을 땅에서 내쫓고, 그런 다음에 노예로 만드는 상황에서 경건함이 종종 가난으로 이어졌다는 것은 성경 저자들에게 분명했다. 이러한 과정이 당대의 시민법에 따르면 완전히 합법적이었지만, 종교적인 법에 따르면 도덕적으로 혐오스러운 것이었기에 예언자들은 가난한 자들을 억압하는 부자들을 향하여 외칠 수밖에 없었다.

> 이스라엘의 서너 가지 죄로 말미암아
>   내가 그 벌을 돌이키지 아니하리니
> 이는 그들이 은을 받고 의인을 팔며

---

121) 또 다른 생산적인 연구는 야고보서와 요한 전승을 비교할 수 있다. 교리 면에서 야고보서와 요한1서 간에, 기독론 면에서 야고보서와 요한복음(예. 요 5장, 심판자와 입법자) 간에 유사성이 많이 있다.

    신 한 켤레를 받고 가난한 자를 팔며
  힘없는 자의 머리를 티끌 먼지 속에 발로 밟고
    연약한 자의 길을 굽게 하며(암 2:6-7. 참조. 5:10-13; 8:4-6)

네 아우 소돔의 죄악은 이러하니, 그와 그의 딸들에게 교만함과 음식물의
풍족함과 태평함이 있음이며 또 그가 가난하고 궁핍한 자를 도와주지 아
니하며(겔 16:49)

여러 예시 중에서 선별한 이 본문들에서 세 요인을 주목해야 한다. 첫
째, 부자들이 가난한 자들을 착취하거나 단순히 그들을 **돕지 않은 행동**은
범죄 곧 죄였다. 부자들은 그들이 가지고 있는 부 그 자체가 아니라 그것을
어떻게 사용하느냐로 정죄 받는다. 둘째, 짝을 이루는 단어('ānî wᵉʾebyôn, "가
난과 비참함")는 포로기에 이르러서는 가난한 자들을 지칭하는 전문용어로
사용되었다. 셋째, 가난의 개념은 실제로 무죄(또는 의, ṣaddiq) 개념과 쉽게
병행되었다.

예언자들이 가난한 자들을 돕지 않은 부자들을 맹렬히 비난한 근거는
하나님이 가난한 자들을 사랑하시고 돌보신다는 이스라엘의 율법에 구체
적으로 나타나 있다. 첫째, "언약서는 공동체 안에 영구적이거나 희망이 없
는 가난이 제거되어야 하는 것을 여호와의 뜻으로 선포한다."[122] 둘째, 이
러한 사실로 인해 하나님은 과부, 고아, 외국인, 레위인과 같은 전형적인 계
층들을 거론하시면서 자신을 가난한 자들의 보호자로 선언하신다.[123] 셋째,
이런 점에서 하나님처럼 행동하라는 요구는 언약에 들어 있고, 구원의 근
본적 행위인 출애굽과 연결되었다. 그래서 그 요구를 무시하는 것(즉 가난한
자들을 돕지 않거나 높은 이자로 그들을 착취하는 것)은 하나님과 맺은 언약을 근
본적으로 파기하는 것이다. 그런 까닭에 신명기 10:16-19은 다음과 같이 기

---

122) E. Bammel, *TDNT* VI. 889-890; 출 21:2; 23:10.
123) Eichrodt, II, 357; von Rad, I, 400-401 참조.

록되었다.

> 그러므로 너희는 마음에 할례를 행하고 다시는 목을 곧게 하지 말라. 너희의 하나님 여호와는 신 가운데 신이시며 주 가운데 주시요, 크고 능하시며 두려우신 하나님이시라. 사람을 외모로 보지 아니하시며 뇌물을 받지 아니하시고, 고아와 과부를 위하여 정의를 행하시며, 나그네를 사랑하여 그에게 떡과 옷을 주시나니, 너희는 나그네를 사랑하라. 전에 너희도 애굽 땅에서 나그네 되었음이니라.[124]

히브리 언약 문구에서 근본적인 내용 곧 하나님께서 가난한 자들을 돌보시고 그들을 억압자들로부터 보호하신다는 확신은 예언자들이 그 언약을 무시한 사람들을 맹렬히 비난하는 훌륭한 근거가 된다. 하지만 설령 덜 분명하다고 하더라도 동일한 근본적인 원리가 시편에서도 억압을 받는 사람들이 하나님께 반응하는 근거가 되었다. 그래서 가난한 자들에 관한 신학만 있었던 것은 아니고, 신학적 지식을 가진 가난한 자들의 경건도 있었다.

시편에는 가난한 자들과 관련한 이미지 두 개가 등장한다. 첫 번째는 이상적인 왕이 하나님처럼 행동하고 가난한 자들의 권리를 보호할 것이라는 이미지다(시 72:1-2). 두 번째는 (종종 복합적 칭호인 ʿānî weʾebyôn을 사용하여 표현되는) 가난한 자들이 하나님을 당당하게 부르며 그들이 가난하다는 이유로 그분의 도움을 받는다는 이미지다. 가난한 자들은 "주님이 가난한 자들을 들으신다"는 것을 알고 있고(시 69:32-33), 그래서 이러한 기초 위에 경건한 자들은 주님께 부르짖는다.

> 여호와여, 나는 가난하고 궁핍하오니
> 주의 귀를 기울여 내게 응답하소서.

---

124) 참조. 신 16:3; 26:7. 이 본문은 출 3:7; 4:31에 근거했다.

나는 경건하오니 내 영혼을 보존하소서.
내 주 하나님이여, 주를 의지하는 종을 구원하소서(시 86:1-2)

나중에 언급한 이 사실은 억압을 받는 경건한 사람들이 개인이든지 집단이든지 "가난한 자"라는 명칭을 자신을 가리키는 이름으로 받아들였다는 의미이며, 이것이 그 사실의 미래 발전의 기초가 되었다.

신구약 중간기에는 세 가지 기본적인 발전이 이루어졌다. 첫째, 가난한 자들을 도와야 한다는 전통적인 경건이 강하게 대두되어 근본적인 종교 의무가 되었다는 것이다(Sir. 4:1-10; Tob. 1:8; Wis. 19:14-15). 둘째, 점차 부자들이 경건하지 않은 자로 간주되었으며, 적어도 한 작품에서는 부자들에게 강력한 저주가 퍼부어졌다(Sir. 31:5; 13:2-8; Test. Jud. 19; Eth. Enoch 94-105; 108:7-15). 셋째, 가난한 자들은 점점 경건한 자들로 여겨졌으며(Sir. 10:22-24; 13:15-20), 경건과 가난의 밀접한 연관성으로 인해 "가난한 자"는 억압을 받는 경건한 자들에 대한 명칭이나 대중적인 자기 명명이 되었다(Pss. Sol. 5, 10, 15, 18; Test. Jud. 25:4; 1QpHab 12:3, 6, 10; 4QpPs37; 1QM 11:9; 비교. *Gn. Rab.* 71:1). 하지만 이 용어는 자기 명칭으로 사용되는 경우에도 그 용어의 원래 의미를 잃지 않았다. 경건한 집단은 스스로를 어떤 의미에서 억압을 받거나 궁핍하게 된 사람들로 인식할 때만 이 용어를 사용하려 했다.

예수와 초기 교회는 틀림없이 이 풍부하고 다양한 형태의 배경을 바탕으로 하여 가난한 자를 언급했을 것이다. 예수와 그의 일행이든(마 8:20), 예루살렘 공동체든(갈 2:10; 롬 15:26), 바울의 교회들이든(고전 1:26ff.; 고후 8:1ff.), 초기 기독교 집단들은 일반적으로 스스로를 "가난한 자" 부류에 넣었다. 그들도 이따금 이런저런 이유로 억압을 받았으며, 그들을 억압하는 사람들은 효과적인 수행에 필요한 힘과 부를 가지고 있었다.[125] 그래서 가난한 자들

---

125) 복음서 기사에서는 대제사장들과 힘이 있는 다른 집단을 예수를 대적하는 사람들로 열거한다. 반면에 사도행전에서는 바울을 대적하는 사람들이 해당 도시의 지도급 남녀들이었다. 고후 11장에서 바울은 힘이 있는 관원들이 연루된 경우에만 발생하게 되는 몇 번에 걸친 징벌을 비롯한 고난을 나열한다.

의 경건에 대한 전통적인 자료는 그들의 사회적 상황에 잘 어울렸다. 그들이 "가난한 자"라는 용어를 공동체의 공식 명칭으로 사용한 적은 없었지만 말이다.

특히 누가복음에 묘사된 예수의 가르침과 다른 복음서들에서 예수가 친히 초기 교회의 경건-가난 전통에 신선한 박차를 가했다. 예수가 자선을 높이 샀다는 점과 사도행전에 언급된 성령의 감동을 통한 경제적인 나눔으로 이어진 예시를 언급한 것은 놀랄만한 일이 아니다(막 12:4-44; 14:3-9). 다른 한편으로 예수가 부자들과 평판이 좋지 않은 사람들 모두와 잘 어울리신 분으로 알려졌다는 것 역시 분명하다. 그래서 그가 가난한 자들에게 복이 있다고 하신 것은 자연적인 발전으로 이해된다(눅 6:20-21).[126] 특히 그의 제자들에게 자기를 따르려면 모든 것을 버리라고 요구한 말씀에 비춰볼때 더욱 그렇다(막 10:28-30). 하나님을 가난한 자들을 돌보시는 분으로 이해한 시편의 경건은 예수의 특징이다. 하지만 그가 부자들을 저주하신 것은 놀랍다(눅 6:24-25). 사실 이 본문을 지지하는 수많은 어록이 있다. 따라서 우리는 하나의 본문만을 다루고 있지 않다.

예수가 부자들을 저주한 사건 배후에 있는 사상의 세 측면은 다음과 같다. 첫째, 일련의 어록에서 예수는 독자들에게 부에 대해 염려하지 말라고 명령하셨다(마 6:19-34 병행구). 부에 대해 염려하지 않는 것은 부를 쌓지 않는다는 의미가 아니라 의를 추구하고 하늘에 부를 둔다는 의미다. 부자들은 그 이름대로 세상에 자신들의 부를 쌓았기에 하나님에 대해 부요하지 않은 사람들이다. 어리석은 부자 비유는 이러한 사상의 흐름에서 나왔다(눅 12:13-21).

둘째, 운명의 역전이라는 주제가 있다. "나중 된 자로서 먼저 되고 먼저 된 자로서 나중 되리라." 이것을 제자들의 경제 환경에 적용할 경우, 우

---

126) 마 5:3에 있는 병행 어구에는 이 주제의 다른 측면이 있다. 경건한 가난한 자들의 기본적인 특징은 그들이 하나님을 전적으로 의존한다는 것이다. 마태는 1QM 14:5-8의 표현들과 병행하여 이 내적 자질로써 어록들을 해석한다. Yadin, 327; Davids, 253-59을 참조하라.

리는 가난한 자들이 종말론적인 복을 받고, 부자들은 거꾸로 그들의 상을 이미 받았다는 것을 알게 된다. 팔복은 분명히 이 개념, 특히 팔복의 누가복음 판에 기초하고 있다. 부자와 나사로 비유도 그렇다(눅 16:19-31). 가난한 사람은 그들이 고난을 받았기에 복을 받으며, 부자들은 좋은 것을 누렸기에 고난을 받는다(눅 16:25). 이것은 부자가 그의 재물을 가난한 자들과 나눴어야 했고 그렇게 함으로써 하늘에서 그의 상을 받았어야 했음을 암시한다(눅 16:9의 의미일 가능성이 크다. Hiers도 이렇게 본다).

셋째, 부와 세상 또는 두 마음에 대해 경고하는 말씀이 있다. 부자들은 부에 집착해 있는 까닭에 천국에 들어갈 수 없다(막 10:24-25). 제자는 그리스도를 위해 모든 것을 버리고 심지어 자기 십자가를 지는 데까지 나아가야 한다. 세상은 타협할 수 없는 원수이기에 사람이 하나님과 맘몬을 동시에 섬길 수는 없다. 둘 중 하나를 선택해야지 둘을 다 선택할 수 없다.[127] 중요한 것은 자신의 "눈"이 "단일해야" 한다는 것이다. 이 말은 그가 전적으로 하나님께 고정되어 있기에 관대해야 한다는 뜻이다.[128]

예수의 가르침에 대해 말할 수 있는 것은 분명히 이보다 훨씬 더 많다. 하지만 이것은 그 내용을 자세히 전개시킬 만한 문맥은 아니다.[129] 다만, 비록 "가난한 자들"이 교회를 대표하는 이름은 아니라고 해도 그것이 교회 공동체를 묘사하는 용어였고, 따라서 가난한 자 신학이 예수의 가르침에 잘 어울린다고 말하는 것만으로 충분하다.[130] 초기 교회의 지도자들이 중요한 가난 신학의 주제들을 택하여 그들 자신의 상황에 적용한 것은 자연스럽다.

야고보는 이미 발전된 시험과 고난이라는 주제의 맥락 안에서 예수의 가르침을 적용한다. 이렇게 함으로써 공동체에 가해진 주요 억압이 경제적인 억압이라는 것과 중요한 시험이 세상과 관련이 있다는 것이 분명해졌다.

---

127) 마 6:24과 병행구인 눅 16:13. 참조. Schnackenburg, 125.
128) 마 6:22-23. 참조. Cadbury.
129) 참조. Davids, "Poor."
130) Keck, 111; Dibelius, "Motiv", 190; Bornkamm, 76.

첫째로, 야고보는 가난한 자들에 대한 동정심이 많았으며, 가난한 자라는 표현이 그의 마음에 "그리스도인"과 거의 동의어였다는 것은 분명하다. 이렇게 된 까닭은 공동체의 상황과 전통적으로 경건과 가난이 연결된 것에 있을 것이다. 야고보서 1:9에서는 운명의 역전으로 종말론적으로 높아지는 사람이 겸손한 형제 또는 가난한 형제들(ταπεινός = *āni*)이다. 이것은 1:2, 12에서도 발견되는 다가올 종말론적 기쁨의 이유다.[131] 이와 비슷하게, 2:5에서는 하나님이 "가난한 자를 택하사 믿음에 부요하게 하시고 또 자기를 사랑하는 자들에게 약속하신 나라를 상속으로 받게" 하셨다고 한다(마지막에 언급된 절은 시험을 참는 사람들과 관련하여 1:12에도 등장한다). 택함을 받은 자들은 가난한 자들이다. 동일한 요지의 말씀이 5:7에서도 주어진다. 참으라는 권면을 받은 "형제들"은 앞의 문단에서 맹렬한 비난을 받은 부자들의 손에서 고난을 당하고 있던 사람들이 확실하다. 따라서 공동체는 가난하고 억압을 당하는 집단과 매번 동일시된다. 또한 이 각각의 본문은 종말론적 또는 심지어 묵시적인 상황에서 약속을 제시한다. 첫 번째 본문에서 가난한 자들은 이미 높아졌다. 두 번째 본문에서는 그들이 장차 상 받을 것이 약속되었다. 세 번째 본문에서 그들은 만물을 올바르게 하실 심판 주의 강림을 기다리고 있다.

둘째로, 야고보서에는 주제의 이면도 있다. "부자들"(οἱ πλούσιοι)은 교회를 박해하는 부유한 자들이다. 교회에 부유한 개인들이 없다는 것은 아니다. 4:13 이하와 2:1 이하에서는 부자들이 언급되었다. 하지만 매 경우, 저자는 πλούσιος라는 불쾌한 용어를 사용하는 것을 피하기 위해 그들을 에둘러 언급한다(2:1-4의 묘사는 과장법이기도 하다). "부자들"이라고 명명된 사람들은 세 번 언급되었다. 1:10-11에서 그들은 운명의 역전이라는 주제로 묘사되었다. 가난한 자들은 높아졌지만, 그들은 "낮아졌다." 이것은 부자가 풀처럼 사라진다고 말하는 이사야 40:6-7의 내용으로 보충되었다. 그

---

131) Thomas도 이렇게 본다.

들은 "쇠잔할"[132] 것이다. 확실한 것은 이것이 다음 절에서 생명의 면류관을 약속받은 공동체의 일원을 묘사하지 않는다는 점이다. 2:6-7에서 부자가 다시 등장한다. 여기서는 역설적인 비난이 쏟아진다. 그리스도인, 즉 "가난한 자들"(οἱ πτωχοί)이 차별의식으로 인해 가난한 자들의 박해자들이 되었고, 그렇게 부자들의 역할을 했기 때문이다. 부자들은 (1) 억압과 (2) 법적인 박해와 (3) 그리스도를 비방하는 것으로 비난을 받는다. 이 부자들은 그리스도인들이 아니라, 오히려 교회의 원수들이다.[133] 5:1-6에서 저자는 매우 전통적인 언어를 사용하여 부자들을 강력하게 저주하며 지옥으로 그들을 위협한다. 그런 표현이 구약성경으로 가득하다는 사실로 인해 οἱ πλούσιοι라는 용어가 부각된다. 구약성경에서는 이 용어가 박해자를 가리키는 명칭으로 사용된 적이 없기 때문이다. 단지 「에녹1서」와 예수만 구체적으로 부자들을 저주한다. 여기서 다시 부자들은 영원한 벌을 받는 도상에 있으며, 기독교 공동체(ἀδελφοί)와 대조된다.

경제적인 구별의 날카로운 이분법과 강조는 세 곳에서 등장한다. 첫째, 1:22-27은 저자의 관심사 중 하나가 믿음이 행위와 연결되고 자선을 비롯한 행함으로 이어져야 한다는 데 있음을 분명히 한다. 그다음에 실제적인 문제가 2:14-16에서 분명히 다뤄진다. 여기서 저자는 자선을 실천하지 않는 사람들, 즉 그들이 고백하는 것과 일치된 행함을 보여주지 않는 사람들은 전적으로 헛된(즉 구원하지 못하는) 믿음을 가지고 있다고 규정한다. 이 문맥에서 자선의 위대한 모범인 아브라함이 등장한다. 마지막으로, 4:1-8은 근본에 있는 신학을 공격한다. 이 사람들은 나누려 하지 않는다. 그들은 실제로 욕망과 세상을 사랑하는 것이 동기가 된 사람들이다. 그래서 그들은 스스로 하나님의 원수가 되고 있다. 그들에게 야고보는 이렇게 꾸짖는다. "사람이 선을 행할 줄 알고도 행하지 아니하면 죄니라"(4:17).

---

132) = 지옥살이. Laws, "Scripture", 214 참조.

133) 세 비난은 개별적으로 분리할 수 없다. 부자들은 그리스도인들을 법정으로 끌고 갔으며 법정의 동정심을 얻으려고 그들의 신앙을 경멸하는 말을 했을 것이다. 이것이 그들이 유일하게 했던 억압적인 행동이었을지도 모른다.

그렇다면 시험은 특별히 자선의 시험이다. 그리스도인이 참으로 시험을 견디고, 다른 공동체와 나누려고 하는가? 아니면 자신이 두 마음을 품은 사람, 진정 세상을 사랑하는 사람, 그리고 하나님으로부터 간음한(배교한) 사람이라는 것을 나타낼 것인가? 이 문제는 경건과 가난 신학을 사용함으로써 가장 예리하게 제시되었다.

더 자세한 내용은 E. Bammel, *TDNT* VI, 885-915; Betz; Birkeland; Bolkestein; Causse; Cronbach; P. Davids, 184-305, 448-509; Degenhardt; de Vaux, 68-74; Gelin; E. Gerstenberger, *THAT* I, 19-25; Hengel; Humbert; Jocz; Koch; Kuschke; Laws, "Ethics"; Legasse; Martin-Achard; Navone, 170ff.; Noack, "Jakobus"; Osborn; Percy, 45-108; Rahlfs; van der Ploeg; von Waldow를 보라.

5. 율법, 은혜, 믿음

율법과 은혜의 문제는 이전 논의에 영향을 끼쳤을 뿐만 아니라 야고보서를 가장 유명하게 만들었다. 이 문제는 몇 가지 이유에서 문제가 있다. (1) 두 용어는 대부분의 성경 해석자의 신학에서 대단히 중요한 표제어다. (2) 두 용어는 루터 이후 줄곧 논의에서 강조되었다. (3) 두 용어는 광범위한 의미론적인 가능성이 있다는 점에서 다의적인 용어들이다. 그래서 이 논문이 이 주석의 연구결과들을 요약하고는 있지만, 조심스럽게 진행하는 것이 좋다.

첫째, 율법이 야고보 공동체의 문제는 아니었음이 분명하다. 율법은 1:25, 2:5-12, 4:11-12 등 세 본문에서 언급되었다. 각각의 본문에서 야고보는 율법의 타당성을 논증하지 않고 단순히 기정사실로 한다. 1:25에서 율법은 아주 간략하게 νόμος τέλειος("온전한 율법"), 즉 삶의 완전한 지침인 율법이라고 언급되었다. 2:8에서 율법은 νόμος βασιλικός, 즉 최상의 율법 또는 예수가 해석하신 율법이다. 여기에 율법에 대한 마태복음의 태도와 비슷한 태도가 있다(마 5:17-20). 하지만 율법을 변호하지는 않는다. 야고보는 율법에 대하여 논증할 필요가 없었으며, 단지 율법으로부터 교훈을 내린다.

야고보서와 율법 간의 관계는 다른 면에서도 마태복음과 비슷하다. 산상설교처럼 야고보서는 구약의 제의적 측면에는 관심이 없고, 도덕적인 명령에만 관심이 있다. 아래의 도표를 참조하라.

야고보서와 공관복음 전통[134]

야고보서	마태복음	누가복음	자료
1:2	5:11-12	6:23	Q
1:4	5:48		
1:5	7:7	11:9	Q
1:6	21:21		막 11:23-24
1:12	10:22		
1:17	7:11	11:13	Q
1:20	5:22		
1:21		8:8	
1:22	7:24	6:46-47	Q
1:23	7:26	6:49	Q
2:5	5:3, 5; 11:5	6:20; 7:22	Q
2:6		18:3	
2:8	22:39-40		
2:10	5:19		
2:11	5:21-22		
2:13	5:7		
2:15	6:25		
3:12	7:16	6:44, 45	Q

---

134) 이 도표를 만드는 데 사용된 자료들은 다음과 같다. Davies, *Setting*, 402-403; Mayor, lxxxv-lxxxviii; Mussner, 48-50.

3:18	5:9		
4:2	7:7		
4:3	7:7-8; 12:39		
4:4	6:24	16:13	Q
4:8	6:22		
4:9	5:4?	6:25	
4:10	23:12	14:11; 18:14	Q
4:11-12	7:1	6:37	Q
4:13-14	6:34		
4:17		12:47	
5:1		6:24-25	
5:2	6:19-20	6:37; 12:33	Q
5:6		6:37	
5:8	24:3, 27, 39		
5:9	5:22; 7:1; 24:33		5:9b = 막 13:29
5:10	5:11-12	6:23	Q
5:12	5:34-37		
5:17		4:25	

사상의 좀 더 일반적인 병행

1:9-10; 4:10	18:4; 23:12	9:40; 14:11; 22:26	
1:26-27; 2:14-26	7:21-23		
2:14-16	25:31-46		
3:1-12	12:36-37		
3:13-18	11:19		
4:17	12:47		
5:5		16:19	
5:7			막 4:26-29
5:19	18:15	17:3	Q

열거한 36개의 병행 구절 중 25개가 산상설교와 병행을 이루고, 다른 세 개는 평지설교와 병행을 이룬다. 8개만 예수의 다른 가르침과 병행을 이룬다. 더욱이 (산상설교나 평지설교를 제외한) 마가복음이나 Q자료와는 약간만 관련이 있다. 그래서 데이비스의 주장은 정확할 수 있다. "야고보서는 마태의 공동체 밖에서 예수의 말씀이 일반적인 도덕적 함양의 저장고 역할만 하는 것이 아니라 새로운 법을 이루기도 하는 또 다른 공동체들이 있었음을 보여준다."[135]

그렇다면 야고보에게 율법은 주로 윤리적인 계명이다. 이 사실은 당연히 그의 공동체의 제의적 실천에 대해서는 아무것도 말해주지 않는다. 그 공동체는 할례를 행했을 수도 있고 행하지 않았을 수도 있다. 또는 우리가 가지고 있는 자료를 고려한다면, 다른 면으로 유대교 의식에 참여했을 수도 있고 그렇지 않았을 수도 있다.[136] 확실한 것은 그 공동체가 율법을 윤리의 규범적인 지침으로 받아들였다는 사실이다. 바울이 적절한 상황에서 받아들일 수 없다고 하지 않았을 입장 말이다.[137]

하지만 마태복음과 비교하는 것을 너무 지나치게 몰고 가지 말아야 한다. 두 성경은 도덕적인 규범에 관심이 많으며 바르게 해석된 율법의 지속적인 가치를 주장하는 점에서 비슷하다. 그러나 두 성경 사이에 어떠한 문어적인 의존에 대한 증거가 없으며, 세 가지 면에서 야고보서는 누가복음의 평지설교와 더 가깝다.[138]

첫째, 어휘가 비슷하다. 야고보서와 신약의 공관복음에서만 발견되는 단어 중 22개가 누가복음과 사도행전에서 공통으로 나타나는 반면에, 9개만 신약의 다른 책에 등장한다. 따라서 그 단어 중에서 70%가량이 누가복

---

135) Davies, *Setting*, 404-405. 이 주제는 저자의 미래 연구의 주제가 되었다.
136) 그 공동체에 유대적 특성이 있었다는 추측이 옳다면, 유대적 의식행위가 거의 확실시된다. 하지만 이것은 야고보서나 야고보서의 관심사와 관련이 없는 자료다. Laws(14-15)는 야고보의 공동체가 제의법을 비롯하여 율법 전체를 받아들였다는 점을 반박한다.
137) Drane이 광범위하게 논의한 것을 참조하라.
138) Knox(14-16)는 복 선언으로 시작하고 권면으로 마치는 것을 주목하며 구조적인 관점에서 이렇게 주장한다.

음과 일치하고, 마태복음과 일치하는 단어는 약 15%, 마가복음과 일치하는 단어도 약 15%에 불과하다.[139] 이 자료 자체는 야고보서에 누가복음의 그리스어와 유사한 그리스어 단어들이 있다는 것만을 의미할 뿐이며, 그 단어 중에서 몇 개만 신학적인 어휘다(ἀκαταστασία δέησις ζῆλος ἡδονή θρησκεία μοιχαλίδος ποιητής προσωπολημψία ταπείνωσις ὑπομονή). 하지만 이것은 두 전통 간의 더 많은 관계를 연상시킨다.

둘째, 종말론에서 매우 비슷한 점이 있다. 야고보와 누가 모두 이 시대를 사탄과의 충돌의 시대로 이해한다. 두 사람 모두 다가올 하나님 나라의 절정에서 이 시대에 대한 진정한 소망을 본다. 두 사람 모두 시험에 직면하여 인내를 명령한다.[140] 목록은 계속될 수 있지만, 유사점들이 분명하다.

셋째, 야고보서의 사회적 관점은 누가의 관점과 가깝다. 신약성경 전체에서 유독 야고보서와 누가복음에만 부자에게 내려진 저주가 있다. 부와 부의 위험과 하나님 나라를 위해 모든 것을 포기하라는 요구를 다룬 자료는 누가복음 본문 여러 곳에 있다(눅 6, 12, 14, 16, 19장). 야고보서에서는 부와 가난에 대한 비슷한 관점과 자선에 대한 비슷한 명령이 거의 모든 장에 등장한다. 야고보와 누가 모두 개인적인 경건보다는 공동체의 유대에 관심이 있다(이 점에서는 사도행전과 야고보서가 비슷하다). 이 목록 역시 확장될 수 있다.

이렇게 검토하고 난 결과, 우리는 야고보가 누가복음을 알았다거나 그의 공동체 출신이라고 말하는 것이 아니라 단지 둘 사이의 유사성을 주장할 뿐이다. 단어 간의 병행이 적고 마태복음과 누가복음 두 곳 모두와 관련된 유사성이 있다는 사실은 야고보가 기록되기 이전의 예수 전통을 자유롭게 사용했음을 가리킨다. 마태가 재해석된 율법을 보존하고 그 율법에 대한 관심을 진척시켰다는 면에서 야고보서는 마태복음에 더 가깝다. 하지만 야고보에게 있어 새로운 율법을 형성하는 것은 복음서가 아니라 예수가 친

139) Adamson, "Inductive", 293-95.
140) 참조. Brown, 눅 22:28-46, 야고보서의 πειρασμός 주제.

히 하신 말씀이었다. 사실 야고보의 전체 교훈의 근저에 놓여 있는 것은 모든 면에 영향을 미친 예수의 가르침이다.[141]

야고보는 율법의 가치와 정당성을 인정하긴 했어도 율법주의자가 아니다. 그는 기독교의 본질이 그리스도 안에서 하나님께 대한 헌신이나 하나님에게서 은혜를 받는 것과는 다른 것이라고 주장한 적이 없다. 그리스도인의 중생은 하나님의 말씀 안에서 행하신 하나님의 행위로 말미암아 임한다(1:18). 구원은 "온유함으로 받"아야 하는 "심어진 말씀"을 통해 온다(1:21). 하나님은 회개하는 자들에게 은혜를 주신다(4:6). 이러한 생각 중에서 바울의 사상과 다른 것은 하나도 없다.

야고보서와 관련된 문제는 그가 그리스도에 대한 헌신의 결과를 강조하고 매우 중요한 신학적 용어들을 대부분 바울과 다른 방식으로 사용하기 때문에 불거졌다. 야고보는 많은 사람이 말로는 기독교적 진술에 헌신한다고 하면서도 인내하지 못하고 실천적인 따름이 부족하다는 것을 목격했다.[142] 야고보가 제시하는 대답은 이것이다. "백문이 불여일견이다." 그리스도인으로서 마땅히 보여야 하는 순종은 그의 회개와 헌신이 진실하다는 증거다. 또는 이렇게 표현할 수 있을 것이다. "종교"(또는 경건)의 입술의 고백은 그에 상응하는 삶의 열매가 없다면 의미가 없다(1:26-27). 말씀이 그의 마음에 뿌리를 내리고 "행하는 자"가 되기 전에는 단순히 "듣는 자"에 불과하다. 겉으로 드러나는 열매가 없는 은혜는 전혀 은혜가 아니다.[143]

대단히 중요한 본문인 2:14-26에서 이 점을 지지한다. 논거의 핵심은 이것이다. 진정으로 구원받은 헌신이 변화된 삶의 모습을 통해 드러나지

---

141) 많은 학자가 약 1:12, 17; 4:5-6, 17; 5:20의 전부 또는 일부가 그리스도의 어록일 수 있다고 주장했다. 만일 그렇다면, 예수의 가르침이 야고보서에 실제로 만연하다. Adamson, "Inductive", 301-303 참조.
142) 이 사상과 그리스도 및 그의 말씀 안에 머묾에 대한 요한의 관심(물론 요한의 글에 교리적인 의미와 윤리적인 의미가 의도되었기는 하지만 말이다)과 배교의 압박을 받는 사람들에 대한 히브리서 저자의 우려 사이에 어느 정도 비슷한 점이 있다.
143) 바울은 이와 비슷한 태도를 보인다. 그는 고전 5, 10장에서 어떤 행동들은 그리스도인의 신앙고백과 부합하지 않으며 그렇게 행동하는 사람을 출교해야 한다고 주장한다.

않는다면, 교리에 언어적으로 또 지적으로 동의하는 것은 아무런 의미가 없다. 야고보는 이렇게 주장하면서 언어적으로 바울에 반대하는 듯이 보인다. 하지만 그는 모든 중요한 용어를 바울이 사용하는 방법과 다르게 사용한다. 야고보에게 πίστις("믿음")는 앞에서 언급했듯이, 하나님을 신뢰하는 것(1:3, 6; 2:5; 5:15) 또는 그와 같은 신뢰에 포함된 내용(2:1)인데, 두 의미는 바울이 의미하는 바와 비슷하다. 동일한 용어가 열세 절에서 12번 사용되었고, 동사는 "하나님은 한 분이시다"와 같은 교리에 지적인 동의를 표시하기 위해 두 번 사용되었다. 심지어 귀신들도 더욱 직접적으로 이 문제에 연관된다. 적어도 귀신들은 떤다(2:19)! 이것은 바울의 πίστις 용례와 너무도 다르다.

두 번째 용어는 ἔργα("행위")다. 바울에게 있어, 그가 반대하는 ἔργα는 늘 ἔργα νόμου("율법의 행위")다. 문맥에 따라 이 어구는 명백히 서술되기도 하고 분명히 의도되기도 했다. "율법의 행위"가 도덕적인 규정이었던 적은 없다. 그 대신에 그리스도의 사역에 덧붙여진 의식적인 행위들을 가리킨다. 야고보에게 ἔργα는 늘 도덕적인 행위, 특히 바울이 사람들에게 행하라고 명령한 행동 유형인 자선 행위다(갈 6:6, 10). 그 행위가 참된 믿음에서 당연히 나오는 것이기 때문이다. 따라서 이 문제에 있어 바울과 야고보 간에는 본질적인 충돌이 없다.

마지막 용어는 δικαιόω("의롭게 하다"; 2:21)다. 여기서도 실제적인 접점은 없다. 바울은 자신만의 방법으로 이 용어를 "의롭다고 선포하다" 또는 "무죄라고 선언하다"라는 법정적 용어로 사용한다. 본 주석에서 보겠지만, 야고보는 이 단어를 70인역에서 평범하게 사용되는 "의롭다는 것을 보여주다"라는 의미로 사용한다. 의로운 사람은 그의 의로운 행위로써 자신이 의로운 사람이라는 사실을 보여준다. 이처럼 바울과 야고보가 사용하는 단어들의 의미의 큰 차이로 인해 두 저자는 아브라함의 생애에서 다른 사건에 초점을 맞춘다. 바울은 아브라함이 믿어 의롭다 함을 받은 첫 경험을 다룬 창세기 15:6에 초점을 맞추고, 야고보는 아브라함이 받은 시험의 최종적 사건인 이삭을 바치는 사건에 초점을 맞춘다. 유대교 전통의 입장에서는 이 사건에서 이삭의 구원으로 아브라함의 의로움이 드러났다. 바울과 야고보 모두 아브라함을 사용했다는 것은 특이한 일이 아니다. 아브라함 전통에 속하는 다양한 부분들이 기독교 문헌에 자주 인용되었다.

야고보가 바울에게 반응하는 것일 가능성도 배제할 수 없다. 하지만 만일 그랬다면 야고보서에서 드러나는 바울의 사상은, 매우 혼동되어 모든 용어가 다시 정의되고 유대인들의 제의와 충돌한 흔적이 없는 사상이다. 야고보는 문제가 할례였다는 것을 전혀 인식하지 못한 것이다. 바울을 이처럼 오해한 것은 늦은 시기만큼이나 일찍이(바울이 안디옥과 다소에 있었던 기간에) 일어났을 수 있다. 하지만 두 사람 간의 용어 사용의 차이는 이와 같은 오해 가설을 필요로 하지는 않는다. 적어도 두 사람은 용어 문제가 아니라면 본질에 있어 의견을 같이했다.

따라서 요약하자면, 야고보는 하나님의 은혜로운 행위로 말미암아 사람이 그리스도인이 된다고 믿었다. 이러한 행동에 대한 사람의 반응은 자신의 전 존재로부터의 회개와 믿음이다. 이러한 헌신은 중생한 생명의 열매인 적절한 도덕적 행위로 표현되어야 한다. 이러한 행동의 특성으로 인도하는 권위 있는 지침은, 특히 예수의 말씀에 의해 해석되고 그 말씀에 부합되는 율법이다. 이러한 열매가 없는 지적인 믿음은 구원을 얻게 하지 못한다. 그러한 믿음은 인내가 없고 두 마음을 품었음을 보여주는 가증스러운 것이다.

야고보와 율법에 대한 더 자세한 내용은 Bieder; Eckart; Eichholz; Hamann; G. Kittel, "Jakobusbrief"; Lindemann, 240-52; Lohse; Luck, "Weisheit"; Moulton; Powell; Robinson, 126; Schmithals; Seitz, "James"; Trocmé를 보라.

야고보와 다른 행위들에 대한 더 자세한 내용은 Eleder; Gnilka; Knox; Pearson, 13-14; Schwarz; Seitz, "Relationship"; Selwyn; Shepherd; Young을 보라.

6. 지혜

야고보서에서 아직 논하지 않은 은혜의 측면 중 하나는 지혜다. 이것이 저자에게 중요한 개념이라는 것은 비교적 분명하지만, 야고보서의 다른 개념들과 연관되지 않는 경우가 종종 있다. 이런 까닭에 야고보서에서 지혜의 기능은 잘 이해되지 못하곤 하며, 야고보서는 단지 기독교적 지혜로만 간주된다.[144]

"지혜"는 야고보서의 세 본문에 등장한다. 1:5-8에서 지혜는 πειρασμός ("시험")의 상황에서 하나님께 구하여 얻는 선물이다. 3:13-18에서 지혜는 위에서 내려와 특정 덕목들을 산출하는 어떤 것이다. 1:16-18에서는 위로부터 오는 좋은 은사와 온전한 선물에 대한 언급이 있다. 이 경우 지혜를 분명하게 언급하지는 않았지만, 야고보서의 문맥에서 독자들이 확실히 생각해야 하는 중요한 은사는 지혜다.[145] 문맥은 1:5-8의 문맥, 즉 πειρασμός와 병행이다.

이 세 본문을 넓게 보려면, 다시 배경으로 돌아갈 필요가 있다. 구약성경에서 지혜는 한편으로는 실천적 행동과 다른 한편으로는 하나님과 매우 밀접히 연결되었다. 성막을 만들 지혜를 주시는 분은 "하나님의 영"이시다 (출 31:3). 이와 비슷하게 지혜는 이론적인 지식의 증가에 의해서가 아니라 하나님의 명령에 순종하게 함으로써, 즉 하나님을 "경외하거나" 의의 행동을 하게 함으로써 사람을 하나님과 결부시킨다(욥 28:28; 잠 1:7; 9:10; 렘 4:22). 하나님은 모든 일에 능하시고 사람들에게 지혜를 주시는 분이시기에, 지혜의 최고의 본보기가 되신다. 그분의 지혜는 특히 세상의 창조에서 드러난다 (잠 3:19; 8:22-31).

지혜의 이채로운 측면이 이미 드러났다. 곧 지혜가 하나님의 영과 밀

---

144) 참조. Halston.
145) Hoppe, 50, 71. 이 본문이 종종 그리스의 지혜 개념으로 강하게 채색되었다고 여겨진다는 것은 우연이 아니다.

접한 관련이 있다는 사실이다. 출애굽을 보든지 요셉의 이야기를 보든지
(창 41:38-39) 아니면 이사야의 예언을 보든지(사 11:2), 성령과 지혜는 연결
되었다. 몇 가지 사례에서 지혜는 실제로 행동의 당사자로서 하나님의 영
을 대신한다. 지혜가 매우 인격화된 모습으로 온다는 데서 그 부분적인 이
유를 찾을 수 있다(잠 8:22-31). 흥미로운 것은, 잠언에서 지혜가 사람을 방
종과 쾌락(과 어쩌면 우상숭배)을 상징하는 듯이 보이는 어리석고/낯선 여자
에게서 구원하는 선한 여자라는 사실이다.[146]

신구약 중간기에는 지혜가 다양한 방법으로 발전했다. 첫째, 몇몇 본문
은 신명기 4:6에 근거하여 지혜를 토라와 동일시한다(예. Sir. 24:23; Bar. 3:29-
4:1; 4 Macc. 1:16-17). 그 결과 랍비 문헌에서 지혜는 독자적인 사상으로 거의
사라진다. 토라가 지혜의 기능을 흡수해버렸기 때문이다. 둘째, 창조 때 지
혜의 역할에 근거하여(Wis. 7:22; 8:1, 6; Sir. 24:3-5), 지혜는 하나님의 영의 영
역을 더욱 차지한다(Wis. 1:5-7=성령). 그래서 「지혜서」 10장은 족장들과 모
세의 전체 역사를 지혜의 행위로 재해석할 수 있었다. 다른 말로 표현하자
면, 이 책들에는 점점 멀어지는 하나님과 사람 사이에 있을 수 있는 두 중
보자가 있는데, 바로 영과 지혜. 하나가 발전되는 곳에는 다른 것이 사라
지는 경향이 있다.

지혜가 우선적으로 **하나님의** 지혜이므로, 그것은 하나님의 은혜의 선
물이다. 지혜로운 솔로몬은 은혜를 찾았다. 하지만 그는 겸손히 간구할 때
만 그가 찾는 것을 얻는다. 더 중요한 점은 묵시문학에서 지혜가 의인들에
게 주는 종말론적 은사라는 사실이다(Syr. Bar. 59:7; 44:14; 2 Esd. 8:52). 「에녹
1서」 5:8에서 말하듯이 말이다.

그때에 택함을 받은 사람들에게 지혜가 드리울 것이며,
그들은 다 살아서 다시는 죄를 짓지 않으리라.
불경건하지도 자랑하지도 않고,

146) 잠 7:14. 참조. Rankin, 259ff.

지혜로운 자는 겸손하게 되리라.

하지만 택함 받은 사람들은 실제로 기다릴 필요가 없다. 「에녹1서」 91-105은 그들이 이미 지혜를 소유하고 있음을 분명히 한다. 이것은 현시대에 두 집단이 있음을 의미한다. 한 집단은 악한 사람 또는 부자들이다. 이들은 사치를 일삼으며 다른 집단을 박해한다. 또 다른 집단은 의인 또는 지혜로운 사람들이다. 이들은 지금 고난을 받고 있지만, 장차 올 시대에 복을 받을 것이다.

이와 비슷한 패턴이 쿰란 문헌에 존재한다. 한편으로 지혜는 하나님의 종말론적 계획에 대해 감춰진 지식이다. 그 지혜는 단순히 토라 그 이상이며, 이 지혜에는 토라와 토라의 바른 해석이 포함된다. 이것들은 함께 영지적인 구원이 아니라, 시대의 진정한 중요성에 비춰 적절한 행동을 산출한다.[147]

다른 한편으로 지혜는 하나님에게서 오는 성령에 의해 언약 백성들에게 지금 주어진 선물이 분명하다(이를테면, 지혜는 인격화되지 않았기에 하나님의 영으로 중재된다). 이것은 특히 의의 교사에 해당한다(1QH 12:11-13; 14:25). 하지만 이 지혜가 의의 교사에 의해 공동체 전체에게 전해지므로, 공동체는 집단적으로 "가난한 자들"이듯이, 집단적으로 "지혜 있는 자들"이다(1QH 1:35; CD 6:3). 이 교리는 그들이 완전하기 때문에 더 이상 지혜가 필요 없다는 의미가 아니다. 그들은 종말에 지혜가 정화되기를 고대했다(1QS 4:22). 그들이 지혜 있는 자들이라는 말은 빛의 아들들에게 지금 지혜의 영이 있으며, 그래서 원수의 간계와 필요한 바른 행동과 시대의 징조를 분별한다는 의미다(1QS 4:2-6).[148]

---

147) Nötscher, *Terminologie*, 39-41, 43-44; Reicke, "Gnosticism", 138-41; Davies, 129-36.
148) 이 장면에 예외가 하나 있다. Syriac Psalm II로 알려진 11QPs^a154는 실제로 지혜를 의인화하고 있으며, 지혜의 거처를 완전한 자들(*tmymym*) 또는 가난한 자들('*ny*)이라 불리는 집단의 모임에 둔다. 이 시편이 지혜의 시편인 것은 분명하지만, 그것은 언약 백성들의 신학과 일치했을 것이다.

물론 이러한 배경이 신약성경에도 영향을 미쳤다. 일례로 "Q"(마태복음과 누가복음에 공통으로 있는 자료 — 역주)와 "L"(누가복음에만 있는 누가의 고유 자료 — 역주)의 다양한 본문에서 예수는 지혜를 소유하신 분으로 또는 지혜로운 입을 가진 분으로 묘사되었다(눅 7:35/마 11:19; 눅 11:31/마 12:42; 눅 11:49/마 23:34; 눅 10:21, 22/마 11:25-30). 여기서 예수는 의의 교사와 다르지 않은 역할을 하신다. 바울에게 예수는 지혜이시다. 예수 안에서 이 세상의 지혜와 상반되는 지혜가 발견된다(고전 1-3장). 이 세상의 지혜는 이 시대의 통치자들이 가지고 있는 지혜다. 그 지혜는 ψυχικοί("육에 속한 사람들")의 행위를 결정하기도 한다. 하나님의 지혜는 τέλειοι("온전한 사람들") 또는 πνευματικοί("신령한 사람들")인 교회만 받는다. 그렇다면 신령한 사람들은 참으로 지혜 있는 사람들이기도 하다.[149]

비슷한 장면이 에베소서와 골로새서에도 등장한다. 에베소서의 경우 지혜는 하나님의 종말론적 구원 계획의 계시, 즉 성령에 의해 신자들에게 전달되어 신자들의 헌신을 강화하는 계시다(엡 1:17-19; 3:10). 골로새서에서 신자들의 지혜는 하나님의 과거 행위보다는 그리스도인의 새롭고 종말론적인 삶의 양식이다. 지혜는 신자들이 하나님을 기쁘게 하고 하나님의 미래 결정을 아는 지식에 합당하게 살아야 하는 방도다. 대체로 이것을 종말에 비춰 살아가는 기술이라고 부를 수 있을 것이다(골 1:9; 3:16; 4:5).[150]

이러한 배경을 가지고 누구나 야고보서에서 지혜의 기능을 살펴보기 시작할 수 있다. 첫째, 지혜는 그리스도인들에게 주시는 하나님의 선물이다. 지혜는 위에서 내려오며(3:15; 비교. 1:17), 따라서 사람은 은혜 없이는 지혜를 얻을 수 없다. 구약의 지혜와 다르게 이것은 사람이 찾아서 얻을 수 있는 지혜가 아니다. 지혜를 얻기 위해서는 반드시 기도해야 한다.

---

149) Barrett, 17-18; Conzelmann, 231-44; Baird, 430. Pearson(13-14)은 야고보가 3:15에서 바울 서신의 이 본문을 의존했다고 믿는다.
150) 이런 점에서 이것은 쿰란의 언약자들의 지혜와 매우 유사하다. 그들도 장차 올 결정에 비춰 어떻게 살아야 할지를 배웠다(그리스도의 현존이 그리스도인의 지혜의 특성을 상당히 바꾸어놓았지만 말이다).

둘째, 지혜는 일련의 덕목으로 이어진다. 여기서 우리는 영지주의적 조명이 아니라 하나님을 기쁘시게 하는 삶을 사는 능력에 대해 논하고 있다. 그렇다면 지혜는 공동체를 보존하는 덕목의 목록(3:17), 다른 것들과 비교할 수 있는 덕목의 목록을 내놓게 된다.

야고보서 3장	1QS 4	마태복음 5장	갈라디아서 5장
πραΰτητι σοφίας	온유/겸손	πραεῖς	πραΰτης
ἁγνή	정결함/성결	καθαροὶ τῇ καρδίᾳ	
εἰρηνική	인내	εἰρηνοποιοί	εἰρήνη
ἐπιεικής			μακροθυμία
εὐπειθής	분별		χρηστότης
μεστὴ ἐλέους	풍성한 긍휼	ἐλεήμονες	
καὶ καρπῶν	끝없는 선함		ἀγαθωσύνη
ἀγαθῶν			
ἀδιάκριτος	마음의 견고함	πεινῶντες...	
ἀνυπόκριτος		δικαιοσύνην	
			ἀγάπη
			χαρά
			ἐγκράτεια

이 비교 도표에 의하면, 야고보서와 다른 문헌 사이의 직접적인 의존에 대한 분명한 증거는 없다. 하지만 이 도표는 이 목록 사이의 흥미로운 병행을 보여주며 이는 그 자료들이 공통으로 유대교에 배경을 두었음을 암시한다.[151] 중요한 사실은 네 목록 중 세 개는 여러 덕목을 하나님에게서 오는 은사(특히 성령)와 연결하고, 그 덕목들을 그들의 ἐπιθυμία("욕심")와 관련된 악덕 또는 이에 상응하는 것과 대조하며 마귀적인 질서(바울이 말하

는 육신)와 연결시킨다는 점이다.

지혜가 이처럼 구체적인 덕목들로 표현된다면, 그것이 독자들이 직면했던 구체적인 상황에 적용될 수 있을 것으로 추측하게 된다. 여기서 1:5-8의 본문은 중요하다. 1:2-4이 "부족함이 없는" "온전한 자"($\tau\acute{\epsilon}\lambda\epsilon\iota o\varsigma$)로서 인내하는 사람을 묘사하는 것으로 끝나고, 다음 절에 만일 지혜가 부족하면 그것을 위해 기도하라고 제안하기 때문이다. 그렇다면 이런 질문이 제기된다. 지혜의 부족은 시험에서 인내하는 것과 연결되는가? 디벨리우스가 이러한 생각을 거부하고 뮈스너가 둘 사이의 느슨한 관계를 제안했지만,[152] 다른 두 저자는 둘 사이의 밀접한 연결을 제시한다. 루크(U. Luck)는 많은 지혜 사상과 맥을 같이하여 고난($\pi\epsilon\iota\rho\alpha\sigma\mu\acute{o}\varsigma$)이 지혜를 **생산한다**고 주장한다. 이 입장의 문제는 배경이 부족하다는 데 있지 않고 야고보가 이런 진리를 주장하지 않는 것 같다고 생각하는 데 있다. 하지만 커크(J. A. Kirk)는 좀 더 생산적인 결론을 내린다. 그는 지혜를 그것이 부족하면 시험에 실패하게 하는 원인이 될 수 있는 "어떤 것"이라고 주장한다.[153]

이것이 야고보서에 적합하다는 것은 분명하다. 하지만 커크의 논문에서 암시적인 연결을 명확하게 해주는 선례가 있는지는 분명하지 않다. 그렇지만 지혜 전통에서 지혜와 인내를 연결해주는 본문이 존재한다. Wis. 10:5이 이에 해당하는 본문이고, 어쩌면 Test. Jos. 2:7과 「마카베오4서」도 해당될 것이다. 「마카베오4서」는 사실상 지혜와 인내의 주제를 다룬 논문이다. 물론 「마카베오4서」가 지혜에 부여한 의미에서는 야고보서와 다르긴 하지만 말이다. 「마카베오4서」와 야고보서 모두 지혜가 정욕을 통제한다고 믿는다. 하지만 「마카베오4서」는 이것을 스토아적/플라톤적 방법으로 해석하는 반면에, 야고보는 덜 이원론적인 히브리적 방법으로 해석한다. 야고보는 쿰란에 더 가깝다. 쿰란에는 "완전한 자들"을 시대의 시험에 직면하여

---

152) Dibelius, 106. Mussner(68)는 Wis. 1:4; 3:6-11; 7:15; 8:21; 9:4-6; 11:9-10과 Sir. 4:17을 그 병행 구절로 인용한다.

153) 지혜와 관련한 참고 자료에 있어서 Kirk뿐만 아니라 Gowan의 도움을 받은 곳이 몇 곳 있다.

바르게 살 수 있게 해주는 지혜(즉 구약성경의 정확한 해석)가 있다.

따라서 지혜에는 다양한 기능이 있다. (1) 지혜는 기독교적 삶의 덕목들을 생산한다. (2) 지혜는 시험을 이기고 온전하게 하는 것과 관련이 있다. (3) 지혜는 삶을 인도하는 하나님의 선한 선물로서 ἐπιθυμία와 대조된다 (1:17). 1:17은 지혜에 대해 명확하게 언급하지는 않는다. 다만 앞에서 제시한 구조를 관찰한 것이 옳다면, 1:17 이하의 내용은 1:5-8을 반복한 것이다. 지혜가 아니라면, 야고보서에서 어떤 선한 열매가 내려오겠는가?(3:15) 주석에서는 사망으로 이어지는 욕심의 행위와 생명으로 인도하는 하나님의 행위 사이에 놀라운 병행이 관찰된다. 그래서 로마서 7-8장과 비슷하게, 지혜는 악한 "예체르"(yēṣer)에 대한 대항 세력으로 기능하며 사망이 지배하는 곳에서 생명을 생산하는 것처럼 보인다.

이 결론을 바탕으로 이러한 결과들을 낳기 위해 무엇을 구해야 하는지 쉽게 이해할 수 있다. 누가복음 11:13에 언급된 대로,[154] 하나님은 구하는 자에게 성령을 주신다. 초기 문헌들에서 지혜와 성령을 동일시한 것 때문에 여기서도 이렇게 동일시하는 것을 기대할 수 있다. 비록 기능상의 병행에서는 드러나지 않았다고 하더라도 말이다. 일부 문헌에 지혜 기독론이 있다면, 야고보서에는 지혜 성령론이 있다. 야고보에게 지혜는 바울에게 성령이 하는 것과 같은 역할을 한다. 지혜는 사람을 굳게 서게 하며, 그를 "육신"(야고보에게는 ἐπιθυμία)에서 구원하고, 기독교적인 삶의 열매를 맺게 한다.

더 자세한 내용은 Bieder, 111; Davids, 397-447; Feuillet; Halston; Hoppe; Kirk; Luck, "Weisheit"; F. Nötscher, *Terminologie*, 39-44; Obermüller, "Themen"; Rankin; Rylaarsdam; Ziener, 99-104을 보라.

---

154) Hoppe, 148; Davids, 428-29 참조.

7. 기도

지혜를 얻는 방법은 기도다. 사실 야고보서에는 기도의 두세 가지 기능이 있다. (1) 지혜를 구하기 위해(1:5), (2) 병 고침을 얻기 위해(5:13-15), 그리고 어쩌면 (3) 물질적으로 좋은 것을 얻기 위해서다(4:2-3). 세 번째 기능은 틀림없이 가능성으로만 남아 있을 것이다. 1:5-8과 4:1-3 간의 병행에는, 사람들이 물질적인 유익을 구하고는 있지만, 그들의 물질주의가 세상적이며, 그들이 세상과 연합하려고 좋은 것을 구하기보다는 세상을 대적하기 위한 지혜를 구하는 것이 더 낫다고 암시되어 있기 때문이다. 그럼에도 기도에 대한 예수의 말씀(마 6:5-15, 25-34; 7:7-12과 병행구)과 신약의 다른 저자들의 교훈에 비춰볼 때, 사람이 하나님께 진심으로 헌신하고 세상과 욕심의 지배를 받지 않는다면, 야고보가 물질적인 필요를 위해 기도하는 것이 적절하다고 믿은 것이 전혀 개연성이 없지는 않다.

　야고보서를 근거로 완전한 기도 신학을 만들 수는 없다. 하지만 몇 가지 중요한 내용을 언급해야 할 것 같다. 첫째, 야고보는 기도에 대한 복음의 약속과 다방면으로 소통하고 있다고 생각된다(예. 마 18:19-20; 21:22과 병행구; 막 11:24; 요 14:13-14; 15:7; 16:23). 여기서 중요한 요인은 이 본문들이 분명히 제한이 없는 약속들이라는 점이다. 야고보의 조치는 약속의 제한(즉 가능한 것)을 의미하는 것 같지 않고, 그 약속들에 들어 있는 암시적인 조건(즉 누구에게 그 약속이 주어지는지)을 알려주는 "주석"이다. 그래서 야고보는 세상과 타협하는 사람이 아니라 하나님께 온전한 마음으로 헌신하는 사람에게 그 약속이 주어진다고 지적한다. 야고보가 이렇게 지적하는 것은 기도의 결과에 환멸을 느껴서가 아니다. 그는 기도를 삶의 도덕성과 분리되어 한갓 마술적인 의식으로 바꾸려는 사람들이 계속 그런 식으로 기도하거나 기도를 포기하는 것을 방지하려는 데 목적이 있다. 저자에게 기도는 "행위"다. 하지만 **그는** 그 행위가 전제하는 것이 무엇인지를 잘 알고 있다.

　둘째, 기도의 초점 두 개는 물질적인 세상보다는 하나님과의 관계에 있다. 한편 야고보서는 "Q" 전통을 편집하는 데 있어 누가복음과 같다. 누가는 성령을 구하는 자에게 구하고 찾고 두드리라고 권한다(눅 11:9-13. 비교. 10:21-24. 또한 사도행전이 성령의 강림 또는 성령 충만을 반복해서 기도와 연결시키고 있음을 주목할 필요가 있다). 야고보에게 기도의 최우선적인 초점은 지혜/성령을 구하는 것이다.

다른 한편으로 야고보서는 요한1서와 같다. 요한1서의 저자는 예수의 전면적인 약속(요일 3:22)을 죄 사함에 적용한다(요일 5:14-17). 질병은 야고보서에서 죄와 연결되었으며, 그의 우선적인 관심사는 표면적인 증후인 질병보다는 근본적인 원인인 죄에 있는 것 같다. 야고보의 자료를 야고보서의 주제에 충실하게 사용할 때 야고보가 강조한 이 내용을 유념할 필요가 있다.

셋째, 기도의 문맥에서 야고보가 바울에게 은사적 활동이었던 것을 제도화했다는 것은 분명하다.[155] 고린도전서 12:9에서 바울은 병 고치는 은사가 직분과 연결되지 않은 은사임을 보여준다. 심지어 후기 바울 서신에서도 병 고치는 일이 직분과 연결되지 않았다(가르침이나, 아마도 예언은 언급되었지만, 병 고침은 언급되지 않았다). 야고보서에서는 장로들이 언급되었으나 병 고치는 자들은 언급되지 않았다. 장로들에게는 직무상 병 고침과 죄 사함을 위해 기도할 권한이 있었다. 그 이유는 공동체가 성령(지혜)을 진정 소유한 사람들이었고 그래서 (3장에서 다룬 참으로 지혜로운 선생들일지도 모르는) 장로들이 신적인 능력을 충분히 소유하고 있는 사람들이었다는 데 있을 것이다. 매우 흥미로운 점은 이 기도가 지혜가 내려지기를 구하는 기도와 동일한 유형인 병든 자를 일으키는 기도(즉 믿음의 기도)라는 사실이다. 그렇다면, 야고보에게 신적인 지혜(성령)가 개인뿐만 아니라 공동체가 가지고 있던 것이라는 생각은 옳을 것이다.

---

155) 기도와 병 고치는 것이 제도화되었다고 말한다고 해도, 이 사실이 야고보서의 저작 연대에 관해 알려주는 것은 아무것도 없다. 다만 야고보가 바울이 생존했을 당시 바울의 교회에서 아무런 역할을 하지 않았다는 것만을 말해줄 뿐이다. 기도와 병 고침의 제도화는 그것의 발전보다는 초기 기독교의 다양성을 보여준다.

　더 자세한 내용은 Cooper; Hamman을 보라.

　기도 주제를 끝으로 철저한 연구로서가 아니라 하나의 개관으로서 야고보의 신학을 마친다. 야고보는 경제적인 궁핍의 상황에서 찾아오는 믿음의 시험에 관심이 있었다. 그는 내부의 시험자인 악한 충동이 현존하기에 시험이 위태로운 것이라고 본다. 내부의 시험자는 외부의 마귀에게 부합한다. 상황은 그리스도와 세상/귀신의 이원론적인 충돌이다. 묵시적인 절정이 임박했다. 굳게 서기 위해서 공동체는 자신들이 가난한 자들의 공동체이며 그래서 긍휼을 베풀고 사람을 차별하지 말아야 한다는 사실을 기억해야 한다. 그들은 참믿음이 자선과 화평의 행위를 내놓는다는 사실을 기억해야 한다. 그들은 자신들에게 필요한 덕목을 생산하고 시험에서 이기게 할 수 있는 지혜(성령)를 구해야 한다. 그리고 무엇보다도 그들은 인내하며 기다리고 하나님께 오롯한 마음으로 기도해야 한다.

V. 언어와 사본

1. 언어와 문체

야고보서의 복잡한 특성을 고려할 때, 야고보서의 언어와 문체 및 사본에
대해 몇 가지를 언급하는 것이 좋을 듯하다. 장황하고 자세하게 논의하는
것도 가능하겠지만, 그렇게 하는 것은 다른 이들의 연구를 반복하는 것에
불과할 것이다.[156] 이 주석에서는 연구결과들을 간략히 요약하는 것으로
충분할 것이다.

　야고보서를 기록한 사람은 분명히 문학적인 코이네 그리스어의 유능
한 장인이었을 것이다. 이것은 무수히 많은 내용을 관찰하여 내릴 수 있
는 결론이다. 주문장을 나열하기보다는 (접속사를 동반한) 종속절과 분사구
문을 사용함, 어순의 세심한 통제(예컨대, 강조하려는 목적어를 동사 앞에 배치한
것, 1:2; 3:3, 8; 5:10에서처럼 강조를 위해 상호 관련이 있는 문장의 요소들을 분리한 것
등), 상대적으로 상스러운 표현과 파격 구문의 부재, 격언적 부정과거의 사
용(1:11, 24), 어휘의 선택 등(예. 1:6, 23의 ἔοικεν; 3:10의 χρή; 5:15의 κάμνω; 5:12의
ὀμνύμαι와 함께 사용된 목적격; 2:10; 4:14의 조심스러운 ὅστις 사용; 1:18의 ἀπαρχήν
τινα에서 τινα의 사용 등), 이 모든 것들은 발전된 문학적 소양을 드러낸다.

　더욱이 다양한 요소들이 훌륭한 수사학적 문체에 속하며 저자가 문
학적인 문법만 아니라 구어체 구성에서도 대가였음을 보여준다. 예를 들
면, 익살(χαίρειν - χαράν, 1:1-2), 동음 반복(ἀπελήλυθεν - ἐπελάθετο, 1:24), 두운
(πειρασμοῖς - περιπέσητε - ποικίλοις, 1:2), 각운(ἀνεμιζομένῳ - ῥιπιζομένῳ, 1:6), 단

---

156) Mayor(ccvi-cclix)는 야고보서의 문법과 어휘를 자세히 묘사하는 책을 썼다. 전문적인 언
　어학적 묘사는 Amphoux, "description"에 등장한다. 이보다 소규모의 연구는 Wifstrand;
　Dibelius, 34-38; Cantinat, 12-14; Mussner, 28-33에서 발견된다.

어 발음의 유사함(3:17의 단어 그룹을 주목하라) 등이 대표적이다. 여기에 리듬을 첨가할 수 있다. 많은 경우 문장 요소들의 전이(1:13과 4:4에 소유격이 배치된 것)와 어휘의 선택은 문장의 의미보다는 문장의 흐름과 어조를 고려한 것으로 보인다.

조금 전에 언급한 것에 덧붙여, 구어체를 암시하는 흔적들이 여럿 있다는 것을 지적할 수 있다. 비교적 짧은 문장 구조, 명령형(108 구절에 49회 사용)과 직접화법(호격의 17회 사용. 대부분은 ἀδελφοί임)의 빈번한 사용, 생생한 예들, 의인화(1:15; 2:13), 직유법(1:6, 10-11; 5:7), 수사 의문문(2:6-7, 14, 17; 4:1, 5), 부정적인 표현들(2:20; 4:4, 8) 등이다. 이 모든 예는 야고보서가 그것의 조심스러운 문학적인 기교에도 불구하고 기록된 담화보다는 구어체 담화의 특징을 담고 있음을 보여준다.[157]

이 이외에도 야고보서의 특징으로 예사롭지 않은 어휘를 들 수 있다. 디벨리우스(Dibelius, 35)는 이 자료 중 많은 내용이 상황과 관련이 있다고 말했는데, 이는 확실히 옳다. 신약성경의 다른 저자들은 그야말로 동일한 비유적 표현을 사용하지 않는다. 어휘 그 자체는 그 언어에서 일반적으로 사용되던 것이 틀림없다. 그렇지만 야고보서의 자료들은 분량이나 기원에 있어 눈에 띈다. 메이어(Mayor, ccxlvi-ccxlviii, 63)에 따르면, 야고보서에는 신약성경에 단 한 번 등장하는 단어가 63개 있다. 이 중 13개는 그리스어로는 야고보서에 처음 등장한다: ἀνέλεος(2:13), ἀνεμιζόμενος(1:6), ἀπείραστος(1:13), ἀποσκίασμα(1:17), δαιμονιώδης(3:15), δίψυχος(1:8; 4:8), θρησκός(1:26), πολύσπλαγχνος(5:11), προσωπολημπτέω(2:9), προσωπολημψία(2:1), ῥυπαρία(1:21), χαλιναγωγέω(1:26; 3:2), χρυσοδακτύλιος(2:2). 이 중에는 이전에 사용되었던 단어가 있을 수 있다. 반면에 한두 개는 야고보가 직접 만들었을 것이다(예. χρυσοδακτύλιος). 나머

---

157) Dibelius와 Mussner는 이러한 특징을 비난의 글이라는 스타일과 연관하여 언급한다. 하지만 Dibelius는 이러한 분석에 반드시 조건이 달려야 한다고 조심스럽게 지적한다. 필자는 구어체 담화로 언급하는 것을 더 선호한다. "비난의 글"을 회당의 설교나 다른 형태의 구어체 권면에서 분리할 방법이 없어 보이기 때문이다.

지 45개 단어 중 70인역에서 발견되는 것도 있다. 그래서 야고보가 사용한 언어의 또 다른 특징은 성경 어휘와 셈어 어법 사용에 있다.

야고보의 셈어 어법 사용의 문제는 위의 자료로 인해 더 복잡해진다. Ποιεῖν ἔλεος(2:13), ποιητὴς νόμου(4:11), ἐν ταῖς πορείαις αὐτοῦ(1:11)와 같은 표현들은 셈어 어법이지만, 아마도 70인역의 언어에서 유래했을 것이다.[158] 다른 현상들은 이에 근거해서는 설명하기가 더 어렵다. 예를 들면, 대구법(1:9, 11, 13; 4:8-9; 5:4), 명사 바로 뒤에 자주 놓이는 소유 대명사, 대명사의 반복(2:6), 명령적 분사의 잦은 사용(1:1, 6, 21), ἰδού의 빈번한 사용, ἄνθρωπος와 ἀνήρ의 중복적 사용(1:7, 12, 19), 형용사 대신 추상명사의 소유격의 빈번한 사용(1:25; 2:1; 3:13; 5:15), 접속사를 사용하지 않고 종속시키거나 논리가 종속적인 곳에서의 병렬법 사용(2:18; 4:7-10; 1:25; 2:2-3; 3:5; 4:17), εἰναῖ의 완곡적 사용(1:17; 3:15), 히브리어의 부정사와 비슷하게 여격을 사용(5:17), 개별 단어와 표현들(γέεννα, 3:6; σῴζειν ψυχήν, 1:21; 5:20; 신적 수동태, 1:5; 5:15) 등이다. 이 모든 것이 동일한 가치가 있는 것은 아니다. 이 중에 그리스어의 어법이 아닌 것은 많이 없다. 이 표현들의 사용을 중요하게 만든 것은 단지 그 표현들이 자주 사용되었다는 것뿐이다. 하지만 야고보서의 수려한 그리스어 배후에 셈어 어법의 정신과 사상 패턴이 있다는 인상은 남는다. 디벨리우스가 이것을 기독교적 권면의 전통적인 특성 때문이라고 설명하는 것은 당연하다. 뮈스너는 그리스인 서기관이 기록했다고 제안한다. 앞에서 취한 입장은 야고보의 말과 어법(그리스어 혹은 아람어. 전자일 가능성이 크다)이 최종적인 문서에 편집되어 반영되었다는 것이다. 글을 다듬고 편집하는 작업은 수사학적 특성에 맞춘 것이지만, 이것은 사상 대부분이 셈어 어법에 그 기원을 두고 있다는 점을 충분히 설명하지 않는다.[159]

---

158) Mussner(31)는 이러한 표현 20개를 나열한다.
159) 이 논의에서는 몇 개의 오용된(즉 원래 의미로 사용되지 않은) 그리스어 어구를 인용하지 않았다. 일례로 τροχὸς τῆς γενέσεως(3:6), ψυχικός(3:15), ἔμφυτος λόγος(1:21) 등이다. 이러한 현상은 철학 학파와는 대조적으로 대중적이거나 기독교적인 문화에서 이 어구들이 오해되었거나 사용되었음을 암시할 수 있다.

더 자세한 내용은 Amphoux; Beyer; Kennedy; Meecham; Thyen; Wifstrand를 보라.

2. 사본

첫 몇 세기 동안에는 야고보서의 존재가 모호했기에, 서방사본에는 야고보서가 없다. 현존하는 중요한 사본들은 다음과 같다.[160]

사본	포함된 본문	연대	본문 유형
p^{20}	2:19-3:2; 3:4-9	3세기	이집트 사본[161]
p^{23}	1:10-12, 15-18	3세기	이집트 사본
p^{54}	2:16-18, 21-26; 3:2-4	5-6세기	이집트 사본
p^{74}	거의 야고보서 전체[162]	6-7세기	A 사본과 비슷함
א	야고보서 전체	4세기	이집트 사본
A	야고보서 전체	5세기	이집트 사본
B	야고보서 전체	4세기	이집트 사본
C	1:1-4:2	5세기	이집트 사본
K	야고보서 전체	9세기	코이네 사본
L	야고보서 전체	9세기	코이네 사본
P	야고보서 전체	9세기	코이네 사본
Ψ	야고보서 전체	8-9세기	코이네 사본
0166	1:11	5세기	
0173	1:25-27	5세기	

---

160) 여기에 사용된 표기는 Nestle[26]을 따랐다. 사본의 출판 정보는 Dibelius, 57-61의 각주에 등장한다.
161) "이집트 사본"은 기본적으로 א B C를 의미한다.
162) p^{74}와 Nestle[25] 본문(28군데 이문[異文]이 있음) 간의 상세한 비교는 Mussner, 54-55을 참조하라.

33	야고보서 전체	9세기	P 사본과 비슷함
326	야고보서 전체		사본 33과 관련이 있음
81	야고보서 전체	기원후 1044	
1175	야고보서 전체	11세기	
1739	야고보서 전체	10세기	

그밖에 소문자 사본들: 6, 42, 69, 104.

옛 라틴어 사본: ff(Corbeiensis, 21곳이 다른 것을 제외하고는 B 사본과 비슷함)

s(Bobbiensis, 1:1-2, 10, 16-3:5; 3:13-5:11, 19)

m(Pseudo-Augustine, 1:19-20, 26-27; 2:13-17, 26; 3:1-8, 13; 14:1, 7, 10-13; 5:1-3, 5)

p(Perpinianus)

그 밖의 번역본: 콥트어(사히드와 보하이르), 아르메니아어, 에티오피아어, 시리아어(페시타, 필록세누스 역본, 하르켈 역본, 팔레스타인[1:1-12만 있음]), 불가타.[163]

　　야고보서의 사본 역사는 재구성하기가 어렵다. 분명한 것은 야고보서가 서방에서보다는 동방에서 훨씬 더 잘 알려졌다는 사실이다. 오늘날 현존하는 최상의 증거는 B 사본인 것 같다. 하지만 이 대문자 사본은 적어도 한 군데의 교정(4:14)과 몇 개의 특별한 독법에서 옛 라틴어 사본 중 하나인 ff(Corbeiensis)와 공통점이 있다. ℵ 사본 역시 가치가 있지만 B 사본보다 더 많은 실수가 있으며, 어느 정도 코이네 사본의 영향을 받았고, 헬레니즘적 그리스어가 스며든 곳이 한 군데 있다(5:10). A 사본은 ℵ 사본과 B 사본을 지지하는 귀중한 사본이며, 두 사본과 일치하지 않고 다른 이집트 사본들과 일치하는 곳에서는 도발적이다. C 사본은 근본적으로 이집트 사본이며 코이네 사본의 흔적이 있다. 그밖에 다른 사본 증거 중에서 p[74]와 소문자 사본 33은 ff(이 사본의 특별한 독법은 19세기 후반에 깊은 인상을 주었다[Mayor가 전문

---

163) Belser, "Vulgata" 참조.

을 실어놓았다]. 또한 이 독법은 야고보서가 원래 아람어로 쓰였다는 논제의 기초가 되었다)와 더불어 가장 가치가 있다.[164]

그렇다면 야고보서에는 ℵ A B C로부터 상당히 정확하게 재구성할 수 있는 상대적으로 통일된 사본이 있다고 결론을 내릴 수 있다. 하지만 사본의 단편 중 일부 다른 단편이 어디에 어울리는지는 불명확하다. 그리고 야고보서가 광범위하게 인용되지 않은 "어두운 기간"에 야고보서의 사본에 무슨 일이 일어났는지에 대해서는 더 많은 문제가 있다. 결과적으로, 신약의 대다수 다른 책보다 야고보서에는 추측적인 교정에 대한 여지가 더 많이 있다. 하지만 이러한 추측들은 본문이 말이 되지 않는 경우에만 해당한다.

더 자세한 내용은 Belser, "Vulgata"; Klostermann; O'Callaghan; Sanday; Wordsworth를 보라.

---

164) Wordsworth; Sanday.

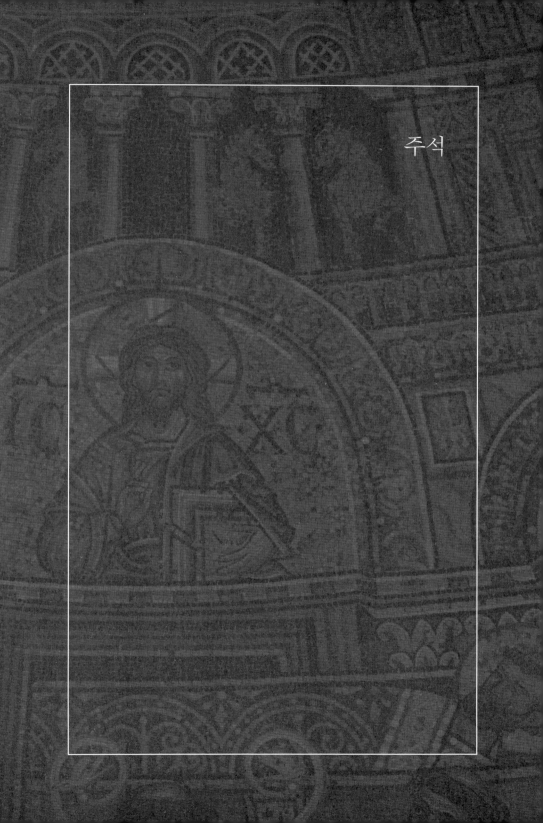

주석

I. 편지의 서론(1:1)

인사말 형식은 주의 형제 의인 야고보가 그의 "고향" 팔레스타인 지역 바깥에 흩어져 사는 유대 기독교 공동체에게 편지를 쓰고 있다고 제시한다. 저자(그가 야고보든 그로부터 기원한 자료를 편집한 사람이든. 본서 서론 53-55쪽 참조)는 당대의 문학적인 편지(예. 1 Macc. 10:25; Euseb, *Praep. Ev*, 9.33-34)와 실제 편지(예. 살전 1:1)에 등장하는 전형적인 그리스 인사 형식을 사용한다.

1절 저자는 자신의 이름을 야고보 또는 야곱(히브리어로 *y'qb*)으로 밝힌다. 앞에서 논의했듯이(본서 서론 43-45쪽), 이런 칭호는 초기 교회에서 단 한 사람을 가리킬 수 있다. 바로 의인 야고보다(Meyer와 Kürzdorfer에 반대함). 이 칭호 자체는 매우 흥미롭다. Δοῦλος("종")라는 용어는 유대 문헌에서 유래한 것이며(창 32:10; 삿 2:8; 시 89:3[88:4]; 사 41:8; 렘 26:7; 암 3:7), 사도가 자신을 소개할 때 사용하던 칭호다(예. 롬 1:1; 갈 1:10; 빌 1:1). 이 칭호는 종이 자신의 이름으로 오지 않으므로 겸손을 암시하며, 종의 칭호를 가진 사람이 위대한 왕을 섬기기 때문에 직분을 암시한다(참조. Mussner, 60-61). 하지만 Ἰησοῦ Χριστοῦ("예수 그리스도의")라는 언급은 특이하다. "그리스도"가 이제는 칭호가 아니라 이름으로 사용되고 있기 때문이다. 그리스도라는 단어를 이런 식으로 사용한 것은 "그리스도"를 칭호로 사용했던 예루살렘에서 대부분의 시간을 보낸 유대인에게는 놀랄 만한 일이겠지만, "그리스도"를 이름으로 사용한 것은 바울의(즉 그리스적인) 정상적인 용례와 매우 유사하다. 따라서 이 사실은 1:1이 헬레니즘적 그리스도인에게서 비롯되었음을, 즉 편집자가 적어도 이 칭호를 형성하는 데 강하게 영향을 주었음을 암시한다. Spitta와는 다르게 Ἰησοῦ Χριστοῦ가 삽입된 표현이라고 추정할 이유는 없다. 이 어구의 형태와 순서가 신약성경 몇 곳에서 발견되기 때문이다(예. 롬 1:7; 5:1, 11; 고전 1:3; 고후 1:2; 갈 1:3).

저자는 αἱ δώδεκα φυλαί("열두 지파")라는 표현을 사용하면서 편지의 수신자들을 참된 이스라엘로 이해한다. 교회가 이 칭호에 적합하다는 것은 매우 자연스럽다. 메시아의 사역은 열두 지파를 다시 세우기 위함이었고 (렘 3:18; 겔 37:19-24; Pss. Sol. 17:28), 그리스도인들은 자신을 유대 신앙의 참된 계승자로 인식했기 때문이다(롬 4장; 고전 10:18; 갈 4:21-31; 빌 3:3). 교회를 지칭하는 이러한 용어가 유대 그리스도인의 입에서 나왔다는 것은 무척 자연스럽지만, 바울 역시 그의 서신들에서 이방인 교회를 지칭하려고 이 칭호를 사용한다.

하지만 이 칭호의 두 번째 부분은 약간의 논쟁을 일으킨다. Διασπορά("흩어진 사람들")라는 용어는 유대인들 사이에서는 팔레스타인 바깥에 사는 유대교인들을 지칭하기 위해 사용되었다(참조. K. L. Schmidt, *TDNT* II, 99-101). 그런 용어가 그리스도인들에게는 무슨 의미가 있었을까? 한편으로는 그들이 그 용어를 차용하여 그들의 상태가 땅 위에서 "나그네와 행인"인 것을 보여주려고 비유적으로 사용했을 가능성이 있다(히 11:13; 13:14; 벧전 1:1, 17; 2:11). 그래서 디벨리우스는 야고보서가 "그들의 고향이 하늘에 있고, 이 땅은 외국 땅에 불과한 참 이스라엘"에게 쓰였다고 이해한다. 이것은 야고보서가 팔레스타인 밖에서 기록되었다면 그 용어의 가장 적합한 의미가 될 것이(며 만일 야고보서가 팔레스타인 안에서 기록되었다면 그것은 가능성이 있는 의미가 될 것이)다. 반면에 야고보서의 출처로 팔레스타인만 아니라 **유대** 기독교적 기원을 가정한다면, 이 용어는 문자적인 의미를 넘어가는 자연스럽지 못한 의미일 것이다. 이러한 집단이 팔레스타인 바깥에 있는 그리스도인들, 즉 "디아스포라"에 사는 그리스도인들을 지칭하기 위해 이것 외에 어떤 용어를 사용했을까? 바로 이 "디아스포라"라는 용어를 사용하는 것이 논리적이고 자연스러운 방법이었다. 결과적으로 우리는 뮈스너에 동의하면서 다음과 같은 결론을 내린다. 비유적인 의미가 매력적이고 우리가 야고보서의 유대 기독교적인 기원을 받아들이지만, 이 어구를 해석하는 가장 자연스러운 방법은 이 어구를 팔레스타인 바깥(즉 아마도 시리아와 소아시아)에 있는 참 이스라엘(즉 유대 그리스도인들)을 지칭하는 것으로 읽는 것이다.

인사말 자체는 표준적인 그리스식 편지의 인사이기에, 언뜻 보면 그다지 중요하지 않은 것 같다. 하지만 바울의 인사말과 비교하면 야고보서의 인사말은 놀랍다. 바울은 유대적이고 동방적인 특성("샬롬"; 참조. 단 4:1 Theod.)과 기독교적 예전(문체와 χάρις의 사용에서 드러난다. 참조. H. Conzelmann, *TDNT* IX, 393-94)을 보여주는 χάρις ὑμῖν καὶ εἰρήνη("너희에게 은혜와 평강이")라는 이중 문구를 사용한다. 이 영향이 유대 기독교적 편지에 부재한 이유는 어디에 있을까? 저자는 단지 관습적인 그리스어 용어를 사용한 것 뿐이다. 그는 바울이 보여준 창조성이 부족하고 그리스어를 바울처럼 통달하지 못했든지, 아니면 헬레니즘적 편집자나 서기관이 1절을 썼고 더욱 아람어 방식으로 생각했던 바울처럼 생각하지 않았을 것이다.

II. 여는 말(1:2-27)

1. 첫 번째 단락: 시험, 지혜, 부(1:2-11)

야고보는 1:2-11에서 그의 주요 주제 중 첫 번째 내용을 제시한다. 그가 함께 모아 놓은 주요 세 개념 중 첫 번째는 믿음이 참된지 확인하기 위해 시험대에 오를 것이라는 내용이다. 야고보는 이 시험이 개인의 유익을 위한 것이라고 주장한다. 시험이 인정받는 성품을 만들어낸다는 것이 그 이유다. 두 번째 개념은 시험을 분별하는 데 필요하고 억압을 받을 때 굳게 서기 위해 필요한 "지혜"가 한마음 곧 자신의 전 존재로 하나님을 찾는 자에게 주시는 하나님의 선물이라는 것이다. "지혜"는 "성령"이 바울에게 차지했던 자리와 비슷한 위치에서 야고보에게 작용한다(참조. 본서 서론 116-23쪽). 세 번째 개념은 믿음이 시험을 받는 중요한 상황이 부의 사용에 있다는 내용이다. 믿음은 거대한 평형 장치다. 하지만 부유한 그리스도인이 시험을 견딜 수 있을까? 그가 자기보다 더 가난한 형제와 나누려고 할까? 그는 믿음을 철저히 고수하여 경제 상황에 위협을 받을 때 타협하려고 할 것인가? 이러한 문제들이 이 도입부 단락에 등장하기 시작한다.

a. 시험은 기쁨을 낳는다(1:2-4)

2-4절은 단계적으로 사상을 전달하는 일련의 어록 형식을 사용하여 이 단락의 첫 번째 주제를 다룬다. 형식과 내용에서 이와 비슷한 서술이 로마서 5:2b-5과 베드로전서 1:6-7에 등장한다.

롬 5:2b-5	약 1:2-4	벧전 1:6-7
καυχώμεθα ἐπ' ἐλπίδι		(3절 ἐλπίδα ζῶσαν)

τῆς δόξης τοῦ θεοῦ. 3절 οὐ μόνον δέ ἀλλὰ καὶ καυχώμεθα	2절 Πᾶσαν χαράν ἡγήσασθε ἀδελφοί μου	6절 ἐν ᾧ [σωτήρ?] ἀγαλλιᾶσθε
		ὀλίγον ἄρτι εἰ δέον ἐστὶν λυπηθέντες
ἐν ταῖς θλίψεσιν	ὅταν πειρασμοῖς περιπέσητε ποικίλοις	ἐν ποικίλοις πειρασμοῖς
εἰδότες ὅτι ἡ θλῖψις	3절 γινώσκοντες ὅτι τὸ δοκίμιον ὑμῶν τῆς πίστεως	7절 ἵνα τὸ δοκίμιον ὑμῶν τῆς πίστεως
ὑπομονὴν κατεργάζεται	κατεργάζεται ὑπομονήν	πολυτιμότερον χρυσίου
		τοῦ ἀπολλυμένου, διὰ πυρὸς δὲ δοκιμαζομένου
4절 ἡ δὲ ὑπομονὴ δοκιμήν ἡ δὲ δοκιμὴ ἐλπίδα. 5절 ἡ δὲ ἐλπὶς οὐ καταισχύνει	4절 ἡ δὲ ὑπομονὴ ἔργον τέλειον ἐχέτω	
ὅτι ἡ ἀγάπη τοῦ θεοῦ ἐκκέχυται ἐν ταῖς καρδίαις ἡμῶν	ἵνα ἦτε τέλειοι καὶ ὁλόκληροι ἐν μηδενὶ λειπόμενοι.	[ἵνα] εὑρεθῇ εἰς ἔπαινον καὶ δόξαν καὶ τιμὴν ἐν ἀποκαλύψει Ἰησοῦ Χριστοῦ
διὰ πνεύματος ἁγίου τοῦ δοθέντος ἡμῖν		

토머스(J. Thomas)가 지적했듯이, 이 모든 본문에는 야고보가 1:12과 5:7-8에서 더 분명하게 밝힌 "종말론적으로 대망하는 기쁨"에 대한 공통적인 전통이 포함되었다(Thomas, 183-85). 또한 세 본문은 모두 참믿음의 시험이 발생하고 있다고 이해한다. 하지만 세 본문 간의 유사성은 이것으로 그친다. 야고보서는 언어적으로는 베드로전서에 더 가깝지만, 야고보와 바울 모두 베드로가 (아마도 하늘의 상을 받게 된다는 이유로) 가치를 부여하는 시험 그 자체보다는 힘든 환경을 통해 만들어지는 덕목들에 가치를 부여한다는 점에서, 사상적으로는 바울에 더 가깝다(베드로는 벧전 4:12-13에서 사상적으로 야고보에 조금은 더 가깝다. 하지만 이 본문에서 베드로는 그리스도 중심적이며 소망으로 마무리하는 반면에, 야고보는 하나님 중심적이며 덕목으로 마무리한다). 이 세 본문 간에 있는 유사성과 상이성을 다 해결할 수 있는 최상의 설명은 세 본문 모두 초기 기독교 안에서 회람되던 공통적인 전통 형식을 채용했다는 것이다. 각각의 본문은 그 형식을 수정하여 자신의 고유한 강조점을 만들어 냈다. 원래 예수의 몇몇 어록(예. 마 5:11-12; 아래 1:2 주석 참조)에서 유래했을 개연성이 높은 이 형식은 유대교에서 차용하여 기독교 세례 지침의 일부분으로 회람되었을 것이다(Daube, 113, 117-19). 어쨌든지 야고보는 이 형식을 2절과 4절에 분명히 드러나는 표제어를 통해 그의 서신에 끼워 넣었다.

2절   저자는 χαίρειν - χαράν의 언어 유희로써 그의 여는 말을 인사말과 연결시킨다. 이렇게 그는 공식적 인사에서 분명한 연결어 없이 그의 관심 주제로 넘어갈 수 있었다. 언어 유희가 저자가 즐겨 사용하는 문학적 장치라는 것은 저자가 다시 동일한 장치를 사용하여 전환하는 4절과 5절에 분명히 드러난다.

독자들은 "형제들아"라고 불린다. 이것은 저자가 바울과 공유하는 야고보서 문체의 또 다른 특징이다. 기독교적 문맥에서 이 용어는 저자가 그가 부르고 있는 사람들이 교회 안에 있는 사람들임을 의미한다. 이것은 세상에 일반적으로 보내는 편지가 아니다. 형제들은 πειρασμός("시험")를 당할 때 기뻐해야 하거나 "자신을 최고로 행복하다고 여겨야"(count themselves supremely happy, NEB) 한다. 저자는 이것이 기독교적인 삶의 맥락이고 시험이 다양한 형태로(ποικίλοις) 온다고 생각한다.

물론 유대인들에게는 시험을 통과한 주요한 표본인 아브라함(창 22장)과 실패의 주요한 표본인 광야 이스라엘 백성들(민 14:20-24)까지 거슬러 올라가는, 시험에 대한 오래된 전통이 있다. 이 전통은 포로 경험과 박해 아래에서 증폭되었다. 「집회서」 2:1-6은 이렇게 충고한다.

> 내 아들아! 주님을 섬기러 나갈 때, 너의 영혼을 유혹에 대비해라. 네 마음을 바로잡고 확고히 다지며 재난이 닥칠 때 두려워하지 말아라.…너에게 닥친 것은 무엇이나 받아들이고 병이 들거나 비천해지더라도 견뎌라. 금은 불로 입증되고, 주님께 합당한 사람은 고통의 도가니에서 단련된다(참조. Jud. 8:25; 1QS 10, 17; 1QH 5:15-17; 1QM 16:15-17:3).

예수는 "Q" 어록에서 이와 비슷한 믿음의 시험을 예상하셨다.

> 나로 말미암아 너희를 욕하고 박해하고 거짓으로 너희를 거슬러 모든 악한 말을 할 때에는 너희에게 복이 있나니, 기뻐하고 즐거워하라. 하늘에서 너희의 상이 큼이라. 너희 전에 있던 예언자들도 이같이 박해하였느니라 (마 5:11-12; 눅 6:22-23).

예수의 말씀도 야고보와 비슷한 점을 보여준다. 예수와 야고보 모두 고난을 외적인 시련으로 보고 있으며, 고난을 추구해야 할 어떤 것으로 이해하지 않는다. 두 사람 모두 고난 속에서 종말론적인 유익을 본다(참조. Jeremias, *Theologie*, 229-33). 야고보는 여기서 마태복음의 예수처럼 독자들에게 그들이 처한 상황에 대한 바른 관점, 즉 종말론적인 관점을 가지라고 교훈한다. 초기 교회가 사회적, 경제적, 또는 물리적인 박해에 직면할 때 처했던 삶의 정황을 두 어록 배경에서 쉽게 그려볼 수 있다(실질적으로 이것을 근거로 스데반이 돌을 맞은 사건에서 야고보서의 저작 연대를 추론할 수 있을 것이다. 또한 요 9:22-24에 반영된 상황을 참조하라. 우리는 시험을 박해보다는 일상생활과 연결한 Laws[3]의 견해를 거부해야 한다).

　　기쁨은 믿음의 시험을 보는 바른 관점이다. "온전히 기쁘게 여기라." (πᾶς의 이러한 용례에 대해서는 BDF, § 275[3]를 참조하라). 하지만 이 기쁨은 그리스 철학자의 무심함이 아니라(4 Macc. 9-11), 이 시대의 끝에 하나님의 개입을 대망하는 사람들의 종말론적 기쁨이다(Jud. 8:25). 고난은 실제로 경험되는 것이지만, 구원사의 관점에서 이해된다. 예수가 산상설교에서 교회에 주신 것이 바로 이런 관점이다(또한 고후 8:2; 12:9 참조).

　　3절 　　야고보는 곧바로 종말론적 관점이 기쁨을 낳는 이유를 제시한다. 교회의 교리문답적 교훈(상황적 분사 γινώσκοντες ["앎이라"]가 가리키는 대상이 이것일 것이다)은 교인들에게 시험이 ὑπομονή("인내")의 덕목을 낳는다고 가르쳤다. 하지만 시험을 지칭하는 용어는 πειρασμός("시험")에서 δοκίμιον("시련", "시험의 수단")으로 바뀌어 어조의 전환이 일어났다. 이러한 전환은 필요하다. 지금은 "시험의 수단"을 염두에 두고 있고, 이 말을 하는 배경이 도가니의 불일 가능성이 크기 때문이다(잠 27:21 LXX, 동일한 어근이 Sir. 2:5에도 등장한다. 참조. b. Pes. 118a). 하지만 이것은 베드로전서 1:7이 그 용어에 잠재되어 있다고 보여준 사상, 곧 정화 과정을 견딜 순전한 어떤 것이 있음을 암시한다. 이미 야고보는 그리스도인이 시험을 통과할 것이라고 생각한다.

　　몇몇 사본에는 δόκιμον("순전한" 또는 "인정된")이 등장하지만, 우리는 δοκίμιον이라는 독법을 받아들여야 한다. 세 가지 이유에서다. (1) 사본의 증거는 δοκίμιον을 강하게 선호한다(p⁷⁴가 다양한 시기에 두 독법을 다 선호하는 것으로 여겨진 사실이 있기는 하지만 말이다). (2) 독법 δόκιμον은 흔하지 않은 δοκίμιον을 규칙화하는 경향을 보여준다. 본문과 베드로전서 1:7에만 등장한다. (3) 시험의 수단인 δοκίμιον이 이 문맥에 더 적합하다.

　　우리는 δοκίμιον에 두 가지 의미가 있다는 디벨리우스의 견해에 동의한다. 베드로전서에서 이 단어는 "순전함"을 뜻하고, 이곳에서는 "시험의 수단"을 뜻한다. 이 의미들은 동사 어근의 결과나 대상, 또는 수단을 암시하는 이러한 유형의 중성명사의 일반적인 특징에 적합하다(MHT II, 341). 70인역에서는 결과, 즉 "순전한" 또는 "정련된"을 암시하는 본문이 역대상 29:4과 스가랴 11:13 등 두 곳에 있다. 하지만 그 단어가 확실하게 사용된 두 곳인 시편 12:6(11:7)과 잠언 27:21에서는 "용광로" 또는 "준엄한 시련의 장" 같은 수단의 의미를 띤다. 베드로는 분명히 첫 번째 의미를 선택했으며, 야고보는 두 번째 의미를 선택했다. 로우프스의 "시험의 행위" 가설은 불가능한 것 같다. 하지만 Laws, 52과 Hort, 5도 참조하라. 캉티나와 마티는 바울이 로마서 5:3에서 θλίψις를 사용하여 환난 쪽으로 이 단어를 적용한 것처럼 야고보서에서는 이 용어가 정결함을 지향하면서 πειρασμός로 정의되었음을 주목한다.

그렇다면 도가니의 불에서 나온 금처럼 ὑπομονή("인내력", NEB; "끝까지 견딤", RSV)는 시험의 상황에서 나온다. 인내는 시험이 없이는 존재할 수 없는 신자의 성품의 새로운 면모다. 고전 그리스어에서 이 단어는 "특히 적대 세력에 직면하여 굴하지 않고 인내하는 것을 의미했으며", 70인역에서는 "용기를 내어 하나님을 굳게 붙들고 그의 힘과 신실하심을 놓치지 않음"을 의미했다(F. Hauck, TDNT IV, 583-84). 그래서 디벨리우스가 인내는 능동적이며, "영웅적인 견딤"이라고 지적한 것은 백번 옳다. 이것은 많은 시험을 받은 아브라함(Jub. 17:18; 19:8)과 요셉(Test. Jos. 2:7; 10:1; 실제로 요셉의 유언 전체는 이 주제를 중심으로 한 미드라시적 해석이다), 그리고 무엇보다도 욥의 덕목이다. 욥은 야고보가 나중에 인용할 것인데, 그의 인용은 욥의 유언에 기록된 전통을 언급할 것이다(5:11 주석 참조). 기독교회는 이 덕목을 가치 있게 여겼다. 이런 식으로 시험을 받은 성품을 가지고 있는 사람들만 자신들이 끝까지 견디게 된다는 것을 알았기 때문이다. 바울이 이 덕목을 가치 있게 여겼다는 사실은 그가 이 용어를 16번 사용했다는 사실에서 입증되며 (예. 고후 6:4; 12:12; 살전 1:3), 자연히 이 단어는 요한계시록에 자주 등장한다(계 1:9; 2:2; 13:10; 14:12). 전투의 시련을 거친 군인, 믿음의 영웅적인 전사는 매우 소중하게 여겨진다. 또는 좀 더 정확한 비유로 바꿔 표현하면, 단련된 금속은 원자재보다 더 귀중하다. 이런 까닭에 야고보는 시험이 그리스도인

에게 도움이 된다고 말한다. 인내력이라는 덕목은 아무리 느리고 고통스
럽다고 해도 일련의 과정 속에서 발현되기 때문이다. (2절에 암시되었고 3절
의 κατεργάζεται ["만들어내다"]로 표현된 다양한 시험은 즉각적인 온전함이 아니라 과
정을 염두에 두었음을 암시한다.)

   4절   인내력은 야고보에게 끝이 아니다. 인내력이 중요한 덕목
인 것은 사실이다. 하지만 그것은 이보다 더 중요한 것으로 이끈다. 야고보
는 그가 나열한 말의 결론과 인내력을 δέ("그러나")를 뒤따르는 명령형으로
연결한다. Δέ는 여기서 부사적인 의미보다는 접속사의 의미를 더욱 띠며,
보다 통상적인 선언적 절정보다는 권면으로 연속 문장을 마무리한다(롬
5:5과 Wibbing이 인용하는 예들을 참조하라. Wibbing, 104ff.). 어쩌면 총체적인 덕
목 형성 과정을 염두에 두었을 야고보는 인내력을 줄여서는 안 되며 인내
력이 그 절정인 "온전한 일"에 이르게 해야 한다고 말한다. 이러한 주장은
야고보가 어떤 구체적인 덕목을 "온전한 일"로 명명할 기대감을 일으킨다.
그래서 "온전한 일"이 무엇인지를 두고 많은 제안이 있었다. 로우프스는
(갈 6:6과 롬 6:22을 인용하여) 그것을 그리스도인의 삶의 열매로 이해한다. 반
면에 마티는 이런 제안이 너무 수동적이라고 생각하면서, "도덕적으로 온
전한 행위들"을 선호한다(이것은 누구나 동의할 수밖에 없듯이 야고보의 마음속
에 있는 주제). 분명 야고보는 사람들로 하여금 최상의 덕목을 말하도록 부
추기고 있는데, 사랑이 매우 잘 어울린다는 캉티나의 주장(참조 롬 13:8; 벧후
1:6)에 마음이 끌리기도 한다. 야고보가 그의 서신에 이 사상을 분명히 포
함시키고 있기 때문이다. 하지만 실제로 그는 단 하나의 덕목도 언급하지
않았다. 메이어와 미튼, 로스 및 디벨리우스가 다 동의하다시피, 온전한 일
은 하나의 덕목이 아니라 야고보가 4b절에서 묘사하는 온전한 성품이다:
ἵνα ἦτε τέλειοι καὶ ὁλόκληροι ἐν μηδενὶ λειπόμενοι("이는 너희로 온전하
고 구비하여 조금도 부족함이 없게 하려 함이라").

   연속 구도로 인해 기대하게 되고 야고보가 짝을 이루는 표제어
τέλειον - τέλειοι로써 강조하는 것처럼, 그리스도인 자신이 바로 온전한 일
이다. **"당신이 그 온전한 일이다"**(Dibelius). 인내력은 온전함으로 인도한다.

하지만 야고보가 온전함이라는 용어로써 무엇을 의미하려고 했을까? 야고
보가 그 단어를 좋아한다는 것은 분명하다. 신약성경 중에서 야고보서만큼
이 단어를 많이 사용한 곳도 없다. "온전함"이라는 용어가 필론이 선호하
던 용어이기도 했지만(Philo, *Spec. Leg.* 4.140과 *Flacc.* 15), 용례와 내용에 있어
서 야고보는 그리스 철학 전통보다는 유대 묵시 문학적 전통을 의존했다.
노아는 유대 전통에서 **유일하게** 온전한 사람이다. "노아는 의인이요, 당대
에 흠이 없는[히. *tāmîm*] 사람이라. 노아가 하나님과 동행하였더라"(창 6:9;
참조. Sir. 44:17; Jub. 23:10). 그는 하나님의 율법을 지킨 사람이었다. 다시 말
해 그는 "여러 가지 동기로 인해 오염되지 않았거나 생각과 행위의 모순이
없었던, 안정적인 온전함을 가진" 사람이었다(Du Plessis, 94-99). 안정적인
의라는 완전한 조건을 갖춘 인물이란 뜻의 "온전함"은 의인의 덕목이다.
　이 용어는 야고보와 동시대의 유대 종파 가운데 하나인 쿰란 공동체가
즐겨 사용하기도 했다. 쿰란의 한 문서(1QS)에서만도 *tāmîm*이 18번 사용
되었다. 쿰란 종파는 자신들을 하나님을 본받아 걷고 있으며(1QS 2:1-2; 참
조. Davies, 115), 여전히 더 충만한 온전함을 갈망하는(1QS 4:20-22; 그러므로
여기서 현재 종말론과 미래 종말론의 균형을 본다) "도를 좇는 온전한 자들"로 이
해했다(1QS 4:22; 1QM 14:7; 1QH 1:36). 디슬리(Deasley, 330-34)는 이 온전함
의 특성을 다음과 같이 요약한다. "이것은 의식적 온전함과 도덕적 온전함,
율법적인 온전함과 영적인 온전함, 외적인 온전함과 내적인 온전함의 결합
으로 이루어졌다. 그래서 다른 것이 없으면 어느 하나도 완전하지 못함을
암시한다." 신약성경에서 이 용어의 용례에도 동일한 특징이 있다. 예를 들
어, 바울은 그리스도인들을 "온전한 자들"이라고 볼 수 있었다는 점에서 현
재와 미래의 긴장을 유지한다. 하지만 그는 "온전한 사람"을 종말에야 비로
소 완전하게 되는 기독교적 성숙 과정의 마지막 단계로 이해한다(고전 2:6;
엡 4:13; 골 4:12; 빌 3:15). 마태의 복음서 편집에서는 기독교적인 온전함이 하
나님을 본받음으로 표현되었다(마 5:48; 참조. Davies, *Setting*, 212-13; Yoder, 119-
20). 이것은 나중에 그리스도를 본받음으로 재해석된다(마 19:21). 야고보가
초기의 어록 전승 형태에 영향받았음을 이미 주장했으므로(본서 서론 108-

13쪽 참조), 이 전승에 담긴 사상과 야고보가 제시하는 요점 간의 관계를 어렵지 않게 볼 수 있다. 야고보는 그리스도인의 삶의 정점을 비단 믿음을 확고히 붙드는 것만 아니라 온전히 균형 잡힌 올곧음으로, 즉 하나님의 성품을 향하여 나아가거나 그리스도를 본받는 것으로 이해한다. 야고보는 이러한 성숙함의 목표를 설명하면서 ὁλόκληρος("구비하여")를 첨가한다. 이 단어는 과정의 증가하는 특성을 강조하는 τέλειος와 동의어다. 즉 온전함은 단지 성품의 성숙함만 아니라 의로운 성품의 "여러 부분"이 더해 가면서 원숙해지는 것이다(겔 15:5; Wis. 15:3; Philo *Abr.* 34과 47; 참조. Trench, 74). 이러한 맥락에서 야고보는 사실상 ὁλόκληρος의 확장인 마지막 어구를 첨가한다. "조금도 부족함이 없게 하려 함이라."

그렇다면, 우리는 야고보에게서 종말론적인 온전함이라는 패턴을 본다. 그리스도인은 두 시대 간의 투쟁에 속하는 시험에 참여한다. 하지만 그는 애통해하는 대신, 이 시험이 유대교 진영과 기독교 진영에서 귀하게 여기는 덕목들을 낳을 것이라는 사실을 알기에 기뻐한다. 야고보가 사용하는 용어들에서 우리는 야고보의 "'온전함'이 바로 종말론적"이라는 사실을 본다(Mussner). 독자는 그 과정이 온전함의 마지막에 이르도록 하라는 권함을 받는다(ἐχέτω). 온전하게 되는 과정의 목표는 바울이 "너희 속에 그리스도의 형상을 이루기까지"라고 묘사한(갈 4:19) 종말론적인 온전함이기 때문이다(ἵνα ἦτε의 목표 지향성을 주목하라).

더 자세한 내용은 Rigaux, 237-49을 보라.

b. 지혜는 기도를 통해 온다(1:5-8)

5-8절은 여는 말의 두 번째 소단락에 속한다. 이 단락은 야고보서에서 나중에 다시 등장하게 될 두 개념을 중심으로 다뤄진다. 하나는 지혜(참조. 3:13-18)이고, 다른 하나는 두 마음이다(참조. 4:8). 두 개념은 모두 야고보에게 중요하다. 야고보는 지혜의 선물이 하나님을 신뢰하는 사람들에게 주어진다고 주장한다. 그들은 두 마음을 품지 않은 사람들이다. 그는 이 사실을

천명하면서, 자신들의 믿음을 타협하고 자신들의 삶의 표준과 안전을 위해 하나님과 세상을 동시에 바라보는 사람들은 실제로 믿음의 본질이 전혀 없는 사람들이라고 주장한다. 그들에게 믿음이 있다면 지혜도 있었을 것이다. 문맥에서는 지혜가 그들을 온전하게 할 것이라고 암시되었다(지혜는 그들을 도와 시험의 상황을 분별하게 하고 시험에 적절히 반응하게 할 것이다).

　　5절　　　구조적으로 5절은 표제어 장치인 λειπόμενοι - λείπεται에 의해 앞 절과 연결되었다. 우리는 이것이 원래 분리되어 있던 단위들, 즉 이 경우에는 전통적인 일련의 어록과 짧은 교훈 단위들을 연결시킨 편집 기술이었다고 이해하는 디벨리우스에 동의한다. 1:4의 ἐν μηδενὶ λειπόμενοι가 첫 번째 표제어를 보충하기 위한 편집적 첨가일지도 모른다는 뮈스너의 제안 역시 옳은 것 같다. 하지만 두 단위가 원래 독립되어 있었다고 해도, 반드시 이 편집된 형태에서 "사상의 어떤 내적인 연결을 확립하려"는 노력이 "헛되다"(Dibelius)라는 결론을 도출해낼 필요는 없다. 앞에서 주장했듯이(본서 서론 70-79쪽), 야고보에게는 관련된 세 주제의 결정적인 구조가 있었다면, 이곳 도입부에서는 말할 것도 없고 나중에 야고보서의 본론에서도 그 주제들이 서로 연결된 것을 본다는 것이 이상하지 않을 것이다. 이러한 이해를 본문에 적용하는 열쇠는 본문의 주요 주제에 대해 저마다 가지고 있는 관점에 달려 있다. 디벨리우스는 그것이 기도라는 주제이며, 지혜는 그 주제를 소개하기 위한 구실에 불과하다고 이해한다. 미튼에게는 지혜가 주제다. 하지만 그는 이러한 이해에 근거하여 야고보서를 연관 없는 어록 모음집인 잠언의 문학적인 장르와 연결한다. 하지만 본 주석은 뮈스너와 커크의 의견을 따른다. 두 사람은 지혜가 주제일뿐더러 본문이 사상적인 면에서 앞 단락과 밀접히 연결되었다고 이해한다. 말하자면, 저자는 그가 다루고 있는 사상들 가운데서 통일성을 구축하고 있다.

　　저자는 독자들에게 지혜가 부족한 실제의 상황이 발생할 가능성을 생각한다. 하지만 그들에게 부족한 이 지혜는 어떤 지혜일까? 그것은 사람으로 하여금 온전하도록 하는, 또는 야고보가 생각하기에 시험을 맞서게 할 수 있는 하나님의 선물이다. 이 사상이 어느 정도는 「집회서」 4:17과 「지혜

서」 7:15, 8:21, 9:4, 6과 같은 본문에서도 발견된다. 하지만 이 병행구들이
충분히 만족스럽지 않다고 이해한 디벨리우스는 옳다. 오히려 우리는 1:2-
4의 종말론적인 어조를 고려하면 「바룩2서」 44:14, 59:7, 「에스드라2서」
8:52, 「에녹1서」 5:8, 98:1-9, 100:6과 같은 병행구들(이 본문들은 단 11-12장의
*maśkilim*을 의존했을 것이다)이 더 적절한 본문들이라는 것을 발견할 것이다.
이곳에는 다가올 시대의 선물인 지혜, 그리고 의로운 남은 자들로 하여금
이 시대의 시험들을 저항하고 견딜 수 있게 해주며 그들이 현재 소유하고
있는 지혜 사이에 긴장이 있다.

　　이와 동일한 사상이 1QS 11, CD 2, 6:3; 1QH 12:11-13, 14:25,
11QPs^a154(Syriac Psalm 2)에 등장한다. 따라서 유대 배경을 가지고 있는 사
람이라면 시험의 상황에서 지혜를 얻기 위해 기도하는 여러 이유가 있을
것이다. 지혜는 그를 온전하게 하거나 온전하게 지키고, 또는 그를 시험에
맞서게 한다. 이와 비슷하게 신약성경에서 지혜는 하나님의 계획을 이해하
고 그 계획에 반응하는 것과 밀접한 관련이 있다. 예를 들어, 고린도전서에
서 그리스도는 특히 그의 고난에서 지혜의 현현이셨다(예. 고전 1:24). 또한
사람의 지혜(κατὰ σάρκα)와 하나님의 관점(κατὰ πνεῦμα) 간의 대조도 있다.
고린도 교인들은 바울의 설교에서 하나님의 지혜를 인식하였으므로 "온전
한 사람들"이다(고전 2:4-6). 그러므로 지혜는 하나님의 관점에서 역사를 볼
수 있게 하는 성령님이 주시는 신자들의 소유물이다. 야고보가 성령을 언
급한 적은 없지만, 누구나 야고보가 지혜를 자주 언급하고 있음을 알아차
린다. 잠언 8장을 비롯하여 「지혜서」, 「에녹1서」 그리고 CD 2와 같은 본문
들은 성령을 하나같이 하나님의 선물과 동일시한다. 성령과 지혜의 이런
관계는 야고보에게 지혜의 중요성을 밝혀준다. 그는 시험의 실패가 종말론
적인 능력이라는 이 선물의 필요성과 관련이 있을 것으로 믿었다. 이 선물
이 없으면 온전해질 수 없다(참조. 본서 서론 116-23쪽; Kirk).

　　지혜가 하나님의 선물이라는 묘사는 논리적으로 그것을 구하라는 명
령으로 이어진다. 하지만 여기서는 구하면 받게 된다는 확신의 기초인 하
나님의 성품에 초점이 맞춰져 있다. 저자는 주는 이들 가운데 하나님이 가

장 은혜롭고 온전한 분이시라고 말한다. 그분은 "당신에게 아무런 유익을 주지 못하는 선물을 주는 어리석은 자"가 아니다. "어리석은 자에게는 눈이 하나가 아니라 많이 있기 때문이다. 그는 거의 주지 않고 많이 꾸짖으며, 전령처럼 그의 입을 연다. 그는 오늘 빌려주면 내일 갚으라고 한다. 이러한 사람은 혐오스러운 사람이다"(Sir. 20:14-15; 참조. Sir. 18:15-18; 41:22c-25. 야고보서처럼 이 모든 본문에 ὀνειδίζω["꾸짖다"]가 사용되었다). 이와는 다르게, 선하게 주시는 분이 하나님이시라는 유대적 이해에 하나님은 잘 들어맞는다(잠 3:28; *Abot R. Nat.* 13; Did. 4:7; Hermas *Man.* 9).

하지만 만일 ὀνειδίζω의 의미가 분명하다면, 신약성경에 단 한 번 등장하는 ἁπλῶς의 의미는 무엇일까? 지금까지 두 의미가 제안되었다. (1) "후히" 또는 "관대하게"(Hort, Mitton, Cantinat), 또는 (2) "마음에 주저함 없이", "단순히", "주저하지 않고"(Mayor, Dibelius, Mussner)가 그것이다. Test. Iss. 3:8, Jos. *Ant.* 7:332, 고린도후서 8:2, 9:11에 나타나듯이, 어근은 확실히 "후히"를 의미할 수 있다. 하지만 다른 측면에서 볼 때, "단순히", "두 마음을 갖지 않고", 또는 "진심으로"를 의미하는 증거를 얼마든지 모을 수 있다. 에픽테토스는 이렇게 주장한다. "…한순간은 노예가 되기를 바라다가 다른 순간에는 그러지 않기를 바라는 식으로 이리저리 흔들리지 말라. **단순히** 그리고 마음을 다해 이렇게 되든지 저렇게 되든지 하라"(Epict. 2.2.13). 여기에 우리는 로마서 12:8의 증거와 Hermas *Man.* 2의 장황한 토론을 첨가할 수 있다(Laws, 55은 헤르마스가 야고보서에 의존했다고 믿는다. 필론과 다수의 그리스 저자들을 인용한 메이어를 참조하라. Did. 4:7; Barn. 19:11. 그리고 Spicq, 217-19; Edlund, 100-101도 참조하라). 이 증거를 병행 어구인 μὴ ὀνειδίζοντος("꾸짖지 아니하시는")에 덧붙이면, ἁπλῶς의 두 번째 의미인 "마음에 주저함 없이"가 더 개연성 있게 보인다. (더욱이 아래 6-8절에서 드러나듯이, ἁπλῶς는 마음이 흔들리는 기도자에 대한 묘사를 대비하게 한다. 그의 나뉜 충성심 때문에 하나님은 그의 기도를 듣지 않으신다.)

그렇다면 하나님은 망설이거나 마음에 주저함 없이 진심으로 주는 분이시다. 하나님은 불평하거나 비난하지 않으신다. 하나님은 이 사람에게 완전히 몰두하시고 주저하지 않으신다. 그들은 받기를 기대할 수 있다. 이렇게 주장함에 있어 야고보가 누가복음 11:13에 있는 "Q" 어록과 같은 예수의 어록들을 의존하고 있음이 확실하다. "너희가 악할지라도 좋은 것을 자식에게 줄 줄 알거든, 하물며 너희 하늘 아버지께서 구하는 자에게 성령을 주시지 않겠느냐"(마 7:7-8과 병행구). 하나님은 구하는 그의 자녀들에게 진심으로 주신다. 참으로 하나님은 성령 또는 하나님의 지혜도 주실 것이다. 여기에 진정으로 선한 아버지에 대한 묘사가 있다.

　　　더 자세한 내용은 Brandt, 189-201; Daniélou, 362-65을 보라.

　　　6절　　야고보는 구하는 것을 기꺼이 주시는 아버지를 묘사한 후, 계약에 참여한 다른 이, 즉 기도한 것을 기다리는 자녀로 관심을 바꾼다. 가벼운 역접 접속사인 δέ는 독자에게 저자가 장면의 다른 부분을 염두에 두었음을 알려준다. 야고보는 독자에게 구하는 것이 이루어지지 않는 이유가 아버지와 관련이 없다는 사실을 이미 알려주었다. 이제 야고보는 그 이유가 믿음의 위기를 지나고 있는 자녀에게 있음을 발견한다. 하지만 문제가 되는 믿음은 도대체 어떤 믿음인가? 디벨리우스는 Hermas Man. 9이 결정적인 병행 본문이라고 믿으면서, 문제의 믿음은 하나님이 기꺼이 주려 하심을 의뢰하는 것과 관련된 믿음이라고 주장한다. 기도하는 사람은 하나님께 받게 될 것을 의심해서는 안 된다. 디벨리우스는 이렇게 주장하면서 본문의 믿음을 2:14-26에서 다루는 믿음과 비교하는 것을 거부하고, 1:7에 표현된 기대감을 순전히 수사학적으로 이해한다. 하지만 이것은 야고보서의 편집 단계를 간과하고 그래서 전체 문맥을 등한시한 주장이다. (헤르마스가 야고보서를 의존했을 가능성이 무척 크므로, Man. 9와의 병행은 디벨리우스가 믿는 것보다 덜 인상적이다. 특히 Man. 9.6과 9.9에서 헤르마스는 이른 전통에서 그가 말하고 있는 두 마음은 기도할 때 단순히 의심하는 것보다 더 심각하여 구원 자체와도 관련이 있음을 암시한다.) 확실한 것은 야고보가 마태복음 21:21 (병행 구절 막 11:23)에서 발견되는 개념을 가지고 재작업하고 있으며, 그렇게 하는 도중에 (마가복음의 믿음과 의심의 대조를 더욱 분명하게 한) 마태의 편집 경향을 조금 더 발전시켜, 의심의 배후에 있는 뿌리가 하나님을 신뢰하지 않는 것이라는 지점까지 몰고 가는 것으로 보인다는 사실이다. 기도하는 그 사람은 사실 하나님을 믿는 믿음이 없다. 하나님을 향한 그의 태도가 나뉘어 있으며(참조. 1:8), 그렇게 그는 인내력이 결핍되었기 때문이다. 그는 "ὁ διακρινόμενος, 즉 그의 충성심이 흔들리는 사람"이거나(Ropes), "하나님을 신뢰하는 것과 신뢰하지 않는 것 사이에 내적으로 갈등하며 사는 사람"이다(Mussner). 이 사람은 하나님을 향하여 절대로 "후하지"(ἁπλῶς) 않다(비교. 롬 4:20의 바울).

의심하는 사람의 불안정함은 "바람에 밀려 쉼 없이 이리저리로 요동하는 바다 물결"이라는 생생한 은유의 사용으로 강조된다(Hort). 바람 부는 대로 움직이는 일렁이는 바다라는 이미지는 그리스 문학에서 매우 대중적이어서 어떤 것을 이 비유의 자료로 제안하는 것은 성급한 일일 것이다. 하지만 이와 비슷한 사상이 「집회서」 33: 1-3에도 등장한다. "주님을 경외하는 사람에게는 어떤 악도 닥치지 않고, 시험을 당할 때마다 주님이 그를 구원하실 것이다. 지혜로운 사람은 율법을 미워하지 않으나, 율법을 지키는 체하는 위선자는 폭풍우를 만난 배와 같다. 지각이 있는 사람은 율법을 신뢰한다…"(참조. 엡 4:14; Philo *Gig.* 51; 사 57:20; Dibelius와 Mayor도 고전 그리스 문학의 병행 목록을 길게 제공한다).

7절 기도하는 사람은 반드시 하나님을 신뢰하는 마음으로 구해야 한다. 왜냐하면(γάρ) 하나님을 신뢰하지 않는 사람(저자의 반감을 암시하는 어조인 셈어 어법 ὁ ἄνθρωπος ἐκεῖνος는 분명히 1:6의 의심하는 자를 가리킨다)은 아무리 그가 무엇인가를 받을 것을 예상한다고 해도 아무것도 받지 못할 것이기 때문이다. 자신의 헌신이 결핍되었음에도 불구하고 하나님으로부터 무엇인가를 얻을 것으로 기대하는(신약성경에서 불과 세 번 사용된 οἴμαι는 δοκέω와 의미가 같다) 사람은 간단히 말해서 착각하고 있는 사람이다. (바울의 일반적인 용례와 다르게, 야고보서에서는 이 시점에서 κύριος가 그리스도보다는 하나님을 의미한다는 점을 주목하라.)

8절 야고보는 앞에서 언급한 주장에 "그 사람"에 대한 두 가지 묘사를 추가한다. (다수의 주석가와 함께 우리는 ἀνήρ와 ἀκατάστατος를 동격으로 이해한다.) 첫째, "이런 사람"은 ἀνήρ δίψυχος ("두 마음을 품은 사람")다. 중복어인 ἀνήρ는 앞 절의 ἄνθρωπος처럼 셈어 어법이다. 총칭어인 ἄνθρωπος ("사람")가 좀 더 적합한 곳에서 ἀνήρ ("남자, 사람")를 사용하는 것은 저자가 특히 시편과 잠언 등의 70인역을 알고 있었음을 암시한다(참조. 시 32[31]:2=ʾādām). 이러한 용례가 야고보서의 특징을 잘 보여주기에, 빈디쉬는 이런 문학적 스타일이 "사람들에 의해 발전되었고, 우선적으로 사람을 위해 형성된 것"이라고 말한다(참조. 약 1:12, 23; 2:2; 3:2; 시 1:1).

야고보서보다 시기적으로 이른 그리스 문학에 등장하지 않는 δίψυχος ("두 마음")는 유대 신학에 그 배경이 있다. 구약성경에 따르면, 사람은 나뉘지 않은 마음과 온전한 마음 또는 전심으로 하나님을 사랑해야 했다(신 6:5; 18:3). 이에 어긋나는 것은 위선이거나 두 마음(lēb welēb)을 갖는 것이다(시 12:1, 2; 대상 12:33; 참조. 호 10:2). 「집회서」 1:28-29도 하나님을 두려워하는 일에 전적으로 헌신하지 않는 신실하지 못한 사람을 비난하며, 2:12-14에서는 두 마음을 가진 사람을 그의 ὑπομονή ("인내")를 잃은 사람으로 묘사한다. 두 길 교훈과 밀접한 연관이 있는(참조. Sir. 33:7-15) 이 "둘 중에 하나"라는 일심의 헌신이라는 주제는 사해사본(1QS 2:11-18; 5:4-5; 1QH 4:13-14)과 열두 족장의 유언(Test. Lev. 13:1; Test. Ben. 6:5-7b)에도 긍정적인 형식과 부정적인 형식 모두 등장한다. 랍비 자료들에서 일심을 가르치는 교훈은 선한 "예체르"(욕망)를 위해 악한 "예체르"를 전적으로 거절하는 것을 의미한다(본서 서론 89-94쪽; Schechter, 257).

이 사실을 염두에 두면서, 우리는 이 단어의 의미를 찾기 위해 「디다케」나 헤르마스가 사용한 의미를 여기로 끌어들여야 할 필요를 거부한다(Did. 4:4; Barn. 19:5; 1 Clem. 9:2; 23:2; 2 Clem. 11:3; Hermas에 40회 등장). 「디다케」와 헤르마스는 야고보를 넘어서(그리고 유대교를 떠나) 이 신학을 발전시켰기 때문이다. 오히려 우리는 이 단어의 배경으로 유대적 자료를 본다(Seitz, "Spirits", 82-95과 Laws, 60-61=Marshall, "Δίψυχος"에 반대함. Marshall은 이 단어가 어느 한 지역의 로마 관용어라고 생각한다).

그렇다면 δίψυχος 유형의 사람은 하나님에 대한 그의 충성심이 온전하지 못한 사람이다. 그의 헌신은 ἁπλότης로 특징지어지지 않는다. 이런 사람을 야고보는 "모든 일에 정함이 없는 자"라고 주장한다. 여기에 또 다른 셈어 어법 ἐν πάσαις ταῖς ὁδοῖς αὐτοῦ가 있다(참조. 시 91[90]:11; 145[144]:17; 1QS 1:8; 3:9-10; 9:9). 이것은 "두 길" 유형의 문헌과 관련이 있다. 이 말은 문제의 사람의 전체 행위나 생활 방식이 정함이 없거나 흔들리고 있음을 뜻한다. 두 마음을 품은 사람은 "그의 모든 행동과 행위에서 흔들리고" 있다 (Dibelius). (ἀκατάστατος의 어근은 나중에 Hermas, Man. 2.3; 5.2.7에서 귀신의 행위에 사용되었다. 바울이 고전 14:33과 고후 12:20에서 이 명사를 어떻게 사용했는지를 참조하라. 야고보는 3:8, 16에서 이 어근을 다시 사용한다.)

더 자세한 내용은 Edlund; Marshall, "Δίψυχος"; Seitz; Seitz, "Antecedents"; Seitz, "Relationship; Wolverton을 보라.

c. 가난함이 부함보다 낫다(1:9-11)

9-11절은 여는 말의 세 번째 단락이다. 이제 저자는 부자와 가난한 자라는 주제를 소개한다. 저자는 그의 서신 뒷부분에서 아예 한 장 전체를 이 주제에 집중시킨다. 그는 가난한 자들이 그리스도인인 경우 그들이 매우 높임을 받는다고 주장한다. 그들이 세상에서 비천한 상태에 있음에도 하나님께서 그들에게 매우 높은 지위를 주셨기 때문이다. 그러나 부자들은 지금은 힘이 있는 것처럼 보이지만, 그들이 지금 스스로 낮추지 않으면 하나님께서 결국 그들을 낮추실 것이다. 실로 여기에 지위의 역전이 있다. 이러한 역전은 누가복음의 팔복과 마리아의 찬송시에서 기독교적인 병행을 찾을 수 있다.

이 단락은 다시 δέ에 의해 소개된다. 디벨리우스(Dibelius, 84)가 "도입 어구 δέ에 대해 일종의 논리적인 의미를 너무 추구하지 말아야 한다"라고 주장했지만, 이 어구의 사용은 상당히 흥미로운 편집 장치다. "남발한" 것으로 보이는 δέ가 1:5, 9, 19, 22에 등장한다. 하지만 좀 더 자세히 살펴보면,

이 접속사는 하나하나가 1장의 두 부분 안에 있는 단락들 사이에서 전환을 표시한다는 것이 발견된다. 다른 말로 표현해서, 가벼운 역접 접속사는 두 단락을 별개의 두 단락으로 표시하면서도 동시에 두 단락 사이의 전환을 표시하기에 적절한 힘이 있다(참조. BAG, 170, s.v. δέ, 2—전환적 사용).

9절　　야고보는 먼저 ὁ ἀδελφὸς ὁ ταπεινός("낮은 형제")에게 관심을 돌린다. 두 사실이 눈에 띈다. 첫째, "형제"라는 칭호가 사용된 것으로 봐서 이 사람은 그리스도인이다. 그는 공동체에 속한 사람이다. 둘째, 이 사람은 가난하다. Ταπεινός라는 용어 자체가 반드시 "가난"을 뜻하는 것은 아니다. 이 용어는 고린도후서 7:6과 10:1에서처럼, 일반적으로 "낮은", "겸손한", (사회적인 의미에서) "중요하지 않은"을 뜻한다. 하지만 이 문맥에서 그 의미가 "가난한"이라는 것은 분명하다. 이 단어가 πλούσιος("부한")와 병렬되어 있기 때문이다. 이 두 의미 모두 70인역에서 입증되었다. "낮은"이란 의미는 레위기 13장을 비롯한 다른 곳에서 반복하여 발견된다(삿 1:15; 겔 17:24). 하지만 그 단어는 히브리어 어휘 여섯 개를 "가난한", "짓밟힘을 당한", "압제를 받은"이란 의미로 번역하기도 했다(예. 삿 6:15; 시 10:18[9:39]; 18:27[17:28]; 34:18[33:19]; 82[81]:3; 잠 3:34; 암 8:6; 사 11:4; 49:13). 잠언 3:34이 이 목록에 등장한다는 사실은 특히 중요하다. 야고보가 이 구절을 4:6에 인용하면서 하나님이 받으시는 사람이 바로 그런 사람이라고 암시하기 때문이다.

야고보는 이 가난한 그리스도인들에게 그들의 높아짐을 자랑하거나 영광스럽게 생각하라(καυχάσθω)고 권한다. 이곳과 4:16에서 이 용어가 사용된 것은 의외다. 신약성경에서 이 단어는 모두 바울 서신에서 사용되었기 때문이다(35회). 바울 서신에서 이 단어는 4:16에서와 같이 종종 부정적인 의미로서 자랑 또는 자긍을 의미한다(예. 갈 6:13; 엡 2:9; 롬 2:23; 고전 1:29; 고후 5:12). 하지만 이 단어에는 구약성경에서 유래한 하나님 안에서 즐거워하거나 영광을 돌린다는 긍정적인 의미도 있다(시 32[31]:11; 149:5). 그래서 바울은 하나님 안에서(롬 5:11), 주 안에서(고전 1:31, 렘 9:23을 의존함), 또는 그리스도 예수 안에서(빌 3:3) 자랑하는 것을 말한다. 바울이 (5:2에서 이 단어를 사용한 직후) 야고보의 Πᾶσαν χαρὰν ἡγήσασθε와 베드로의 ἀγαλλιᾶσθε(벧전 1:6; 이것은 시 32[31]:11에 등장하는 비슷한 병행 사용이다)와 병행 본문인 로마서 5:3에서 καυχώμεθα를 사용한 것은 의미심장하다. 로마서 5:3에서 이 단어 는 장차 다가올 복의 조짐으로 여겨지는, 현재의 고난을 초월하는 종말론 적 기쁨을 가리킨다.

야고보서 이곳에서 가난한 자는 하나님이 그들을 택하여 높은 지위에 올리셨으므로 크게 기뻐하라는 요청을 받는다(참조. 2:5; 마 5:3, 5). 이 그리스 도인은 (4:16과 시 49[48]:7에 언급된 것처럼) 부자가 자랑하고 있는 현재의 상 황을 무시하고, 인생을 종말론적인 관점에서 보아야 한다. 종말론적인 관점 에서는 진정으로 높아진 위치에 있고 진정으로 부자인 사람은 그리스도인, 즉 가난한 사람이다.

10절   이 상황의 역설은 부자의 상황과 가난한 그리스도인의 상 황을 대조하는 10절에서 강조된다. 부자는 비천함 또는 낮아짐을 자랑해야 한다! 디모데전서 6:17-18의 가벼운 경고(삼상 2:7, 마리아의 찬송시 또는 누가 복음의 팔복에 있듯이)보다는 운명의 역전이라는 개념이 분명히 존재한다(참 조.Schrage, 17). 지금까지 살펴본 바로는 본문의 의미가 분명한 것 같다.

하지만 이러한 분명함에 속기 쉽다. 첫째, 이 부자는 누구인가? Ὁ πλούσιος는 9절과 병행구에서 이해된 ὁ ἀδελφός의 수식어인가? 아니 면 우리는 가난한/비천한 형제와 부자인 비그리스도인을 마주하고 있는 가? 구조적으로는 전자의 관점이 가장 그럴듯해 보인다. 이 문장에서는 καυχάσθω("자랑하라")를 10절의 동사로 이해할 수밖에 없기 때문이다. 이 경우 부자인 그리스도인은 소유물이나 지위를 자랑하지 말고 그리스도 와 그리스도의 가난한 백성과 동일시하는 겸손을 생각하라고(즉 회개하라 고) 교훈을 받는다. 이것이 대부분의 학자가 이 어구를 해석한 방법이다 (Adamson, Cantinat, Mayor, Mussner, Ropes).

다른 한편, 학자들 중에서는 야고보 사상의 형식을 보면서 본문이 비 그리스도인에 대해 말하고 있다고 믿는 사람들도 있다. 이 경우 ὁ ταπεινός 는 ὁ ἀδελφός와 거의 동의어이며, 이 두 단어는 ὁ πλούσιος와 대조를 이룬다. 디벨리우스(Dibelius, 87)는 부자들이 종종 이스라엘의 가난한 남은 자들과 대조되는 유대 사상과의 유사성을 지적한다. 미흘(Michl, 29)은 야고보서에서 πλούσιος의 논란의 여지가 없는 용례 한 곳(즉 2:7)에 부자가 비그리스도인으로 제시되었음을 상기시킨다(참조. Laws, 63-64; Windisch, 7; Spitta, 26). 그렇다면, 이것은 야고보가 이 단어를 그의 서신서의 맥락에 배치함으로써 수정을 가한 (Sir. 10:21-11:1과 비슷한) 원래 유대적 어록일지도 모른다. 원판에서는 두 사람 모두 같은 공동체에 속한 사람들이지만, 야고보서에서 πλούσιος가 논쟁적으로 사용된 배경에 비춰볼 때(본서 서론 105-8쪽 참조), πλούσιος가 저자에 의해 참으로 그리스도인으로 간주되었는지는 의심스럽다. 부자에게는 미래의 소망이 주어지지 않았기 때문이다. 이 부자는 날카로운 역설적 비꼼으로써, 어리석은 부자처럼(눅 12:13-21) 이 시대에 사치스럽게 살고 있지만, 예상하지 못할 방법으로 그에게 닥치게 되며 다가올 시대에야 비로소 그 진정한 가치체계를 발견하게 되는, 낮아짐을 깨달으라는 요청을 받는다. 또한 부자가 실제로 낮아짐(즉 예수를 따르는 사람들의 외적인 상황)을 받아들인다면, 그는 **실제로** 자랑할 무언가를 갖게 된다는 암시가 있을 수도 있다.

　　부자가 기독교 형제이든지 그렇지 않든지, 이어지는 잠언적인 진술로 인해 우리는 죽음에 직면하여 부의 무의미함을 고려하게 된다(참조. 욥 15:30; 잠 2:8; Sir. 14:11-19; Syr. Bar. 82:3-9; 마 6:19-21; 19:21). 그 어록은 이사야 40:6-7과 매우 비슷하다(비교. 벧전 1:24). 하지만 본문은 시편 103(102):15, 16과도 가깝다. 시편과 이사야서에 대한 대략적인 암시도 의도된 것 같다(두 본문은 인간의 유한함을 하나님의 영원성과 대조한다). 하지만 이것을 지나치게 강조해서는 안 된다. 문어적인 병행이 두 본문에 동일하게 가깝고, 어록이 일반적인 잠언이었든지 아니면 일반적인 잠언으로 되었다는 것이 확실하기 때문이다. (Test. Job 33과 Pliny, *Nat. Hist.* 21.1은 이러한 이미지가 얼마나 광범위하게 퍼져 있었는지를 예시한다. 벧전 1:24는 이사야를 직접 인용한다.) 아주 자연스럽게 야고보는 그의 잠언 인용을 다소간 성경의 문체에 맞춘다.

　　11절　　잠언 자체는 팔레스타인에서 가장 극적으로 관찰되는 현상들을 언급한다. 해가 떠서 아네모네와 시클라멘이 늘어지고 시들어버리면 땔감으로나 적당하게 된다(참조. Bishop, 184; Baly, 67-70). 이 장면에서 한 가지 문제는 καύσωνι의 의미다. 관사를 소유대명사로 대체하여 이것을 쉽게 "그것의 뜨거운 열로"로 번역할 수 있을 것이다(참조. BDF, § 221; MHT III, 172-74; 비교. 179). 하지만 이 흔치 않은 단어(신약성경에 2회, 70인역에 10회만 사용)를 "뜨거운 (바람)으로"라고 번역하는 것도 가능하다. 첫째, 이 단어는 70인역에서 적어도 일곱 번 이 후자의 의미를 띤 것이 확실하다(욥 27:21; 호 12:1; 렘 18:17). 둘째, 이사야 49:10에서 이 단어는 ἥλιος("신기루" 또는 "뜨거운 열"이라는 의미의 히브리어 šārāb을 번역함)와 짝을 이루며, καύσωνι를 보충하려고 의도했을 것이다(즉 그들은 시로코와 태양으로 강타당할 것이다). 셋째, 시편 103(102):16은 πνεῦμα를 언급한다. 그러므로 이 본문은 야고보가 마음에 둔 것일 수 있다. 그러나 실제 문제는 본문의 문법에 있다. 열풍은 해가 뜨는 것과는 상관이 없지만, 팔레스타인에서 봄과 가을이 바뀌는 기간에 일반적으로 삼사일 간 밤낮으로 끊임없이 분다. 그래서 이것을 야고보서에 구체적으로 등장하는 팔레스타인의 흔적으로 보려는 유혹을 받고(Hadidian이 그렇다) 또 이 가능성을 완전히 배제할 수는 없지만, 태양의 열기의 분명한 효과를 가리키는 잠언적 언급일 가능성이 더 크다.

무시간적인 원리를 가리키는 부정과거의 전형적인 격언적 문체로 표현된 잠언에는 ἡ εὐπρέπεια τοῦ προσώπου와 ἐν ταῖς πορείαις αὐτοῦ에 셈어 어법 두 개가 들어 있다(참조. 1 Clem. 48:4; Hermas Sim. 5.6.6). 두 번째 어구는 "삶의 방식"을 가리키는 일반적인 표현이다. 뮈스너와 메이어와 호트가 했듯이, 이 어구를 4:13 이하에 등장하는 행상을 가리킨다고 생각하는 것은 이 어구를 너무 확대해석하는 것이다.

하지만 부자에게 무슨 일이 일어나는가? Μαραίνω는 특히 이 문맥에 적합하다. 이 단어는 식물의 시듦(욥 15:30; Wis. 2:8)과 사람의 죽음(Jos. War 6:274; 더 자세한 내용은 BAG, 492을 보라)을 다 가리키는 까닭이다. 그렇다면 잠언은 원래 부자가 죽고 그의 모든 행위가 허물어지며, 그의 이전의 높아짐의 흔적이 전혀 남지 않음을 의미했다. 하지만 야고보는 이것 이상의 어떤 것을 암시한다. 비록 그가 마지막 심판 때 부자를 기다리고 있는 고통을 묘사하는 5:1-6에 가서야 비로소 그 내용을 분명히 밝힐 것이지만 말이다. 부자는 태양의 열기에 타버릴 것이다. 타버린다는 것은 뒤에 이어져 "쇠잔하는 것"을 영원한 사실로 바꿔버릴 하나님의 심판을 암시한다.

2. 두 번째 단락: 시험, 언어 사용, 관대함(1:12-25)

12절과 함께 도입부의 두 번째 단락이 시작된다. 여기서는 각각의 순서가 순서대로 반복된다. 당연한 말이지만, 저자는 단순히 반복하지 않는다. 그는 독자에게 이전 단락을 상기시키려고 중첩되는 점을 충분히 표시하며 그런 다음에 각각의 개념을 더욱 발전시킨다. 많은 경우, 사람들은 어느 한 주제에 대한 이 두 번째 진술이 서신의 본말에서 이어지는 발전과 직접 연결되었다는 것을 발견할 것이다. 이러한 구분의 문제는 첫 번째 단락과 두 번째 단락이 나뉘는 곳이 어디인지를 결정하는 데 있다. 아래에서 보게 되듯이, 18절까지는 주해가 부드럽게 진행된다. 그런 다음에 누가 보더라도 분명하게 분리된 단락인 19-21절이 이어진다. 하지만 주제를 발전시킨 3, 4장을 보면, 19-21절이 16-18절의 주제와 밀접하게 관련된 주제를 다루고 있다는 것이 드러난다. 그래서 본 주석에서는 1:12-15과 1:16-18이 하나의 사안의 양면을 제시하는 이중 단락임을 염두에 두면서 19-21절을 다룰 것이다.

a. 시험은 복을 생산한다(1:12-18)

1) 악한 충동의 결과들(1:12-15)

이제 야고보는 1:2-4에서 처음 논의한 πειρασμός라는 주제로 다시 돌아왔다. 그는 전통적인 용어로 간략하게 반복한 뒤, 시험에 실패한 것을 하나님 탓으로 돌리지 말아야 한다고 주장한다. 사람이 시험에 실패하는 것은 내부에 있는 악한 충동 때문이다. 야고보는 이렇게 말하면서 많은 유대 저술가들이 이미 말했듯이, 하나님을 시험과 분리시킨다. 하지만 마귀를 그 원인이라고 말하는(이는 유대인들이 으레 이 문제에 대한 답으로 내놓는 것이다. 야고보도 나중에 그가 그렇게 믿고 있다고 암시한다) 대신에, 야고보는 개인의 책임과 직결되어 있는, 사람 내부의 악한 충동에 대한 유대적 가르침에서 도움을 받는다.

   12절   야고보가 "거의 상투적인 언어의 모자이크"라고 할 수 있는 절로 이 단락을 시작하고 있음은 확실하다(Marshall, 181). 물론 이렇게 된 것은 이 단락이 야고보서의 비교적 묵시적인 단락 중 하나라는 데 그 까닭이 있을 수 있다. Μακάριος ἀνὴρ ὅς("~한 자는 복이 있나니")는 70인역에서 히브리어 ʾašrê hāʾîs(또는 ʾādām) ʾašer의 문자적인 번역이다(이 어구는 시편 1:1에서 시작하여 시편에 6회, 잠언에 2회 등장한다). 야고보는 이 "성경적인" 언어를 넘겨받았고, 중복어인 ἀνήρ를 도외시했다(70인역에는 ἄνθρωπος가 더 적절할 것 같은 곳에서 ἀνήρ가 사용되었다. 70인역에서 가끔 그러하듯이, 단순하게 μακάριος ὅς라고 쓰는 것이 더 좋은 그리스어일 것이다). "~한 자는 복이 있나니"라는 어구는 믿음의 시험을 견뎌내는 사람에게 내리는 복을 선언한다(이 복은 확실히 종말론적인 복이다. 문맥으로 보아 이 세상의 물질적인 복 사상은 배제되기 때문이다).

   이 형태는 시편(과 그밖에 수많은 문헌)과 비슷하지만, 슈라게(Schrage)는 이 복의 배경을 정확하게 묵시적 유대교에서 찾는다(따라서 이 복은 요한계시록에 매우 자주 등장한다). 캉티나가 이것을 지혜에 속한 복이라고 부른 것은 문맥을 고려하지 않은 데 있는 것 같다. 1:2-4의 ὑπομονή는 동사의 형태로 등장하며, 그 본문에서 등장하는 동일한 논평은 적절하다. 그리스도인은 유대 전통에서 하나님이 그 원인일 수 있지만(정경인 창 22:1에 언급된 것처럼), 일반적으로 마귀(『희년서』에서는 마스테마, Test. Ben. 3:3에서는 벨리알)에게 그 책임이 있다고 알려진 외적인 시험을 견디고 있다. 목표는 시험에 합격하고(즉 참믿음을 지키고) 인정을 받는 것(δόκιμος)이다. 이 단어(δόκιμος)는 사람이나 하나님의 인정을 받는다는 의미로 바울이 즐겨 사용하는 용어다(로마서와 고린도전후서에 5회 사용됨. 흥미로운 병행구인 딤후 2:15을 참조하라). 디벨리우스는 인내가 복을 받는 조건이 아니라 단지 경건한 자들이 마땅히 가지고 있어야 할 덕목에 불과하다고 말함으로써 야고보서의 핵심을 놓쳤다. 그는 인용된 병행 본문에서 인내하는 사람들만 경건한 자로 간주되었다는 것을 그 이유로 제시한다. 이와 비슷하게 테오도티온 역의 다니엘 12:12(μακάριος ὁ ὑπομένων...)에는 상을 받을 경건한 자의 표지로 (셀레우코스 박해의) 끝까지 견딘다는 사상이 있다. 야고보가 이 본문을 생각하고 있었을 수 있다(Windisch처럼). 하지만 그 사상은 널리 퍼졌을 수 있다. (참조. Ex. Rab. 31:3, "시험을 견딜 수 있는 사람은 행복하다. 하나님이 입증해 보이지 않는 사람이 없기 때문이다" 이 본문은 전 5:13과 Pss. Sol 16:13-15의 비슷한 용어로써 부와 가난을 통하여 시험받는 것을 묘사한다. Korn, 72도 참조하라.)

이처럼 시험을 받은 사람은 생명의 면류관을 상으로 받을 것이다. Λήμψεται의 미래시제는 저자가 시대의 절정에 초점을 맞추고 있음을 상기시킨다(벧전 5:4에서 저자가 "목자장이 나타나실 때" 받게 될 τὸν ἀμαράντινον τῆς δόξης στέφανον을 약속하는 것처럼). 실제의 상은 구원 자체다. (영원한) 생명이 면류관의 내용인 것이 확실하기 때문이다(Laws, Mussner, Mitton, Schrage). 이것이 (전쟁이나 경주에서 이긴) 승리자의 면류관인지(이 경우 통상적으로 στέφανος가 사용되었다), 아니면 왕의 면류관(요한계시록에서 발견되는 στέφανος의 용례처럼. 예. 4:4; 6:2; 12:1)인지 추측하는 것은 소용없다. 만일 디모데후서 4:8이 본문과 병행하는 본문이라면, 전자가 이 문맥에 가장 접합하다. 이 이미지는 묵시문학에서 영원한 상을 가리키는 고정된 이미지다(계 2:10; m. Ab. 6:7; Wis. 5:15의 이미지; 그리고 "면류관"이 일반적인 상을 가리키기 위해 사용될 수 있는 여러 예들).

Ὃν ἐπηγγείλατο τοῖς ἀγαπῶσιν αὐτόν("자기를 사랑하는 자들에게 약속하신")은 약간의 추측을 불러일으킨다. 메이어와 애덤슨과 레쉬(Resch)는 이것이 (약 2:5과 계 2:10의 배경으로 이해된) 예수의 기록되지 않은 말씀을 가리킬 수 있다고 제안했다. 하지만 이것이 실제로 그런지는 의심스럽다. 해당 어구의 주제를 숨긴 것은 하나님의 이름을 부르기를 꺼리는 전형적인 유대적 표현임을 보여준다. 예수의 이름을 부르는 것과 관련해서는 이처럼 꺼리는 예가 없다. 더욱이, 배경은 구약의 일반적인 여러 약속인 것 같다(참

조. 출 20:5-6; 신 7:9; Pss. Sol. 4:25; Eth. Enoch 108:8; 고전 2:9; 엡 6:24). "자기를 사랑하는 자들"은 경건한 자들을 가리키는 용어로 자주 사용되며, 때때로 랍비 문헌에서 신명기 6:5의 해석이기도 했다(Gerhardsson, "Parable", 169). 경건한 자들은 시험을 이긴 사람들이다. 야고보의 관점에서 하나님을 향한 참사랑은 자연히 행동으로 나오기 때문이다.

13절   저자는 시험에 합격한 사람들에게서 관심을 돌려, 자신들의 저항을 포기하려고 하는 사람들에게 단호한 경고를 발한다. 야고보서에서 처음으로 그는 상상적인 대화 및 결론적 권면과 더불어 소위 비난의 글이라는 문체를 사용하기 시작한다. 하지만 13절과 앞 절의 관계를 두고 격렬한 이의가 제기된다. 여기 πειραζόμενος가 1:12의 πειρασμόν과는 전혀 다른 의미를 띠지 않는가?("유혹을 받다"와 "시험") 따라서 우리가 기껏해야 매우 상반되는 의미를 마주하고 있는가?(Adamson, 70; Marty, 30) 스피타(Spitta, 31)와 디벨리우스(Dibelius, 90)는 본문에 일어난 일이 이 절(13절)에서 새로운 단락이 시작한 것이라고 주장한다. 그들은 동일한 어근에서 파생된 두 단어가 관련 없는 두 자료의 연결어로 사용되었다고 이해한다.

하지만 우리는 이 분석에 동의할 수 없다. 첫째, 이미 1:2-8을 주석하면서 주장했듯이, 연결어의 사용이 연속의 파기를 의미하지만은 않는다. 둘째, 야고보서를 이중적인 여는 말과 몸말로 나누는 공식적인 분석에 따르면, 관련이 없는 자료의 삽입에 방해를 받거나(야고보서는 매우 조심스럽게 기록되었기 때문이다), 여기서 새로운 문단이 시작된다. 셋째, 12절과 15절 간의 날카로운 대조는 두 본문이 한 단락을 시작하고 마친다는 것을 암시하며, 1:12-15 전체와 1:17-18 간의 대조는 이 두 단락이 동일한 구조 안에 함께 묶여 있음을 암시한다. 이러한 내용을 고려하면, 이 시점에 누군가 다른 내용을 삽입했다고 말할 수 없다.

하지만 이것으로 두 단어의 의미 문제는 해결되지 않는다. 대부분의 주석가는 의미의 변화가 있다는 점에 동의한다. 로스(Laws, 69)는 야고보가 어근의 모호함에 근거하여 언어유희를 하고 있다고 진술하고, 슈라게(Schrage, 18)는 12절이 시험이 아니라 유혹에 대해 논하기 때문에 문제를 해결하지만 13절이 유혹에 대해 말하고 있다고 본다. 그러나 만일 13절이 하나님이 사람들을 시험하는 문제를 다루고 있다면, 야고보는 유대인들의 구전의 일반적인 금언을 단지 반복하고 있는 셈이다(Sir. 15:11-20; Philo *Fug.* 79; *Leg. All.* 2.78; b. Men. 99b; b. Sanh. 59b). 혹자는 야고보가 일반적인 금언을 왜 여기에 첨가했는지 의아해할 것이다.

그런데 만일 두 절이 시험을 언급한다면, 이 단락을 설명하는 이유야 얼마든지 있다. 구약성경에서 하나님은 시험하는 장본인이셨다(창 22:1; 신 8:2; 시 26:2). 그러나 후기 유대교에서는 이것을 다른 기원으로, 특히 마귀에게 돌리려는 경향이 있었다. (창 22:1은 Jub. 17-19에서 욥기와 비슷한 용어로 재서술되었다. 이와 비슷한 재해석이 삼하 24:1과 대상 21:1에서도 계속되었다. 1QM 16-17은 사탄을 시험의 능동적인 행위자로 제시한다.) 기독교 전통 역시 주기도문의 그리스어 양식에서 하나님을 시험하는 자로 그린다. Μὴ εἰσενέγκης ἡμᾶς εἰς πειρασμόν("우리를 시험에 들게 하지 마시옵고"; 이 기도는 일상적인 유혹보다는 종말론적인 시험을 언급한다. 참조. Jeremias, *Prayers*; Lohmeyer; Schürmann; Manson). 이 간구나 유대의 전통은 사람이 시험에 실패한 탓을 하나님께 돌리는 광범위한 근거를 제공하는 본문으로 이해되었을 것이다. 악한 창조주-신을 언급하는 초기 영지주의를 상정할 필요는 없다(Adamson, 69에 반대함). 예레미아스(Jeremias, *Prayers*, 104)는 야고보가 주기도문을 직접 언급하고 있다고 주장한다. 하지만 주기도문을 상정할 필요도 없다. 만일 하나님이 시험하는 분이시라면, 주기도문의 그리스어 양식에 해당할 것이다. 아람어 양식은 "우리가 시험에 들어가지 않는 원인"을 말하는 것으로 이해될 수 있기 때문이다(참조. Carmignac, 289).

야고보는 자연히 이런 비난을 원천 차단한다(비교. Eth. Enoch 98:4; 고전 10:13. 각각의 본문은 다른 방법으로 이런 비난을 원천 차단한다). 그는 하나님이 사람을 능동적으로 시험하신다는 사실을 부인함으로써 오해를 불식시킨다. (이것을 신정론으로 생각하는 것은 잘못이다. 야고보는 선한 하나님이 어떻게 악을 허용하시는지를 설명하지 않고, 하나님이 믿음을 포기하게 하는 원인인지 아닌지를 설명한다. 야고보의 초점은 이론적이 아니라 실천적이다. 참조. Schrage, 18.) 주어진 상황

이 시험이 되는 것은 하나님께서 그것을 그곳에 놓으셨다는 데 있지 않다
(야고보는 나중에 하나님께서 선한 선물들을 주신다고 주장한다[1:17]. 따라서 짐작건
대 하나님은 주어진 상황에서 선을 의도하신다). 주어진 상황이 시험이 되는 것은
사람이 하나님께 불순종하려 하기 때문이다(참조. Schrage, 126). 따라서 자신
이 하나님을 떠나려는 유혹을 받고 있다는(πειραζόμενος) 것을 아는 사람은
이러한 유혹이 하나님에게서(ἀπὸ θεοῦ) 왔다고 주장하지 말아야 한다. 메이
어(Mayor, 40)와 로우프스(Ropes, 155) 및 슐라터(Schlatter, 126)가 먼 원인과
가까운 원인이라면서 ἀπό와 ὑπό를 구별한 것은 적절하지 않다. 오히려 이
것은 ἀπό가 ὑπό의 기능을 대체하기 시작하는 경우에 해당한다(Dibelius, 90;
MHT I, 102; Robertson, 634). (사본상 약간의 불확실함이 발생하는 것은 사용상의 다
름보다는 철자법의 유사성을 반영하는 것 같다.)

　사람이 이런 구실을 대서는 안 되는 이유는 두 가지다. 하나님은 "악
에게 시험을 받지 않으시고"(ἀπείραστος...κακῶν) "친히 아무도 시험하지
않으신다"(πειράζει... αὐτὸς οὐδένα)는 사실이다. 도입 어구 γάρ("왜냐하면")
는 독자에게 이 사실들이 진짜 이유라는 것을 알게 한다. 반면에 두 사실
을 연결해주는 δέ("그러나" 또는 "그리고")는 이 사실들이 중복어가 아니라 각
기 다른 이유라는 것을 암시한다. 하지만 첫 번째 어구의 번역은 주석자들
의 수만큼이나 다양하다. Ἀπείραστος의 능동적인 의미를 받아들이고 불
가타 역과 일부 고대 주석들에 등장하는 중복어 가능성("하나님은 악을 행하
도록 시험하지 않으신다"–Deus enim intentator malorum est)을 배제하면, 세 가
지 유형의 가능성이 남는다. (1) "하나님은 악을 행하라는 부탁을 받을 수
없다"(Laws, 71; Mussner, 87; Dibelius, 121-22). (2) "하나님은 악을 경험하지
않으신다"(Hort, 23). 또는 (3) "하나님은 악한 사람에게 시험을 받으셔서는
안 된다"(Spitta, 33-34). 이 모든 것이 문법적으로는 가능하다. 세 경우 모두
-τος로 끝나는 동사형 형용사의 흔한 수동적 의미를 용인한다(참조. MHT I,
221-22).

　첫 번째 가능성은 확실히 δέ가 기대하는 두 이유 사이의 반제를 제시하
며 하나님에 관한 필론의 주장과 잘 어울린다(참조. Dibelius). 하지만 이것은

논리적인 순서에 잘 어울리지 않을뿐더러 일부 사람들이 하나님을 시험한 구약의 서술과도 맞지 않는다. 더욱이 $\dot{\alpha}\pi\epsilon\acute{\iota}\rho\alpha\sigma\tau\sigma\varsigma$의 의미를 이런 식으로 규정하는 것은 후기 문헌에 등장한 적이 없다(이 단어는 신약성경에서 단 한 번 사용되었으며, 다른 곳에서는 야고보서 이후의 그리스 문헌에만 등장한다). 후기 문헌에서는 수동적인 의미인 "시험을 받지 않는"이나 "시험해 보지 않은"이 등장한다(예. John Dam. 3).

두 번째 가능성은 (1) 그것이 친숙한 $\dot{\alpha}\pi\epsilon\acute{\iota}\rho\alpha\tau\sigma\varsigma\ \kappa\alpha\kappa\hat{\omega}\nu$과의 유비를 보여준다는 것과 (2) 후기 문헌에 등장한다는 이점이 있다(예. Maximus 256 A). 그러나 여기에도 문제는 있다. 설득력 있는 주장이 되기 위해서는 삼단논법을 취해야 한다. "하나님은 악(행하는 것)을 경험하지 않으신다. 시험은 악하다. 그러므로 하나님은 시험하지 않으신다"라고 말이다. 70인역에서 하나님이 얼마나 자주 $\pi\epsilon\iota\rho\acute{\alpha}\zeta\epsilon\iota\nu$의 주어로 사용되었는지를 알고 있는 사람이 참으로 이러한 행동을 악이라고 칭하려고 했을까? 우리는 $\pi\epsilon\iota\rho\acute{\alpha}\zeta\epsilon\iota\nu$에 대한 한정적인 언급이나 정의를 기대할 것이다. 또한 이로 인해 우리는 $\delta\acute{\epsilon}$ 보다는 $\ddot{\alpha}\rho\alpha, \ddot{\alpha}\rho\alpha\ \gamma\epsilon$ 또는 $o\hat{\upsilon}\nu$을 기대하게 된다. 설령 $\delta\acute{\epsilon}$가 두 어구를 분리시키지 않는 것으로 이해된다고 하더라도, 이 단어가 이런 유의 주장에서 전환을 표시하기에는 약하기 때문이다.

이제 세 번째 가능성을 살펴보자. "하나님은 악한 사람에게 시험을 받으셔서는 안 된다." 이 의미는 그 용어의 몇몇 후기 용례에 적합하며(예. Act. Jn. 57), 또한 본문의 문법에도 어울린다. $\Gamma\acute{\alpha}\rho$는 납득할 만한 이유를 소개하고(하나님은 시험을 받으셔서는 안 된다. 그러한 까닭에 당신은 하나님을 시험하는 행동을 중단해야 한다), $\delta\acute{\epsilon}$는 어느 정도 다른 이유를 소개한다(그분은 어느 사람이든 어느 경우라도 시험하지 않으신다. 그래서 그분을 비방하는 것은 잘못이다). 더욱이 이러한 번역은 야고보가 유대교 신학의 중요한 주제에 의존하고 있음을 보여준다. 곧 사람들은 궁지에 빠졌을 때 하나님을 비난하는 경향이 있고 (그렇게 하는 것은 불신앙이므로) 절대로 그렇게 해서는 안 된다는 주제다. 이 주제는 신명기의 명령에 요약되었다. "너희가 맛사에서 시험한 것같이 너희의 하나님 여호와를 시험하지 말라"(신 6:16). 이 본문의 사상은 신약성경을 비롯하여 유대 문헌에 자주 반복해서 등장한다. 야고보가 사람이 하나님을 탓하기 시작하는 소리를 듣자, 그는 광야에 있던 이스라엘을 떠올렸고 바로 분개하며 책망했다. "하나님은 악한 사람에게 시험을 받으셔서는 안 된다."

더 자세한 내용은 Davids, "Meaning"; Gerhardsson, 28-31: H. Seesemann, *TDNT* VI. 23-36을 보라.

13절의 마지막 어구인 πειράζει δὲ αὐτὸς οὐδένα("친히 아무도 시험하지 않으시느니라")는 우리를 유대 전통의 다른 곳으로 안내한다. 야고보는 시험하는 것이 악이라거나 하나님이 시험의 과정에서 어느 곳에도 연루되지 않으신다고 말하지는 않지만, 하나님이 시험의 직접적인 책임자가 아니라고 분명히 주장한다. 독자는 그 이유가 하나님께서 사탄에게 사람을 시험하도록 허락하신다는 데 있다고 예상한다. 이는 역대상이 사무엘하를 재해석하고 「희년서」(Jub. 17-19)가 창세기 22장을 재해석한 것과 같은 맥락일 것이다. 하지만 야고보가 어느 정도 마귀의 개입을 믿었다고 하더라도(3:15과 4:7에 언급되듯이), 그는 여기서 마귀의 개입을 소개하기를 원치 않고, 단지 하나님이 당신을 시험하지 않으시고 오히려 당신이 자신을 시험하고 있다고 주장한다.

14절   야고보는 이접(離接)적 의미를 지니는 δέ로써 이 대조적인 진술을 소개한다. 각 사람은 "자신의 욕심에 의해"(ὑπὸ τῆς ἰδίας ἐπιθυμίας) 시험을 받는다. 욕심(ἐπιθυμία)이 단수인 것에 주목하라. 전체 사상의 흐름은 물론이고 이 사실은 이 어구가 야고보에게 의미하는 바가 무엇인지를 시사해준다. 사람을 시험하는 것은 내부에 있는 악한 충동(*yēṣer hārāʻ*)이다. 야고보는 외부의 시험자를 배제했거나 적어도 전략적으로 무시했다(참조. Cadoux, 87). 단지 강조적인 ἰδίας로써 내부에 도사리고 있는 배반자를 지목하여 언급할 뿐이다.

많은 주석가가 주목했듯이, 이것은 "예체르"(*yēṣer*) 신학의 등장을 언급하는 신약성경의 가장 분명한 예시 중 하나다(예. Windisch, 8; Cantinat, 86-87). 유대교 신학에서 악한 충동은 그 자체로는 악이 아니며, 단지 구분되지 않은 욕심에 불과하다. 욕심은 본성상 율법의 제한선을 범할 것이다. 따라서 억제되지 않은 "예체르"는 확실히 죄로 이어질 것이다. 야고보가 욕심에 관해 말하고 있는 내용을 유대인도 쉽게 기록할 수 있었을 것이다. 더욱이 욕심이 하나님을 비난하는 데로 이어질 수 있다는 것은 분명하다. 유대교 신학의 일부 흐름에서는 하나님이 악한 충동을 창조하셨다고 가르치기 때문이다(Gn. Rab. 9:7; b. Yom. 69b). 욕심은 인간의 삶에서 필수적이다. 그것이 파괴적이 되는 것을 막기 위해 하나님은 토라(Abot R. Nat. 20)와 선한 충동(b. Ber. 5a)을 주셨다.

더 자세한 내용은 본서 서론 89-94쪽; Porter를 보라.

인간의 자아와 구별되는(Schlatter, 126) 이 충동은 ἐξελκόμενος καὶ δελεαζόμενος("꾐에 빠지고 유혹을 받는 것")로 특징된다. 두 단어는 사냥과 낚시에서 유래한 단어들이다. 주석가 중에는 이 용어들에 대해 난해함을 느끼는 사람들이 있다. Δελεάω는 미끼로 유혹하는 것을 의미하지만, ἐξέλκω는 줄로 물 밖으로 끌어낸 물고기를 암시한다(Hort, 25; Hdt. 2.70). 애덤슨(Adamson, 72)은 유혹하기 전에 끄집어내는 것에 문제를 제기하고, ἕλκω의 의미와 병행을 이루는 ἐξέλκω의 비유적인 의미를 제안하는 호트의 주장을 거부하면서(예. Xen. Mem. 3.11.18), 본문을 수정하여 호메로스(Homer Od. 16.294)와 투키티데스(Thuc. History 1.42)의 잠언에서처럼 ἐφελκόμενος("매료되어")로 읽기를 제안한다. 이 제안은 사본적 증거가 전혀 없는 극단적인 해결책으로 보인다. 1QH 3:26과 5:8에서 저자는 그물과 덫 비유를 즐겨 혼합한다(이 다양한 유형의 올무 역시 구약성경에 이미 존재하던 것이다. 예. 전 7:26; 9:12; 겔 12:13; 17:20). 그래서 야고보도 그렇게 하지 않았다고 믿을 이유는 없다. 첫 번째 단어로 그는 바늘에 매료되어 끌려 나온 사람을 묘사한다(여기서 꾀는 행위만 야고보가 염두에 둔 것이라는 Hort의 제안은 참일 수 있다). 두 번째 단어로 저자는 맛있는 미끼에 매료되어 덫에 걸린 사람을 묘사한다.

문법적으로 ὑπὸ τῆς ἰδίας ἐπιθυμίας는 동사나 분사 어느 것과도 어울릴 수 있다. 스피타(Spitta, 34-35)는 이 어구가 **오직** 동사에 연결되어야 한다고 주장한다. 사람 **밖에 있는** 악한 충동, 즉 "죄"(참조. 창 4:7)가 분사의 주어이기 때문이라는 것이다. 하지만 이것은 ἐπιθυμία가 자아의 외부에 있지만 그 사람 외부에 있는 것은 아닌 악한 충동이라는 사실을 보지 못했다. 두 번째 행위자를 부여할 필요는 없다. 문법은 의도적으로 모호하다. Ὑπὸ...ἐπιθυμίας는 동사든지 분사든지 어느 것과도 잘 어울린다.

15절　　미끼나 유혹의 비유적 특성이 첫 번째 어구에 매우 분명히 드러난다. 14절에서 사람을 유혹하는 일에 매우 능동적인 ἐπιθυμία는 이제 그 사람을 자신의 침대로 끌어들여 사생아를 임신하는 유혹하는 여자로 모습을 드러낸다. 의인화는 그 배경이 되는 잠언에서 유래했을 것이다. 그러나 "예체르"의 성적인 특성처럼(Schechter, 250; Porter, 111), 욕심을 유혹하는 자로 묘사하는 것은 ἐπιθυμία가 여성형이라는 사실에 근거하여 선행사가 없이도 그 자체로 지속해서 간음과 연관된 일반적인 이미지이기도 했다. 잠언 1-9장의 지혜 형상과 특히 5장과 7장에서 방탕한 여자와 대조한 것이 여기서 사용된 이미지 배후에 있을 수도 있다. 잠언 7:22, 23이 야고보서 1:14에 사용된 두 용어에 가장 적합한 올무와 화살 그림을 사용하고 있음을 주목하라(참조. Marty, 33). 일부 문헌에는 악한 충동이 하와와 뱀 사이의 간통에 기원하고 있는 것으로 묘사되었다(b. Yeb. 103b; b. Shab. 146a). 이것은 또 다른 연관성일 수 있다. 또한 유대교 전통에서는 악한 충동을 의인화하고 그것을 사탄과 교체하는 강한 경향이 있었다(참조. b. Sukk. 52b; b. B. B. 16a).

스피타(Spitta, 35-39)와 그밖에 다른 사람들은 이 구절이 유대 문헌을 통해 해석된 하와, 즉 영혼에 가하는 사탄(벨리알)의 공격을 지칭하는 분명한 언급으로 만들고 싶어 한다(Test. XII: Test. Ben. 7; Test. Reub. 2; 4 Macc. 18:7f.; Apoc. Mos. 19:3에 있는 ἡ διανοία. Spitta의 해석과 매우 비슷하게도 Edsman은 그것이 영지주의적 창조 신화를 언급한 것이라고 주장한다). 하지만 이와 같은 신화적인 족보에서는 부계의 요소가 매우 분명하게 드러나는 것이 정상적이다(참조. Od. Sol. 38:9; Dibelius, 93). 반면에, 이번 경우에는 부계의 요소가 전적으로 부재한다. 더욱이 이 절에서 강조는 욕심의 결과에 있지 욕심의 기원에 있지 않다. 마지막으로 여기서는 역할의 역전이 있다. 여성인 욕심은 범죄의 가해자이고, "남성"은 묵인하는 제2 당사자다. 그가 이미 욕심에 싸였다는 것을 제외하면 외적인 사탄이 개입할 여지가 없다. 스피타는 죄의 기원을 묘사하는 데 있어 유혹과 임신이라는 주제가 갖는 인기를 실제로 보여주었다. 하지만 여기서는 형태만이 원래의 일련의 어록에 속한 부분으로 남아 있을 뿐이다.

단어의 두 짝 συλλαβοῦσα/τίκτει는 임신과 출생을 묘사하기 위해 구약성경에 24회 등장하는 셈어 어법 *wattahar wattēled*일지도 모른다. 두 단어는 시편 7:14에서 비유적으로 사용되기도 했다. 참조. Schlatter, 126-27; Marty, 34.

'Η... ἁμαρτία ἀποτελεσθεῖσα("죄는 사망을 낳느니라")는 일련의 어록을 강한 결론으로 완성한다. Δέ는 죄가 끝이 아니라는 사실을 강조함으로써 말머리를 바꾼다. 아이는 성장하여(ἀποτελέω) 자식을 낳는다(ἀποκύω). (신약성경에서 이곳과 눅 13:32에서만 사용된 ἀποτελέω는 매우 적절하다. 이 단어는 비유가 말하는 한 개인의 성숙함을 묘사하는 데 적합할 뿐만 아니라, 특히 완전한 발전이나 희망, 계획 또는 욕망의 성취를 묘사하기에 죄의 특성에 적합하다. 반면에 신약성경에서 이곳과 1:18에서만 사용된 ἀποκύω는 τίκτω와 동의어로 사용되는 경우가 종종 있다. 하지만 호트[Hort, 27]가 보여주듯이, 이 단어는 한 부모나 기형적 출생을 가리키기 위해서도 사용될 수 있다. 한 부모 아래에서의 출생이라는 측면을 강조해서는 안 되지만, 그 본문에 아버지가 언급되지 않은 것으로 보아 이러한 측면이 문맥에서는 어느 정도 적합할 수 있다.) 죄의 열매는 사망이다. 이러한 결과는 신약에서 잘 알려졌다. 바울은 로마서 7:7-12에서 이와 비슷한 과정을 설명한다(참조. 롬 5:12; 6:21; 창 2:17; 겔 18:4). 야고보가 바울과 다른 점은 단지 그가 이것을 일련의 어록에서 사용된 비유적인(또는 야고보서를 신화를 **창조하는** 것으로 이해하는 경우라면, 가공의) 형식으로 담아낸다는 점뿐이다. (일련의 어록 형식에 대해서는 Dibelius, 94–99; Marty, 35을 참조하라.)

야고보는 이렇게 하여 이 논증의 첫 번째 단계를 완성했다. 본문 의 $\epsilon\pi\iota\theta\upsilon\mu\iota\alpha$ - $\dot{\alpha}\mu\alpha\rho\tau\iota\alpha$ - $\theta\dot{\alpha}\nu\alpha\tau\sigma\varsigma$는 1:12의 $\pi\epsilon\iota\rho\alpha\sigma\mu\dot{\sigma}\varsigma$ - $\delta\dot{\sigma}\kappa\iota\mu\sigma\varsigma$(또는 $\dot{\upsilon}\pi\sigma\mu\sigma\nu\dot{\eta}$) - $\zeta\omega\dot{\eta}$와 극명한 대조를 보인다. 인내하면 살고 하나님을 저주하면 죽는 두 길이 그 개인에게 나타난다. 이 대조는 본문을 하나로 묶어주며 아래 제시될 한 단계 더 발전된 논의를 준비한다.

2) 하나님의 은혜의 결과(1:16-18)

하나님이 시험을 보내지 않으셨으므로, 이제 하나님이 보내시는 것이 무엇인지를 논의할 길이 열렸다. 하나님은 좋은 선물들을 주신다. 이것은 시험 중에 사람을 도울 하나님의 지혜의 선물 또는 성령을 지칭할 개연성 이 높다. 지혜는 하나님의 불변하는 성품이다. 사실 이 진리는 그리스도인 이 하나님의 피조물 중에 구속의 첫 열매가 되게 한 복음을 통하여 새롭게 출생함으로써 이미 입증되었다.

16절　　1:16을 논증과 관련하여 배치하려 할 경우 문제가 발생한다. 칼뱅, 슐라터, 디벨리우스, 로스, 애덤슨, 미튼은 본문을 새로운 문단을 소개 하는 것으로 이해하며(UBS³의 본문처럼), 캉티나(고전 15:33을 인용함)와 빈디 쉬는 본문을 앞 단락의 결론으로 이해한다. 이 불확실함이 발생한 까닭은 본문이 앞 단락과 뒷 단락에 걸쳐 있다는 것에서 찾을 수 있다. 본문의 경 고는 1:13의 문제를 제기하는 오류를 범하지 말라는 것과 그 문제를 1:17과 대조해보라는 것이다. 이렇게 하여 본문은 두 문단을 하나로 엮는다.

$M\grave{\eta}$ $\pi\lambda\alpha\nu\hat{\alpha}\sigma\theta\epsilon$("속지 말라")라는 경고는 단순히 어떤 지적이거나 그릇 된 추론이나 도덕적인 실패를 가리키는 것이 아니라, 믿음의 핵심 자체를 공격하는 심각한 실수를 가리킨다(고전 6:9; 갈 6:7; 요일 1:8; Epict. 4.6.23; 참조. Windisch, 9; H. Braun, *TDNT* VI, 242–51. [Braun이 $\mu\grave{\eta}$ $\pi\lambda\alpha\nu\hat{\alpha}\sigma\theta\epsilon$ 형식을 스토아 철학 에서 사용한 비난의 글에서 빌려온 것으로 받아들이지만, 그는 여전히 이 어구가 심각한

도덕적인 실수를 지칭한다는 입장을 고수한다]; Brown, 27과 Wibbing). 야고보는 그
사람이 믿음에서 떨어지기 직전이라고 느끼지는 않았을 것이다(비교. 5:20).
하지만 최소한 유대 묵시적 경고에 있는 배경과 심각한 실패를 염두에 두
었을 가능성은 크다(참조. 요한계시록의 πλανάω의 사용이나 벧후 2:18; 3:17; 요일
4:6; 롬 1:27 등에 사용된 πλάνη). 경고의 말은 야고보서의 설교체 특징인 1:12의
형식을 확장시킨 것이다. 여기에는 저자가 자신이 여전히 그리스도인들에
게 말하고 있다고 보았음이 드러난다. 그들은 아직 믿음을 떠나지 않았다.

　　17절　　1:16의 문구는 바울이 고린도전서 15:33에서 인용을 소개
하기 위해 사용했던 것인데, 여기서도 동일한 기능을 하는 것 같다. Πᾶσα
δόσις ἀγαθὴ καὶ πᾶν δώρημα τέλειον("온갖 좋은 은사와 온갖 온전한 선물")
은 6운율 인용을 이룬다. 짐작건대 이것은 원래 이교의 잠언이었을 것이다
(H. Greeven; Amphoux, 127-36은 그 인용문이 φώτων[τοῦ οὐρανοῦ]까지 이른다고
주장하지만, 그가 본문을 너무 고쳐야 하기에 설득력이 떨어진다. Ropes, 159은 시 형
식에 대한 좋은 증거를 제시한다). 그럴 경우, 이 어록은 원래 "모든 은사는 좋
으며 모든 선물은 완전하다"는 의미였다. 이것은 "남의 호의를 트집 잡지
말라."("Don't look a gift horse in the mouth")는 속담과 거의 동일할 것이다. 하
지만 야고보는 약간은 어색한 ἄνωθέν ἐστιν을 첨가하여, 이 어구를 "온
갖 좋은 은사와 온전한 선물이 다 위로부터 오나니"라고 변경하여, 이 어
구를 유대와 그리스 사상에 일치시켰다(참조. Philo Sacr 63; Migr. Abr. 73; Post.
C. 80; Plato Rep. 2.379). 구성이 난해하다는 것은 인정한다. 하지만 ἄνωθέν이
τέλειον과 ἀγαθή를 수식한다는 호트(Hort, 27-28)의 제안은 더 난해한 듯
하다. 몇 가지 이유에서다. (1) 이것은 6운율 패턴에 적합하지 않기에 원
래의 어록에 속하지 않을 수 있다. (2) 이것은 문법적으로 흔치 않다. 특
히 ἐστιν은 καταβαῖνον("내려오다")과 어울려 καταβαίνει의 완곡어법이 되
어야 했다. (3) ἄνωθέν ἐστιν은 보편적인 표현이었을 수 있다. 만일 야고
보가 인용문을 수정하고 있다면, 그것은 어색한 문체에 대한 설명이 될 것
이다. 슐라터(Schlatter, 132)는 17절을 팔레스타인적 형식으로 이해한다(참
조. Hermas Man. 9.11; 11.5; Dibelius, 100). 본문의 시적 특성과 격언적 특성으로

인해 δόσις와 δώρημα를 반드시 구별할 필요는 없다. 두 단어는 적절한 문체에 기여한다(Mayor, 58에 반대함).

　　저자는 ἄνωθεν을 설명하려고 분사구문을 사용한다. Καταβαῖνον ἀπὸ τοῦ πατρὸς τῶν φώτων("빛들의 아버지로부터 내려오나니"). "위로부터"는 좋은 은사들이 하나님으로부터 내려오는 것을 의미한다. "빛들의 아버지"라는 완곡어는 별들의 창조자이신 하나님을 언급한다(창 1:14-18; 시 136:7; 렘 4:23; 31:35; Sir. 43:1-12. 해와 달은 별 중에서 가장 큰 것으로 여겨졌던 것 같다). 야고보가 별들을 살아 있는 존재들로 생각했는지는 분명하지 않다. 하지만 일반적인 유대교 신앙에 비추어 보면 그가 그랬을 것으로 추측할 수는 있다(욥 38:7; 1QS 3:20; Eth. Enoch 18:12-16; 참조. G. Moore I, 403; Schlatter, 133). 모든 유대인의 마음에는 빛과 별들 이미지가 하나님과 좋은 것에 결합되어 있었을 것이다(H. Conzelmann, *TDNT* IX, 319-27; Amphoux, 131-32은 고전적인 시에서 φῶς를 ἀνήρ와 동일시했고, 그래서 "빛들의 아버지"는 "사람들의 아버지"를 의미할 가능성이 있다고 제안한다. 하지만 이어지는 천문학과 관련된 용어들로 인해 이러한 해석은 불식된다). Ass. Mos. 36, 38의 일부 번역본들 몇 곳에서만 발견되는 "빛들의 아버지"라는 어구는 창조 이야기와 하나님을 묘사하는 다수의 진술과의 유사성에 의해(욥 38:18; Test. Abr. 7:6; Philo *Spec. Leg.* 1.96; *Ebr.* 81; CD 5:17-18) 하나님을 빛으로 생각했다는 사실(요일 1:5; Philo *Som.* 1.75)에서 만들어졌을 것이다. 이것이 유대적 사상이라는 것은 확실하다. 창조에 대한 언급과 그리스 사상에서 φῶς가 천체들을 지칭하려고 사용되지 않았다는 것이 분명하기 때문이다.

　　본문의 마지막 어구는 "빛들의 아버지"에 발전된 비유에 잘 맞아떨어지고 논증을 설득력 있게 한다. 만일 하나님이 좋은 것을 주시고 변하지 않으신다면, 그분은 사람들이 악에 빠지도록 덫을 놓으려 하실 수가 없다(모든 유대인이 동의하는 것은 아니지만, 개중에는 하나님이 나쁜 선물을 주시기도 한다고 믿은 사람들이 있었다. *Gn. Rab.* 51:3). 이 의미는 매우 분명하지만, 이 단어들의 정확한 의미는 끝없는 난제를 야기했다. 성품을 표현하기 위해 παρά를 사용하는 것은 흔하지는 않았지만 알려졌던 일이다(롬 2:11; 9:14; 엡

6:9). Ἔνι는 문제가 없다(=ἔνεστιν. 참조. 고전 6:5; 갈 3:28; 골 3:11; BDF, § 98).
Παραλλαγή, τροπή, ἀποσκίασμα는 실제로 문제가 많다. 이 모든 단어는 천
문학적인 현상들을 언급하기 위해 사용되었을 수 있다. 하지만 이 중에 어
느 것도(제한된 문맥에서 사용된 τροπή를 제외하고는) 전문적인 용어가 아니다.
그래서 야고보가 어떤 천체 현상을 언급하고 있는지를 결정하려고 하면 혼
란이 생긴다.

　이러한 혼란은 사본의 불확실성에도 반영되었다. 본문의 내용을 τροπῆς
(대부분의 사본에서 등장)로 읽어야 할지, 아니면 τροπή(614 사본과 몇몇 다른 소
문자 사본)로 읽어야 할지, 아니면 ῥοπή(일부 번역본이 지지함) 또는 ἀποσκίασμα
(ℵᶜ A C K와 대부분의 증거 본문)나 ἀποσκιάσματος(ℵ B P²³)로 읽어야 하
는지가 문제다. 본문을 고치려 하지 않는다면, 이 독법 중에서 ἡ τροπῆς
ἀποσκίασμα만 의미가 통한다(Metzger, 679-80; Dibelius, 102; Ropes, 162-64; 참
조. Schlatter, 133-34. Schlatter는 본문을 수정하여 ἡ τροπῆς ἀποσκιάσματος라고 읽
는다. 이것은 여전히 의미가 거의 통하지 않는다. Dibelius는 궁여지책으로 [ἡ] τροπῆς
ἢ ἀποσκιάσματος를 제안한다. 그리고 Adamson, 96-97은 τροπῆς ἢ ἀποσκίασμα·
αὐτός를 제시해본다). 하지만 주석가들은 이 어구가 언급하는 현상이 어떤 것
인지를 찾아보았지만 찾지 못했다. 몇 가지 제안을 소개한다. (a) 변화하는
별자리들의 그림자(G. Fitzer, *TDNT* VII, 399), (b) 일식이나 월식의 그림자
(Cantinat, 94), 또는 (c) 밤의 그림자(Mussner, 92; Spitta, 43-45) 등이다.

　이 모든 제안은 "빛들의 아버지"라는 어구가 언급하는 것을 너무 구체
적으로 찾은 데서 비롯된 것 같다. 하나님은 변하지도 않으시고(παραλλαγή)
변화되지도(변화로 야기된 그림자에 의해 어두워지지도) 않으신다. 이 용어들은
천문학적인 현상, 특히 해와 달을 가리키는 일반적인 언급들이다(Mussner,
91이 창조 기사에 대한 언급이 있다고 바르게 주목했다. 해와 달만 창 1:18에서 빛들로
불린다). 해와 달은 변하는 것으로 잘 알려졌다(Sir. 17:31; 27:11; Epict. 1.14.4,
10; Wis. 7:29; Eth. Enoch 41, 72; Test. Job 33). 반면에 하나님은 변하지 않으신다
(Philo *Deus Imm.* 22; *Leg. All.* 2.33; 욥 25:5). 그래서 해와 달은 이 이미지에 부
합하는 일반적인 예시로 작용하지만, 유일하게 구체적으로 언급된 것은 하

나님이다.

그렇다면 17절은 1:13-15의 부정적인 진술에 대한 긍정적인 대칭을 이룬다. 하나님이 시험을 보내시는가? 아니다. 그는 실제로 온갖 좋은 것을 보내시며, 자신이 변하지 않으시므로 악을 결코 보내실 수가 없다. 하지만 누구나 논증이 좀 더 직접적이고 분명할 수 있었다는 것을 알아차린다. 이처럼 대칭 형식으로 되어 있는 까닭은 저자가 1:5-8도 염두에 두고 있다는 것에서 찾을 수 있다. 위로부터 오는(ἄνωθεν, 3:17) 가장 좋은 은사가 지혜가 아니라면, 하나님께서 사람이 시험을 이길 수 있게 하려고 주시는 것은 무엇일까? 하나님은 변하지 않으신다. 하지만 사람들은 흔들리고(1:6-8) 심지어 자신들이 시험에 실패한 것에 대해 하나님을 비난하므로(1:13-15) 지혜를 받지 못한다. 17절은 여러 사상의 흐름을 한데 묶는다. 하지만 본문에서 창조를 언급한 것은 논증의 다음 단계로 우리의 관심을 돌린다.

더 자세한 내용은 Amphoux; Greeven; Hatch; Metzger를 보라.

18절   하나님은 좋은 것을 주시며, 변하지 않는 성품을 지니셨다. 그의 선하심에 대한 예는 적절하다. 저자는 하나님은 사람들에게 무엇이든 주기를 원하신다는 사실을 지적하는 것으로 시작한다. 곧 "자기의 뜻을 따라"(Dibelius, 103) 또는 "우리가 ~하길 원하셔서" 주신다는 것이다 (Reicke, 64은 이러한 가능성을 넌지시 비친다. 하지만 Reicke는 한걸음 더 나아가 "선한 뜻을 가지고"를 덧붙인다. Reicke의 견해와는 반대로, 하나님이 원하셨다는 사상은 문맥과 잘 어울린다. Adamson, 75-76의 추측 역시 개연성이 없다). Θέλω와 βούλομαι 의 용례가 일반적으로 중첩된다는 사실에 비춰볼 때, 어휘 선택을 너무 강조하지 않는 것이 좋을 것 같다(야고보는 βούλομαι를 3회, θέλω를 2회 사용한다. 4:15에서는 하나님의 선택을 표현하려고 θέλω가 사용되었고, 4:4과 2:20에서는 인간의 의지를 표현하려고 두 단어가 사용되었다. 참조. G. Schrenk, *TDNT* I, 632-33; Elliott-Binns, "James I. 18"). 분사를 강조하기 위해 문장 맨 앞에 배치한 것을 강조해서도 안 된다. 이런 용례는 하나님의 창조적 작정을 언급하는 경우, 필론의 글에서 분사의 정상적인 위치에 해당한다(Philo *Op. Mund.* 16,44,77; Plant.
14; 비교. Mussner, 93). 야고보가 말하려고 하는 것은 하나님이 단순히 선택하
셨다는 사실이 아니라 무엇을 하려고 선택하셨는지다.

하나님이 "우리를 낳으시기"로 하셨다는 것은 끝없는 논쟁의 중심
이다. Ἀπεκύησεν은 여성형에만 올바로 적용된다(히브리어 칼형 *yālad*처럼).
하지만 이것은, 그러므로 본문이 원시적인 남성-여성적인 하나님에 대
한 영지주의 사상을 언급하는 것이 틀림없다는 에즈만(Edsman)이나 샴
베르거(Schammberger, 59)의 결론을 보장해주지 않는다. 첫째, 디벨리우스
(Dibelius, 104)가 입증했듯이, 에즈만이 인용한 교부들은 ἀπεκυεῖν이 비유
적으로 사용될 수 없음을 보여주지 못했다(특히 Iren. *Haer.* 1,15,1을 보라). 둘
째, 다양한 흐름의 유대 전통에서는 하나님이 그의 백성이나 세상을 낳으
신 분으로 언급되었다(신 32:18a LXX θεὸν τὸν γεννήσαντά σε; 시 22:9; 90:2; 민
11:12; 1QH 9:35-36; Philo *Ebr.* 30; Tanhuma on Ex. 4:12; 또한 사 66:13과 Od. Sol. 8:16;
19:3에서 여성 이미지를 하나님께 적용한 예를 참조하라). 그래서 이 이미지는 병
행하는 언급이 없지 않다. 셋째, 출생이나 새로운 출생 신학은 바울이든(엡
1:5; 롬 12:2; 고전 4:15; 딛 3:5) 베드로든(벧전 1:3, 23) 요한이든(요 1:13; 3:3-8; 요
일 3:9; 4:10), 모든 형태의 기독교 전통에서 입증되었다. 넷째, (좀 더 일반적
인 용어였을) γεννάω보다 ἀπεκυέω를 선택한 것은 1:15과 맞춰야 할 필요가
강하게 작용한 것이다. 죄는 사망을 낳는다. 하지만 하나님은 생명을 낳으
신다. 이 생명의 특성은 문맥에 의해 구체적으로 밝혀질 것이다(G. Bauer,
DNTT I, 187은 τίκτω도 비유적으로 사용될 수 있음을 보여준다. 그것이 ἀπεκυέω보다
적절하지는 않지만 말이다. 또한 Ringwald, *DNTT* I, 176-80을 참조하라).

하나님이 낳으신다고 말한다는 것이 적절함을 확증하고 나서도 여전
히 의문이 생긴다. 하나님이 낳으시는 것이 무엇일까? 몇 가지 설명이 가
능하다. (1) 창조의 절정으로서의 인류(Elliott-Binns, "James I. 18"; Windisch,
9-10; Hort, 32; Spitta, 45-47; Cadoux, 21-23), (2) 피조물에서 선택된 유대인들
(Mayor, 155-59), (3) 하나님이 피조물을 구속하시는 과정에서의 첫 열매인
그리스도인들(Dibelius, 104-105; Mussner, 94-95; Adamson, 76-77). 우리는 저

자가 창조 기사를 언급하려고 의도했다는 엘리엇-빈스에 동의한다. 필론 (Philo *Ebr.* 8; *Leg. All.* 3.31, 51)은 하나님이 낳으시는 세상을 언급했다(1:17의 "빛들의 아버지"라는 언급은 창 1:3; 시 33:6; 사 55:11; Wis. 18:15; Sir. 43:26의 암시가 확실하다). 창세기에서 창조는 하나님의 "말씀으로" 이루어졌으며, κτίσμα는 인류만 아니라 전체 창조를 언급한다(Elliott-Binns, "James I. 18", 154-55은 이 마지막에 언급한 내용이 "결정적인 사안에 가장 근접한 것"이라고 믿는다).

하지만 신약성경에서 구속이 종종 새 창조로 이해되고, 그 사실을 설명하려고 창조 용어가 사용되지 않았는가? 로스(Laws, 78)는 저자가 창조와 구속 둘 다 염두에 두었을 가능성을 품고 있기는 하지만, 최근 대부분의 주석가로 하여금 중생에 대한 언급이 의도되었다고 받아들이게 한 것은 바로 이 사실이다.

그렇다면 진리의 말씀은 종종 참되다고 불리곤 하는 구약성경에 기록된 하나님의 말씀을 가리킬 수 있다(시 119:43; 또한 렘 23:28; 신 22:20; 잠 22:21). 그런데 신약성경에서는 진리의 말씀이 통일된 전문적 용어가 된 적은 없었지만, 종종 복음을 의미하곤 했다(고후 6:7; 엡 1:18; 골 1:5; 딤후 2:15; 벧전 1:25. 이것은 이전에 Test. Gad 3:1; Pss. Sol. 16:10에서 사용되던 유대적 용례에서 왔을 가능성이 있다). 고린도후서 6:7에서 진리의 말씀은 관사 없이 이런 의미로 등장한다. 그래서 하나님의 말씀에 의한 창조나 하나님의 말씀(즉 율법)을 진리의 말씀이라고 칭하는 선례가 있기는 해도, 기독교적 자료와 기독교 이후 자료만 야고보가 여기서 말하는 "진리의 말씀으로 낳으셨다"는 어구와 진정한 병행구를 이룬다. 이 사실은 진리의 말씀이 복음과 중생을 가리킨다는 확실한 근거가 된다.

하나님은 자연히 어떤 목적을 위해 낳으신다. Βουληθείς에 이어 εἰς τό가 등장하는 것은 이 선한 목적을 분명히 강조한다(BDF, § 402 [2]). 그리스도인이 "일종의 첫 열매"일 수 있다(비유적인 표현을 부드럽게 하려고 사용된 τις의 용례에 대해서는 BDF, § 301 [1]을 보라). 구약의 배경으로는, 하나님께 속했으며 구속함을 받았거나 하나님께 드려진 사람과 짐승과 식물의 첫 열매를 들 수 있다(출 22:29-30; 민 18:8-12; 신 18:3; 26:2, 10; 레 27:26; 겔 20:40; 비교. 그

스 문헌의 병행구들: Homer *Od.* 14,446; Hdt. 1,92; Thuc. *Hist.* 3,58). 이스라엘은 하나님의 장자로 묘사되었으며(출 4:22; 렘 2:3; Philo *Spec. Leg.* 4,180; *Ex. Rab.* 15:6), 그래서 특히 하나님께 속한 사람들이다(G. Delling, *TDNT* I, 484-86). 앞으로 있을 충분한 추수를 약속하는 잘 익은 첫 추수로서 그리고 하나님의 특별한 소유로 묘사하는 이 그림은(종종 추수의 가장 좋은 부분으로 생각되기도 하지만) 신약성경에서 구원론적인 의미가 있고 시간적으로만 아니라(롬 16:5; 고전 15:20; 16:15) 신학적으로도(계 14:4; 살후 2:13) 사용되곤 한다(참조. Dibelius, 106).

    "우리"가 "그의 피조물 중에 첫 열매"다. Κτίσμα("피조물")는 원래 도시의 토대를 가리켰다(참조. LSJ). 하지만 70인역에서 이 단어는 종종 하나님의 창조나 그 안에 있는 피조물들에 대해 사용되었다(Wis. 9:2; 13:5; 14:11; Sir. 36:20; 38:34). 이런 의미로 이 단어는 신약성경에도 등장하며(딤전 4:4; 계 5:13; 8:9), 야고보서에서도 이런 의미로 사용되었다. 엘리엇-빈스(Elliott-Binns, "James I. 18", 154-55)가 이 단어에 단순히 인류 그 이상의 더 넓은 범위가 항상 존재했다는 점을 주목한 것은 옳다. 하지만 그는 인류가 구속의 맥락에서 창조에 결합될 수 있다는 사실을 주목하지 못했다. 야고보는 바울처럼(롬 8:18-25) 그리스도인들을 하나님의 새 창조에 속한, 하나님으로 말미암은 첫 번째 추수에 해당하는 피조물로 이해한다(이것이 특히 유대 그리스도인들이라는 Mussner, 96의 제안은 본문의 흐름에서 벗어났다). 그리스도인들은 진리의 말씀인 복음에 의해 다시 태어났다. 아마도 야고보 역시 그들을 하나님의 특별한 소유로 이해했을 것이다. 하지만 구속은 여기서 멈추지 않는다. 첫 열매에 이어 온전한 추수가 따를 것이고 절정에는 피조물 전체가 포함될 것이기 때문이다.

    피조물을 구원하시는 하나님은 은혜로운 하나님이시다. 이렇게 은혜로운 하나님은 사람들을 이끌어 넘어지게 하지 않으신다. 그분은 자신이 주는 것을 사용하여 그들을 시험 중에 보존하신다.

뮈스너(Mussner. 95-96)는 이 본문이 베드로전서 1:23, 골로새서 1:10, 에베소서

2:15, 4:21-24, 5:26과 같은 신약의 세례 본문에 근거했다고 이해한다. "진리의 말씀"은 신자에게 교리문답 교육에서 들은 복음을 상기시킨다. 이렇게 해석할 가능성은 확실히 있다. 종말론적인 문맥이 야고보서에 있는 까닭이다. 하지만 디벨리우스의 경고(Dibelius, 105)는 타당해 보인다. 그는 야고보서에 중생에 대한 "신비적인" 이해와 세례에 대한 분명한 언급이 결여되었다고 지적한다. 그와 같은 용어가 다른 세례의 문맥에 등장할 가능성이 있으며, 만일 이것을 세례 본문으로 받아들인다면, 야고보서는 세례를 암시할 가능성이 있는 것으로 간주될 수 있다는 점에서, 뮈스너의 제안은 흥미롭다.

더 자세한 내용은 Elliott-Binns, "James I. 18"을 보라.

b. 순전한 말은 성내지 않는다(1:19-21)

하나님의 말씀에서 인간의 말로 전환하는 것은 쉽다. 특히 3장이 하나님의 지혜의 선물이 사람들이 말하는 방식과 얼마나 밀접하게 연결되었는지를 보여주기 때문이다. 그리스도인들은 다투거나 논쟁하는 대신에 듣는 자들이 되어야 한다. 그들의 "의로운 분노"로는 하나님의 공의를 절대로 이룰 수 없기 때문이다. 그리스도인들은 악을 배척하고 그 대신 하나님과 복음에 나타난 그분의 교훈에 온유한 마음으로 복종해야 한다.

19절   본문에서 즉각 문제가 하나 제기된다. א^c A B C it. Vg는 ἴστε라고 읽는 반면에, K P Ψ syr. Byz.은 모두 ὥστε라고 읽는다. 애덤슨(Adamson, 78)이 후자가 18절 및 19절과 연결되었을 것이라고 생각하면서 ὥστε 독법을 받아들이지만, 우리는 대부분의 다른 주석가와 함께 전자를 받아들인다. (1) 야고보는 문단을 시작하기 위해 명령법을 자주 사용하지만, 그런 목적으로 ὥστε를 사용한 적은 없다. (2) 19절은 18절에 이어 등장하는 것 같지 않다. (3) 더욱 부드러운 문체를 만들려고 ἴστε에서 ὥστε로 바꾼 것을 설명하기가 그 역보다 더 쉽다. (4) 16-18절과 19-21절 사이의 형식적인 병행이 있다. 두 본문 모두 명령형과 호격으로 시작하고, 모두 구속의 문맥에서 말씀을 언급하는 것으로 마친다(참조. Cantinat, 99. 이 견해는 21절을 22-25절과 묶는 Dibelius의 분석과 반대다). (5) 야고보서에서 호격($\dot{\alpha}\delta\epsilon\lambda\phi o i$ $\mu o \upsilon \; \dot{\alpha}\gamma\alpha\pi\eta\tau o i$)은 일반적으로 명령형과 결합되었다($\dot{\alpha}\delta\epsilon\lambda\phi o i$는 15회 등장하는데, 그중에 9회는 명령형 다음에 나오고, 2회는 명령형 앞에 놓이며, 1회는 명령형으로 이어지는 절을 소개한다. 이 단어는 의문문에 두 번 사용되며, 오직 3:10에서 한 번만 선언적 문장에 등장한다). 앞에서 언급한 마지막 두 이유에 맞추려면 $\ddot{\iota}\sigma\tau\epsilon$를 직설법이 아니라 명령법으로 읽어야 한다. "내 사랑하는 형제들아, (이것을) 알아라"라고 야고보가 촉구하고, 그런 다음에 그의 세 부분으로 된 말씀으로 관심을 돌린다.

"너희에게 ~하는 지식이 있지만"이라고 번역하고 그것을 기독교적인 "영지"를 가리키는 것으로 이해하는 라이케(Reicke, 19-20)는, 그가 $o\hat{\iota}\delta\alpha$를 독립적으로 사용하고 야고보의 문체를 함부로 다루었기에 설득력이 없다.

다음 절에서는 $\delta\acute{\epsilon}$를 생략한 K P Ψ 등등의 사본 대신에 p^{74} ℵ B C가 지지하는 더 난해한 독법인 $\ddot{\epsilon}\sigma\tau\omega$ $\delta\acute{\epsilon}$를 받아들여야 한다. 접속사 $\delta\acute{\epsilon}$를 비롯하여 19절의 나머지 삼중 잠언 방식은 $\ddot{\epsilon}\sigma\tau\omega$ $\delta\acute{\epsilon}$를 이해하는 열쇠다. 도입부 다음에 잠언 인용이 이어진다. 잠언의 말씀은 유대인의 구전 또는 기록된 교훈 전통에서 유래한 익숙한 사상을 인용한 것이다. 난해한 $\delta\acute{\epsilon}$는 잠언의 말씀이 나온 문맥에서는 쉽게 어울렸겠지만, 지금 이 새로운 상황에는 어색해 보인다.

잠언 형식에 대하여 Dibelius, 111-12과 Cantinat, 100-101을 참조하라. 디벨리우스는 이 형식이 *Pirqe Aboth*에 있는 것이라고 지적하며, 캉티나는 이집트의 지혜에 있는 예라고 지적한다.

잠언의 내용은 단순하다. 예나 지금이나 동일하게 지혜로운 충고로서, 남의 말을 주의 깊게 듣고 성급하게 말하거나 성내지 말라는 것이다. 그리스어 어법에서 자주 등장하는 $\pi\acute{\alpha}\nu\tau\epsilon\varsigma$ 대신에 셈어 어법인 $\pi\hat{\alpha}\varsigma \; \ddot{\alpha}\nu\theta\rho\omega\pi o\varsigma$ (kol

ādām)가 등장하는 까닭에 이 잠언이 팔레스타인의 유대적 상황에서 나왔
을 개연성이 있지만, 그 개념은 그리스적 상황과 유대적 상황에 다 등장
한다. 잠언 13:3, 15:1, 29:20("네가 말이 조급한 사람을 보느냐? 그보다 미련한 자에
게 오히려 희망이 있느니라"), 전도서 7:9("급한 마음으로 노를 발하지 말라. 노는 우
매한 자들의 품에 머무름이니라"), Sir. 1:22, 4:29("함부로 말하지 말라"), 5:11("듣
기를 속히 하라. 그리고 대답할 때 신중하라"), 6:33("네가 듣기를 좋아하면 지식을
얻을 것이다. 네가 귀를 기울인다면 지혜 있는 사람이 될 것이다"); 6:35, 21:5. Pss.
Sol. 16:10, 1QS 4:10, 5:25, m. Ab. 2:10, 5:12, Test. Lev. 6; b. B. B. 16a, Dio
Chrys. 32("성내기를 속히 하지 말며 더디게 하라"); Lucian Dem. 51, Diog.
Laert. 8.23, Ovid 1.2.121, Seneca Ira(참조. Mussner, 100).

하지만 이 광대한 배경을 지적하는 것이 이 본문에 의미를 부여하지
않는다. 애덤슨(Adamson, 78)과 라이케(Reicke, 21)의 주장을 어떻게 평가할
수 있을까? 애덤슨에 따르면, 본문은 1:18의 말씀을 설교한 선생들의 말을
들으라는 것을 가리키고, 말하는 것과 성냄은 3장의 비방을 미리 언급한다.
라이케에 따르면, 성냄은 정치적인 선동(즉 열심당의 사상)을 가리킨다. 의심
의 여지 없이 누구나 이 절을 먼저 삶의 모든 영역에서 듣는 것과 조심스럽
게 말하는 것의 가치를 강조하는 지혜의 문맥에서 해석해야 한다. 이것은
이미 인용한 본문들을 음미해보거나 심지어 잠언이나 「집회서」를 슬쩍 읽
기만 해도 알 수 있는 교훈이다

반면에 3:1과 교회에서 은사적인(또는 자신의 의지에 따른) 사역들에 나
타나는 잘 알려진 문제(고전 14장; 살전 5:19-22; 딤전 1:3ff.; 참조. Cantinat, 100)에
비춰 볼 때, 야고보가 그의 관심을 공동체의 화목에 두려고 한다는 느낌을
거부할 수가 없다(참조. Ward, 183-89). 이와 같은 구체적인 언급을 정치적인
선동으로 몰고 가는 것은 야고보의 사상 세계를 넘어가고 그것을 낯선 문
맥에 두려는 것 같다(본서 서론 80-88쪽). 본문이 1:18을 언급한다고 이해하
는 것은 구조를 파괴하고 1:18과 1:19 간의 단절을 무시하는 것으로 보인다.
하지만 본문을 3장에서 다루게 될 주제(단순히 비방하는 것만 아니라 억지로 선
생이 되려 하고 교회에서 말하려 하는 것)를 소개하는 것으로 이해하는 것은 야

고보서의 구조를 고려하면 타당한 것이라고 생각된다(본서 서론 70-79쪽). 이것으로 인해 야고보가 이 문맥에서 왜 이러한 잠언을 인용해야 했는지를 설명한 디벨리우스의 문제(Dibelius, 111)도 제거된다. 디벨리우스의 주장과 다르게, 우리는 인용의 이 마지막 두 단락을 불필요한 부분으로 칭하는 대신에 두 단락을 그가 말하려는 핵심을 담고 있는 것으로 여겨야 하고, 듣고 행동하기라는 주제가 1:22에 처음 등장했다는 사실을 기억해야 한다.

　　20절　　야고보는 그의 관심이 어디에 있는지를 보여주는 주석을 통해 잠언을 상세히 설명한다. 성내기를 더디 해야 하는 것은 인간이 성내는 것이 하나님의 의를 이루지 못하기 때문이다. 인류를 총칭하기 위한 ἀνήρ의 사용은 야고보서의 전형적인 용례다(1:8, 12). 8절에서처럼 여기서도 이 단어는 문체에 다양성을 부여하면서 ἄνθρωπος를 곧 뒤따른다. 야고보가 생각하는 성내는 것은 하나님의 분노와 대조적인 사람들의 일반적인 성냄보다는 한 개인의 "사소한 격노"일 가능성이 크다(Hort, 36; Adamson, 93; Cantinat, 101). 사람이 성내는 것이 사실 바람직하지 않고 파괴적이라는 생각은 고대 유대 사상이나 그리스 사상이 분명하다(참조. 1:19. b. Pes. 66b; m. Ab. 5:11; Test. Dan 4:3; H. Keinknecht, *TDNT* V, 384-85. Keinknecht는 스토아 철학도 성내는 것을 특히 거부했음에 주목한다). 야고보는 이 배경에서 성냄이라는 개념을 받았을 수도 있다. 하지만 야고보에게 그 개념은 예수의 가르침에서 확실히 강조되었던 것이다(마 5:6, 20; 6:33).

　　그렇다면 야고보가 "하나님의 의"로써 의미한 것은 무엇일까? 몇 가지 가능성이 제시되었다. (a) 하나님의 의의 표준, (b) 하나님이 주시는 의, (c) 하나님 앞에서의 의로움, (d) 하나님의 종말론적 의 등이다. 이 점에 대해서 야고보를 바울로 해석할 수 없다는 것은 분명하다(참조. Dibelius, 111; Ziesler, 9-14). 하지만 야고보서 내부적으로도 두 가지 가능성이 있을 수 있다. 야고보서 5:7은 신자들이 참고 기다려야 하는 하나님의 종말론적인 공의를 언급한다. 바로 이 사건에 비춰 보며 바울은 그리스도인들에게 원수 갚는 것을 금한다(롬 12:19). 야고보의 강력한 종말론의 관점을 고려하면 그가 이것을 염두에 두었을 수 있다. 하지만 저자가 형제를 저주하는 자

(4장으로 이어지는 논쟁의 주제)를 정죄하는 야고보서 3:8-12도 있다. 야고보서 1:19은 언어 사용을 다루고 있고 야고보서의 구조는 3장을 지향하고 있으므로(본서 서론 70-79쪽; 참조. Adamson, 79-80), 야고보가 염두에 둔 것은 아마도 후자, 즉 다른 그리스도인에 대한 분노일 것이다. 이 의미는 앞에서 열거한 첫 번째 의미와 가깝다. 사람이 분노를 폭발하는 것은 하나님의 표준을 반영하는 의의 유형을 이루지 못한다. 그것은 하나님의 요구를 충족시키지 못한다(참조. G. Schrenk, *TDNT* II, 200, 195-96. Schrenk는 여기서 고대 이스라엘에 이런 개념이 있음을 상기시킨다).

21절 야고보는 "그러므로"라는 말로 이 단락의 결론을 내린다. 이 시점까지 오면서 그는 일반적인 잠언 자료를 사용해왔다. 여기서 그는 기독교 권면 자료로 결론을 내린다. 디벨리우스(Dibelius, 122)는 21절을 뒤에 이어지는 내용과 함께 취급한다. 하지만 이것은 접속사 διό("그러므로")와 1:16-18과 1:19-21 사이에 있는 구조상 병행을 무시한 처사다. 또한 이것은 디벨리우스가 "듣고 행함"이라는 주제를 억지로 이 절에 끼워 맞춰야 함을 의미한다. 캉티나(Cantinat, 102)와 뮈스너(Mussner, 101)는 다른 권면 문학, 특히 캄라(E. Kamlah)가 연구한 베드로전서 1:22-2:2, 로마서 13:12-14, 골로새서 3:8, 에베소서 4:22-23과 같은 본문에 반영된 덕목과 악의 목록에 있는 병행구를 언급했는데, 이는 확실히 옳다. 이 사실로 인해 용어가 일치하는 경우 발생하는 약간의 어색함이 설명되는 것 같다(참조. Dibelius, 113-14. Mussner, 101은 여기 맥락이 세례라고 주장한다. 하지만 이는 증거의 범위를 넘은 것 같다. 이 점에서 학자들 간에 의견의 일치는 없지만, 베드로전서에는 세례 상황이 암시되었을 수도 있다. 그러나 상투적인 전문용어가 등장할 때마다 이와 같은 삶의 정황을 암시한다고 할 필요는 없을 것이다).

21절의 첫 번째 단락은 그리스도인이 해서는 안 되는 것을 열거한 악의 목록이다. 여기에 언급된 악들이 그리스도인이 되기 이전에 살아가던 방식을 특징짓는 것일 수는 있지만 말이다. 원래의 의미가 옷을 벗는 것이었던 ἀποτίθημι는 버려야 할 악들의 몇 가지 예를 소개한다(벧전 2:1; 엡 4:22; 1 Clem. 13:1; Philo *Post. C.* 48). 기독교적인 예에서 이 단어는 전적인 회심, 즉 삶의 양식의 완전한 변화라는 친숙한 개념을 가리킨다. 내버려야 할 것은 ῥυπαρία, 즉 더러운 것, 도덕적으로 부정한 것, 특히 탐욕(참조. BAG, 745; 이 단어와 어원이 같은 단어들은 도덕적인 악을 언급하는 다양한 문맥에서 사용된다. 예. 벧전 3:21; Epict. 2.16.25; Philo *Deus Imm.* 7; *Mut. Nom.* 49과 124)과 넘치는 악이다. 베드로전서 2:1과의 병행에 근거하여 단순한 사악함(wickedness)이나 악덕(vice)이 아니라 악의(malice)가 κακία의 정확한 의미라고 추론할 수도 있다. 이 의미 역시 앞에서 언급한 성냄과 이 단락과 병행을 이루는 3장의 주제에 어울린다(Mayor, 67; Hort, 36; Cantinat, 104).

　명사 περισσείαν은 더 난해하다. 70인역(모두 전도서)에서 이 단어가 사용된 의미인 "풍성함", "지나치게 사악함", "사악함을 이용함" 등은 여기에 잘 들어맞지 않는 듯하기 때문이다. 이 때문에 초기의 일부 주석가들은 "완전히 더러운 사악함의 덩어리"(Windisch, 10-11; 비교. Mayor)같이 이를 두 단어로 하나의 뜻을 만드는 장치(hendiadys)로 상정했다. 메이어가 (이 장면에 해당하는 눅 6:45을 인용하고 롬 5:17과 고후 8:2; 5:17을 해석하면서) 취한 "넘치는 악의"와 같은 의미이든지, 디벨리우스의 "넘치는 사악함"(Dibelius, 113)이든지, 또는 로스의 "엄청난 악의"(Laws, 81)가 의도되었을 것이다. 그게 아니라면 야고보가 περισσευ-어간의 또 다른 일반적 의미인 "나머지(잉여)"라는 단어를 사용하여 "모든 악의 자취"를 의미할 것이다(Cantinat, 104). 이 마지막 의미는 추측에 불과하다. 사실 이 의미는 문맥에 아주 잘 어울리겠지만 분명한 것은 그것이 περισσεία의 확실한 의미가 될 수 없다는 점이다. 일반적인 의미는 분명하다. 그리스도인들은 악과 악의로부터 단번에 돌아서야 한다(부정과거 분사의 명령적 사용). 다시 말해서 그들은 회개해야 한다. 이 표현에는 방금 전에 언급한 성냄도 포함되지만, 분명 거기에 제한되지는 않는다. 저자는 그리스도인이 되기 이전의 총체적인 삶을 염두에 두었다.

　"나머지(잉여)"의 의미에 대해서는 출애굽기 10:5 LXX과 70인역의 많은 다른 곳을 참조하라. 70인역에서는 이 어근이 히브리어 *ytr*를 번역한 것인데, 그것은

"풍성함" 또는 "나머지"를 의미한다. Περισσεία는 전도서에서 이 히브리어 어근에 대한 번역어로 12회 사용되었으며, 야고보서에서는 이 어근의 이중적인 의미를 취했을 것이다.

(3, 4장에서 살펴보겠지만, 저주, 성냄, 자기 확대, 다른 사람을 공격함 등을 비롯한) 그리스도인이 되기 이전의 악한 생활 대신에, 그리스도인은 "온유함으로 받아야" 한다. 받는다는 사상은 하나님으로부터 오는 선물이 등장하는 5절과 17절에 이미 암시되었다. 이 태도는 믿음이 실제로 관여되어 있다는 것과 그 덕목이 (반드시 행동으로 이어져야 하지만) 우선적으로 위로부터 오는 선물임을 보여준다. 온유함으로 받아야 한다는 말은 거의 불필요한 말이다. 디벨리우스(Dibelius, 112)는 이 어구에서 본문의 요점을 본다. 온유함은 성냄과 매우 강하게 대조된다(구조적으로 이 어구는 약 2:1과 Sir. 3:17과 비슷하다, ἐν πραΰτητι τὰ ἔργα σου διέξαγε). 사실 온유함은 이 본문에서 중요하다. 그것이 성냄과 대조되기 때문이 아니라 하나님의 가난한 자들의 태도이기 때문이다. 그들은 구약성경과 「솔로몬의 시편」과 사해사본에 등장하는 *ānāw* 또는 *ʿanāwîm*으로서, 도리가 없어 겸손하게 기다리며 하나님을 의지하는 사람들이다(참조. Causse; Dupont; Hauck; S. Schulz, *TDNT* VI, 645-51). 이런 사람들이 하나님 나라를 받을 것이며(마 5:5), 그들 안에 성령이 있음을 보여준다(갈 5:23; 참조. 약 3:13). 야고보가 이 신학의 온전한 깊이를 염두에 두지는 않았을지 모르지만, 그가 받아들임을 신뢰하는 이 덕목을, 성내는 것과 양립할 수 없으며 기독교적인 권면에서 가장 중요한 것으로 인식한 것은 확실하다("온유함"은 신약성경에서 11회 등장하는데, 대부분이 권면 문맥이다).

사람이 받아야 하는 것은 심긴 말씀이다. 여기에는 ἔμφυτον이 "접목된"을 의미하는지(AV 역본과 고대의 주석가들은 이 번역을 택하지만, 요즘은 증거의 부족으로 이 번역을 채택하지 않는다), 아니면 "심긴"을 의미하는지(Adamson, 98-100; Mussner, 101; Dibelius, 113; Schrage, 21)를 두고 열띤 논의가 진행되었다. 확실한 것은 Wis. 12:10(성경의 다른 유일한 용례임)과 많은 그리스 문헌 (Jos. *War* 1:88; *Ant.* 16:232; Philo *Deus Imm.* 22; Ps.-Phocyl. 128; 참조. Dibelius, 113)

에서처럼, 이 단어가 "타고난", "선천적인"을 의미할 수 있다는 사실이다. 여기에는 본문을 선천적인 이성에 대한 스토아 철학의 표현으로 읽는 것 (Knox, 14-15)이나 계시를 받기 위한 선천적인 소양이 포함되었을 것이다 (Hort). 그러나 문제는 선천적인 것이 받는 것과 아무런 관계가 없을 수 있으며, 이 구절 전후에 있는 들음 문맥에 잘 어울리지 않는다는 데 있다. 여기서 λόγος("말씀")는 순종할 수도 있고 순종하지 않을 수도 있고, 행할 수도 있고 행하지 않을 수도 있는 그런 것이다. 이런 유의 로고스는 스토아 철학의 이성에서는 기대되지 않는 것이다(참조. Bonhöffer, 97). 그런데 만일 누군가 이 말씀을 심긴 것으로 이해한다면(Hdt. 9.94; Barn. 1:2; 9:9; Ps.-Ign. 17:2), 이 단어는 매우 적합하다. 심긴 것이 복음 선포인 까닭이다. (여기에 사용된 이미지에 대해서는 신 30:1; 살전 1:6; 2:13; 고전 3:6; 마 13:4-15, 18-23; 1QH 4:10을 보라). 이미 그들 안에 심긴 복음의 말씀을 받으라는 요구는 모순처럼 보인다. 하지만 (앞에서 들었던 예에서처럼, 그것을 받아들이고 행한다는 의미인) 말씀을 받는다는 특유의 상투적인 언어와 (야고보서의 주요 관심사인) 복음이 예수에 관한 말씀과 윤리적인 내용으로 구성되었다는 사실(Mussner, 102)은 "당신이 회심(또는 Mussner의 세례 문맥을 받아들인다면, 세례) 때 받아들였던 말씀대로 행동하라"는 의미다.

순종하기만 한다면 복음이 사람(ψυχή)을 구원할 수 있다(여기서 ψυχή는 몸과 대조되는 실체가 아니라 전인을 의미한다. 신 6:5; 욥 33:28; 사 42:2; 막 8:35; 요 10:11; 행 2:41)는 것은 신약성경의 자명한 진리다. 구원은 미래적이다. 그러므로 이 구원은 야고보서의 총체적인 어조에 어울리는 하나님의 심판의 묵시적인 시간으로부터의 구원이다. 그래서 진리의 말씀으로 그리스도인을 중생시키시는(낳으시는) 하나님은, 그 사람이 그 말씀을 받는다면 그들 속에 심긴 동일한 말씀으로 그 사람을 구원하실 것이다.

더 자세한 내용은 Elliott-Binns, "James i. 21"을 보라.

c. 순종은 너그러움을 요구한다(1:22-25)

저자는 행위, 특히 자선 행위에 대한 그의 주제로 관심을 돌린다. 그는 구원하는(사람으로 복 있게 하는) 믿음은 그리스도의 명령에 순종하는 믿음이라는 점을 주장과 예로써 지적한다. 이 주장에 기초하여 저자는 2장에서 그의 관심사가 되는 쟁점을 다룬다.

더 자세한 내용은 Sisti를 보라.

22절   우리는 1:22의 내용이 야고보가 이전 단락에서 설명하던 것을 계속한다고 추정하려는 유혹을 받는다. 이를테면, "내가 말씀을 받으라고 말할 때 내가 말하려는 것은 말씀을 행하라는 것이지 그것을 듣기만 하라는 것은 아니다"라고 말이다. 사실 이런 내용이 포함되었을 수도 있지만(Mussner, 104; Reicke, 21-22), 접속사 δέ의 사용을 너무 강조하지 말아야 한다. 야고보는 δέ를 명령법을 소개하기 위해 6회(1:6, 9, 19, 22; 4:7; 5:12), 사상 간의 전환을 이루기 위해 자주 사용한다. 사상들이 얼마나 밀접히 연결되었는지 추측하기는 어렵다.

야고보는 "말씀을 행하는 자가 되라"고 말한다. 명령형 γίνεσθε는 (신약성경에는 등장하지 않는) ἔστε 대신에 자주 사용된다(참조. 약 3:1; 마 10:16; 롬 12:16; 고전 7:23; 고후 6:14; 엡 5:1). 그래서 22절에는 γίνεσθε가 암시할 거라고 생각되는 동작의 시작을 의미하는 "되어라"보다는 너그러운 가정("계속 ~ 해라")이 있다. 행하는 자(ποιητής)는 그리스어의 셈어적 용례다. Ποιητής 는 만드는 자 또는 작곡가를 의미하며(Plato Rep. 597; Phdr. 234; Heracl. 2.53; LSJ; Windisch, 11), ποιητής λόγου는 작가, 시인 또는 웅변가를 의미한다(예. 2 Macc. 2:30). 하지만 유대인들은 종종 율법을 행하는 것에 대해 말했다(ʿāśâ hattôrâ: 신 28:58; 29:28 등). 이것을 70인역은 문자적으로 ποιητής νόμου로 번역했다(1 Macc. 2:16; Sir. 19:20; 롬 2:13). 율법에서 말씀으로의 전환은 그리스도의 가르침이 새로운 율법이라고 생각한 자들에게는 쉬운 일이었다(1:25; 2:8; 참조. 롬 8:2; 고전 9:21; 갈 6:2). 야고보는 그리스도인에게 복음에 순종하라고 외친다. 이 경우 이것은 우선적으로 예수의 윤리적인 가르침을 의미한다. 야고보는 ποιητής(신약성경에 6회 사용되는 것 중에 4회)와 청중이나 학생을 가리키는 고전적인 용어(Thuc. *Hist.* 3.38; Plato *Rep.* 536c; Plut. *Thes.* 1; *Lyc.* 12; Dem. *De Cor.* 18.7; Aristotle *Pol.* 1274; 비록 Marty, 54은 이 단어가 4세기에야 비로소 그리스 문학 어딘가에서 사용되기 시작했다고 주장하지만 말이다)인 ἀκροατής(신약성경에 4회 사용되는 것 중에 3회)를 특히 좋아한다

물론 그 개념은 유대 세계에서 언어학적인 의미보다 훨씬 더 잘 알려졌다. 율법을 행하라고 명령하는 구약의 인용을 제외하고 요세푸스(*Ant.* 20:44: "너는 [모세 율법을] 읽기만 하지 말고 율법이 너에게 명하는 것을 실천하라"), b. *Shab.* 88a; m. *Ab.* 1:17 ("[율법을] 설명하는 것이 아니라 [그것을] 행하는 것이 중요한 것이다"), 2:7, 5:14, 1QS 2:25-3:12, 1QpHab 7:11, 8:1, 12:4, 4QpPs37 2:14, 22(이 모든 본문에 "율법을 행하는 자들"이 언급되었다), Philo *Praem.* 79 등이 있다. 그래서 유대의 교훈의 모든 유파는 누구나 율법을 행해야지 듣기만 해서는 안 된다는 사상을 증언한다. 하지만 야고보는 그가 유대 전통을 알고 있음에도 우선적으로 예수의 가르침을 언급했을 개연성이 높다(마 7:21-27; 눅 6:46-49; 심지어 Origen *Hom. Gn.* 2:16은 이 절이 예수의 거룩한 말씀이었다고 믿었다. 약 5:12을 고려하면 불가능하지는 않지만, 이 이론은 입증될 수 없다). 그리스도인이 행해야 하는 말씀은 율법이 아니라 복음 메시지다. 듣는 것은 회당에서 읽는 율법을 듣는 것과 병행이 될 것 같지만, 사실 그것은 그리스도에 관한 전통들을 듣는 것을 의미한다. 회당에서 읽는 율법과 그리스도에 관한 전통은 모두 교회에서 낭독되었고 설명되었으며, 누구나 개인적으로 그것을 배울 기회가 있었다(참조. Cantinat, 108; Laws, 85. Cantinat는 전통의 예전적인 사용만을 언급하며, Laws는 예수 전통과의 접촉을 부인한다).

듣고 실천하지 않는 것은 자신을 속이는 것이다. Παραλογίζομαι("속이다")는 신약의 다른 곳에서는 골로새서 2:4에서만 등장한다. 골로새서에서 이 단어는 한 사람을 믿음에서 벗어나게 하는 것을 의미한다. 여기서 이 단어는 틀림없이 자신의 구원과 관련하여 자신을 속인다는 의미일 것이다(Dibelius, 114도 이렇게 본다. 그러나 Dibelius가 παραλογίζομαι를 γίνεσθε 보다는

μόνον ἀκροαταί와 어울린다고 추측한 것은 잘못이다. 우리가 취한 견해는 "속이다"는 단어를 참된 경건을 아는 지식에 한정한 Mussner, 105과 상반된다). 이 의미는 야고보서의 전체 견해와 가장 잘 어울리며(참조. 2:19. 이런 믿음은 귀신들에게도 정통성을 부여하는 믿음이다), 또한 야고보가 말씀을 받는다는 1:21이 무슨 뜻인지를 설명했을 가능성과도 잘 어울린다. 이 단어는 단순히 듣는 것만 아니라 행함을 의미하며, 그렇게 생각하지 못하는 사람은 자신이 말씀을 받았다고 스스로를 속이는 것이다.

23절   야고보는 22절을 긍정적인 명령으로 시작하는데, 이는 그 명령을 강조하고 문장 끝에 μόνον ἀκροαταί("듣기만 하여")를 두기 위해서다. 이제 23절에서 그는 25절의 대구법 형식의 긍정적인 예로 돌아가기 전에 부정적인 예를 선택한다.

야고보는 상황을 설명하는 것으로 시작한다(전체 예증을 "~때문에"의 약한 형식인 ὅτι로써 앞에 있는 내용과 느슨하게 연결한다. BDF, § 456을 보라). "누구든지 말씀을 듣고 행하지 아니하면." 이 진술은 22절의 상황을 재현한다(εἰ 뒤에 ποιητής와 함께 οὐ가 사용되는 경우는 드물지 않다. Οὐ는 개별 단어와 어구들의 일반적인 부정어다. 참조. BAG, 594, BDF, § 426; Mayor, 70의 긴 설명은 불필요하다). 행하지는 않고 듣는다는 이 추측을 근거로, 저자는 잠언 하나를 제시한다. Οὗτος ἔοικεν("이 사람은 ~과 같다"). (ἔοικεν이 이런 의미를 가지고 등장하는 곳이 성경에서는 이곳과 야고보서 1:6뿐인 것은 사실이지만[욥 6:3, 25; Jos. Ap. 2:175에서 이 단어의 뜻은 "처럼 보이다"임], 비교의 주어와 비교하는 동사 및 여격으로 이루어진 구조는 마 13장이나 막 4장의 구조와 같다.) 이것이 사실이기에 우리는 이 점에 대한 알레고리보다는 예시를 더 기대한다. 비록 많은 주석가들이 이것을 다소간에 알레고리로 만들려는 경향이 있기는 하지만 말이다(예. Mussner, 106-107; Adamson, 82-83).

그 잠언은 단순하다. 이러한 사람은 거울로 자신의 얼굴을 보는 사람과 같다("자세히 보다"가 아니라 Mussner, 106과 Adamson, 82이 주장하는 듯한 "언뜻 보다"라는 사상은 없다. Κατανοέω는 일반적으로 "숙고하다" 또는 "주의 깊게 관찰하다"를 의미한다. 마 7:23; 눅 12:27; 20:3; 참조. BAG, 416; Ropes, 175; Cantinat, 109. Laws,

86은 언어학적으로 "언뜻 보다"가 율법을 보는 것으로서, 거울을 "주의 깊게 보다"라는 뜻이라고 지적한다). 거울을 예시로 사용한 것은 종교 문헌과 철학적인 문헌에 공통으로 등장하는 반면에(고전 13:12; Sir. 12:11; Wis. 7:26; 참조. Mayor, 71), 야고보는 어느 고정된 전통이나 이전 문헌을 의존하고 있지 않다. 오히려 윤이 나는 구리나 청동(은은 덜 사용됨) 거울은 전형적인 화장실 용품으로서 모든 선생이 예로 드는 유용한 물품이다. 사실 야고보의 예는 바울의 그것과는 상당히 다르다(고전 13:12). 거울의 투명도나 낮은 투명도는 그에게 그리 중요한 문제가 아니었으며 보이는 것도 중요하지 않았다. 문제의 핵심은 다음 절에 등장한다. 여기서 야고보는 단순히 어떤 장면을 묘사할 뿐이다. 곧 어떤 사람이(여기서도 사람을 총칭하는 ἀνήρ가 사용되었다. 1:8 참조) 거울로 자신의 맨얼굴을 본다.

디벨리우스(Dibelius, 116)에 동의하며 우리는 πρόσωπον τῆς γενέσεως를 "자연적인 모습"으로 이해한다. 야고보서 2:9; Wis. 7:5; Jud. 12:18; Philo *Post. C.* 29. 이것을 애덤슨(Adamson, 83)과 로스(Laws, 86)처럼 영적인 모습에 반대하여 구체적으로 물리적인 모습이나 출생의 모습을 가리킨다고 보려는 시도는 야고보서에 흔히 사용되는 셈어 명사와 소유격 구문을 과도하게 해석한 것이다. 예를 들어, 야고보서 1:25; 2:1; 3:13을 보고, Cantinat, 109을 보라.

24절 야고보는 "봄"과 "잊음"이라는 두 순간적인 상태가 아니라 격언적 부정과거(κατενόησεν, ἐπελάθετο)와 완료형(ἀπελήλυθεν)을 사용하여 그가 비교하는 요점을 설명한다. 완료형은 "떠난 상태"의 지속성을 강조하려고 사용되었거나(Ropes, 177; MHT I, 144), 단순히 문체의 다양성을 위한 혼합 형식을 위해 사용되었을 것이다(BDF, § 344). 그 사람은 자신을 보고 떠난 후 자신이 어떤 사람인지 잊어버린다(ὁποῖος; 참조. BAG, 579). 요점은 인상이 순간에 불과하다는 것이다. 머리를 빗으면서 거울을 보는 것은 순간적으로는 빨려들 수 있지만, 그날의 업무에 종사할 때는 보통 실제적인 결과를 맺지 못한다. 거울을 본 것이 소용없다. 순간적인 특성과 실제적인 효

과를 내지 못한다는 것이 이 비유의 요지이지, 다른 유형의 거울을 비교하
거나 다른 방식으로 거울을 보는 것이 핵심은 아니다. 다음 절의 첫 번째
동사(παρακύψας)에서 비유는 계속된다. 다만 이 그림이 나중에 이 비유와는
전혀 거리가 먼 용어(παραμείνας)로 수식될 때 대조의 핵심이 드러난다.

　　25절　　　25절을 시작하면서 δέ에 암시된 대조는 우리를 24절이 아
니라 23절 도입부로 데려간다. 이 사람은 저자가 다음 문단에서 설명한
대로 듣고 **행하는** 사람이다. 그는 율법을 들여다보고 지속적으로 그렇게
한다. 야고보가 강조하는 것은 이 지속적인 점유, 즉 행하는 것이다. 지속되
는 것은 많은 의미에서 야고보에게 중요하다(야고보의 ὑπομονέω와 μακροθυμέω
사용을 주목하라). 이런 측면이 듣는 것과 잊어버리는 것과 대조된다.

Παρακύψας는 단순히 그 비유를 이어가며, 그 비유와 그 이후의 논의를 이어
주는 단어다. 디벨리우스, 뮈스너, 캉티나는 잠언 7:6; Sir. 14:23; 벧전 1:12; 눅
24:12에 관심을 돌리면서 이 용어가 κατενοέω보다는 더욱 집중적인 관찰을 제
시한다고 주장한다(Dibelius, 116; Mussner, 106; Cantinat, 110). 하지만 설령 이 예들
이 실제로 특별한 주의를 요구한다고 해도 창세기 6:8; Sir. 21:23 그리고 그밖
에 다른 본문들은 그렇지 않다. 더 중요한 것은 κατενοέω도 세심한 주의라는 의
미를 띨 수 있다는 사실이다. 예를 들어, 창세기 3:6; Sir. 23:19; 히브리서 3:1을
보라.

　　복 있는 사람은 "자유롭게 하는(또는 자유의) 온전한 율법"을 들여다
본다. 이 표현은 야고보서 해석에 중요한 해석학적 문제다. 한편 스토아 철
학자들이 이성의 규칙, 즉 자연의 법에 따라 인생을 자유의 삶으로 본 것
은 잘 알려졌다(Epict. 4,1,158; Seneca *Vit.* 15,7; Cicero *Parad.* 34; 참조. H. Schlier,
TDNT II. 493–496; J. Blunck, *DNTT* I. 715-16). 그래서 야고보서의 어구를 언어
학적으로 스토아 세계 안에서 가능한 것으로 보는 것은 제법 합리적일 수
있다. 이 표현이 아직은 발견되지 않았지만 말이다(참조. Dibelius, 116-17). 필
론이 스토아 철학의 개념을 취하여 그것을 다소간 율법과 동일시했고(*Op.*

Mund. 3; *Vit. Mos.* 2.48), 그 율법을 지키는 것을 자유와 연결시켰다는 것도 사실이다(*Omn. Prob. Lib.* 45; 비교. 4 Macc. 14:2). 따라서 일부 유대교 종파들에서도 이와 같은 스토아 철학의 영향은 가능했다.

반면에 의문의 여지가 전혀 없는 것은, 유대인들이 자신들의 율법이 온전하다고 이해했으며(시 19:7; 119장; Aristeas 31; 롬 7:12) 율법을 지키는 것에서 기쁨을 찾았고(시 1:2; 19:7-11; 40:6-8; 119장; Sir. 6:23-31; 51:13-22) 심지어 율법이 자유를 준다고 이해했다(m. Ab. 3:5; 6:2; B. K. 8:6; b. B. M. 85b)는 것이다. 슈타우퍼(E. Stauffer, "Gesetz")는 쿰란 문헌(1QS 10:6, 8, 11)에서 "자유의 율법"과 정확히 일치하는 표현을 찾았다고 주장한다. 이것은 레가스(S. Légasse, 338-39)의 지지를 받았다. 그 종파들이 그들의 율법에서 발견한 자유에 대한 일반적 주장이 분명한 사실이지만, 나우크(Nauck, "Lex,")와 뇌처(Nötscher)는 바로 이 인용이 랍비 해석 **이전** 출애굽기 32:16에서처럼 "새기신 율법"으로 번역되어야 한다고 설득력 있게 증명했다. 뇌처는 랍비 해석이 기독교적인 주장에 대한 반응이었다고 믿는다. 그럼에도 불구하고 정확한 어구가 없다고 해도, 이 유대교 병행구들이 의미하는 바는, 비록 저자가 단어들과 어구들을 스토아 철학자들이 기여한 총체적인 그리스적 공동 자료에서 자유롭게 가져와 사용했다고 해도, (자연법이나 무정념의 삶과 같은) 구체적인 스토아적 개념들을 찾지 못한다면, 저자가 여전히 유대 기독교적 세계 안에 있다는 것이 더 그럴듯하다는 것이다(참조. Bonhöffer, 193: "개별적 표현들과 그것을 표현하려고 사용된 비교적 수준 있는 그리스어를 제외하고는 야고보서에서 그리스적 영향의 흔적을 찾기는 어려울 것이다").

우리는 이 어구를 유대 세계 안에서 이해할 수 있다. 유대 그리스도인에게 율법은 여전히 하나님의 뜻이다. 하지만 메시아는 오셨으며 그것을 온전케 하셨고, 그의 새로운 율법을 주셨다(참조. Davies, *Torah*). 그래서 우리는 그리스도를 새로운 또는 갱신된 율법의 수여자로 제시하는 초기 기독교 전통에서 산상설교(특히 마 5:17) 및 이와 비슷한 본문들을 발견한다. 야고보가 산상설교 배후에 있는 전통과 접촉했다는 것은 확실하며(본서 서론 109-10쪽을 보라), 야고보가 예수의 율법 재해석을 새로운 율법으로 이해했다는

데이비스의 주장에 동의할 수밖에 없다(참조. 2:8의 "왕의 법"; Davies, *Setting*,
402-405; Schnackenburg, 349-52). 예수의 가르침과 유사한 개념들이 Barn.
2:6, Hermas *Vis*. 1.3, Iren. *Haer*. 4.34.4에 등장한다. 하지만 이런 개념들은
바울에게도 없지는 않다. 확실한 것은 바울이 율법을 구원의 방도로 사용
하는 율법주의를 배격했다는 것이다. 바울에게 율법은 단지 죽음으로 인도
할 뿐이다. 하지만 그리스도인의 윤리적 삶의 문제에 있어서 그것은 또 다
른 문제다. 이 주제와 관련하여 바울은 야고보와 비슷한 용어로 초기 기독
교 전통을 의지한다(갈 5:13[자유와 율법을 결합함]; 갈 6:2; 고전 9:21; 그리고 고전
7:10, 25. 바울은 고전 7:10, 25에서 주님의 말씀으로 논의를 마무리한다. 참조. Dibelius,
119). 야고보서는 바울과 다른 기독교의 영역에 속하지만, 비슷한 사상이 발
견된다. 특히 바울이 야고보가 관심을 둔 영역을 말하는 것을 보고 있을 때
는 더욱 그렇다(참조. Eckart, 521-26).

자유의 율법, 즉 예수에 의해 확장되고 변경된 구약의 율법을 들여다
보고 또 그 안에 있는 사람은 다음과 같이 분명히 정의되었다. 그는 단지
듣고 잊어버리는 사람이 아니라 그가 들은 것을 실천하는 사람이라고 말
이다. 두 표현 모두 통상적인 그리스어가 아니다. 'Ακροατὴς ἐπιλησμονῆς
(후자는 성경 문헌 중 Sir. 11:27에서만 발견되는 단어다)는 "잊어버리는 듣는 자"라
는 셈어 어법이다. 그리고 ποιητὴς ἔργου는 눈에 띄는 병행을 이루기 위해
만들어진 것이 분명하다(문제는 특질의 소유격에서 대상의 소유격으로의 변화가
발생했다는 것이다. 참조. Mayor, 74. 그런 그리스어 표현이 흔한 것은 아니지만, 의미는
분명하다. m. Ab. 3:8과 Str-B 111, 754의 인용 참조).

이렇게 순종하는 그리스도인은 그가 행하는 일에 "복이 있다"
(μακάριος)라고 선언된다("복이 있다"는 것은 약 1:12; 마 5장; 시 1편; 사 56:2에서
처럼 셈어 배경을 가진 또 다른 용어다. Οὗτος는 강조를 위해 사용되었다. 이 사람은 듣
기만 하는 사람과 대조되는 행하는 사람이다). 이 종말론적 유형의 선언은 행하
는 사람의 복을 가리키는가? 아니면 재림시에 있을 미래의 기쁨을 가리키
는가(Schrage, 23)? 미래형 ἔσται와 1:12의 μακάριος 사용, 그리고 야고보의
정상적인 종말론에 비춰볼 때, 우리는 이 말씀이 미래 지향적이라는 뮈스

너(Mussner, 110)의 견해에 동의하게 된다. 그의 행위(신약성경에서 단 한 번 사용된 ποιήσις)로써 자유의 율법, 예수의 가르침을 행하는 사람에게는 종말론적인 복이 있다.

더 자세한 내용은 Eckart; Nauck, "Lex"; Nötscher; Stauffer, "Gesetz"를 보라.

d. 요약과 전환(1:26-27)

서론에 해당하는 이 장의 마지막 단락은 앞에서 논의한 것을 요약하고 1장과 2장을 연결한다. 주제는 참 기독교이며, 세 가지 특징이 두드러진다. (a) 참 그리스도인은 자신의 혀를 통제해야 한다(1:19-21. 하지만 3장에서는 이 주제와 아울러 지혜의 말씀[1:5-8]이 주제다). (b) 참 그리스도인은 구제해야 한다. 확실히 이것은 예수의 가르침이다(1:22-25, 9-11; 2장). (c) 이러한 사람은 유혹, 즉 세상을 대적해야 한다(1:2-5, 12-15; 4장). 요약은 먼저 (a)를 부정적으로 서술하고 (b)와 (c)를 긍정적으로 서술한다. 26-27절은 앞의 내용을 요약하고 있고, 야고보서 다른 곳에서는 등장하지 않는 흔치 않은 어휘를 사용하는 까닭에, 야고보서의 최종 편집에 속하는 것 같다.

더 자세한 내용은 Johanson; Obermüller, "Themen"; Roberts; Taylor를 보라.

26절   요약은 일반적인 서론적 가정으로 시작한다. 이것은 야고보서 1:5, 23, 26에 등장하는 구조다(이와 비슷한 구조가 5:19에도 등장한다). "누구든지 자신이 경건하다고 생각하면"(δοκεῖ는 "[다른 사람들에게] 경건하게 보이다" 또는 "스스로 생각하다"를 의미할 수 있다. ᾽Απατῶν καρδίαν αὐτοῦ["자기 마음을 속이면"]에 비춰보면, 이 단어는 다른 사람이 아니라 그 사람이 속고 있고 그래서 자신을 경건하다고 간주하는 것 같다. 참조. Mitton, 74-75). 뒤에 나오는 θρησκεία처럼(Wis. 14:18, 27; Sir. 22:5; 4 Macc. 5:6; 행 26:5; 골 2:18; Jos. Ant. 4:74; 5:339; 9:273-

74) (성경 문헌에 한 번만 등장하는) θρησκός는 부정적인 의미든지 긍정적인 의미든지 종교적인 행위에 초점이 맞춰져 있다(1 Clem. 45:7은 갈리오 비문과 요세푸스의 여러 사례에서처럼 긍정적인 의미다. 하지만 골 2:18과 「솔로몬의 지혜」의 여러 언급 및 Philo *Spec. Leg.* 1.315은 부정적인 의미다. 참조. K. L. Schmidt, *TDNT* III, 155-59). 야고보가 염두에 둔 구체적인 실천 사항은 명확하지 않지만, (이들이 유대 기독교 공동체라고 가정하면) 공동체의 기도, 금식, 예배(그리고 아마도 의식법을 지키는 것)와 같은 종교 활동이 포함되었을 것이다. 그것이 무엇이든 간에, 그 사람은 겉으로 드러나는 종교 활동을 실천했기에 자신이 경건하다고 보았다.

그러나 문제는 그 사람이 자신의 혀를 통제하지 않는다는 것이다 (χαλιναγωγέω가 이곳[그리스어에서 처음]과 3:2에 다시 등장하는 것은 두 단락 간의 관계를 암시한다. 참조. Hermas *Man.* 12.1; Polycarp 5:3과 이보다 초기 문헌의 χαλινόω; Mayor, 76). 혀를 통제하지 않은 것이 악이라는 사실은 유대 문헌에 반복해서 등장한다(시 34:13; 39:1; 참조. 1:19 주석). 하지만 야고보는 덕목에 대해 일반적인 수준보다 더 많은 관심이 있다. 선생으로 행세하는(3:1, 13) 일부 집단이 공동체 안에서 분열과 파벌의 원인을 제공한 것 같다(3, 4장). 여기서 저자는 1:19-21에서 그랬듯이 이 사람들을 신랄하게 꾸짖는다(Mussner, 112이 믿고 있듯이 이들이 바울의 이방인 공동체에 반대하는 유대 그리스도인이었다는 것은 의심스럽다. 이런 견해는 야고보서를 지지할 수 없는 저작 연대로 상정하고 바울의 교리와 잘못된 관계에 놓이게 한다. 참조. 본서 서론 63-67쪽).

'Αλλὰ ἀπατῶν καρδίαν αὐτοῦ라는 어구는 몇 가지 이유에서 문법적으로 난해하다. 첫째, ἀλλά 대신 καί가 더 적절해 보이기 때문이다. 둘째, 이 어구는 귀결절과 연결된다면 문법적으로 더 나을 듯하기 때문이다. 하지만 뮈스너(Mussner, 111)가 제안한 것이 아마도 옳은 것 같다. (1) 이렇게 구성된 까닭은 리듬 또는 음운에 있다. (2) 부정적인 진술 다음에 오는 ἀλλά는 "그러나 다만"(독일어로 sondern nur)을 의미한다. 야고보가 주장하는 것은 이것이다. 행함(여기서는 혀를 통제하는 것)이 없는 그러한 종교는 자기기만이다(여기서 καρδία는 그 사람, 특별히 그의 생각을 가리킨다. J. Behm, *TDNT* III,

612은 이곳과 5:5에서 이 단어가 막 2:6; 2:8에서처럼 재귀대명사를 의미한다는 사실을 주목한다).

그러므로 야고보는 이 사람의 종교적인 실천은 헛것이라고 결론을 맺는다(μάταιος, 렘 2:5; 8:9; 10:3; 행 14:15; 고전 3:20; 벧전 1:18. 이 예시들은 대부분 우상숭배를 언급한다). 윤리적인 결과가 없는 종교, 특히 이 경우 혀를 통제하지 않는 종교는 하나님 앞에서 전적으로 소용없다. 야고보가 나중에 이야기할 것이지만, 이러한 믿음은 죽은 것이고, 구원을 얻는 믿음이 아니다(2:20, 26). 이것은 예언자들(호 6:6; 사 1:10-17; 렘 7:21-28)과 예수(비교. 안식일 논쟁이나 사랑의 계명[막 12:28-34; 요 13:34]. 이것을 야고보는 2:8에서 언급한다)가 하셨던 것과 비슷한 종교(경건)에 대한 비난이다.

27절   사실 적당한 의식이며 교리를 담고 있지만 윤리적인 결과를 내놓지 못하는 이 헛된 종교적 실천(26절)과 대조하여, 저자는 올바른 종교적 실천을 제시한다. 이것 역시 의식적이고 교리적인 실천(이것은 의문시되거나 논쟁의 여지가 있는 것이 아니라 야고보서 전체에서 상정된 내용이다)을 취하면서도 적절한 윤리적인 행동으로 이어진다.

디벨리우스(Dibelius, 121-22)는 이 절이 다양하게 이해될 수 있음을 지적한다. 바른 율법 준수와 윤리를 촉구하는 유대적 외침으로, 바리새적인 의식주의를 반대하는 항의로(Windisch, 13), 또는 사랑의 율법을 실천하지 않은 열심당 출신의 그리스도인들에 대한 비난으로(Reicke, 25) 이해되기도 한다. 야고보서의 여느 곳에서와 마찬가지로 여기서도 야고보서 전체 문맥을 고려하여 해석해야 한다.

디벨리우스는 여기서 의식과 제의에 관한 관심 부족을 유대 그리스도인이 야고보서를 기록했다는 견해에 대한 결정타로 이해한다. 하지만 이것은 그가 2:14 이하를 바울의 표현을 의존한 것으로 이해하고 갈 2:12을 의인 야고보를 강한 의식주의자로 제시하는 본문으로 해석해야 함을 가정한다. 이 두 가정 모두 미심쩍다. 본서 서론 38-69와 아래 2:14 주석 참조.

참된 종교는 "하나님 앞에서 정결하고 더러움이 없는 것"으로 묘사되었다. Καθαρὰ καὶ ἀμίαντος라는 묘사는 다른 곳에서도 발견되며(Plut. *Per.* 39.2; Philo *Leg. All.* 1.50; Hermas *Man.* 2.7[이 본문의 문맥은 야고보서와 Did. 1:5와 비슷한 윤리적인 문맥이다]; *Sim.* 5.7.1; 참조. Marty, 64과 Mayor, 76), 캉티나(Cantinat, 116)가 주장하듯이 그것은 순전한 정결함을 가리키는 관용어일 수 있다. 두 단어 모두 오랫동안 윤리적인 용례로 고정되었으며, 동일한 것에 대한 긍정적·부정적인 주장에 적합하므로, 두 단어는 자연스러운 이사일의(hendiadys)를 이룬다(F. Hauck, *TDNT* IV, 644-47; 참조. 히 7:27; 벧전 1:4; F. Hauck, *TDNT* III, 425-26). 본문이 의도하는 바는 확실히 윤리적인 의미이며 의식적인 의미가 아니다. 특히 4:1-10에서 정결을 촉구하는 내용을 고려한다면 그렇다. 저자가 의도한 정결은 "하나님 아버지 앞에서"(παρὰ τῷ θεῷ καὶ πατρί)의 정결이다. 이 문구는 히브리어 *lipnê*를 번역한 것이며, 따라서 "하나님의 목전에"를 의미하는 70인역 어법(대상 29:10; Wis. 2:16)일 수 있다(이 어구를 "하나님의 신임을 받다"라고 이해한 Adamson, 86은 분명히 이 사실을 놓쳤다).

하나님이 아버지로 명명되었다는 것(관사 하나가 하나의 사물을 지칭하기 위해 두 용어를 묶는다)은 야고보서(1:17; 3:9)나 유대교(사 63:16; 대상 29:10; Sir. 23:4; Wis. 2:16; 시 68:5; 3 Macc. 5:7; Philo *Leg. All.* 2.67; 참조. 삼상 7:14과 그밖에 여러 곳에 있는 언약 문구에서 하나님이 이스라엘을 자기 아들로 부르심) 또는 초기 기독교(예. 예수의 "아빠" 사용과 주기도문)에서 흔하다. 하지만 여기서는 야고보서의 다른 곳에서처럼 이 명칭이 하나님의 보편적인 창조자 되심을 암시하는 것 같다. 다른 말로 하자면, 하나님은 비방을 받거나 모독을 당하는 사람이나 도움을 받지 못하는 과부의 아버지가 되실뿐더러 "참된 종교"를 고백하는 그리스도인의 아버지이시다.

야고보는 1:22-25의 말씀의 행함을 예시로 설명한 참된 경건의 두 요소에 초점을 맞추며, 두 요소는 2장과 4장에서 다시 거론된다. 첫 번째는 "고아와 과부를 그들의 환난 중에 돌아보는 것"이다. 고아와 과부에게 도움을 베푸는 행동이 구약성경과 초기 교회의 명령이었다는 것은 분명하다(사

1:10-17; 신 14:29; 24:17-22; 렘 5:28; 겔 22:7; 슥 7:10; Sir. 4:10; 욥 29:16; 행 6:1-6; 딤전 5:3-16). 또한 이들이 (디아스포라 환경에서 사람들의 관심을 받지 못했을 외국인과 레위인들과 함께) 환난을 겪고 압제를 당하는 사람들의 전형적인 예들이라는 것은 분명하다(참조. Rahlfs, 74). 참된 경건은 도움을 받지 못하는 사람들을 돕는 것이다. 하나님은 소망이 없는 사람들의 권리를 보장하는 하나님이시기 때문이다(신 10:16-19; 16:3; 26:7; 참조. Kuschke, 33-36과 특히 Miranda, 2-4장에 수집되고 부분적으로 요약된 다수의 증거). 이것은 다음 장에서 다룰 주제다.

하지만 참된 경건의 두 번째 요소는 "자기를 지켜 세속에 물들지 아니하는 것"이다. (우리는 야고보서와 신약성경 전체에 더 잘 어울린다는 이유로 본문을 p⁷⁴에 맞춰 ὑπερασπίζειν αὐτοὺς ἀπὸ τοῦ κόσμου["세상으로부터 그들을 보호하다"]라고 읽어야 한다는 Roberts의 제안을 거부한다. 참조. Johanson, 118-19.) 자신을 더럽히지 않도록 지킨다는 개념은 베드로전서 1:19의 ἄμωμος와 결합된 것에서 분명히 볼 수 있듯이, 제의적인 의미를 띤다(ἄμωμος는 70인역에 매우 자주 등장하며, ἄσπιλος는 욥 15:15의 심마쿠스 역에만 등장한다). 하지만 많은 제의 개념과 마찬가지로 이 단어는 신약성경에서 도덕적인 의미로 사용되었다(벤후 3:14; 딤전 6:14; Hermas *Vis.* 5.3.5; 이 단어가 벧전 1:19에서는 그리스도의 죄 없음을 언급하는 것 같다. 참조. A. Oepke, *TDNT* I, 502).

이와 마찬가지로 야고보서에서 세상(κόσμος)은 도덕적이다. 이를테면, "하나님을 대적하며 인간들 사이에서 널리 퍼져 있는 악한 경향과 세력"이다(Johanson, 118-19). 이것은 바울과 요한의 특징적인 이원론적(그러나 창조를 거부하는 영지주의적 의미가 아닌) 용어 사용에 해당한다(고전 1-3장; 5:19; 11:32; 엡 2:2; 요 12:31; 15:18ff.; 16:8ff.; 17:14-16; 요일 2:15-17). 이러한 사상들은 유대 문헌에서도 발견되지만 드물게 발견되고, 기독교적인 영향을 지녔다고 할 수 있는 본문에서 종종 등장한다(Eth. Enoch 48:7; 108:8; Apoc. Abr. 29:8; Test. Iss. 4:6; 참조. Sasse, *TDNT* III, 889-95). 바울과 더불어(예. 롬 12:2) 야고보는 참된 경건은 주변의 문화에서 악의 영향을 받지 않도록 하는 것이라고 서술한다. 그가 염두에 두었을 법한 것은 맘몬(재물)을 소유하고 모으며 섬기려는 욕심이다. 그는 4:4에서 이것을 언급한다. 이것으로부터 자신을 지키면 공동체 안에서는 분쟁이 완화되며(1:26), (앞 절에서 다룬 것처럼) 구제의 길이 열린다. 또한 다음 장에서 논한 온갖 억압의 저변에 있는 동기가 제거될 것이다.

III. 가난과 관용의 탁월함(2:1-26)

야고보는 서론에서 무대를 제시하고는, 이제 그가 소개했던 중요한 주제 가운데 하나인 부와 자선을 논한다. 이 논의는 이전에 1:9-11과 1:22-27에서 서술한 것을 확장하며 4장과 5장의 강한 비난의 근거를 마련한다. 2장 자체는 두 부분으로 나뉜다. 실제의 예(2:1-4)로 시작해서 구약의 선례에 근거한 논의를 진행하는 2:1-13과, 마찬가지로 주제 문장으로 시작하여 실제의 예(2:14-17)를 제시한 후 아브라함과 라합의 선례에 근거한 논의로 마치는 2:14-26이 그것이다. 첫 번째 부분은 가난한 자들을 높여야 한다고 주장하며, 두 번째 부분은 그들을 구제해야 한다고 주장한다.

1. 차별하지 말라(2:1-13)

a. 실례: 재판을 위한 모임(2:1-4)

야고보는 기독교 복음의 동등한 효과로 인해 가난한 자들이 교회에서 매우 중요한 위치를 차지하고 있다고 분명히 믿는다. 참믿음은 세상의 사회적 구별을 따르지 않는다. 사실 기독교회 법정에서 이러한 구별을 고려한다면, 그 법정은 바로 그 행위로 말미암아 악하게 되며 그리스도인들을 박해하는 부자들 편을 들게 된다.

더 자세한 내용은 Burchard. "Jakobus"; Rost; Ward, "Partiality"를 보라.

1절   저자는 초기 교회와 보통 유대교에서 사용되는 "내 형제들아"라는 그의 일반적인 설교 도입 어구로 이 새 단락을 시작한다(Wessel, 82-85). 야고보서에서 으레 그러하듯이, 이러한 호칭은 명령형 μὴ...ἔχετε와 함께 등장한다. 규정된 행위는 ἐν προσωπολημψίαις("차별하여")라는 어구에 초점이 맞춰져 있다. 이 용어는 세속 그리스어나 70인역에서는 발견되지 않는다. 이 용어는 구약성경에서 차별을 가리키는 통상적인 히브리어 "나사 파님"(*nāśā' pānim*, 70인역에서는 πρόσωπον λαμβάνειν 또는 θαυμάζειν πρόσωπον)을 번역한 초기 기독교의 권면 전통인 것이 분명하다. 이 단어는 구약성경의 특히 재판 문맥에서 긍정적으로(삼상 25:35; 말 1:8) 또는 부정적으로 사용되었다(신 1:17; 레 19:15; 시 82:2; 잠 6:35; 18:5). 하나님은 사람을 차별하지 않으신다(신 10:17). 그래서 인간 재판장 역시 아무도 차별해서는 안 된다. 이 주제는 신약성경에서 반복되며(갈 2:6), 차별을 가리키는 신조어(προσωπολημψία)는 먼저 하나님의 심판의 특징으로 신약 전통에 들어왔으며(골 3:25; 엡 6:9; 롬 2:11; 행 10:34; 비교. 벧전 1:17), 그 후 (구약에서처럼) 인간적 정의를 요구하는 명령으로 쓰이게 되었다. 이 의미가 교회 전통에서 자연스럽게 계속되고 있다(참조. E. Lohse, *TDNT* VI, 779-80; Mayor, 78-79).

Τὴν πίστιν τοῦ κυρίου ἡμῶν Ἰησοῦ Χριστοῦ τῆς δόξης("영광의 우리 주이신 예수 그리스도의 믿음을")는 야고보서에서 논란을 일으키는 폭풍의 핵이다. ἔχειν...πίστιν("믿음을 가지고 있다")이라는 표현은 그리 놀라운 것은 아니다. 사실 이것은 2:18에 다시 등장한다. "믿음"이란 개념도 흔하다(참조. R. Bultmann, *TDNT* VI, 213). 하지만 πίστιν과 연결된 소유격 수식어는 상당히 의외다. 이 때문에 여러 학자 가운데 스피타와 빈디쉬는 ἡμῶν Ἰησοῦ Χριστοῦ를 후대에 첨가한 것으로 생각한다. 이 어구를 고지식하게 읽으면 무척 어색하다. 하지만 이 문제를 해결하려고 제안된 견해는 다음과 같은 이유로 극단적이다. (1) 흔치 않게 서툰 솜씨를 가진 편집자를 상정해야 할 만큼 이 어구는 난해하다. (2) Κύριος τῆς δόξης("영광의 주")라는 표현은 사실 병행 어구가 있다(Spitta를 보라). 하지만 τὴν πίστιν τοῦ κυρίου는 유대적인 표현이 아니라 기독교적인 표현이다. (3) 이와 같은 삽입 이론은 보통 야고보서의 유대적 기원을 지지하기 위해 사용된다. 하지만 이것은 잠정적인 가설이 감당하기에는 너무 과하다. (4) 호칭과 묘사가 많아지는 것은 제의적인 용례와 설교의 용례에서 잘 알려졌다.

하지만 (사본 33 429 sa에 그러하듯이 τῆς δόξης를 삭제하지 않는다면) τῆς δόξης의 문제와 이 어구가 수식하는 것이 무엇인지의 문제는 여전히 남아 있다. 선택할 수 있는 몇 가지 가능성이 있다. (1) Τῆς δόξης는 τὴν πίστιν 을 수식하며, 그래서 "영광스러운 믿음"이나 "~의 영광에 대한 믿음"을 의미한다는 견해가 있다. 이는 사본 614와 페시타 역본에서 취했으며, 이와 같은 어순을 가진 다른 곳(행 4:33)과 전파된 복음과 영광이 연결된 고린도후서 4:4에서 지지를 받는다. 하지만 이런 식의 독법은 부자연스럽다. 이 문맥에서 영광에 강조를 둔 것은 의미가 없다고 생각된다. 이어지는 구절에 나타나듯이 강조는 그리스도에 있다. (2) Τῆς δόξης는 τοῦ κυρίου를 수식하며, 그래서 "영광의 주이신 예수 그리스도에 대한 믿음"을 의미한다는 견해가 있다. 하지만 이 견해는 하나님께 해당하던 것(참조. Eth. Enoch 22:14; Spitta, 4)을 예수께 적용한 고린도전서 2:8의 "영광의 주님"이라는 어구와 병행임에도 불구하고, 야고보가 이처럼 어색하게 표현했을 것 같지는 않다(하지만 RSV와 NEB를 참조하라). (3) Τῆς δόξης는 예수 그리스도와 동격으로서, "우리 주 예수 그리스도"를 의미한다는 견해도 있다(Hort, 47-48; Laws, 95-97; Mayor, 80-82). 요한복음 14:26에 있는 병행구와 유스티누스의 후기 사용(Dial. 128.2)에도 불구하고, 역사의 그 시점에 그러한 칭호가 예수께 사용된 적이 없다. (4) Τῆς δόξης는 "우리 주 예수 그리스도"를 수식하는 특성의 소유격이며, 그래서 "우리의 영광스러운 주 예수 그리스도"라는 의미로 이해해야 한다는 견해도 있다(Dibelius, 128; Cantinat, 121; Ropes, 187; Mussner, 116; NIV). 어색하기는 하지만 이 소유격의 기능은 이미 1:25에 선례가 있으며, 본문의 어순을 에베소서 6:24에서처럼 표준적인 칭호에 특성을 부여하(고 확장시키)는 첨가로 설명할 수 있다.

"주 예수 그리스도 우리의 영광"이라고 애덤슨이 수정한 것(Adamson, 103-104)은 사본의 증거나 기존의 어순에서 근거가 없는 것 같다. 그의 수정은 단순히 본문을 편리하게 재배치한 것에 불과하다.

그리스도를 영광스러운 분이라고 말하는 것은 그의 평판, 명성 또는 존귀에 대해 말하는 것이다. 하지만 이것은 단지 "우리 주님"이 가장 존귀

하신 분이라거나 높으신 분이라고 말하는 것이 아니다. 70인역을 알고 있
었던 사람에게 이 용어는 즉시 히브리어 "카보드"(*kābôd*)를 번역한 구약성
경의 δόξα 사용을 상기했을 것이다. 히브리어 카보드는 특별히 이스라엘에
게 구원을 주시는 "하나님의 모습의 빛나는 현현"을 특징적으로 의미했다
(출 14:17-18; 시 96:3; 사 60:1-2; 겔 39:21-22; 슥 2:5-11; S. Aalen에게서 인용). 이
런 의미에서 이 단어는 고양, 계시, 종말론적 구원을 표현하는 용어다. 이
러한 의미는 신약의 용례에서도 흔한데, 특히 종말론적인 의미가 그렇다
(마 16:27과 병행구; 마 24:30과 병행구; 딛 2:13; 벧전 4:13; 비교. 눅 9:32; 24:26; 요 1:14;
17:5; 롬 8:17; 고전 2:8; 빌 3:21).

　　그렇다면 야고보서에서 이 사상은 그 용어의 이러한 의미 영역과 관련
되었을 것이다. 야고보는 높아지신 그리스도와 심판하러 오시는 그의 재림
을 생각하고 있었던 것이 분명하기 때문이다(5:7ff.). 그러므로 특히 "우리
의 영광스러운 주님을 믿는 믿음"을 가지고도 차별하는 사람은 단지 아무
신념이나 훼손하는 게 아니라, 종말론적 심판에서 그의 영광을 충분히 계
시하실 승귀하신 주 예수를 믿는 믿음을 훼손하는 사람이다. 어조에 암시
되었듯이, 이것은 태평스럽거나 하찮은 문제가 아니다. 최후의 심판이 달려
있는 문제다.

　　더 자세한 내용은 S. Aalen, *DNTT* II, 44-48; Brockington; G. Kittel,
TDNT II, 247-51; Lührmann을 보라.

　　2절　　앞 절에서는 그리스도를 믿는 믿음과 차별은 함께할 수 없음
이 부각되었다. 저자는 이제 교회가 어떻게 사람을 차별하는 일에 빠질 수
있는지 예를 제시한다. 이것은 단지 예라는 사실을 기억해야 한다. 저자가
알고 있는 실제적인 사례가 아니다. 두 사람에 대한 묘사는 꾸며진 것이고,
어느 정도 과장되었다. 이러한 사실로 인해, 이것이 교회에 영향을 끼치려
고 한 어느 로마의 정치인을 묘사하는 예라는 라이케의 주장(Reicke, 27과
Diakonie, 342-43에 확장되었음)은 거부해야 한다. 하지만 디벨리우스(Dibelius,

129)처럼 본문에서 어떠한 역사적 정보도 수집할 수 없다는 주장 역시 잘못이다. 'Ἐὰν γάρ는 가상적인 상황을 가리킬 수 있다. 하지만 이 어구는 어떤 것에 대한 예를 실제로 소개한다. 어느 사람이 사용하는 예와 그가 그것을 어떻게 표현하는지는 그 사람이 하는 말의 여느 특성보다도 그의 문화적 상황을 더 잘 보여준다.

조건 문장의 조건절과 4절의 귀결절로 구성된 예에는 "너희 회당"에 들어가는 두 사람이 제시된다. Συναγωγή("회당")가 사용된 것 때문에 왜 ἐκκλησία("교회")가 사용되지 않았는지(비교. 5:14), 그리고 그 용어의 의미가 실제로 무엇이었는지 질문이 제기된다. 신약성경에서는 ἐκκλησία가 훨씬 더 일반적으로 사용되는 용어인데, 본문은 그리스도인 모임을 가리키기 위해 유일하게 συναγωγή가 사용된 곳이기 때문이다. 이러한 사실에 더하여 유대인 공동체나 예배 장소를 가리키려고 συναγωγή가 빈번하게 사용된다는 사실에 근거하여 학자들은 야고보가 유대교와 완전히 결별하기 전의 기독교 단계에 속했다고 결론을 내렸다(Adamson, 105). 이러한 용례가 그러한 가정과 모순되는 것은 아니지만, 반드시 그런 결론을 요구하는 것도 아니다. 몇 가지 이유에서다.

첫째, 처음 두 세기의 기독교 저술가들 중에는 그리스도인들의 모임을 συναγωγή로 언급한 사람들이 있었다(Ign. *Pol.* 4.2; *Trall.* 3; Hermas *Man.* 11.9, 13, 14; W. Schrage, *TDNT* VII, 840–41). 그리스도인들의 모임을 회당이라고 부른 것은 야고보서의 기록 시기로 제시된 어떤 시기보다 더 늦은 시기에 이 용어가 사용되었음을 보여준다. 둘째, 아래에서 논증하겠지만, 야고보는 비제의적 특성이 있는 특별한 유형의 모임을 의도했다. 이는 덜 구체적인 용어가 사용된 이유를 나타낸다.

두 번째 질문과 관련하여, συναγωγή는 얼마든지 예배 장소나 회중들의 모임을 지칭할 수 있다. 둘 중 어떤 의미이든지 간에 이 문맥에서는 가능하다. 하지만 문맥이 그룹의 행동을 언급하고 장소의 특별한 형태를 언급하지 않는다는 사실에 근거하여, "모임" 또는 "회집"이라는 의미가 더 가능성이 있다(Mussner, 117).

이 회집에 들어가는 두 사람은 각각 "금가락지를 끼고 아름다운 옷을 입은 사람"과 "남루한 옷을 입은 가난한 사람"으로 묘사되었다. 이것이 로마의 삶의 정황이며 과장되지 않은 거의 사실적인 묘사라는 것을 인정한다면, 첫 번째 사람을 얼마든지 "토가 칸디다"(*toga candida*, 관직 후보자들이 입었던 순백색의 긴 옷 — 역주)를 입은 기사 계층(Polyb. 10.5.1)으로서 지지자를 찾고 있던(Reicke, 27; 비교. Judge, 53) 로마인으로 볼 수 있다. 하지만 꼭 이렇게 해석할 필요는 없다. 신약성경에 단 한 번 사용된 단어인 χρυσοδακτύλιος("금가락지")는 매우 서술적인 용어이며(아마도 신조어일 것이다. Epict. 1.22.18에 이와 비슷한 χρυσοῦς δακτυλίος ἔχων πολλύς가 등장하지만, 이 형태는 다른 곳에서 발견되지 않는다), 부유한 동양 유대인들과 다른 사람들의 관습으로 쉽게 이해할 수 있다(참조. Humbert, *DAGR* I, 296-99; E. Saglio, *DAGR* I, 293-96; Betz, 197-98).

Ἐν ἐσθῆτι λαμπρᾷ("빛나는 옷을 입고")는 비싼 옷을 가리키는 관습적인 표현일 것이다. 확실한 것은 천사들이 토가 칸디다를 입었다고 추정하는 사람은 아무도 없다는 사실이다(눅 23:11; 행 10:30; 비교. 눅 24:4; 행 10:21. 이 구절들은 야고보서와 더불어 신약성경에 ἐσθής가 등장한 모든 예다. 이 표현은 70인역에는 등장하지 않는다. 그런데도 Betz, 197-98은 가락지와 이 용어가 함께 등장한 것이 부자의 고급 스타일을 묘사한 것이라고 주장한다). 하지만 중요한 것은 πτωχός("가난한 자")가 가난한 사람(이어지는 그 사람에 대한 묘사가 관례적이고 현실적임)을 가리키려고 사용된 반면에, πλούσιος("부자")는 부한 자를 가리키려고 사용되지 않았다는 점이다. 오히려 여기에서와 4:13에서는 이 단어가 에둘러 표현할 목적으로 사용되었다. 두 본문은 부한 **그리스도인**이 언급된 유일한 본문이다.

3절　　두 사람이 들어오자, 한 사람은 좋은 자리에 앉았고(κάθου ὧδε καλῶς), 다른 사람은 무시당하여 서 있거나 바닥에(또는 가버나움에 있는 회당 구조를 염두에 두었다면 어쩌면 건물의 저층에) 앉았다(참조. Dibelius, 132). 여기까지는 분명하다(사본상의 문제가 드러나는데, 균형을 맞추려고 ἐκεῖ["거기"]에 이어 또 다른 ἐκεῖ가 첨가되었거나 이와 대조되는 ὧδε["여기"]로 대체된 것이 그것이다. 우리가 채택한 본문은 좀 더 거칠고 난해하다. 참조. Metzger, 680-81). 하지만 설령 이것이 실제 행동을 묘사한다기보다는 태도를 보여주면서(Dibelius, 132; Adamson, 106-107), 지위가 높은 자리와 치욕스러운 자리(ὑπὸ τὸ ὑποπόδιόν μου; 참조. 시 99:5; 110:1; 132:7; 사 66:1; 애 2:1; 마 5:35. 사람들이 "내[μου] 발등상"이라고 말한 것[복수형, εἴπητε]은 원수들을 이와 비슷한 자리에 앉힌다는 구약 본문을 의도적으로 암시할 개연성이 높다)를 묘사하는 관례라고 하더라도, 몇 가지 질문이 있다. 이것이 예배를 위한 모임이라면, 선 사람도 있고 앉은 사람도 있었다는 말인가? 만일 이들이 예배하러 들어온 그리스도인들이라면, 그들이 어디로 가라는 지시를 받을 필요가 있었을까? 그리고 부유한 비그리스도인이 교회를 방문하고 있음을 묘사하는 것이 과연 현실성이 있을까? 이러한 상황을 고려한다면 여기서 든 예는 별로 좋지 않은 예가 아닐까?

두 사람이 낯선 사람들이라는 것은 분명하다. 적어도 이런 유형의 모임에서는 말이다. 그렇지 않다면, 두 사람은 들어오자마자 자기 자리로 직행했을 것이다. 이런 면에서 로스가 그들을 방문객이라고 부른 것은 옳다(Laws, 99-100). 하지만 부르하르트가 그들을 새로 개종한 사람들(혹은 초심자들)이라고 명명한 것이 더 정확한 것 같다(Burchard, "Jakobus", 28-30). 그는 사람들이 믿음에 대한 최초의 고백을 하지도 않았는데 방관자들로서 초기 기독교 예배에 받아들여졌다는 것은 개연성이 거의 없음을 그 이유로 든다. 하지만 이 설명은 충분하지 못하다. 이 설명은 초기 기독교 예배에 과연 앉거나 서는 등 다른 자세가 허용되었는지에 대한 질문에 답변하지 못하는 까닭이다. 또한 이 설명은 왜 특정한 옷을 입거나 자세를 취하는 것이 예로 선택되었는지를 설명하지 못한다. 야고보가 왜 단순하게 "가난한 사람이 들어와서 모욕을 당했다. 부자는 들어와서 존경을 받았다"라고 기록하지 않았는가?

이 질문들에 대한 개연성 있는 해결책은 워드(W. B. Ward, 78-107, 또는 "Partiality")의 제안이다. 여기서의 배경이 예배를 드리고 있는 공동체라고 이해하는 한, 문제는 계속 남는다. 그 대신에 만일 성경에서 차별적으로 대하는 것을 거의 항상 재판의 상황과 관련이 있는 것으로 보고(2:1에서 다룬 내용 참조) 또 교회 재판의 삶의 정황이 유대 회당의 재판정(*Beth-din*)에 뿌리를 두며 법적인 기초를 두고 있다고 받아들인다면(고전 6:1-11), 예는 그 자체로 분명하다. 그 회집은 교회의 재판을 위한 회집이며, 두 소송 당사자들은 모두 재판 절차에 낯선 사람들이다. ᾿Εν ἐσθῆτι λαμπρᾷ에 연관된 묘사와 과장의 관례적인 특성은 차별적으로 대하는 유대인의 재판 묘사와 거의 같다(다른 옷을 입음, *Dt. Rab. Shofetim* 5:6 on Dt. 16:19; b. Shebu. 31a; 서거나 앉은 자세의 다름, *Sipra Kedoshim Perek* 4:4 on Lev. 19:16; b. Shebu. 30a; t. Sanh. 6:2; *Abot R. Nat.* 1:10). 야고보가 든 예의 세부적인 묘사는 이런 식으로 설명되며, 귀결절을 대비한다.

4절　저자는 귀결절을 두 부분으로 된 질문 형식으로 풀어서 설명한다. 하지만 저자가 맨 앞에 둔 οὐ 의문사는 그 질문이 수사적 질문이며 긍정적인 대답을 요구한다는 데는 의심의 여지가 없다. 비난의 내용은 διεκρίθητε -κριταί라는 언어 유희로 연결된다. 하지만 두 단어의 정확한 의미는 논란의 대상이 되었다. 첫째, 1:6로 미루어 볼 때, διακρίνω("차별하다")가 "의심하다"를 의미할 수 있으며, 그래서 이 단어를 "네 마음에 의심하지 말라"로 번역하려는 사람들이 있다(BAG, 184; Chaine, 44; Ropes, 192). 하지만 이것은 두 번째 절에 어울리지 않으며, 두 번째 번역과도 그렇다. "너희가 서로(즉 너희 마음으로) 나뉘는 것이 아니냐?"(Mayor, 85) 재판관이 되기 위해서는 어느 정도 행동이 요구되기에, "차별 대우하다" 또는 "구별하다"라는 의미가 의도된다. ᾿Εν ἑαυτοῖς("너희 속에")는 매우 자연스럽게 ἐν ἀλλήλοις("너희들 사이에")와 동의어로 사용된다(Dibelius, 136; Mussner, 119["inside yourselves"]나 Laws, 102에 반대함; 참조. Cantinat, 125; Schrage, 26. Mitton, 84은 흔들림과 차별이 야고보서에서 공통적인 사상이기에, 여기서 두 단어를 다 의도했을 수 있다는 가능성이 전혀 이치에 어긋나는 것은 아니라고 제안한다). 그렇다면, 야고보는 "너희 중에서 구별하"며(이것은 두 당사자가 그리스도인이었음을 의미한다), 그럼으로써 "악한 생각으로 판단"하게 되었다고 그들을 비난한다. 이 어구는 어색하지만, 병행구와 재판관들에 대한 유대 사상에 비추어볼 때 그 의미는 분명하다. 그들은 "악한 동기를 가졌"거나 "악한 생각을 하면서 판단한다"(비교. 눅 18:6의 κριτὴς τῆς ἀδικίας. Dibelius, 137은 1:25과 같은 이 구성이 셈어 어법일 수 있다고 제안한다. 참조. Moule, 175). 분명한 것은 그들이 의롭게 심판하시고 사람을 차별하지 않으시는 하나님과 구별된다는 것이 그들의 악함이라는 사실이다(Pss. Sol. 2:18. 참조. b. Ber. 6a; *Ex. Rab.* 30:24; 잠 18:5; 그리고 본 주석 2:1과 Ward, 41에 인용된 많은 본문). 이 설명은 문단을 하나로 묶어준다. 2:1의 προσωπολημψία가 재판할 때의 차별을 암시했듯이, 본문에서 든 예는 그 사상을 전개하였고, 2:4은 그 주제를 거의 동의어(διακρίνω ἐν ἑαυτοῖς)로 결론을 내리고, 악하게 판단하는 사람들을 비난한다. 이 본문의 적용이 재판할 때의 차별에 한정되지 않는다는 것은 확실하다. 이 상황은 야고보의 주요 관심사로 등장한다.

   야고보가 그들을 "악한 생각으로 판단하는 자"로 표현할 때, 그는 레위기 19:15 같은 구체적인 성경 본문을 염두에 두었을 것이다. "너희는 재판할 때에 불의를 행하지 말며 가난한 자의 편을 들지 말며 세력 있는 자라고 두둔하지 말고 공의로 사람을 재판할지라." 로스(Laws, 102)는 이 구절이 야고보가 "재판을 할 때"라는 표현을 사용한 이유라고 믿는다. 이 구절은 야고보에게 그가 2:8에서 인용하려고 한 레위기 19:18에 가까이 있는 본문이었다. 하지만 이것은 단순한 단어를 사용하기 위해 길고 복잡하게 사상의 흐름을 추적하는 것으로 생각된다. 그들의 재판 절차에 대한 비난의 근거로 이 구절을 먼저 생각한 야고보가, 논증의 다음 단계로 나아가려고 동일한 본문에서 또 다른 절을 선택했다고 결론을 내리는 것이 더 논리적이다.

b. – d.합리적 논증과 성경적 논증, 순종하라는 부르심(2:5-13)

   이 그리스도인들이 그런 식으로 가난한 자들을 차별한다면, 그들은 가난한 자들을 택하신 하나님 편에 있는 사람들이 아니라 교회를 박해하는 부자들 편에 있음을 스스로 보여준다. 그들은 판단하는 자리에 앉은 사람이 아니라 오히려 율법을 범한 자라는 것이 드러나며, 그래서 그들의 긍휼 없는 행동에 해당하는 심판을 받을 위기에 처해 있다.

   이 단락은 세 부분으로 나뉜다. 5-7절은 부자와 가난한 자들에 관한 합리적인 논증을 다룬다. 8-12절은 최고의 법(또는 왕의 법)에 관한 성경적 논증을 다룬다. 13절은 핵심을 지적하는 요약적인 잠언으로 마무리한다.

b. 합리적인 논증(2:5-7)

5절   야고보서 1:16, 19과 야고보서의 8군데 다른 곳에서처럼, 여기서도 명령형은 호격 앞에 등장한다. 하지만 인용한 두 절에서 그러하듯 이 명령형은 단지 이어지는 내용을 강조하고 독자들에게 주의할 것을 알리는 역할을 한다(복음서와 요한계시록의 이보다 더 긴 ὁ ἔχων οὖς ἀκουσάτω와 비교하라). 하지만 세 경우 모두에서 냉혹하고 심각한 어조는 ἀγαπητοί("사랑하는 자들")로 부드럽게 되었다. 저자는 단호하게 꾸짖는다. 하지만 그는 설교자이자, 개인적으로 자기 회중의 삶을 걱정하는 목회자다.

다시 야고보는 2:4에서처럼 οὐ 의문사를 사용한 수사 의문문으로 논의를 시작한다. "하나님이…가난한 자를 택하지 아니하셨느냐?" 가난한 자에 관한 이 질문은 논점을 충분히 알게 하려고 변증법으로서 이와 대치시킨 부자에 관한 두 질문과 병행을 이룬다(2:6-7). 매 경우 불변사 οὐ는 저자가 긍정적 대답을 기대하고 있음을 나타낸다. 교회는 **하나님**이 가난한 자를 택하셨음을 잘 알았다. 선택 개념은 유대 사상과 기독교 사상 두 곳에 깊이 뿌리를 두고 있다. 하나님은 이스라엘을 택하셨으며(신 4:37; 7:7; 14:2), 그래서 유대인들은 스스로를 하나님의 택한 자로 생각했다(이따금 이런 생각이 그들에게 해가 된 적도 있지만 말이다. 참조. L. Coenen, *DNTT* I, 539). 이와 마찬가지로 하나님은 무리들을 택하여 그의 새 백성으로 만드셨으며(행 13:17; 15:7; 벧전 2:9; 엡 1:4), 그가 사랑하는 무리 중 하나가 "가난한 자"다. 이 선택은 하나님이 가난한 자들을 돌보신다는 구약의 여러 본문(신 16:3; 26:7; 참조. Kuschke, 31-57)과, "가난한 자"가 구약성경에서만 아니라 중간기의 문헌과 랍비 문헌(Sir. 10:22-24; Pss. Sol. 5; Eth. Enoch 108:7-15; 1QpHab 12:3, 6, 10; 1QH 3:25; *Gn. Rab.* 71:1 on 29:31; *Ex. Rab.* 31:13 on 22:24; *Lv. Rab.* 13:4 on 35:6; 참조. E. Bammel, *TDNT* VI, 895-98; Percy, 45-70, 73-81)에서도 경건한 자를 가리키는 전문용어(van der Ploeg, 263-70)가 되었다는 사실에 근거를 둔다. 이 배경이 자연스럽게 예수가 가난한 자를 선택하셨다고 선언하신 말씀 배후에 있었으며(눅 6:20), 예수의 선언이 야고보의 진술 배후에 있었다는 것은 확실하다.

부정과거 ἐξελέξατο가 사용된 것은 하나님의 영원한 선택을 언급할 수 있지만(엡 1:4), 아마도 그것은 예수의 선언을 가리키고 교회의 기반을 반영할 것이다. 이 그리스도인들은 대체적으로 πτωχοὺς τῷ κόσμῳ("세상에 대하여 가난한 자들")이었다. 이것은 어디에서나 해당하는 상황이지만(고전 1:26), 특히 팔레스타인의 상황을 반영한다(갈 2:10; 고후 8:9; 행 11:29). 하나님은 이 가난한 자들을 택하여 "믿음의 영역에서 부요하게" 하셨다(참조. Dibelius. 136. 따라서 Cantinat의 "믿음에 부요한"[126]이라는 입장을 거부한다. 그들에게 많은 믿음이 있었다는 것을 알 수 없고, 본문의 대조가 다음에 이어지는 목적격에 의해 실제적인 종말론적 부요함과의 대조로 설명되었기 때문이다). 종말론적인 부요함은 (두 단어로 하나의 뜻을 나타내는 기법을 사용한) "하나님 나라의 상속자들"(즉 하나님께서 가난한 자들에게 약속하신 하나님의 나라)을 의미한다(눅 6:20; 마 5:3; 비교. 마 25:34; 고전 6:9, 10; 갈 5:21). 세상은 그들의 가난한 것만 볼 뿐이다. 하나님은 그들의 높아진 상태를 보신다. 하나님께서 그들을 택하여 종말론적인 높아짐에 이르게 하시기 때문이다. 가난한 자들은 하나님을 사랑하는 사람들이기에 그들은 하나님의 약속을 받는다(본서 1:12 주석 참조). 그렇다면, "가난한 자"라는 용어는 밤멜이 관찰한 것처럼(Bammel, *TDNT* VI, 911), 종교적인 특성을 지녔다. 이 단어는 사실상 참 신자들을 가리키는 명칭이다(마 5:3에 있는 팔복의 마태복음 판은 부분적으로 정확한 해석이다). 하지만 가난한 자라는 용어에 물질적인 가난함이 상실된 것은 아니다. 차별대우를 받았던 사람들은 물질적으로 가난한 자들이었기 때문이다.

Πτωχοὺς τῷ κόσμῳ는 이익을 나타내는 여격이다. 그래서 이 어구는 쇼프스 (Schoeps, 350)가 신봉하는 "세상에 속한 것들과 관련하여 가난한 자"가 아니라, "세상의 관점에서 가난한 자"다. 모울(Moule)은 처음에 쇼프스의 견해를 취했다가 나중에 204쪽에서 그 입장을 버렸다. A² C² K L P와 같은 사본의 τοῦ κόσμου

와 일부 소문자 사본의 ἐν τῷ κόσμῳ는 문법을 부드럽게 하려고 후대 필경사가 수정한 것 같다.

더 자세한 내용은 G. Schwarz를 보라.

6절   하나님은 가난한 자를 택하셨다. 하지만 이 그리스도인들(ὑμεῖς δέ 는 대조를 강조한다)은 가난한 자를 업신여겼다. 부정과거와 관사가 있는 τὸν πτωχόν은 2:2-3을 언급한다. 하지만 지금 그 적용 대상은 더 확대되었다. 차별에 대한 언급이 우선적으로 재판을 염두에 두었더라도 재판 상황에만 한정되는 것은 아니기 때문이다(비교. 고전 11:22). ᾽Ατιμάω("업신여기다")라 는 용어 역시 구약성경에서 가난한 자를 압제하는 사람들을 지칭하려고 사 용되었다. 그런 행동은 강하게 정죄를 받았다(잠 14:21; Sir. 10:22). 이러한 행 동의 흉악함은 이제 이어지는 대조로써 더욱 강조되었다.

그리스도인들은 단순히 가난한 자들을 차별한 것이 아니었다. 그들은 부자를 우호적으로 대하며 그렇게 차별했다. 이것은 이전에도 빈곤한 신 자들을 박해했고 지금도 박해하는 바로 그 계층을 그들이 편들고 있음을 의미한다. 이런 일을 행하는 그리스도인들은 교회를 박해의 수단이 되게 했다. 결과적으로 그들은 하나님을 대적하고 마귀 편에 있다.

다시 οὐχ는 야고보가 그가 부자들에 대해 고발하며 열거하는 세부적인 세 가지 내용에 독자들이 동의할 것을 기대했음을 암시한다. 세 가지 내용 은 압제와 법적인 박해 및 비방이다. 부자 계층은 교회 바깥에 있는 사람들 로 보인다(그들은 택함을 받은 πτωχούς인 "너희"[ὑμῶν...ὑμᾶς]를 압제한다. 이런 계층 차별과 대조하여, 교회는 τὸν πτωχόν을 압제하기만 했다. 그는 그들 "무리"에 속한 개인 이기 때문이다). 그래서 여기에 사용된 πλούσιοι("부자들")는 이전에 부자 그 리스도인을 가리키려고 사용된 완곡어법 대신 사용된다(Ward, "Partiality", 95-97). 부자들은 교회를 압제한다. 그들이 가난한 자라서 압제를 받는 것 과, 그들이 그리스도인이라서 압제를 받는 것 사이에는 차이가 없다. 또한 그러한 구별이 있었을 것 같지도 않다. 야고보가 비난하는 내용은 부자들에 의해 가난한 자들이 압제를 받는 구약의 전통에서 유래했다. 정확히 말해서 이것이 바로 동사 καταδυναστεύω("억압하다")가 70인역에 자주 등장하는 문맥이다(렘 7:6; 22:3; 겔 18:7, 12, 16; 22:7, 29; 암 4:1; 8:4; 합 1:4; 슥 7:10; 말 3:5; Wis. 2:10; 17:2). "강탈하다" 또는 "압제하다"라는 의미를 지닌 이 동사는 신약성경에서는 겨우 2번 등장할 뿐이다(본문과 행 10:38). 예전에 부자들을 비난했던 것이 여전히 현 상황에도 해당(하며 이것은 5:4에서 더 구체적으로 표현)된다.

> 구약성경에서 압제자들을 "부자"(the rich)라고 부른 예가 거의 없다. 그들은 "난폭한 사람들"로 불렸다. 구약성경에는 압제자가 부유하고 힘이 있는 사람들로 묘사되었다. 그래서 중간기에 사용된 "부자"라는 칭호를 발견한 것은 놀랍지 않다. 참조. E. Bammel, *TDNT* VI, 888.

두 번째 비난은 사실상 첫 번째 비난을 다양하게 표현한 것이다. 그리스도인이 가난한 자로서 착취를 당했는지 아니면 그리스도인으로서 착취를 당했는지는 결정하기가 쉽지 않다. 확실한 것은 그리스도인으로서 받은 냉대는 그리스도인들이 근거도 없는 혐의를 받아 법정으로 소환되는 것에 전혀 걸림돌이 되지 않았다는 사실이다. 이것은 민사재판이든 형사재판이든 어느 경우에나 적용되었다(비록 그 시대에는 그리스도인들이 혐의의 유형을 구별하지 않았을 것이지만 말이다). 박해자들은 동일인(καὶ αὐτοί)이라는 사실이 강조되었다. 그리고 그런 행동의 이유가 불의하다는 사실은 강한 의미를 지닌 ἕλκω("끌고가다")로 암시되었다(참조. 행 21:20; 16:19. 이 동사는 70인역에서 이와 비슷하게 사용되지 않았다. 하지만 시 10:9; 욥 20:28; 렘 14:6과 비교하라. 정상적으로는 ἄγω가 체포하다 또는 법정으로 소환하다를 의미한다). 사도행전에 부자들이 자행한 박해의 예들이 기록되었지만(행 4:1; 13:50의 사두개인들, 행 16:9의 [귀신 들린 여종의] 주인들), 이것은 아마도 회당의 법정 앞으로 끌려가는 것(κριτήριον이 사용된 고전 6:2, 4의 법적인 근거. 고전적인 용어는 δικαστήριον이다) 혹은 그리스도인들에게서 "합법적으로" 그들이 정당하게 가지고 있는 것을 빼앗는 민사소송을 다루는 여타의 지방 사법권을 가리킬 것이다.

7절　　저자는 동일한 강조형 αὐτοί를 사용하여 세 번째 비난을 퍼붓는다. **바로 이** 사람들이 모독하는 사람들이라고 말이다. 다시 말해서 그들은 "그 아름다운 이름"을 모독한다. 이것은 확실히 종교적인 동기를 보여주며, 이를 밝히기 위해 (만일 유대인이라면) 회당의 규제를 상실할 것에 대한 두려움으로부터, (이방인이라면) 유대인들에 대한 증오나 그리스도인의 도덕성에 대한 혐오, 또는 자신의 노예나 소작인들이 행하는 "미신들"에 대한 증오 등 다양한 구실이 제시될 수 있다(참조. Dibelius, 139-41). "너희에게 대하여 일컫는 바 그 아름다운 이름"은 분명 예수의 이름이다(반드시 그리스도나 그리스도인이라는 이름일 필요는 없다. Adamson, 112-13에 반대함). "누구에게 대하여 일컫는 이름"이라는 어구는 70인역의 어법이며, 소유나 관계, 특히 하나님과의 관계를 암시한다(암 9:12; 신 28:10; 대하 7:14; 사 43:7; 렘 14:9; Pss. Sol. 19:18; 아내와 관련하여, 사 4:1; 자녀와 관련하여, 창 48:16). 그리스도인들에게 예수의 이름은 야웨의 이름을 대체한다. 또는 κύριος로 번역된 야웨가 단순히 예수에게 이전되었다(Hermas *Sim.* 8.1.1; 8.6.4; 9.12.4. 등등). "일컫는 바"는 고정점이 되었다. 이를테면, 세례를 받는 신자들을 이렇게 불렀다(행 2:38; 8:16; 10:48; Hermas *Sim.* 9.16.3). 야고보가 부정과거를 사용한 까닭이 바로 여기 있을 것이다. 그래서 비방은 (대놓고 하든지 은근히 하든지) 예수의 이름을 욕하는 것을 암시한다(예. "저주받은 범죄자를 추종하는 자들"). 이것은 그리스도인의 세례의 "표지"였다. 교회는 부자들을 편듦으로써 비방자들을 편들고 있다! 야고보는 꾹 참았다가 나중에야 비로소 최악의 비난을 퍼붓는다.

c. 성경적 논증(2:8-12)

부자들을 호의로 대하는 사람은 그의 이웃인 가난한 자를 사랑하지 않았다. 그러므로 그는 율법을 어긴 자다(율법의 한 부분을 어기는 것은 전체를 어긴 것이다). 그는 그가 어긴 바로 그 율법으로 심판을 받을 것을 알아야 한다.

8절　　(신약성경에서 8번 사용된 가장 일반적인 -τοι 합성어인) 불변사 μέντοι는 야고보가 최고의 법(왕의 법)에 기반을 둔 논증을 사용하지만 새로운 주제를 시작하는 것이 아니라는 사실에 주의를 집중한다. 그는 가난한 자를 차별하여 대하는 것이 사랑의 법을 파기하는 것임을 보여줌으로써 동일한 논의를 이어간다. 불변사는 영어의 양보 접속사 "however"(독일어 aber)의 의미를 띠는 것 같다(Mussner, 123). 이는 그들의 실제 행위와 이 절에서 추정된 행위와의 반쯤은 역설적인 대조로 드러나며, 심판의 표준을 강조한다.

> "However"의 번역과 관련하여, Mayor, 89; Schrage, 24; Mussner를 BDF, 450(1)과 Robertson, 1188과 비교하라. Adamson, 113-14; Dibelius, 142; Cantinat, 131; Laws, 107; 그리고 Hort, 53에 반대함. 이들은 "however"를 "참으로" 또는 "진실로"(독일어로는 freilich)로 읽는다. "However"만 신약성경의 다른 일곱 군데의 사용례에 적합할 것이다(예. 요 4:27; 7:13; 딤후 2:19; 유 8). 여기서 다르고 좀 더 독창적인 의미를 상정할 필요는 없는 것 같다. Μέντοι를 μέν으로 축소하여 2-7절과 단절시키지 않고도, 이어지는 9절의 δέ와의 대조를 유지할 수 있기 때문이다.

교회가 νόμον βασιλικόν을 성취하면 잘하는 것이다. 야고보는 단호하게 말한다. 하지만 그 율법은 어떤 율법인가? 그것은 "왕의 율법", 즉 왕의 권위를 지닌 율법이다(Dibelius, 143). 하지만 그 이상이다. 메이어(Mayor, 90)가 주장하듯이, 관사 없는 νόμον은 율법의 특성을 강조하면서 어떤 구체적인 법을 나타낸다. 예수와 관련한 기독교 사상에서 하나님 나라(2:5)와 야웨의 왕 되심을 생각하지 않고 유대 기독교적 문맥에서 이 왕의 율법을 이해할 수 있을까? 이것이 예수의 가르침, 즉 하나님 나라의 주권적 통치(참조. 마 5장)에 나타난, 교회에 해석되고 전수된 전체 율법을 언급한다고 보는 것이 가장 자연스럽지 않을까? 이러한 이해는, 디벨리우스가 4 Macc. 14:2에서 인용한 병행구보다 그리고 이 어구가 율법의 다른 여러 명령 중에서 이 명령의 왕적인 등급을 가리킨다(마 12:31에서처럼 주요 계명이라는 의미는 아니기는 하지만)고 솔깃하게 주장하는 뮈스너의 제안(Mussner, 124)보다 더 개연성이 높은 것으로 생각된다. Ἐντολή 대신에 νόμος가 사용된 것은 이 단어가 하나의 계명보다는 율법 전체를 염두에 두었음을 결정적으로 보여주는 것 같다(Furnish, 179-80).

그렇다면 이 하나님 나라의 법은 κατὰ τὴν γραφήν("성경에 기록된 대로")이다. 이것은 이 어구가 레위기 19:18을 인용한 것임을 암시한다. 물론 예수가 율법과 특히 이 율법을 지지하셨다는 것을 확실히 염두에 두었겠지만 말이다. "너는 네 이웃을 너 자신처럼 사랑하라"(공관복음에 6번 인용되었고, 롬 13:9과 갈 5:14에도 인용되었음). 다른 말로 해서, 이 명령은 즉흥적으로 언급한 것 또는 단지 어느 한 율법을 지칭하는 것이 아니라 왕의 권위를 전달하는 유일한 율법(the law)에 속한다. 여기서는 그 명령이 소개되는 방식에서 그 법이 권위 있는 왕의 법이라는 사실을 밝히고 있다. 나중에는 이 법이 계명 중 하나라도 어기면 전체 율법을 범하는 것이라는 사실을 보임으로써 동일한 사상을 전달한다. 이 계명을 선택한 것은 첫째로 그 계명이 현재 상황에 적합하기 때문이다. 두 번째로 야고보에게 가난한 사람은 **이웃이기** 때문이다(참조. 잠 14:21; Mussner, 123). 문맥을 보면 이 점이 매우 분명해진다. 가난한 사람은 택함을 받은 사람이며 이웃이다. 어떤 면에서 부자는 이웃이 아니다.

스피타(Spitta, 67)는 이 특별한 율법이 핵심은 아니라고 주장한다. 오히려, "이 율법을 지키면 잘하는 것이다. 하지만[2:9] '가난한 자를 차별적으로 대하지 말아야 하며 강한 자를 편애하지 말라'는 이웃한 레위기 19:15은 차별적으로 대하는 것을 정죄하며, 둘 다 지켜야 함을 말한다." 이 설명은 너무 미묘하다. 9절은 차별하는 문제를 언급하지만, 레위기 19:15을 인용한 것 같지 않을뿐더러 거기에 등장하는 정확한 용어를 사용한 것 같지도 않기 때문이다. 디벨리우스가 주장하듯이(Dibelius, 142), 야고보가 염두에 두었던 본문이 레위기 19:15인 것은 그 본문이 유대의 권면 전통에서 19:18과 연결되었을 수 있기 때문이다. 하지만 비록 위(僞)포킬리데스의 시(poem)는 레위기 19장을 인용한 것에 가깝다 하더라도, 이러한 연결의 예가 없으므로, 이런 식으로 추론하는 것은 매력적인 가설에 지나지 않는다.

더 자세한 내용은 M. Smith; Furnish, 175-82을 보라.

9절   율법, 즉 이웃을 자신처럼 사랑하라는 법을 성취한다면 잘하
는 것이다. 그러나 (그리고 여기서 δέ와 결합된 병행 구조는 대조를 강조한다) 만
일 이웃(즉 가난한 그리스도인)을 사랑하는 대신에 그 사람을 차별한다면, 왕
의 법을 어기는 것이다. 저자는 προσωπολημπτεῖτε를 사용하여 차별하여
대하는 것을 간결하게 표현한다. 이것은 성경 그리스어에서 단 한 번 사용
되는 단어이며(또한 기독교 이전 세속 그리스어에서는 발견되지 않음), 2:1에 언급
된 προσωπολημψία의 동사 형태다. 저자는 이 단어를 선택함으로써 2:9을
2:1과 연결하여 본문을 하나로 묶는다. 또한 저자는 (특히 법정의 상황에서)
차별하여 대하는 것이 사랑하라는 명령을 부인하는 것임을 강조한다.

> 유대 문헌에서도 이런 식으로 사랑하는 것과 가난한 자를 돌보는 것은 연결되
> 었다. "주님과 너희 이웃을 사랑하고 가난하고 약한 자를 긍휼히 여기라"(Test.
> Iss. 5:2). 참조. G. Moore, II, 84-88.

이런 사람은 죄를 짓는 것이다(참조. 4:17; 5:16, 17, 20). 이 표현의 비난하
는 의미는 매우 강력하고 분명하다(참조. 마 7:23, οἱ ἐργαζόμενοι τὴν ἀνομίαν;
또한 행 10:35; 롬 2:10; 13:10; 갈 6:10; 약 1:20. 그리고 약 1:3의 κατεργάζεται). 하지
만 마치 이것이 분명하지 않은 듯이 야고보는 일종의 귀결절 어구를 사용
하여 "율법이 너희를 범법자로 정죄하리라"라는 말로 이것을 설명한다.
수동태 표현은 율법을 약한 방법으로 의인화한다(바울이 롬 2:25, 27에서 한
것과 다르지만 비슷한 효과를 지닌다). 이렇게 함으로써 παραβάται ("범법자")
는 문장 끝에서 뚜렷이 부각된다. 그 용어는 70인역에서는 발견되지 않
는다(비록 심마쿠스 역의 렘 6:28에서 히브리어 *sôrᵉrîm*에 해당하는 단어["반역자"]
로, 시 139[138]:19에서는 *rāšāʿ*에 해당하는 단어["악한"]로 παραβάται를 사용하긴 하

지만 말이다). 그리고 이 단어는 신약성경에서는 흔히 사용되지 않는다(로마서에 2번; 갈 2:8; 그리고 야고보서 이 단락에서 2번). 하지만 그 의미는 분명하다(Mayor, 91은 이것이 훌륭한 고전적 관용어임을 보여주었다. 그런데 바울의 용례로 봐서 그리스도인들이 적어도 간헐적으로 이 표현을 사용했다는 암시를 받는다). 율법을 범하는 것은 유대인과 유대 그리스도인에게 심각한 반역이었다. 그것은 하늘의 멍에를 떨쳐버리는 것이며 하나님의 심판 아래 서는 것이었다(b. Shab. 11a; b. Yom. 36b; *Sipre* on Dt. 32:29; Schechter, 219-41, 특히 229-30은 불의한 심판과, 살인과 같은 가난한 자에 대한 학대를 확인한다. 살인은 가장 심각한 죄 세 개 중 하나다).

10절   야고보는 2:9의 평범한 진술을 (γάρ를 사용하여) 그가 παραβάται의 사상을 얼마나 진지하게 받아들이는지를 보여주는 설명으로 확장한다. 이 설명으로 논증은 더 심각한 단계로 이동하며, 일단의 가장 유대적인 사상들 중 하나를 편지에 소개한다.

이 구절의 형식이 약간은 낯설다. 정상적인 용례에서는 부정관계대명사 ὅστις 다음에 ἄν과 가정법이 이어져야 하기 때문이다. 야고보는 격언적 부정과거 유형인 부정과거 가정법을 사용한다. 하지만 그는 ἄν을 생략했다. 야고보서에는 ἐάν이 7번 등장하지만(예. 4:4; 5:19), ἄν은 한 번도 등장하지 않는다. 이런 혼합된 문법 구조는 부정관계 형태와 단순 관계절 형태의 혼합에서 비롯되었을 수 있다. 모울은 이와 비슷한 경우로 마태복음 10:33을 인용한다(Moule, 123-24; MHT III, 106-108). 이 흔치 않은 문법 때문에 비잔틴 사본은 가정법을 미래 직설법으로 바꾸려 했다. A 사본에서는 πληρώσει로, Ψ 사본에서는 τέλεσει로 바뀌었다.

진술 자체는 형식이 유대적이지만 다소간 뻔한 말이다. 징벌은 다양할 수 있으나, 법문의 어떤 조항을 범하든지 간에 그는 범죄자로 간주된다. 그래서 야고보는 설령 율법 전체를 지킨다고 해도(τηρέω는 이것을 가리키는 일반적인 표현이다. 참조 마 19:17; 행 15:5), 하나의 계명이라도 범하면(πταίω는 일반적으로 이러한 도덕적인 의미에서 절대적으로 사용된다. 참조. 3:2; 벧전 1:10), 그는 모든 것을 범한 사람이다(ἔνοχος는 죄를 범했을 때 가해지는 형벌과 관련해서 사용된다. 마 26:66; 막 3:29; 또는 범한 계명과 관련해서는 고전 11:27). 율법에 대한 이러한 단일한 이해를 유대인들이 가지고 있었다는 것은 분명하다. 이러한 이해는 70인역 신명기 27:26에 처음 등장하고, 그다음에 후기 유대 문헌에 다양하게 등장한다(Philo *Leg. All.* 3,241; 4 Macc. 5:20; Test. Ash. 2:5; b. Shab. 70b; *Sipre* on Dt. 187; *Pesiq. R.* 50:1; *Nu. Rab.* 9:12 on Nu. 5:14; 참조. Str-B III, 755). 더 중요한 것은 예수 전통에 동일한 사상이 포함되었다는 것(마 5:18-19; 23:23)과 바울에게서도 그러하다는 사실이다(갈 5:3). 이것은 율법에 대한 이 단일한 개념이 기독교 단체들에도 있었다는 점이다. (Dibelius, 145은 이와 비슷한 스토아적 개념을 인용한다. 그러나 그가 제시하는 예들은 야고보서와 전혀 어울리지 않는다. 게다가 이곳 본문의 개념이 너무 유대적이어서 다른 곳을 살펴볼 필요가 없다.)

이러한 생각이 현대 주석학자들을 괴롭히고 있다는 것은 분명하다(특히 Adamson, Dibelius, Mitton). 하지만 두 가지 요인을 기억해야 한다. 첫째, 앞에서 지적했듯이, 본문의 진술은 부분적으로 뻔한 내용이다(말하자면, **율법 자체**를 범한 것을 이야기하는 것이지 법 하나를 범한 것을 말하는 것이 아니다). 율법에 대한 태도와 그 배후에 있는 권위는 그것을 범하는 곳에 드러난다. 둘째, 단일성 개념은 도덕성에 대한 논문에서가 아니라 논증에서 발견된다. 이 진술은 모든 명령이 중요하다고 서술하는 강력한 방법이다. 설령 그것이 서투르게(즉 사례 중심으로) 세부사항을 지나치게 강조하는 것으로 나아갔지만 말이다(이것은 랍비들이 더 무겁고 더 가벼운 계명들을 대조하며 피했던 것이다). 야고보는 근저에 깔린 태도를 지적하고, 그 사람이 차별적으로 대우하는 것을 금지하는 명령에 대하여 경박한 수작을 부릴 수도 있는(예를 들어, "결국 나는 십계명을 아주 잘 지키고 있단 말이에요") 어떠한 근거도 제거하려고 기술적으로 그 사상을 사용한다.

11절   야고보는 이제 율법의 통일성을 지지하면서 두 가지 사실을 지적한다. 하나는 사람들이 범법이라는 하나의 주제 아래 모든 범죄를 인정한다는 인신 공격적 논증이다(παραβάτης; 2:9 주석 참조). 또 다른 하나는 율법을 주시는 유일한 분이 각각의 계명에 자신의 뜻을 표현한다는 것이다

(εἰπών...εἶπεν καί의 사용을 주목하라. 이것은 하나님의 이름을 사용하는 것을 피하기 위한 유대적 문체의 완곡어법에 해당한다. 여기서 동사는 입으로 선언된 하나님의 인격적인 명령인 율법을 가리킨다). 명령은 하나님의 뜻을 표현하는 한에서만 힘이 있다. 그리고 어느 한 명령이라도 파기하면 하나님의 뜻을 범하는 것이다. 율법을 주신 분이 한 분인 까닭에 율법은 통일체다.

야고보가 선택한 예들은 그가 제의적 명령이나 율법의 세부사항에는 전혀 관심이 없음을 보여준다. 오히려 그는 십계명의 핵심적인 윤리 명령을 예로 선택한다. 그가 그 계명들을 인용하는 순서는 이 두 명령이 70인역과 히브리어 본문의 일부 사본에서 이런 순서로 나온다는 점에서 의미심장할 수 있으며(신 5:17, 18의 B 사본; Burkitt, "Papyrus"의 히브리어 파피루스), 아마도 다른 십계명의 인용 배후에 있는 것일 가능성이 있다(Philo Decal. 51, 121, 168, 170; 참조. Dibelius, 147). 하지만 그 순서는 일부 기독교 문헌에도 등장하며(마 19:18과 막 10:19과 다르게 눅 18:20에는 D 사본과 Irenaeus에서만 발견되는 역순으로 등장함; 롬 13:9), 이것은 느슨한 인용이거나 일반적인 기독교의 권면 전통에 속하는 경우일 수 있다. 소수의 전통이지만 말이다. 최소한, 계명들의 선택은 우연이 아니다. "간음하지 말라"는 그들이 재물과 더불어 음행했기에 선택되었을지도 모른다(참조. 4:4). 하지만 아마도 그 명령이 살인과 관련한 명령 바로 다음에 언급된 명령이었기 때문에 선택되었을 것이다. 그런데 살인은 종종 가난한 자를 차별하여 대우하는 것과 이웃을 사랑하지 않은 것과 연결되었다(렘 7:6; 22:3; Sir. 34:26; Test. Gad 4:6-7; 요일 3:15; 암 8:4. 참조. 2:9에서 인용한 문헌). 그러므로 이 계명들은 예시로 작용하는 반면에, 야고보는 비난하는 문맥에서 "만일"을 사용함으로써 매우 실제적인 가능성을 언급한다(참조. 4:2; 5:4-6).

더 자세한 내용은 Kilpatrick을 보라.

12절   앞에 언급한 내용을 고려한다면, 그것은 논리적으로 야고보의 결론으로 이어진다. 곧 너희 모든 행위에 최후의 심판이 있을 것을 고려하라는 것이다. 말하는 것과 행동하는 것을 나타내는 용어의 두 짝은 한 개인의 모든 행동을 망라한다(행 1:1; 7:22; 요일 3:18; Test. Gad 6:1). 야고보서의 경우에는 특히 가난한 자를 차별하여 대하는 것에 초점이 맞춰져 있다(Cantinat, 136; Mussner, 126에 반대함. Mussner는 "말하다"를 "서로 권하다"로 이해한다). 진술의 엄숙함(1:19의 βραδύς 참조)을 강조하려고 οὕτως가 반복해서 사용되었다(οὕτως는 "이런 방식으로", "이것을 염두에 두고", "그래서" 등으로 번역된다. 이 단어는 고전 3:15; 9:26에서 뒤에 이어지는 ὡς와 함께 등장한다). 12절 전체는 엄숙한 교리문답 선언과 매우 비슷하며(Dibelius, 147), 그러한 용어를 반영하는 것 같다. 확실한 것은 사람의 말과 행동이 심판을 받는다는 개념이 깊이 뿌리 박혀 있다는 것이다. 야고보서에만 아니라(말[혀]: 1:19, 26; 3:1-12; 4:11-16; 5:12; 행동: 1:27; 2:1-26; 4:1-10; 5:1-6), 복음서 전통에서도 그러하다(마 12:36; 25:31-45).

행동의 표준은 확실한 심판을 아는 데 있다. 이 경우는 심판의 가까움이 아니라(불가타 역의 incipientes judicari이 이를 암시한다. 약 5:7-8이 야고보가 재림이 가깝다고 믿었음을 보여주기는 하지만 말이다), 심판의 확실성을 나타낸다(참조. Robertson, 870). 이 확실한 심판은 (롬 2:12에서처럼) "자유의 율법"에 따라(διά) 행해질 것이다. "자유의 율법"은 이미 앞에서 관찰했듯이(참조. 약 1:25) 예수와 초기 교회가 해석(하고 어느 정도 수정)한 모세 율법이다. 자유의 율법은 예수로부터 시작되었다. 예수의 모범과 사랑의 명령에 초점이 맞춰져 있는 이 표준으로써 모든 사람은 자신의 삶을 살펴보고 삶을 예수의 명령에 순종하는 것으로 방향을 돌려야 한다(참조. 마 7:15-23; 눅 6:43-45).

이상하게도 애덤슨(Adamson, 118-19)은 경건을 보여주는 상황에서 선택된 2:12의 "자유의 율법"과 2:10, 11의 "온 율법"을 대조한다. 애덤슨은 야고보가 율법과 은혜의 대조를 논하고 있다고 믿는 듯하다. 이를 지지할 만한 근거가 본문에는 없다.

d. 순종하라는 부름(전환)(2:13)

13절   접속사 γάρ가 있기는 하지만, 2인칭 복수 명령형에서 격언적 3인칭으로 바뀐다는 점과 이 절의 간결한 형식 및 갑작스런 ἔλεος의 등장에 근거하여, 2:13이 원래 자유롭게 떠돌던 잠언으로 존재했다고 결론을 내리는 것이 바르다(Dibelius, 147-48; Mussner, 126). 하지만 디벨리우스처럼 이 본문이 문맥과 전혀 관련이 없다고 결론을 내리지는 말아야 한다. Γάρ는 저자가 어떤 관계가 있다고 이해했음을 나타낸다. 그 단어는 앞에서 이야기한 내용의 여러 측면을 간파하여 요약하고 다음 절에서 취급할 긍휼 주제를 향하여 생각을 전개시킨다는 점에서 탁월한 가교 역할을 한다.

이 구절에 따르면 하나님은 긍휼 없는 사람을 긍휼 없이 심판하실 것이다(Test. Abr. 16에도 등장하는 ἀνέλεος는 성경에서는 한 번만 사용되는 단어지만, 고전적인 ὁ ἔλεος로부터 형성된 일반 단어다). 긍휼이 없는 심판은 엄격한 정의다. 유대인들이 두려워했듯이, 모든 죄는 충분히 징벌을 받을 것이다(하나님의 공의와 자비의 관계에 대해 랍비들이 발전시킨 내용에 대해서는 Urbach, 448-61을 참조하라. Adamson, 199처럼 야고보서가 기록되던 기간에 이 품성들의 관계가 어떠했는지를 추측하는 것은 지혜롭지 못하다. 하지만 두 개념이 존재했던 것만은 확실하다). 긍휼을 보이지 않는 사람은 (하나님의 품성을 본받으라는 요구에서 나오는 의무인) 피조물이나 다른 사람을 돌보는 일을 하지 않는 사람, 특히 가난한 자를 돕지 않는 사람이다. 하나님이 긍휼하신 분이라는 사실은 구약성경에서 자주 반복되었다(출 34:5-6; 신 4:31; 시 103:8ff.). 사람들도 긍휼을 베풀어야 한다는 것 역시 구약성경(렘 9:26; 호 6:6; 미 6:8)과 예수의 가르침(마 5:7; 12:7; 18:29, 34; 25:45-46)에서 공통으로 드러나는 주제다.

더욱이 최후의 심판 때에 용서와 자비를 보이는 것과의 연결은 분명히 야고보서보다 더 오래전에 서술되었다(Sir. 27:30-28:7; Tob. 4:9-11; 비교 Test. Zeb. 8:3과 b. Shab. 151b: "랍비 바랍비는 이렇게 말했다. '피조물에게 긍휼을 베푸는 사람에게 하늘은 긍휼을 베푼다. 그러나 피조물에게 긍휼을 베풀지 않는 사람에게는 하늘도 긍휼을 베풀지 않는다'"; 참조. Adamson; Windisch, 16-17; Str-B 1, 203ff.). 비록 야고보에게는 "긍휼히 여기는 자는 복이 있나니, 그들이 긍휼히 여김

을 받을 것임이요"(마 5:7)라는 예수의 말씀이 가장 중요했다는 것은 확실
하지만 말이다. 그렇다면, 훌륭한 유대적 형식으로 표현된 이 어록의 부정
적인 진술은 그 말씀에서 흘러나온 긍정적인 격언과 병치된다(따라서 연결사
가 없다). "긍휼은 심판을 이기느니라"(Sir. 3:20; 참조. Mayor, 95; Mussner, 127;
Cantinat, 138; κατακαυχάομαι의 의미로서 "승리"에 대해서는 BAG, 412; R. Bultmann,
TDNT III, 653-54을 참조하라. Bultmann은 이것을 "다른 사람과 비교하여 이긴 것
을 자랑하느니라"로 이해한다). 확실한 것은 (하나님이 높이시는) 가난한 자를 낮
추고 사랑의 율법을 범(하여 율법을 파기)함으로써 그들이 긍휼을 나타내지
도 못한다는 것이다. 이렇게 하여 그들은 최후의 심판 때에 긍휼을 기대할
수 없다. 하지만 긍휼을 보이는 것은 그 사람에게 무엇보다도 가난한 사람
을 물질로 돕는 것임을 상기시킨다. 이것은 다음 단락에서 다룰 중요한 논
제다.

2. 관용이 필요하다(2:14-26)

순전히 교리적인 차원에만 머물고 경건한 행동(즉 자선)의 결과가 없는 "믿
음"은 죽은 것이고 가짜이며, 구원에 전혀 소용이 없다. 참믿음은 사랑이라
는 경건한 행위로 그러한 믿음을 드러낸다. 아브라함과 라합의 예가 보여
주듯이 말이다. 논증의 형식은 여는 말과 스토아 철학에서 사용된 비난의
글이나 회당의 설교처럼 대화를 지지하는 말로 구성되었다(본서 서론 53-
54쪽; G. M. Burge의 연구는 회당 설교를 지지한다. 그는 각각 두 연으로 구성된 두 부분
사이에 존재하는 꼼꼼한 병행구를 발견한다. 1부는 14-17절, 18-20절; 2부는 21-24절,
25-26절). 이것은 이 단락이 별도로 독립적인 단위로 구성되었음을 나타
낸다. 하지만 이에 근거하여 이 단락이 문맥과 전혀 관련이 없다는 디벨리
우스(Dibelius, 149)의 결론에 이르러서는 안 된다. 오히려 저자가 이 단락을
여기에 배치한 것은 그가 문맥과의 연결을 보았기 때문이다. 주해로써 이
사실을 밝히도록 하겠다.

더 자세한 내용은 Burge; Ward, "Works"를 보라.

a. 예증: 가난한 그리스도인(2:14-17)

14절   글을 여는 문장은 이 단락의 주제를 소개하고 상상의 대화에서 등장인물을 제시한다. 등장인물은 셋이다. (1) 저자, (2) 그리스도인 독자(ἀδελφοί μου는 논증의 새로운 단락을 시작하는 친숙한 호칭이다), (3) τις ("어느 사람"). 이 사람은 야고보가 논쟁하고 싶어 하는 태도를 구현하는 공동체에 속한 가상의 인물이다(이 "허수아비 같은 사람"을 제시하는 문체의 기교는 그리스 문학에서 광범위하게 발견된다. 참조. Mussner, 130). 행함이 없는 믿음이 논의의 주제다. 2:15-16과 2:21 이하의 예들은 여기서 고려하고 있는 행함이 바울이 반대했던 행위들인 의식법에 속하는 행함이 아니라, 2:13에서 이미 제시되었던 긍휼이 있는 자선 행위임을 말한다(참조. van Unnik, 984ff.).

Τί τὸ ὄφελος("무슨 유익")는 이와 같은 대화체에서 규칙적으로 등장하는 어구다(고전 15:32; Sir. 20:30; 41:14; Philo *Post. C.* 86에는 이런 내용이 있다: τί γὰρ ὄφελος λέγειν μὲν τὰ βέλτιστα, διανοεῖσθε δὲ καὶ πράττειν τὰ αἴσχιστα ["아주 선한 것을 이야기하지만 부끄러운 일을 생각하고 행하면 무슨 소용인가"]; Epict. 1.4.16; 1.6.33; 3.7.30; 3.24.51; 참조. Marty, 91은 고전 15:32을 제외한 모든 인용구에 B C 99 사본의 본문들에서처럼 관사가 생략되었다는 점을 주목하고는 이 본문이 고린도전서와 유사하다고 제언한다. 하지만 중자[重字] 탈락에 더하여 일반적인 관용어에 동화되는 현상은 소문자 사본의 관사 생략을 설명하는 데 더 낫다). 이 어구는, 전혀 소용이 없다는, 늘 부정적인 대답을 예상한다. 하지만 이러한 기독교적 문맥에서 "소용"은 심각한 결과를 마주한다. 위태로운 상태에 있는 것이 구원인 까닭이다. 야고보는 지금 어떤 믿음이 최후의 심판에서 사람을 구원하는지를 묻고 있다(2:13의 κρίσις). 암시된 "없다"는 이 본문의 마지막 문장("그 믿음[행함이 없는 믿음]이 능히 자기를 구원하겠느냐?")에서 기대된 "없다"와 어울린다. 이 질문의 종말론적 분위기는 오해의 여지가 없다(참조. 4:12; 1:21; 5:20과 W. Foerster, *TDNT* VII, 990-98, 특히 996).

최후의 심판에서 유익이 없는 것은 행함이 없는 믿음이다. Ἐάν으로

소개된 가상적인 상황은 "믿음이 있다고 주장하는" 한 사람으로 묘사되
었다. 그러나 그것은 주장에 불과하며, 믿음의 내용이 정통적인 믿음이나
경건의 표현들이나, 기도 등 무엇이 되었든지 간에, 그것은 그 사람의 말
(과 제의적 행위들)로만 표현되고, 종말론적인 소망의 실체를 증명하는 행위
들로는 표현되지 않는다. 이러한 고백의 공허함은 신약성경에서 새로운 것
이 아니다. 예언서들을 훑어보기만 해도 가난한 사람들에게 실제적인 정
의를 행하지 않는 제의적인 경건이 정죄되고 있음을 발견할 수 있다(참조.
Miranda, 111-60). 세례 요한도 믿음에 행위를 더하라고 요구한 사람으로 알
려졌으며, 예수는 마지막 심판에 들어가기 위해 입으로만 자신을 주님이라
고 부르고 행하려고 하지 않는 것을 경고하셨다(마 7:15-27; 참조. 5:16). 바울
도 이 주제를 되풀이한다(롬 1:5; 2:6-8; 6:17-18; 고전 13:2; 15:58; 고후 10:5-6; 갈
6:4-6). 야고보는 이미 1:22-27에서 이 주제를 언급했으며, 여기서는 그것
을 강조한다. 행위는 믿음에 "덧붙이는 가외의 것"이 아니다. 그것은 믿음
의 본질적 표현이다. 후기 유대교에서는 바른 믿음과 함께 사랑의 행위의
중요성이 강조되었다(m. Ab. 1:2; b. B. B. 9a; 10a; *Lv. Rab.* 31:3 on 22:24; Schechter,
214; Str-B IV, 559ff.; G. Moore, II, 168-69). 그러나 유대교에서 이것을 강조하는
본문 중에는 자선이 속죄의 수단이 된 기원후 70년 이후에 처음으로 등장
한 것도 있다.

　　15절　　이 시점에서 저자는 행함이 없는 믿음이 무엇인지를 보여주
는 한 예를 소개하는데, 이 예는 이것은 너무도 자명하여 거의 비유에 가
깝다(Ropes, 206; Mussner, 131; Dibelius, 152-53). 하지만 뮈스너와 디벨리우스
를 따라 이러한 예는 비교이기 때문에(17절의 οὕτως καί가 이 점을 분명하게 해
준다), 그 지시 대상이 전적으로 16절에 언급된 행함이 없는 입에 발린 자선
이라고 추정하는 것은 옳지 않다. 오히려 이것이 행함이 없는 믿음에 대한
너무 투박한 예이기에 이런 상황의 특성이 누구에게나 명약관화하다는 사
실에서 (비교가 아닌) 비유적인 특성이 분명히 드러난다.

　　'Εάν은 이 상황이 가상적인 것임을 분명히 한다. 이것은 독자들이 방
어하지 않고 그 예를 듣도록 하려는 데 목적이 있다. 하지만 예는 믿음의

상황을 고려한다. 여기서 형제나 자매는 공동체에 속한 사람이고 2:5에 언
급된 가난한 사람 중 한 사람이다. 이 예에 반응하는 "너희 중에" 어떤 사
람(τις...ἐξ ὑμῶν) 역시 공동체에 속한 사람이다(참조. 마 12:50; 롬 16:1; 고전
7:15). 야고보는 믿음이 있고 공동체 안에 있는 사람들을 다루고 있다(참조.
Cantinat, 141-42). 그 사람은 구약성경의 여러 본문에서 묘사된 것처럼 전형
적으로 궁핍한 상황에 있다(욥 22:6; 24:7; 31:9; 사 20:5; 58:7; 마 25:36; 고후 11:27;
요 21:7). 그는 γυμνοὶ ὑπάρχωσιν("헐벗고"; 누더기를 걸치고 있거나 밤에 온기를
지켜줄 겉옷이 없는; 욥 22:6; 24:7; 31:9; 사 20:5; 58:7; 마 25:36; 고후 11:27; 요 21:7) 또
λειπόμενοι τῆς ἐφημέρου τροφῆς("일용할 양식이 없다." 성경에 한 번 등장한 이
형용사는 고전 그리스어에서는 흔한 단어였다. Diod. Sic. 3.32; Dion. Hal. 8.41.5; 참조.
Mayor; Dibelius, 21; 그리고 Adamson, 122. 신약성경에는 이것 이외에 다른 용어들이
더 일반적으로 사용되었다. 참조. 마 6:11 등). 그렇다면 본문은 양식화된 묘사다.
대부분의 사회 주변부에 속한 사람들에게 일어나는 것과 동일한 이와 같은
결핍의 예들이 초기 교회에 존재했다는 것에 대해서는 의심의 여지가 없지
만 말이다.

    16절   이러한 필요에 대한 반응 역시 가상적이다(εἴπῃ). 하지만 그
것은 독자들에게 충격을 주기 위해 계산된 반응이다. 탄원하는 사람들(이미
15절에서 단수형 형제나 자매에서 복수형으로 바뀌었다)은 친절한 말만 듣는 것으
로 끝이었다(ὑπάγετε ἐν εἰρήνη는 삿 18:6; 삼상 1:17; 20:42; 29:7; 참조. 삿 8:35; Jub.
18:16; 막 5:34; 눅 7:50; 행 16:36에서 발견할 수 있는 히브리어의 일반적인 인사말인
*lekû lešālôm*과 동일하다). 그리고 그 사람들이 따뜻하게 옷 입고(θερμαίνομαι는
왕상 1:1; 학 1:6; 욥 31:20 LXX에서 옷을 입어 따뜻하게 하는 것을 가리킨다) 음식으
로 배를 채우려는(χορτάζω는 고전 그리스어에서 짐승 혹은 야만적인 사람들에게만
사용되었던 것과 다르게, 코이네 그리스어에서는 "허기를 채우다"는 의미다) 바람 역
시 말로만 끝났다. 동사의 형식은 중간태나 수동태일 수 있지만(Mayor, 97-
98과 Adamson, 123은 후자라고 주장한다. 하지만 성경 그리스어에서는 두 동사 모두
중간태 의미가 정상적인 것 같다), 그러한 질문이 거의 차이가 없다는 디벨리우
스의 견해가 정확하다(Dibelius, 153). 요지는 그리스도인들이 궁핍한 사람

들에게 그들의 필요를 채우지 않았다는 것이다(염두에 둔 대상이 광범위하다는 것은 δῶτε에 야고보가 말하고 있는 공동체 전체가 포함된다는 점에서 드러난다). 다시 야고보는 신약성경에서 단 한 번 등장하는 ἐπιτήδεια를 사용한다. 이 단어는 음식을 비롯하여 신체에 필요한 다른 것들을 포함하기에 충분한 단어다 (참조. 1 Macc. 14:34; 2 Macc. 2:29; Thuc. *Hist.* 8.74; Dibelius, 153). 야고보는 2:14에서 사용했던 것과 동일한 표현으로 결론을 내린다. Τί τὸ ὄφελος("무슨 유익이 있느냐"). 이렇게 함으로써 일종의 수미상관을 만들었다. 경구적 문구로 시작하여 예로 반복되는 진술을 지나 경구로 마친다.

17절　　야고보가 든 예는 무신경했고, 구약의 예언자들과 후기 유대교에서 자선에 관한 법 적용에 익숙해 있는 사람들은 고사하고, 많은 이교도에게 충격이 되었을 것이다. 이런 사람은 공동체의 가르침을 들을 수 없었다는 것이 분명하다. 그의 믿음은 헛되었다. 야고보는 이제 이 결론을 표현한다.

Οὕτως καί("이와 같이")는 야고보가 비유나 예(1:11; 2:26; 3:5)를 적용하는 일반적인 방법이며, 그 적용은 단도직입적이다. 행함이 없는 믿음은 그 자체가 "죽은" 것, 즉 유익이 없는 것이라고 말이다(ἀργή, 2:20; μάταιος, 1:26; 그를 구원할 수 없음, 2:14; Epict. 3.16.7 그리고 3.23.28에서 νεκρός가 이와 비슷하게 사용된 예를 보라. 하지만 Dibelius가 이 단어를 "황량한, 열매를 맺지 못한"이라고 해석한 것은 너무 빈약하다. Dibelius, 153. 에픽테토스가 철학적 연설을 유익이 없다고 보았듯이, 야고보는 이 단어를 전혀 유익하지 못한 것으로 이해한다). 행함이 없는 믿음은 그 자체가(καθ᾽ ἑαυτήν) 죽은 것이다. 이것은 아마도 "그것만으로" 또는 "자연히"(by itself)라는 의미일 것이다(즉 행함이 없는 것은 그것만으로 죽은 것이다. 참조. 창 30:40; 43:32; 2 Macc. 13:13; 행 28:16; 롬 14:22. Ropes, 208이 "그 자체로"[in itself] 또는 "내적으로"[inwardly]라고 설명한 것에 반대함).

그렇다면 야고보가 보기에 행함이 없으면서도 참되고 살아 있는 믿음과 같은 것은 아예 존재하지 않는다. 오직 참믿음은 "사랑으로 역사하는 믿음"이기 때문이다(갈 5:6; 참조. Mussner, 132). 호흡이 살아 있는 몸에 "추가된 잉여의 물질"이 아니듯이, 행위는 "추가된 어떤 것"이 아니다. 행함이 없

는 소위 믿음이라는 것은 간단하게 말해서 "구원하는 믿음"이 아니다(여기
서 말하는 행함은 바울이 통렬히 비난했던 상황과 같은 "율법의 행위"가 아니라 자선
이다).

　　로스와 부르하르트 모두 이 예증과 공동체의 실체 간의 관련성을 주
목하고 그래서 이 상황을 공동체(복수형인 "너희")의 상황에서 찾는다(Laws,
120-21; Burchard, "Jakobus"). 비록 "평안히 가라"라는 표현을 성만찬 때 집사
가 행하는 축복으로 이해하는 라이케와 트로크메가 제시하는 것만큼 구체
적인 상황은 아니지만 말이다(Reicke, 32; Trocmé, 663). 구체적으로 부르하
르트는 그 상황을 2:1-4에 비춰 읽어야 한다고 생각한다. 교회는 부한 자를
새로운 개종자로 영접했고, 교회가 그로부터 정상적인 "회개의 열매"를 요
구하는 대신에 "이 특별한 경우에서" 완전한 의의 요구나 행위를 덜 진지
하게 요구하고 단순히 그 사람을 있는 그대로 받아들였다는 것이다. 두 본
문 간의 연결이 이처럼 구체적인지에 대해서는 논의의 여지가 있지만, 야
고보서 2:1-26의 전체 본문의 통일성을 이해한 부르하르트는 확실히 옳다.
이 주석의 구조 분석과 주제 분석에서 보여주었듯이, 자선의 요구는 2장의
전반부와 후반부 두 곳 모두의 중요한 핵심 주제다. 부르하르트가 계속해
서 야고보가 행위 대신에 믿음을 혹은 믿음 대신에 행위를 혹은 심지어 믿
음 위에 행위가 있음이 아니라, "믿음과 행위"를 동시에 주장하고 있는 것
이라고 지적한 점 역시 옳다. 믿음과 행위는 다 중요하며, 동일하게 있어야
한다. 그렇지 않다면, 어느 하나 없이 다른 것만으로는 "가치가 없다." 몸과
영이 서로 분리될 때, 각각이 "가치가 없"듯이 말이다.

b. 합리적인 논증(2:18-20)

18절 　　이 시점에서 야고보는 2:14-17에서 시작된 주제를 발전시키
는 논증을 시작한다. 하지만 이 구절은 디벨리우스가 주장하는 것처럼 신
약 본문 전체에서 가장 난해한 것 중 하나다(Dibelius, 154). 이것이 해석의
핵심은 아니다. 미튼이 주목했듯이(Mitton, 108), 본문 자체에서는 이 구절
의 일반적인 의미가 문맥에서 명약관화하게 드러나기 때문이다. 문제는 여

기에 사용된 용어들의 정확한 뉘앙스가 사실 난해하다는 것인데, 특히 전반부에서 그러하다.

18절은 이렇게 시작한다. "그러나 어떤 사람은 말할 것이다." 분명 이것은 본문의 상황과 관련한 어떤 유형의 가상의 대화 상대자를 소개하는데, 이는 설교체의 전형적인 기교다. 이러한 문체는 독자가 이러한 사람을 적대자 또는 그릇된 목소리를 내는 인물로 이해한다고 상정한다. 바울도 이런 문체를 사용했으며(고전 15:35과 이와 비슷한 롬 9:19; 11:19; 눅 4:23), 다른 그리스 작가들(Jos. *War* 8:363; 4 Macc. 2:24; Barn. 9:6; Xen. *Cyr.* 4.3.10)과 스토아 철학자들도 물론 그러했다(참조. Ropes, 12; Bultmann). 그러나 이어지는 문장을 보면 야고보가 염두에 둔 것은 그런 것이 아닌 것 같다. 이 자료들을 어떻게 조화시킬 수 있을까? 스피타와 빈디쉬는 상반되는 견해가 본문에서 사라졌다고 주장한다(Spitta, 77-79; Windisch, 16-17). 야고보의 답변만 남아 있을 뿐이다. 다른 입장이 난해하다는 이유로, 이러한 해결을 고려하지 말고 거부해야 하는 것은 아니다. 하지만 이 해결은 사본상의 증거가 부족하기에, 이외에 다른 해결을 받아들일 수 없는 사람을 위해 궁여지책으로 남아 있을 수밖에 없다.

디벨리우스, 마티, 로우프스, 미튼, 미흘, 슈라게, 로스 그리고 그밖에 여러 학자는 짝을 이루며 등장하는 σὺ...κἀγώ 어구를 바르게 해석하는 것이 관건이라고 주장한다(Dibelius, 155-56; Marty, 96; Ropes, 208-14; Mitton, 108-109; Michl, 154; Schrage, 31; Laws, 123-24). 텔레스(Teles, 5-6; Dibelius, 156에 전체 내용이 인용되었음)의 경우에서처럼, σύ와 κἀγώ가 가리키는 대상이 누구인지 분명하지도 않고 중요하지도 않다. 문제의 핵심은 대화 상대자가 고린도전서 12:4-10의 많은 은사처럼 믿음과 행위가 별개로 존재한다고 주장하고 있다는 사실이다. 야고보가 공격하는 것이 바로 이러한 분리다. 이 해석의 강점은 그 해석이 도입 어구를 적대자를 가리키는 것으로 취급한다는 데 있다. 우리가 주목했던 여러 다른 경우에서 그러하듯이 말이다. 이 해석은 18b절의 반응에도 어울린다.

하지만 만일 이것이 야고보가 의미하는 것이라면, 그는 그것을 매우 어색하게 표현했다. 이런 경우라면 ἄλλος…ἄλλος (또는 ἕτερος)가 훨씬 더 나 았을 것이기 때문이다(Adamson, 137에 인용된 C. F. D. Moule의 주장을 참조하라. "사실, 내가 보기에 야고보서 본문이 무엇을 의미하는지를 표현하고자 하는 로우프스의 방식은 실제 야고보서 본문과는 전혀 동떨어져 있다.").

메이어, 뮈스너, 애덤슨, 그리고 어쩌면 캉티나도 대화 상대자가 그 **내 용**을 진지하게 취급하기 위해서는 야고보에 동의하고, 17절에 나타난 그의 입장을 18a절에서 다른 음성으로 확장해야 한다고 주장한다. "너는 믿음이 있(다고 주장하)고, (너도 인정하다시피) 나는 행함이 있다. 행함이 없는 너의 '믿음'을 내게 보이라(당연히 그렇게 할 수 없다). 나는…" 만일 이것이 본문이 의도한 것이라면, 본문을 소개하는 ἀλλ'는 역접 접속사일 수가 없고, 2:14-17에 암시된 부정적인 내용을 뒤따르는 강조적 불변사일 수밖에 없다. Ἀλλά의 이러한 용례를 많은 문법학자와 주석가들이 주장해왔다. 이를테면, Chaine, 61; BAG, 37-38; MHT III, 330("정말 그렇다" 등으로 번역된다. 이에 해당하는 예는 요 16:2; 고전 3:2; 고후 7:11; 11:1; 빌 1:18); Thrall, 78-82 등이다. 이 증거에 근거하여 본문에서 앞의 내용과 대조되는 관계를 볼 수 없고, 오히 려 "사실, 누군가 이렇게 말할 것이다"라는 강조로 해석하게 되는 것은 분 명하다.

하지만 이러한 해석은 매력적이기는 하지만 문제가 있다. 첫째, 왜 여 기서 3인칭 단수를 소개하는가? 그것이 단순히 수사학적인 효과일 수 있는 가? 야고보가 이러한 장치를 사용한 것이 겸손함에서 비롯되었는가? 하지 만 이 경우, "인용문"은 적어도 2:19 끝까지 확장되어야 할 것이다. 둘째, 이 러한 해석이 문법적으로는 가능하지만, 언어학적으로는 개연성이 없는 것 같다. 이와 같은 일반적 스타일의 서론이 반대 견해나 동의하지 않는 목소 리를 소개하지 않는 경우를 발견할 수 없기 때문이다. 증거는 이러한 하나 의 예외를 둘 만큼 강력하지는 않다.

그렇다면 분명한 점은 이 본문의 해결을 제시하는 것 중에 문제가 없 는 것은 없다는 사실이다. 전체적으로 디벨리우스가 제안한 두 번째 해결 이 가장 개연성이 커 보인다. 그것이 문법적으로도 가능하고 해석상의 문제도 설명하는 까닭이다. 이것이 설득력이 없다면, 첫 번째 해결의 일부 설명을 차선으로 삼으면 좋을 것이다. 초기의 중자 탈락으로 어떤 요소가 누락되었을 가능성도 있고, 그리스어가 아람어로 된 회당 설교의 편집판이라고 추측하면서 번역자 또는 편집자가 한 절을 생략했을 가능성이 있기 때문이다. 하지만 이러한 해결은 가상적인 것이므로, 두 번째 선택에 머물 수밖에 없다.

그렇다면 본문은 반대 입장을 소개하는 것이 된다. 반대 입장의 요지는 믿음과 행위가 서로 연결될 필요가 없다는 것과, 자선과 믿음이 서로 다른 영적인 은사라는 것이다(여기서 행위는 2:14-17에 등장하는 행위와 동일한 행위다. 즉 바울이 언급한 의식법에 속한 행위가 아니라 예수와 초기 교회의 가르침에 상정된 자선 행위다). 이러한 반대 입장에 대해 야고보는 비난의 글 문체에서 잘 드러나는 도전으로써 반응한다. Δεῖξόν μοι("내게 보여라." 예. Epict. 1.4.10, 13; Ps.-Cal. 3.22.10; 1 Clem. 26:1; BAG, 171)는 "내게 증명해보라"는 뜻이다. "행함이 없는 너의 이 (소위) 믿음을 내게 증명해보라." 그렇게 하는 것은 불가능한 것이 분명하다. 믿음의 실재는 삶의 방식으로만 보일 수 있는 까닭이다. 그래서 바울은 고린도전서 13장에서 믿음은 사랑을 필요로 한다고 주장했다. 야고보는 계속해서 강조의 κἀγώ를 사용하여 **"나는** 나의 행함으로 내 믿음을 보이리라"고 주장한다. 대조는 분명하다. 행함이 없으면, 믿음도 없다. 하지만 야고보는 빠져나갈 길조차 차단하기를 원한다. 그래서 그는 다음 구절에서 대화 상대자의 암시된 입장의 귀류법(歸謬法, reductio ad absurdum)으로 논의를 계속한다.

19절 다시 저자는 상상의 대적자들을 부르는 대화 장치를 사용한다. 중요한 것은 그가 순종을 포함하는 그리스도인 특유의 개인적인 신뢰와 헌신(πιστεύεις + 여격, ἐν 또는 εἰς)보다 대화 상대자 편에서 신조 내용(πιστεύεις ὅτι)에 대한 지적인 헌신을 암시한다는 점이다(참조. R. Bultmann, *TDNT* VI, 210-12). 이렇게 함으로써 저자는 믿음에 대한 바울의 개념과 전혀 다른 것을 암시하고 있고, 그래서 바울의 교리를 문제 삼고 있는 것이 아님을 암시한다. 이 믿음의 내용 역시 중요하다. 그것은 분명히 기독교적인 신앙고백이 아니라 하루에 두 번씩 암송하는 유대교의 쉐마이기 때문이다(신 6:4; 참조. m. Ber. 1; Aristeas 132; Jos. *Ant.* 3:91; Philo *Op. Mund.* 171; Decal. 65). 이 것은 기독교 신앙의 기초가 되었으며, 그리스도인(유대 그리스도인이든 아니 든 상관없이)과 이교도를 구별하는 근거이기도 했다(롬 3:30; 살전 1:9; Hermas *Man.* 1). 이교도 철학자 중에서도 이러한 결론에 이른 사람들이 있기는 했 지만 말이다(참조. Dibelius, 159; Windisch, 18). 이 정통 신조에서 가정된 내용 은 야고보의 독자들이 이것 이상의 것을 믿지 않았음을 의미하지 않는다. 오히려 야고보는 유대교 신앙 중에서 가장 기본적인 형식을 선택했을 뿐 이다. 그는 이어지는 귀신 관련 진술과 이 구절을 대조하고 동의를 얻어낼 수 있다는 것을 알고 있다.

> 본문에 난해한 사본학적 문제가 있다. 원문이 εἷς ἐστιν ὁ θεός이었는가(p⁷⁴ ℵ A 등등), 아니면 εἷς θεός(B 등등), 또는 εἷς ὁ θεός ἐστιν(C 등등), 아니면 ὁ θεός εἷς ἐστιν(K Byz. Lect. 그리고 많은 소문자 사본)이었는가? 이 독법들 사이에 의미상의 차이는 많지 않지만, 첫 번째가 원본일 개연성이 높다. 마지막 독법은 사본의 지 지가 빈약하고, 실제로 동일한 독법의 두 읽기에 해당하는 두 번째와 세 번째는 이방 출신 그리스도인의 신앙에 더 가깝게 다가가면서 첫 번째 독법에 대한 좀 더 "철학적인" 읽기인 듯하다. 첫 번째 독법이 가장 원시적인 것이며 사본의 지 지도 가장 잘 받는다. 이것은 쉐마의 한 형태이며 70인역을 인용한 것은 아니다. 참조. Metzger, 681.

그가 고백하는 내용은 참 신앙과 부합한다. 그래서 야고보는 반쯤은 역설적인 καλῶς ποιεῖς("잘하는도다")라는 말을 덧붙인다(저자는 예수 전통 을 따라 확실히 전심으로 이 진리를 믿었다. 막 12:29). 이런 믿음은 사실 필요하다. 그러나 구원을 얻는 데는 충분하지 않다. 귀신들도 상당히 정통적인 믿음 을 가지고 있지만, 심판의 두려움에 떤다. 귀신을 비롯한 만물이 하나님 앞 에서 떤다(φρίσσω)는 사실은 유대 문헌에도 분명히 나타난다(Test. Abr.의 교 정본 A, 9; Jos. *War* 5:378; Hermas *Man.* 4). 하지만 하나님 앞에서 특히 귀신들이 떤다는 언급은 적어도 신약 시대 직후에는 입증되며 또한 신약 시대에도 있었을 것이다. 이는 하나님의 이름을 귀신과 대조하여 사용하는 마법 문서 파피루스와 기독교 문헌에 나타난다(Leiden Magical Papyrus J 384, 239-40; Justin *Dial.* 49.8; Eth. Enoch 13:3; 69:1, 14; Heb. Enoch 14:2; Clem. Alex. *Strom.* 5.5; 참조. Dibelius, 160; BAG, 873-74; Windisch, 18; Peterson, 295-99; Deissmann, 260). 더 중요한 것은 신약성경이 귀신들의 유일신 신앙에 대해 알고 있고(막 1:24; 5:7; 행 16:17; 19:15), 그들이 인정하는 그리스도를 두려워한다(막 1:23, 24; 5:7)고 기록한다는 사실이다. 요지는 하나님이 존재한다는 사실을 아는 것 자체가 그들을 구원하지 않는다는 것이다. 사실 그들을 떨게 한 것이 바로 이러한 지식(과 축귀 사역자들이 그들을 쫓아낼 때 사용한 이름)이다. 이러한 수준을 넘을 수 없는 믿음은 유익하지 못할뿐더러 최악이다.

더 자세한 내용은 Deissmann, 256; Jeremias, "Paul", 370; Peterson, 295을 보라.

20절 언뜻 보기에 2:20의 이 질문이 행함 없는 믿음이 귀신적이라고 말하는 19절의 내용을 강조한다고 생각하기가 쉽다. 하지만 그럴 경우에는 접속사 οὖν("그러므로")이나 이와 비슷한 단어가 요구된다. 본문의 δέ는 더 많은 증거를 필요로 하는 가상의 대화 상대자의 여전히 눈살을 찌푸린 모습을 그려준다. 야고보는 이스라엘의 역사로부터 결정적인 증거를 소개한다. 그렇다면, θέλεις...γνῶναι는 "너는 알겠느냐?"보다는(Adamson, 127) "네가 알려고 하느냐?" 또는 "보여주기를 원하느냐?"(Mussner, 139; Dibelius, 149; 비교. Cantinat, 148)는 의미다.

"오 어리석은(허탄한) 사람아"라는 호칭은 비난의 글(Bultmann, 60-61; 비교. Hermas *Vis.* 3.8.9; Epict. 2.16.31-32)과 유대 선생들의 강화(고전 15:36; 마 23:17; 눅 24:25; 갈 3:1; 참조. Wessel, 80-82), 그리고 야고보(4:4, μοιχαλίδες)에게서 모두 사용되는 강력하고 직접적인 문체에 해당한다. (4:5에서는 다른 의미로 사용된) 본문의 κενός라는 용어 자체는 언어학적으로는 ῥακά(마 5:22)

와 동일한 단어이며, 지적인 실수만 아니라(Mussner, 140; Cantinat, 148), 도덕적인 실수라는 함의를 담고 있다(삿 9:4; 11:3 LXX). 그래서 이 단어는 μώρος("어리석은")와 거의 근사하다(Adamson, 127처럼 "행위가 결여된"을 암시하려고 문맥과 상관없이 κενός의 어근의 의미로 "헛된", "유익이 없는"이라는 의미를 취하지 않도록 주의해야 한다. 비교. A. Oepke, *TDNT*, III, 659).

(그 사람이 유익하지 못한 믿음을 가지고 귀신들 편에 서게 되었다는 점에서 지적인 실수일뿐더러 도덕적인 실수이기도 한) 문제의 실수는 "행함이 없는 믿음이 아무런 소득이 없는 것"이라는 사실을 인식하지 못한다는 데 있다. 독법 ἀργή(B C it.)는 νεκρά(ℵ A K 등등)보다 더 낫다. 두 가지 이유에서다. (1) 후자는 2:17과 2:26을 조화시키려 한 독법이다. (2) 전자는 야고보가 즐겨 사용하는 언어유희(ἀργή-ἔργων)다. 그렇다면 여기서 전달하려는 사상은 행함이 없는 믿음이 소득도 없고 유익하지도 않다는 것이다(참조. BAG, 104). 그러한 믿음은 소망하는 구원을 주지 못하고 어떤 결과도 내놓지 못한다.

c. 성경적인 논증(2부): 아브라함과 라합(2:21-26)

21절   아브라함의 예는 위의 내용을 증명하기 위해 사용된다. 저자는 아브라함을 "우리 조상"이라고 칭한다. 이것은 유대인의 입에서 나오는 말로서는 매우 자연스러우며(사 51:2; 4 Macc. 16:20; 마 3:9; 요 8:39; m. Ab. 5:2), 그래서 유대 그리스도인이 이 편지를 썼다는 또 다른 증거가 될 수 있다. 그런데 이와 같은 표현은 이방인들에게도 얼마든지 가능했다(예. 1 Clem. 31:2). 그리스도인들은 자신들을 아브라함의 후손으로 입양된 참 이스라엘로 생각했기 때문이다(롬 4장; 갈 3:7, 29).

본문에 담긴 핵심적인 개념은 οὐκ ἐξ ἔργων ἐδικαιώθη("행위로 의롭다 함을 받지 않았다")라는 것이다. 여기서 οὐκ는 분명히 질문에 긍정적인 대답을 기대한다. 그래서 우리는 이것을 하나의 주장으로 읽어야 한다. 하지만 ἐξ ἔργων ἐδικαιώθη의 의미는 무엇인가? 여기서 확실한 것은 바울의 정의를 제쳐두고 먼저 아브라함의 전통에서 대답을 찾는 것이 옳다는 사실이다. 행위는 복수형이다. 이것은 단순히 δίκαιος라고 선언되는 것으로 이

어지는 행동의 등급을 가리킬 수 있다. 하지만 아브라함의 경우 그것은 그
가 받은 열 가지 시험을 가리킬 것이다. 특히 시험(πειρασμός)이 야고보에게
는 중요한 관심사인 까닭이다. 사실, 야고보가 인용하고 있는 이삭을 제물
로 바친 사건(ʿAqedah)은 유대교 전통에서 일련의 시험의 정점이며(*Pirqe R.
El.* 26-31; *Abot R. Nat.* 32; m. Ab. 5:3; 1 Macc. 2:52; Jub. 17:17; 19:8), 이삭이 묶였
고 그 후에 놓였다는 사실은 아브라함이 하나님께 순종했던 증거일 뿐만
아니라, 그가 이전에 했던 자비의 행동 곧 자선의 가치에 대한 증거로 이해
된다.

> 그때 천사들이 큰 소리를 내어 울면서 소리쳤다. "도로가 황폐해졌습니다.
> 걸어서 여행하는 사람이 그쳤습니다. 그는 언약을 깨뜨렸습니다. 아브라
> 함의 상이 어디에 있습니까? 아브라함은 여행자들을 그의 집으로 영접했
> 고, 그들에게 먹을 것과 마실 것을 주었으며, 함께 밖으로 나가 그들로 다
> 시 길을 가게 했습니다.… 양을 잡는 칼이 그의 목에 놓였습니다."

(Ginzberg, I, 281; Ward. "Works", 286-90; Davids, "Tradition", 113-16을 보라).
이 말은 이삭이 놓인 것 자체가 의로움의 선언이라는 뜻이다. 창세기
22:12에서 아브라함과 그의 의를 선언하신 하나님의 최종적인 선언을 숙고
하는 유대인 독자는 창세기 15:6의 선언(이것은 예상하며 한 진술이기에 가치가
있는 결과로 간주되었다)이 아니라, 전통의 과정 속에서 광범위하게 확장된 창
세기 18장의 아브라함의 환대를 생각했을 것이다(Test. Abr. 교정본 A, 1,17; *Tg.
Ps.-J.* on Gn. 21:33; *Abot R. Nat.* 7).

이 자료들은 야고보가 인용하는 행위들이나 그 결과로 야기된 칭의
가 바울과 관련되지 않았음을 의미한다. 오히려 그 행위들은 자비의 행동
이며(그러므로 이것은 이 단락의 도입부에 부합한다), ἐδικαιώθη는 (바울에게서 찾
을 수 있는) 죄인이 죄 없다고 선언되는 법정적인 행동이 아니라, 그 사람이
의롭다는(ṣaddiq) 하나님의 선언을 암시한다(이것은 창 22:12의 "내가 이제 아
노라"라는 문구에 암시된 내용이다. 참조. 사 5:23; Gerhardsson, 27; Dibelius. 162). 우

선적으로 법정적인 강조가 아니라 도덕적인 강조가 의도되었다고 이해한 점에서 애덤슨은 옳다(물론 "온 땅의 재판장"에 의해 지위가 선언되었다는 점에서 어느 정도 법정적인 어조가 있기는 하지만 말이다. 참조. Marshall, 148).

그렇다면 야고보가 논증하는 요지는 법정적인 칭의 선언과 아무런 관련이 없다. 논증되는 바는 단순히 아브라함에게는 믿음이 있었고, 여기서 그 믿음이 야고보서의 다른 곳에서와는 다르게 하나님이 한 분이시라는 사실에 대한 믿음을 의미한다는 것이다(이 점에 대해서 아브라함은 유대 전통에서 유명한 사람이다). 하지만 그에게는 믿음에서 흘러나오는 행함이 있었다. 그의 믿음은 "말하기"만 하는 믿음이 아니라 "말하고 행하는" 믿음이었다. 아브라함은 "심긴 말씀"에 응답했다(1:21: Burchard, "Jakobus", 41. 그리고 D. Via에 반대함. Via는 1:18-24의 메시지를 2:14-26의 메시지와 대비시키려 노력한다). 아브라함은 하나님은 한 분이시라는 믿음 때문에 자비의 행동을 했다. 그러한 까닭에 하나님은 아브라함의 삶을 승인하시고 그를 의롭다고 선언하셨다.

앞에서 제시한 해석은 21절 마지막 문장인 "그의 아들 이삭을 제단에 바칠 때"에 새롭게 초점을 맞춘다. 믿음의 실재에 대한 이 시험은 하나님의 판결이 분명하게 된 시점이 어디인지를 밝혀준다. 아브라함이 이삭을 바치려고 하는 동안에, 하나님은 그 아이의 생명을 보존하심으로써 언약을 비준하신다. "바치다"는 "묶다"로 끝난다. 아브라함은 사실 의로웠고 하나님과의 모든 관계에서 순종했다. 이 개념은 바울과 히브리서와는 거리가 멀다(히브리서에서는 예변적이고 유형론적인 부활을 염두에 두었다. 히 11:17-19). 하지만 만일 야고보의 독특한 관점을 설명해야 한다면, 이와 같은 차이를 염두에 두어야 한다.

22절   2:22에서 야고보는 재빠르게 그의 요점을 제시한다. Βλέπεις("네가 보거니와")는 그가 여전히 2:20(θέλεις δὲ γνῶναι)과 2:19(σὺ πιστεύεις...)의 설교체를 진행하고 있음을 보여준다. 동일한 가상의 인물이 호칭되고 있다. "네가 보거니와"는 앞 절의 예로부터 결론을 이끌어낸다. 덜 극적인 문체에서 οὖν이 하듯이 말이다.

요점은 믿음이 그의 행함(Test. Gad 4:7에서 사랑의 영이 율법과 함께 일하고,

Musonius 21-22에서 로고스가 행함을 돕는다고 한 것처럼 말이다: συνήργει μὲν γὰρ καὶ τῇ πράξει ὁ λόγος)을 도왔다는 것이다(συνήργει [미완료형]이지 ℵ A 사본의 συνέργει [현재형]가 아니다). 이로부터 목표에 도달하는 중요한 요인이 행함이라고 결론을 내릴 수 있다. 행함이 얼마나 필수적인지가 강조될 수 있다. 하지만 야고보는 곧바로 아브라함의 믿음이 그의 행위로(ἐκ τῶν ἔργων) 온전해졌음(ἐτελειώθη, 이것은 의심의 여지가 없이 "성숙해졌다"는 의미이며, 행함이 없는 믿음의 미완성 상태를 가리킨다)을 서술한다. 그렇다면 여기에 균형 잡힌 진술이 있다. 야고보는 믿음도 거부하기를 원하지 않고 행함도 거부하기를 원하지 않는다. 둘 다 개별적으로는 중요하다. 하지만 의롭다는 하나님의 선언을 받는 사람에게는(2:21은 ἐδικαιώθη로써 목표를 제시한다), 믿음과 행함이 함께 섞여야 한다. 믿음은 행함과 함께 일하며, 행함은 믿음을 온전하게 한다(1:4, 15에서처럼 완성하다[completing]가 아니라 온전하게 한다[perfecting]는 것을 염두에 두었음을 주목하라).

하지만 이런 질문이 제기될 수 있다. 아브라함의 믿음이 어디서 갑자기 등장했는가? 틀림없이 두 가지 대답이 제시될 것이다. 첫째, 저자는 창세기 15:6을 알고 있었고 아브라함 전통에서 그 본문의 위치를 알고 있었음이 분명하다. 이는 2:23에서 설명된다. 디벨리우스(Dibelius, 163)는 다음 한 가지만으로도 질문의 답이 된다고 보았다. 곧 유대교의 하가다 전통에서 이 본문이 사용되었기에 이 본문을 사용했다는 것이다. 바울을 의존했다는 사실은 암시되지 않았다. 하지만 둘째, 이 전통을 좀 더 심도 있게 조사하여 야고보가 정말로 아브라함의 믿음에 대한 단서를 **이미** 제시하지 않았을지 질문할 수 있다. 만일 *Gn. Rab.* 38, *Jub.* 11-12, Philo *Leg. All.* 3.228, *Virt.* 216, Jos. *Ant.* 1:154-57에 언급된 아브라함에 관한 이야기들을 기억한다면, 이 질문에 답을 찾는 것은 어렵지 않다. 아브라함은 우상에서 돌이켜 한 분 하나님을 섬겼던 사람으로 알려졌다(요세푸스에게 아브라함은 하나님이 한 분이심을 발견한 사람이다). 이것은 야고보가 2:19에서 믿음을 정의한 것과 정확히 일치한다(εἷς ἐστιν ὁ θεός). 그래서 아브라함의 믿음을 언급한 것은 독자들의 동의를 얻어낼 준비를 한 것이다. 모든 유대인은 아브라함이 한 분이

신 하나님께 얼마나 헌신했(고 다른 사람을 개종하려 했)는지를 알고 있었다. 따라서 22절은 앞으로 진행할 논의로 나아갈뿐더러 아브라함 전통의 두 주제를 하나로 묶는 역할도 한다. 아브라함의 믿음과 그의 행위는 상호보완적이었다.

23절　　앞에서 밝힌 사실로 인해 야고보는 한층 더 분명한 결론을 끌어낼 수 있다. 언급한 사건으로 창세기 15:6이 "이루어졌다"는 것이다. 이것은 전형적인 미드라시 해석방법이다. 주요 사건이나 본문을 인용하고, 본문을 논하며, 그다음에 이차적인 본문을 논의에 첨가한다(Guillaume, 394과 Longenecker, *Exegesis*, 32-38을 인용한 Adamson, 131 참조). 그래서 ἐπληρώθη가 단순히 예언 성취 형식으로 기능한다고 이해하는 것은 올바르지 않다(Mayor, 104; Ropes, 221에 반대함). 오히려 "이루어졌다"는 것은 창세기 15:6의 성경이 야고보가 주장하고 있는 것과 동일한 내용을 말한다는 의미로 이해해야 한다.

로마서 4:3에서도 나타나듯이, 야고보서의 인용 형식은 δέ를 첨가하여 70인역을 따른다(그밖에 Philo *Mut. Nom.* 33,1; 1 Clem. 10:6; Justin *Dial.* 92도 참조하라). 이 경우 70인역은 능동태 *wayyaḥšeḇehā*를 수동태로 바꾸었다. 이렇게 한 까닭은 신인동형론을 반대해서일 수도 있고 혹은 70인역이 그러한 결정을 기록한 천사들 전통을 알고 있었으며 그래서 신성사문자(야웨)를 θεῷ로 번역했다는 데서 찾을 수 있다.

바울을 제외하고도 이 특정한 본문이 사용되었다는 것은 전혀 놀랄 일이 아니다. 유대 해석은 창세기 15:6을 아브라함의 생애를 기록한 시대를 초월한 문장 유형으로 ('Aqedah를 비롯한) 아브라함 전통에 연결시켰다(Mek. *Beshallah* 4[35b] on Ex. 14:15과 7[406] on Ex. 14:31; Philo *Abr.* 262; *Deus Imm.* 4; Jub. 18:6; 1 Macc. 2:52; Ἀβρααμ οὐχὶ ἐν πειρασμῷ εὑρέθη πιστός καὶ ἐλογίσθη αὐτῷ εἰς δικαιοσύνην["아브라함은 시련을 받고도 믿음을 지켜서 의로운 사람이란 인정을 받지 않았느냐?"]. 참조. Dibelius, 168-74). 문제는 야고보가 이 본문을 사용한 것 자

체가 아니라 그가 이 본문을 **어떻게** 사용했느냐에 있다.

첫째, 야고보가 정확히 랍비 해석처럼 그 본문을 사용했다는 증거는 없다. 랍비들은 아브라함의 믿음 자체를 행위로 간주했다(참조. *Tg. Ps.-J.* on Gn. 15:6). 확실한 것은 야고보서의 이 본문에서 믿음과 행동이 분리된다는 사실이다. 두 개가 아무리 밀접하게 연결되어 있다고 하더라도 말이다.

둘째, 야고보는 바울처럼 이 본문을 사용하지 않는다. 두 개의 가능성이 제기될 수 있다. (1) 아브라함에게 행위를 포함한 믿음이 있었음을 보임으로써 2:22이 이미 믿음을 행위와 연결하였기에, 하나님을 믿는 아브라함의 믿음은 의로 간주될 수 있다(Mussner, 144). 또는 (2) 문장의 두 부분이 유대 해석의 미드라시 형식으로 이미 구별되었으므로(1 Macc. 2:52), 야고보도 동일하게 그렇게 한다. 첫 번째 문장으로는 아브라함의 믿음을 언급하고(아마도 그가 우상숭배로부터 회심한 것도), 두 번째 문장으로는 그의 행위가 하늘에서 의롭다고 간주되었다는 사실을 언급한다(Dibelius, 164-65). 디벨리우스가 $\lambda o \gamma i \zeta \omega$를 "하늘의 책에 들어가는 것"을 의미한다고 이해한 것은 확실히 옳다(참조. H. W. Heidland, *TDNT* IV, 284-92). 하지만 그가 그 문장이 이삭을 묶는 것을 가리킨다고 본 반면에, 야고보서 2:21에서 인용했듯이, 워드가 이 사건의 성공적인 결과가 아브라함이 **이전에** 행한 의로운 자선 행위에 대한 상으로 간주되었다고 바르게 주장한 것이 더 개연성이 있다(Ward, "Works"). 야고보는 성경이 아브라함의 생애에서 믿음과 행위가 결합되었음을 증언한다고 이해한다.

셋째, $\phi i \lambda o \varsigma \ \theta \epsilon o \tilde{u} \ \epsilon \kappa \lambda \acute{\eta} \theta \eta$가 직접적인 성경 인용은 아니지만, 야고보는 분명히 이 어구를 성경적 의미를 다르게 표현한 말로 사용한다(예. 사 41:8과 대하 20:7). 이 다른 표현은 이미 유대교 내부에서는 아브라함이 믿음직한 행동을 한 결과로 그에게 붙여진 일반적인 칭호가 되었다(Jub. 19:9; 30:20; 2 Esd. 3:14; Philo *Abr.* 273; 비교. 1 Clem. 10:1; Cantinat, 154; Bowker, 209, 212; J. Jeremias, *TDNT* I, 8). 그래서 이 어구는 느슨한(미드라시) 의미에서 성경적인 요약으로써 야고보가 인용한 성경 인용을 마무리한다.

더 자세한 내용은 Berger, 181-82; K. Berger, *TRE* I, 373-74을 보라.

24절   야고보는 즉시 그가 주장한 것의 결론적인 진술로 이동한다. 이것은 앞에서 고려한 두 성경의 결과를 요약하는 내용이다. 그는 이렇게 함으로써 야고보서에서 다른 어느 것보다도 바울과 정면으로 모순되는 내용에 근접한다. 이 상충 가능성이 있는 내용으로 인해 2:24은 야고보서만 아니라 신약의 총체적인 신학에 있어서도, 틀림없이 해석의 쟁점으로 간주될 것이다.

이 진술의 성격은 그 형식에 분명히 드러난다. Ὁρᾶτε는 한편 단순히 2:22의 βλέπεις를 다르게 표현한 것에 불과하지만(Test. Jos. 10:14; 비교. Epict. 1.4.16; 1.16.3; 1.28.20; 3 Macc. 12:4), 2인칭 단수에서 2인칭 복수로 바뀐 것은 가상의 대적자와 논의하는 것을 끝내고, 저자가 그의 독자들에게 직접 이야기하고 있음을 보여준다(항상 복수형 ἀδελφοί를 사용했다). 이런 인상을 받을 수밖에 없는 것은 저자가 지금 구체적으로 아브라함을 언급하는 대신에 일반적인 용어(ἄνθρωπος)를 사용하여 말하고 있다는 데 있다. 그렇다면 그가 든 예는 앞 절에서 끝났고, 이 절(24절)은 전체 논증의 핵심인 일반적인 결론이다.

하지만 비평적인 주장들을 자세히 살펴보기 전에 그 주장이 바울을 실제로 의존했는지 물어야 한다. 예를 들어, 샌더스(J. T. Sanders, 115-28)는 이 절을 정경의 저자들이 인간의 감정에 근거하여 서로 반박하는 예라고 지적한다. 구체적으로 말해서, 그는 야고보서의 언어가 로마서 3:20, 28과 4:16을 틀림없이 알고 있음을 반영한다고 주장한다. 비평적인 내용은 아래에서 다시 제시하겠다. 이 본문들을 살펴보자.

롬 3:20	διότι ἐξ ἔργων νόμου
	οὐ δικαιωθήσεται
	πᾶσα σὰρξ ἐνώπιον αὐτοῦ

시 143(142):2	ὅτι οὐ δικαιωθήσεται ἐνώπιόν σου πᾶς ζῶν	약 2:24: ἐξ ἔργων δικαιοῦται ἄνθρωπος καὶ οὐκ ἐκ πίστεως μόνον
롬 3:28	λογιζόμεθα γὰρ δικαιοῦσθαι πίστει ἄνθρωπον χωρὶς ἔργων νόμου	
롬 4:16	διὰ τοῦτο ἐκ πίστεως ἵνα κατὰ χάριν εἰς τὸ εἶναι βεβαίαν τὴν ἐπαγγελίαν παντὶ τῷ σπέρματι οὐ τῷ ἐκ τοῦ νόμου μόνον ἀλλὰ καὶ τῷ ἐκ πίστεως Ἀβραάμ	

만일 야고보가 바울 서신의 이 구절들을 정말 알고 있었다면 그는 틀림없이 이 구절들을 반박하려고 의도했음이 분명하다. 다른 한편, 야고보는 다음과 같은 이유에서 이 구절들을 읽었을 개연성이 적다. (1) 야고보서의 어휘는 어느 한 인용에서 발견되지 않고 2장 스물다섯 절에 퍼져 있는 다양한 문맥의 다양한 절에서 발견된다. (2) 결정적인 부분에서 어휘가 바울의 어휘와 다르다(예를 들어, νόμου는 야고보서에는 등장하지 않는다. 하지만 바울이 ἐξ ἔργων νόμου 대신에 ἐκ τοῦ νόμου를 말할 수 있었던 반면에, 그는 문맥에서 율법을 지칭하지 않고서는 ἐξ ἔργων을 언급한 적이 한 번도 없다. 사실 그는 갈 5:19과 6:4에서 상당히 다른 의미와 긍정적인 의미에서 행위를 사용했다. 마찬가지로 야고보의 제한된 표현인 μόνον은 바울과 상당히 다른 문맥에 놓여 있다). (3) 바울과 야고보는 전혀 다른 주제를 논의하고 있다. 바울은 이방인들을 할례와 상관없이 교회에 받아들이는 것의 정당성을 다루고 있는 반면에(참조. Stendahl), 야고보는 (전적으로 유대적일 수 있는) 교회 내부에서 자선 행위를 실천하지 않는 문제를 논의하고 있다. 만일 야고보가 바울을 반대하려 했다면, 그는 바울을 오해한 것이다. 그의 성경 인용과 이와 비슷한 표현들의 의미가 바울의 것과 전혀 다르기 때문이다. 그렇다면 야고보가 로마서를 읽었을 가능성은 거의 없다.

캉티나(Cantinat, 155-57)는 칭의에 대한 부록을 쓰면서 뮈스너(Mussner, 146-50)
와 비슷하게 주장한다. 참조. Laws, 131-33.

그렇다면 두 가지 가능성만 남는다. 야고보가 바울 서신에서 표현했던
믿음과 행위 논쟁이 벌어진 이전 시기에 야고보서를 기록했거나, 이 문제
들이 매우 빈약하게 이해되었던 교회의 한 부분에서 활동했을 것이다. 후
자의 경우 야고보가 바울 공동체와 접촉했을 가능성은 거의 없다. 적어도
바울의 교훈이 철저히 왜곡되기 전까진 말이다. 하지만 야고보가 로마서
가 널리 알려져 교정적인 글이 되기 전에 이차, 삼차로 건너 들었을 가능성
은 있다. 이 두 번째 견해는 야고보가 하나의 슬로건으로서 "믿음이 있다"
고 주장은 하지만 "행함이 없는" 어떤 그룹을 알고 있었음을 가정한다
(Dibelius, 166). 이것이 당시 상황일 수는 있다. 하지만 이것이 그런 경우일
필요는 없다. 바울 서신이 전적으로 바울의 작품이듯이, 야고보서의 형식은
일반적인 유대 전통에서 기인한 야고보의 독립적인 사상에 의해 쉽게 구
성될 수 있었다. 몇몇 사람이 "우리에게는 믿음이 있다. 더 이상 방해하지
말라. 특히 자선에 대해 왈가왈부 하지 말라"고 말하고 있었든지, 아니면
그 교회가 부자들의 행동에 대한 면죄부를 줌으로써 부자들의 환심을 사려
했다고 상정하기만 하면 된다. 이어지는 주해는 이러한 관점에서 수행된다
(참조. Burchard, "Jakobus").

야고보가 제시하고 있는 요점은 하나님이 마지막 심판 때 바로 사람의
행위로(ἐξ ἔργων) 그 사람의 의로움을 선언하신다는 것이다(수동태 δικαιοῦται
는 하나님이 암시된 행동의 주체자임을 나타낸다). 죄인들의 법정적 칭의 문제
는 제기되지 않고, 하나님을 기쁘시게 하는 것이 무엇인지의 문제가 제기
된다. 이것은 70인역에 사용된 이 동사의 정상적인 의미다(44번 사용됨; 본서
2:21 주석을 참조하라). 하나님은 고백한 믿음이 행동으로 옮겨질 때만 기뻐하
신다. 여기서 μόνον의 기능은 분명하다. 신앙고백은 필요하다(여기서 믿음은
바울이 의미한 바를 온전히 띠지 않고, 단지 고백과 지적인 것일 뿐이다). Μόνον이 등
장한다는 사실에서 이 점이 강하게 드러난다. 하지만 이러한 믿음은 그 자

체만으로는 아무런 효과도 내지 못할 것이다. 믿음은 반드시 행위의 결과를 내놓아야 한다. 이것은 야고보가 예수 전통에서 가르침을 받은 것일 뿐이며(마 7:15-21), 분명 바울도 승인할 수 있는 내용이다(갈 5:6; 6:4; 고전 13:2; 고후 9:8; 비교. 엡 4:17ff.; 골 3:5ff.의 권면).

적절한 삶의 정황을 찾기 위해 마태복음 7장에 묘사된 상황 이상을 살펴볼 필요는 없다. 중요한 점은 이 구절을 바울이 내린 정의를 염두에 두고 읽지 말고 야고보로 하여금 자신의 배경에서 말하게 해야 한다는 것이다.

더 자세한 내용은 Allen; Lindemann, 240-52; Trocmé; 반대 입장에 대해서는 Via; Burchard; Ziesler, 9-14; Jeremias, "Paul"; Walker를 보라.

25절   저자는 재빨리 하나님의 승인과 구원을 얻기 위해 믿음이 어떻게 행동으로 옮겨져야 하는지를 예시하는 또 하나의 예로 넘어간다. Ὁμοίως δὲ καί("또 이와 같이")는 이것이 첫 번째 예와 (단지 비슷한 의미가 아니라) 동일한 의미를 지닌 두 번째 예라는 것을 보여준다(Radermacher, 290).

라합은 유대인들의 마음을 사로잡은 사람이었다(참조. Str-B 1, 22-23; b. Meg. 14b-15a; b. Taan. 56; *Ex. Rab.* 27:4; *Sipre* Dt. 22[69b]; Jos. *Ant.* 5:5-30). 야고보는 라합에 대해 거의 언급하지 않지만, 그가 언급하지 않은 많은 내용을 이미 사람들이 알고 있는 것으로 상정한다. 예를 들어, 야고보는 라합의 믿음을 직접 언급하지 않는다(본서 2:26 주석 참조). 하지만 그는 여호수아 2:9, 10에 있는 그녀의 말과 히브리서 11:31과 1 Clem. 12:1, 8의 증거를 혼합하여 기독교 전통이 라합을 믿음이 있는 사람의 본보기로 여겼음을 보여줄 뿐만 아니라, 유대 전통에서 라합이 유대교로 개종한 원형, 곧 "가까이 온" 자로 칭송을 받았음을 알게 된다(*Nu. Rab. Bemidbar* 3:2; *Midr. Ru.* 2[126a]).

하지만 야고보는 독자들에게서 긍정적인 반응을 이끌어내려고 수사학적인 질문(οὐκ ἐξ ἔργων ἐδικαιώθη)을 사용하여 자연스레 라합의 행위를 깊이 생각하기를 택한다. 라합이 정탐꾼을 보호하지도 않고 그들의 지시를 따르지도 않았다면, 라합의 지적인 개종으로는 그녀의 생명이 구원받지 못했을 것이다. 그녀의 행동은 정탐꾼들("사자들"로 번역된 ἀγγέλους는 신약성경에서 일반적으로 하늘의 메신저를 가리키기 위해 사용되었다. 70인역에서는 MT를 따라 νεανίσκοι나 ἄνδρες를 사용하지만, 히브리서와 1 Clement는 더욱 분명한 κατάσκοποι를 사용한다)을 환대하여(고전적인 의미에서 ὑποδεξαμένη) 영접하고, 그들의 목숨을 구해준 것이다(또한 정탐꾼을 "다른 길로 가게 한" [ἑτέρᾳ ὁδῷ ἐκβαλοῦσα] 행동에는 라합이 그들을 왕에게 넘기기를 거절하고 창문으로 정탐꾼들을 성 밖으로 보내며 [따라서 ἐκβάλλω가 적절하다] 추적자들을 조심하도록 한 복잡한 계획이 들어 있다). 이것은 후기 유대교 문헌에서는 이스라엘의 은혜의 보물에 속하는 것으로 이해되었다(Marmorstein, *Doctrine*, 86).

분명한 것은 야고보에게 라합이 훌륭한 예가 되었다는 사실이다. 하지만 그가 아브라함 바로 다음으로 라합을 언급한 것은 우연이 아닐 수 있다. 1 Clem. 10-12에서 두 사람은 πίστιν καὶ φιλοξενίαν으로 구원을 받은 예로 인용되었다. 몇 가지 사실을 주목하라. (1) 두 행위는 서로 의존적이지 않은 것 같다. (2) 두 사람의 동일한 행위는 야고보서에서처럼 「클레멘스1서」에서 상기되었다. (3) 믿음과 환대(클레멘스가 주장하는 자선의 형태)는 「클레멘스1서」에서 강조되며, 야고보의 논증에 필수적이다. 이런 의미에서 이 두 행위가 이 영웅들을 자선(즉 환대)을 베푼 예들로 인용한 일반적인 유대 전통을 의지한 것이라고 주장하는 채드윅이 어쩌면 옳은 것 같다(참조. Chadwick, 281). 이것은 이 단락의 통일성, 이 단락의 자선 주제, 그리고 유대 전통을 의존한 것에 대한 또 다른 단서다.

더 자세한 내용은 Jacob; Young을 보라.

26절   이 지점에서 야고보는 마지막 비교를 사용하여(ὥσπερ...οὕτως καί) 그의 논점을 요약한다. 이 비교에는 마지막 절에 2:17과 수미상관을 이루는 어구가 포함된다. 수미상관은 2:14-17의 주요 논증을 지지하는 야고보의 미드라시 주해를 깔끔하게 묶는다. 사실 이 시점에서 이 비교가 수사학적인 과잉 형태라서 불필요한 듯 보일 수도 있지만, 문제를 결정적인 국면에 이르게 한다.

26절에는 두 가지 요점이 부각된다(마지막 절인 ἡ πίστις χωρὶς ἔργων νεκρά ἐστιν은 2:17에서 다루었다). 첫째, 접속사 γάρ는 저자가 그의 요점을 라합의 예에서 유추한 것으로 이해했음을 암시한다. 따라서 저자는 분명 라합의 행위와 더불어 그녀의 믿음을 생각하고 있었을 것이다. 이러한 단서는 2:25에서 상정된 배경을 채운다. 둘째, σῶμα – πνεύματος의 예는 전형적인 유대 기독교적 인간론을 가정한다. 저자는 사람이 몸과 호흡(이것은 영혼이나 영이라는 용어로도 표현할 수 있다)으로 구성되었다는, 창세기 2:7의 창조 기사에 뿌리를 둔 개념을 언급하고 있는 것 같다. 둘을 분리하면 불멸의 영혼을 몸의 감옥에서 해방시키는 바람이 이루어지는 것이 아니라 단지 죽음의 결과만 있을 뿐이다(요 19:30; 눅 23:46; 전 3:21; 8:8; 9:5; 참조. 고후 5:1-10에서 바울은 몸을 벗어난 상태가 아니라 부활을 갈망한다). 영혼이나 몸이 홀로 있는 건 바람직하지 않다. 생명의 힘이 없는 몸은 단지 부패하는 시체에 불과하다. 이와 마찬가지로 야고보는 믿음이 행함과 결합이 될 때 유용하다고 말한다. 하지만 믿음만 있다면 그것은 죽은 것이고 전혀 쓸모가 없다. 죽은 정통에는 절대적으로 구원하는 힘이 없으며, 사실 사람이 살아 있는 믿음에 이르는 것을 막기조차 한다. 믿음은 자선 행위(즉 사랑과 선한 행위)로써 생동감을 얻는다.

더 자세한 내용은 Burchard, "Jakobus"를 보라.

IV. 순전한 말을 사용하라는 요구(3:1-4:12)

1. 순전한 말은 노하지 않는다(3:1-12)

야고보는 참믿음을 생동감 있게 하려고 자선의 필요를 비롯하여 부와 가난의 관계에 대한 현재의 논의를 결론짓고, 앞서 1:19-21에서 언급한 야고보서의 두 번째 주제인 순전한 말로 화제를 바꾼다. 이 주제는 3:13에서 실제로 취급하기도 할 것이지만, 1:5-8에서도 언급되었던 주제다. 언쟁이나 서로 악담하는 것은 공동체를 괴롭게 하고 분열시킬 수 있다. 특히 공동체의 선생들이 비난하거나 혹평을 일삼는 사람들이라면 더욱 그러하다. 야고보는 이런 행동이 얼마나 일관성이 없으며 악한지를 지적하고, 문제의 그 사람들이 자신들이 생각하는 것처럼 하나님의 영으로 감동을 받은 사람들이 아님을 드러낼 수도 있다고까지 주장한다.

본문은 자연스럽게 세 단락으로 나뉜다. 첫째, 3:1-2a은 하나의 권면을 이루는 서론적인 말씀이며, 여기에 격언이 될 것 같은 일반적인 경구가 덧붙여졌다. 이 복합적인 교훈은 원래 이 논문에 속하지 않았을 가능성이 있다. 3:2b로의 변환이 어색하고, 구체적인 선생들 주제가 기존 단락과 상관이 없는 것이라서, 원래 일반적이었던 교훈을 여기서 교사들에게 적용한 것일 수 있기 때문이다. 둘째, 3:2b-5a은 혀를 제어하는 것의 어려움에 관한 문단을 지지한다. 3:2b에서 이 단락은 εἴ τις로 시작하고(πταίει는 표어와 완전한 사람이라는 주제로 기능한다는 사실을 주목하라), 3:5의 οὕτως καί 구문은 자연스러운 결론이다(2:17, 26에서 이와 비슷한 문체의 특징을 참조하라). 셋째, 3:5b-12은 혀의 악한 능력과 부적절한 작용을 지지하는 두 번째 단락이다. 말머리에 등장하는 ἰδού와 격언은 새로운 단락을 시작하는 명령형의 전형적인 용례를 보여준다(비교. 2:5; 1:16, 19). 마지막 절(12절)의 ἀδελφοί μου는 결론을 암시한다.

우리는 본문의 이 단락에 상당히 많은 전통적인 자료(격언, 일반 표현, 전형적인 예화)가 있다는 디벨리우스의 견해에 동의한다(Dibelius, 182). 이 사실은 그 자료에 매력적인 보편성과 문학적인 조잡함이 공존하는 까닭을 설명해준다. 하지만 우리는 편집자가 이 단락을 하나의 묶음으로 읽기를 원한다는 사실을 잊어버리는 어리석음을 범하지 말아야 한다. 그래야 비로소 독자는 이 단락의 일관성과 야고보서 및 특히 3장의 문맥에서 이 단락이 차지하는 위치를 이해하게 될 것이다.

a. 자만을 경고함(3:1-2a)

1절　　주제 문장에는 이 단락의 의도와 적용이 나타나 있다. 원래 3:2b-12이 언어 문제와 관련한 더 일반적인 논문이었을 수 있지만(1:19처럼, Dibelius, 182), 현재의 문맥에서 본 단락은 선생들에게 초점을 맞춘다. 그들의 죄가 주제다.

이제는 전형적인 호칭인 된 ἀδελφοί μου("나의 형제들아")를 사용하여 (새로운 주제로 넘어간다는 표시임) 저자는 그들에게 모두 선생직을 추구하지 말라(좀 더 정확히 말하자면, 많은 사람이 선생이 되지 말라)고 충고한다. 이렇게 말할 때 우리는 (πολύ처럼, 5:16) πολλοί를 부사로 이해해야 한다는 뮈스너의 제안을 거부한다(여기서 Mussner는 BDF, § 243과 § 115 [1]을 따른다. BDF는 본문을 πολυδιδάσκαλοι를 제안한다. 또는 Völter, 328의 견해도 거부하는데, 그는 Hermas Sim. 9.22.2에서처럼 ἐθελοδιδάσκαλοι로 읽어야 한다고 추측한다; 참조. 골 2:23). 뮈스너가 "많이 가르치지 말라"라는 매력적인 개념을 제공한 것은 확실하다. 그러나 더 일반적인 번역 역시 이치에 맞는 의미를 제공하며, 뮈스너의 제안의 개연성을 낮춘다.

초기 교회에서 선생이라는 은사적 직분은 귀하게 여겨졌으며 그래서 지위가 높았다. 선생 직분은 복음서에 반영되었듯이, 유대교의 선생 역할에 뿌리를 두었다고 보는 것이 자연스럽다. 랍비라는 칭호는 이와 비슷한 의미를 지니는 다른 칭호들처럼 복음서에 알려졌다(요 1:38; 20:16; 마 8:19). 예를 들어 γραμματεύς("서기관" 또는 "율법사", 마 2:4), διδάσκαλος("선생", 눅

2:46), νομοδιδάσκαλος ("율법 선생", 눅 5:17) 등과 같은 칭호들이다(참조. 마 23:2; Jeremias, *Jerusalem*, 241-45). 심지어 기원후 70년 이전에 서기관/선생이 매우 존경을 받았다는 것을 인식하기 위해 후대에 등장한 랍비 훈련과 랍비 임명 제도를 상정할 필요는 없다(참조. m. Ab. 4:12; B. M. 2:11).

기독교에서 지도적 역할은 아마도 일부 공동체에서 랍비나 서기관의 역할로 생각되었을 것이다(마 13:52). 하지만 선생 직분은 물론 은사에 속하기도 했다(고전 12:28). 분명한 것은 선생이 상당한 사회적 계층에 속한 직분이었다는 사실이다(행 13:1에는 예언자와 함께 언급되었다. 비교. Did. 13:2). 그래서 이 직분에 적합한 사람이든 적합하지 않은 사람이든 이 직분을 얻어내려고 하는 충동이 있었다. 이러한 상황이 문제를 야기했다. 교회는 거짓 선생으로부터 참된 선생을 추려내야 했기 때문이다. 이 과제는 요한1서 3장, 베드로전서 2:1, 디모데전서 6:3(비교. 4:1ff.), 디모데후서 4:3, 유다서 등에서도 계속되었음이 분명하다. 하지만 갈라디아서와 그밖에 그의 다른 서신들에 등장하는 바울과 할례당 사이의 갈등도 포함시켜야 한다. 거짓 선생 중에는 교리적 체계를 파괴했던 사람들이 있었지만, 많은 선생이 윤리적 체계를 파괴한 것으로 인용되었다(K. Wegenast, *DNTT* III, 766-68; Laws, 140-43 참조).

그렇다면 이 본문에서 저자는 신분과 그 지위에 속한 다른 보상들 때문에 선생이 되려고 하는 사람들을 다룬다(참조. Hermas *Sim.* 9.22.2). 선생들이 추종자를 확보하려 할 때 이 과정은 경쟁자들과 분열을 야기할 수 있었고 실제로 그러했다. 야고보는 그렇게 하지 말라고 말한다. 많은 사람이 선생이 되어서는 안 되기 때문이다. 오직 소수만 선생으로 부름을 받았을 뿐이다. 더욱이 선생의 역할은 단순히 존경을 받고 추종자를 얻는 것을 뜻하는 것이 아니라 책임을 뜻한다. "많이 받은 자에게는 많이 구할 것"이기 때문이다. 예수가 말씀하셨듯이, 모든 말마다 심판을 받고(마 12:36; 참조. m. Ab. 1:11) 유대인들의 거짓 교사들이 더 심한 심판을 받는다면(눅 20:47; 막 12:40; 참조. 마 23:1-33), 선생들에게는 더 엄격한 잣대를 적용해야 한다는 것이 분명 일반적인 교훈이었을 것이다(εἰδότες는 교회에서 이미 가르친 것을 언급하고 그것의 전통적 특성을 강조한다. 참조. 롬 5:3; 6:9; 고전 15:58; 고후 4:14; 엡 6:8). 그런데 이런 생각은, 선생이 더 큰 해를 끼칠 가능성이 있고 교리와 윤리를 더 완전하게 이해하고 있다고 주장한다는 점에서 옳다.

저자는 이 시점에서 λημψόμεθα로 자신의 입장을 밝힌다. 그는 선생 중에 자신도 포함시킨다. 야고보서의 편집자에 대해 우리가 알고 있는 것이 무엇이든 간에, 그는 자신을 선생으로 생각했으며, 자신의 지위에 대해 적절한 겸손의 태도를 지녔다. 그 역시 자기가 가르친 것으로 심판을 받을 것이다(고전 9:27에서 바울은 이와 비슷한 개념을 표현했다. 그 본문에서 바울은 다른 사람을 가르칠 수는 있지만, 자신이 "버림을 당할까"[ἀδόκιμος] 걱정한다).

2a절   심판은 정죄할 뭔가를 찾기 마련이다. 저자는(그는 여전히 1인칭 복수를 사용하여 이 문제에 자신도 포함시킨다) "우리가 다 종종 실수한다"는 사실에 사람들의 주의를 환기시킨다(ἅπαντες는 선생들만 아니라 모든 사람을 가리킨다. Πταίω는 신약성경에서 이곳과 2:10; 벧후 1:10; 롬 11:11에서만 사용되었다. Hermas *Sim.* 4.5, πολλὰ ἁμαρτάνουσιν). Πολλά는 짐작건대 순전히 빈번함뿐만 아니라 모든 종류의 때를 언급할 것이다(참조. Dibelius, 184. Mussner, 160은 "많은 점에서"라고 언급할 때 틀리지 않았다. 비교. BAG, 695). 전체 표현은 겸손한 고백이 아니라 선생에게 임박한 심판을 직면하여 주의하라고 경고하는 금언적 관찰이다. 유대인 저자와 이교도 저자를 막론하고 이러한 사상을 표현하는 저자들이 다양하다는 사실을 고려하면, 이 말의 금언적 특성은 매우 분명하다(Soph. *Ant.* 1023; Thuc. *Hist.* 3.45.3; Epict. 1.11.7; 2.11.1; Seneca *Clem.* 1.6.3 —peccavimus omnes, alii gravia, alii leviora[모든 사람은 죄를 짓는다. 어떤 사람은 엄중한 죄를 짓고, 다른 사람은 가벼운 죄를 짓는 것일 뿐.]; Philo *Deus Imm.* 75; 잠 20:9; 욥 4:17-19; 시 19:13; 전 7:20; Sir. 19:16; 1QH 1:20-21; 2 Esd. 8:35; 롬 8:46; 요일 1:8). 이제 야고보는 그가 선생들에게 경고하기를 바라는 구체적인 죄를 이러한 관찰과 연결할 것이다.

b. 혀의 위력을 경고함(3:2b-5a)

2b절   야고보는 더 큰 문맥 안에서 한 단락을 시작할 때 자주 사용
한 가상적인 예를 이용하여(1:5; 2:26) "만일 말에 실수가 없는 자라면 곧 온
전한 사람이라"고 말문을 연다. 동사 πταίω(3:2a을 보라)는 3:1-2a의 주제 서
술과 이를 지지하는 첫 번째 문단을 연결하는 표어를 이룬다. 3:1로부터 약
간의 사상적 전환이 있다. Λόγος가 선택된 것이 확실히 선생에게 적용하기
에 적절하기 때문이지만(Mussner, 160), 이 단어는 가르치는 일의 오류에만
한정되지 않고(Dibelius, 184) 모든 말을 아우르며, 3:5의 γλῶσσα와 동의어로
사용되었다. Τέλειος("온전한 자")는 1:4에서처럼 여기서 죄 없음이 아니라
덕목의 완전함을 지칭하려고 사용되었다. Ἀνήρ("사람")는 처음에 1:12에
서 관찰한 야고보의 전형적인 문체의 특징인 췌언이다.

여기서는 혀를 제어하는 것에 높은 가치를 부여한다. 야고보가 많은
선생에게서 보게 되는 문제에 이것이 상당히 적합하기 때문만 아니라 유
대교에서 매우 일반적인 내용이기 때문이다(Sir. 19:16; 20:1-7; 25:8; 잠 10:19;
21:23; 전 5:1; m. Ab. 1:17. Dibelius, 184에 인용된 필론의 글과 그리스 작품들도 보라).
야고보는 1:26의 진리를 반복하고 이 단락의 주제 문장으로 기능하게 하
려고 그 교훈을 사용한다. 이어지는 예들은 이 점을 입증하기 위한 것이다
(Dibelius가 주장하듯이, 이 예들은 전통적인 것으로 보이며, 자주 함께 등장하는 것
같다).

온전한 사람에 대한 이 결론적인 묘사로 인해 앞의 주장이 확증된다.
신약성경에서 이곳 1:26에서만 사용된 χαλιναγωγέω는 1:26을 강력히 상
기시킬뿐더러 다음 절에 등장하는 예의 χαλινός와 연결할 수 있는 점을 제
공한다. 동시에 이 단어는 몸과 그 정욕을 제어하는 잘 알려진 덕목을 가르
친다(예. m. Ab. 4:1; 참조. 약 1:13과 yēṣer라는 개념). 그중에서 야고보는 혀를 제
어하는 것을 주요한 측면으로 삼길 원했다. 이는 초기 유대 기독교적인 권
면 전통 안에 견고히 자리 잡고 있으면서 공동체의 조화를 이룩하기 위한
특별한 관심을 가지고 선생들에게 적용되고 있다.

더 자세한 내용은 Bauer를 보라.

3절　　야고보는 즉각 예를 시작한다. 하지만 그가 이 예를 어떻게 구성했는지 결정하기는 쉽지 않다. 사본상의 문제가 매우 불투명하기 때문이다. C P 사본과 많은 역본은 ἴδε라고 읽는다. ℵ는 εἴδε γάρ (= ἴδε)라고 읽고, A B K L it. Vg, 등은 εἴδε라고 읽는다. 문제는 엇비슷한 모음을 이오타로 발음하는 것 때문에 발생했다(ει는 장모음 ī로 발음된다. 비록 B 사본에서도 이 낱말이 ī의 역할을 하지만 말이다). 그래서 웬만한 사람은 철자 ειδε가 εἰ δέ("그러나 만일")를 의미하는지 아니면 ἴδε("보라")를 의미하는지 확신할 수 없다. 호트(Hort, 68-69), 디벨리우스(Dibelius, 184-85), 슈라게(Schrage, 32), 뮈스너(Mussner, 158), 마티(Marty, 119), 캉티나(Cantinat, 167)는 UBS[3](참조. Metzger, 681-82)와 Nestle[25]를 따라 εἰ δέ를 택하고, 다른 독법을 3:4, 5의 ἰδού와 동화시키려는 시도로 이해한다.

애덤슨, 하워드, 로스, 메이어, 로우프스는 모두 ἴδε가 정확하다고 주장한다. 그 단어가 ἰδού와 야고보의 셈어 선호에 의해 암시된 문체에 어울리고 εἰ δέ는 의미가 잘 통하지 않는다는 것을 그 이유로 든다(Adamson, 141; W. F. Howard[MHT II, 76-77; 참조. BDF, 22-23]; Laws, 146; Mayor, 108-10; Ropes, 229). 야고보의 문체를 분석한 자료에 따르면, (ἰδού가 5번 등장한 것과 대조적으로) ἴδε는 다시 등장하지 않지만, εἰ δέ는 5번 더 등장한다(5장에만 없다). 결과적으로 둘 중 어느 독법에 대해서도 더 어려운 독법(*lectio difficilior*)을 주장할 수 없다. Ἴδε가 야고보의 문체에 적합하지 않지만, εἰ δέ는 문맥에 잘 어울리지 않는다. Εἰ δέ를 선호할 만한 이유가 하나 있는 것 같다. 3:2의 εἴ τις는 도입 형식에 해당하는 어구다. (3:4과 비교되지만, 그 자체로 문단을 소개할 수 있는) 바로 이후에 등장하는 명령형 사용은 εἰ가 δέ와 함께 반복해서 사용되어 주장과 서술을 연결해준다는 것보다는 개연성이 낮다.

3절　　의미는 명확하며, 여기에 제시된 예화는 수많은 저술가(Plut. *Mor.* 33; Philo *Op. Mund.* 88)와 지중해(와 갈릴리) 주변의 현자들도 사용할 만큼 일반적이다(참조. Rendall, 38). 굴레(χαλινός)와 말을 먼저 언급한 것은 앞 절의 χαλιναγωγῆσαι와 연결하려는 의도다. 입을 제어함으로써 몸 전체가 방향을 바로 잡도록 한다는 사실은 혀를 제어할 필요와 그렇게 함으로써 얻을 수 있는 긍정적인 결과에 대한 매끄럽지 않은 유비다.

유비는 매끄럽지 않다. 그래서 라이케는 이것을 좀 더 분명히 할 것을 제안한다(Reicke, 37). 굴레나 혀 모양을 한 노가 말과 배를 제어하지만, 인간의 혀는 인간의 몸을 제어하지 못한다. 하지만 배가 교회를 지칭하기에 잘 사용되는 상징이며(벧전 3:20; 참조. 사도 교부들), 바울이 교회를 지칭하려고 자주 σῶμα를 사용하는 까닭에, 야고보가 의미하려는 것은 이것이다. 만일 교회의 "혀"인 선생을 잘 제어한다면, 온 교회는 방향을 잘 잡을 것이다.

이 제안은 매력적이다. 본문의 문맥이 선생들을 언급하는 까닭이다. 야고보는 사람을 잘못 인도할 수 있는 폭풍을 실제로 언급하며(1:5-8), 배 이미지도 실제로 존재한다(Reike는 Bornkamm, *Tradition*에서 배 이미지가 마 8장에도 있는 것이라는 H. J. Held의 제안을 언급하지 않는다). 비록 야고보서에서 이 말이 가끔은 라이케가 제안하듯이 교회에서도 사용되었을 것을 기대하게 된다고 하더라도, 문맥은 이러한 해석을 용인하지 않는다. 야고보의 σῶμα 사용(이곳과 2:16, 26을 더하여 3번)에서 바울의 용례를 암시하는 것은 아무것도 없다. 그리고 이 본문 이후에 야고보가 공격하는 악덕은 교리적인 오류에 속하는 것들이 아니라 개인적인 경쟁에 속한 악덕들이다. 야고보가 그의 유비에서 정확성을 추구할 필요가 없었다고 결론을 내릴 수 있다. 누구나 분열 이전에 악담이 오간다는 것을 알고 있다. 또한 누구나 자신의 행동은 바르더라도, 철회할 수 있었으면 하는 말을 자신이 많이 한다는 것을 안다.

4절   이 시점에서 디벨리우스의 가설을 고려해볼 필요가 있다(Dibelius, 185-90). 이를테면, 3:5과 함께 이 두 절에 원래 의미에서 떨어진 그리스의 상투적인 진술이 인용되었지만(그래서 약간의 매끄럽지 않은 부분이 왜 발생했는지 설명된다), 원래는 키잡이와 말을 모는 사람으로 연결되었던 것 같다는 가설이다. 이 단락에 사용된 어휘가 흔치 않은 것임은 의심의 여지가 없다. 이 절에 등장하는 많은 단어가 신약성경이나 심지어 성경 그리스어에서 한 번만 사용되는 단어들이다. 마찬가지로 이 절들은 그리스 문헌에서 병행구를 찾을 수 있다(4 Macc. 7:1-3; Philo *Op. Mund.* 88, 86; *Det. Pot. Ins.* 53; *Leg. All.* 2.104; 3.223; *Spec. Leg.* 1.14; 4.79; *Flacc.* 86; *Migr. Abr.* 67; *Cher.* 36; *Prov.* 1.75; *Decal.* 60; Soph. *Ant.* 477; Aristotle *Q. Mech.* 5; *Eth. Eud.* 8.2.6; Lucretius *De Rerum Natura* 4.898-904; Lucian *Jup. Trag.* 47; *Bis Accus.* 2; Cicero *Nat. D.* 2.34, 87; Stob. 3.17.17; Plut. *Q. Adol.* 33; *Gar.* 10. A; 더 자세한 예는 Mayor를 참조하라).

문제는 이 병행구들을 평가하는 것이다. 첫째, 병행이 매우 광범위하게 일어나기에 그것들은 틀림없이 "어느 곳에나" 있었을 것이다. 어디에 살든지 이러한 금언을 인식하기 위해 그리스 문학에 대한 대단한 지식이 요구되지는 않았을 것이다. 둘째, 말과 배는 당시 사람들이 다루어야 했던 운송수단을 요약적으로 표현한 것들이다. 둘을 연결하는 것은 일반적인 관찰만으로도 매우 자연스러워 어느 특정한 저자가 전통적인 용례를 의존할 필요가 없었다(말 비유는 단독적인 말에서 마차-말로 이동하며, 이러한 관찰을 더욱 확증한다). 누구나 야고보서의 저자가 그리스어를 잘 알고 있었음을 인정한다. 분명 그는 일부 그리스어 문헌을 읽었을 것이다. 또한 전통적인 자료의 사용이 그에게 알려지기도 했다. 하지만 이것 이외에, 그가 다른 사람들의 관찰을 반복했는지, 그의 일상적인 언어로부터 일반적인 표현을 사용했는지, 또는 실제로 문학적인 전통을 언급했는지는 결정할 수 없다. 다만 그가 이를테면 필론과 여러 부분에서 접촉했다고 입증된 경우에만 그가 실제로 문학적인 전통을 언급했다고 추측해볼 수 있다.

야고보가 적어도 구전으로 전해내려 온 금언들을 언급하고 있을 가능성은 그 금언들이 정확하게 맞아떨어지지 않는다는 사실에 의해 힘을 얻는다. "우리는 말의 입을 제어함으로써 말을 제어한다"와 "우리는 작고, 혀 모양으로 생긴 키를 제어함으로써 배를 제어한다"는 말은 "자기 혀를 통제할 수 있는 사람은 자기 온몸을 통제할 수 있다"는 말과 정확히 맞지는 않는다. 반면에 이 금언들은 자연히 혀가 커다란 악을 생산한다는, 즉 몸의 방향을 잘못 설정하고 그래서 반드시 통제해야 한다는 다음 문단으로 이어진다. 저자는 조금 뒤에 이야기할 것을 미리 생각하고 있는지도 모른다. 증

거는 일반적인 금언이 사용되었음을 가리킨다. **문학적인** 병행구 중에 정확
하게 이런 식으로 그 이미지를 사용한 것은 하나도 없다.

    5a절 야고보는 그가 자주 사용하는 οὕτως καί로써 비교점을 끌어
낸다. 혀는 작지만 영향력이 강하다. 첫 번째 결론은 단지 야고보가 혀를 제
어하는 사람을 τέλειος ἀνήρ("온전한 사람")라고 부른 것이 매우 정당하다는
것을 입증하는 것에 불과하다. 혀를 제어하는 사람은 제어하는 지체를 제
어하기 때문이다. 반면에 비유에서 이미 보이는 사상의 전환으로 이제 그
사실이 분명해졌다. 혀는 사실 영향력이 강하다. 하지만 그것이 늘 선한 목
적으로 사용되지는 않는다. 야고보는 훌륭한 두운법(μικρόν -μέλος -μεγάλα)
을 이용하여 혀에 상주하는 악의 힘을 다루기 시작한다. 개연성이 높
은 독법인 μεγάλα(A B P 등등)를 취하든지, 아니면 약간은 가능성이 낮은
μεγαλαύχει(ℵ와 코이네 사본 전통. 이 독법은 시 10:18[9:39]; 겔 16:50; Sir. 48:18; 습
3:11; 2 Macc. 15:32과 조화시키려고 작성되었을 것이다)를 택하든지, 의미는 같다:
"크게 자랑하다", "큰 것을 자랑하다"(바울이 καυχάομαι를 부정적인 의미로 사용
한 것과 비슷하다. 참조. LSJ). 부정적인 어조는 분명하다. 이것은 용례에 있어
비관적인 변화가 아니라(Dibelius, 190-91에 반대함), 혀의 힘에서 바른 제어
가 필요한 혀의 악으로 이동하는, 사상의 느린 변화다. 혀가 배를 조정한다
는 것이 아니라, 바른 조타수가 종종 제어하지 않는다는 것이다.

c. 혀의 이중성을 경고함(3:5b-12)

    5b절 전환적인 명령형에 이어 야고보는, 3:2이 금언적이었듯이,
하나의 금언을 사용하여 새로운 단락을 소개한다. Ἡλίκον...ἡλίκην 구조
는 그 표현에 균형과 대칭을 제공한다(A C 사본과 코이네 전통은 첫 번째 ἡλίκον
을 좀 더 쉬운 ὀλίγον으로 바꾸었다. 의미는 바뀌지 않는다. BAG, 346에 언급되었듯이,
Antiphanes 166.1; Lucian *Herm.* 5; Epict. 1.12.26; 그리고 Philostr. *VA* 2.11.2 모두 "얼
마나 작은지"와 이것과 병행되는 구조에서 "얼마나 큰지"를 가리키려고 ἡλίκος를 사용
한다). 작은 불이 얼마나 큰 숲을 태우는가. 그렇다면 우리는 여기서 불꽃과
숲의 대조, 안전망이 없는 불이 퍼져 불타오르는 지옥의 대조를 본다. 엘리

엇-빈스는 여기서 묘사하고 있는 장면이 팔레스타인에서 발견되는 관목이나 떨나무의 모습이라고 주장한다(Elliott-Binns, "Meaning", 48-50). 이 주장은 뮈스너(Mussner, 162), 디벨리우스(Dibelius, 192), 캉티나(Cantinat, 172)도 받아들인다. 비숍은 팔레스타인의 건기에 국지적으로 발생한 불이 매우 빠른 속도로 번져나간다는 사실을 지적한다(Bishop, 186).

　　디벨리우스(Dibelius, 192-93)는 원래 이 이미지가 정열에 대해 말하려고 했고, 불처럼 제 맘대로 돌아다니는 정열이라는 운송 수단에 올라탄 키잡이나 마부처럼 정열을 제어하는 이성과 대조된다고 주장한다. 정열을 가리키는 이미지로 사용된 불에 대해서는 확실히 많은 증거가 있다(Plutarch *Co. Ir.* 4; *Gar.* 10; Lucian *Amores* 2; Diogenes of Oinoanda 38.3; Philo *Spec. Leg.* 4.83; *Decal.* 32.173; *Vit. Mos.* 2.58; *Migr. Abr.* 94.23; Phocyl. *Poema Admon.* 143-144; *Lv. Rab.* 16 on Lv. 14:4). 앞에서 보았고(1:13ff.) 나중에도 보게 되겠지만(3:13-18; 4:1ff.을 보라), 불이 곧 정열이라는 이미지가 부분적으로 야고보의 사상에(적어도 악한 욕망이라는 용어에) 스며들었다. 하지만 이 모든 본문이 **정열**을 불꽃에 비유하고 있지만, 야고보는 이제 혀가 불이라고 지적한다. 그에게는 시편 10:7(9:28), 39:1-3(38:2-4), 83:14(82:15), 120(119):2-4, 잠언 16:27, 26:21, Sir. 28:13-26, 이사야 30:27, Pss. Sol. 12:2-3 등 이를 입증한 유대 문헌의 풍부한 선례가 있다. 그렇다면 야고보가 그가 알고 있는 성경적인 전통(특히, Sir. 28:22)에 의존했을 가능성이 무척 큰 것 같다. 하지만 야고보의 어휘는 그 자신의 것이고, 인용한 70인역의 구절들에 의존한 것이 아니다. 신약성경에서는 누가복음 12:49에서만 ἀνάπτω가 등장하고, ἡλίκος는 갈라디아서 6:11과 골로새서 2:1에서만 등장하며, ὕλη는 신약성경에서 한 번만 사용된 단어지만, 70인역에서는 자주 등장한다(예. Sir. 28:10). 그래서 본문의 격언은 틀림없이 많은 사람이 사용한 일반적인 표현이다. 그것을 혀에 적용한 것은 성경 문헌에 정통한 사람에겐 자연스러운 일이었다.

　　6절　　3:5b의 격언으로 야고보서의 더욱 복잡한 구조 중 하나가 야기된다. 사실 본문의 일반적인 의미는 분명하다. 하지만 학자들은 본문의 자세한 의미나 구조에 대해 서로 의견이 일치하지 않는다. 본문을 설명하는 기본적인 세 가지 접근이 등장했다. 첫째, 본문이 변경되었다는 설명이다(Spitta, 96-98; Windisch, 23; Dibelius, 193-95; Ropes, 233). 스피타는 καὶ ἡ γλῶσσα...ἀδικίας가 사실 3:6-12의 제목이었다고 제안한다. 반면에, 디벨리우스는 ὁ κόσμος...ἡμῶν이 해설이라고 결론을 내린다. 애덤슨(Adamson, 158)은 이와 비슷한 노선을 따라 페시타 역인 "혀는 불이며, 죄악 된 세상은 나무"가 원래 형태라고 제안한다. 자연히 페시타 역본이 제시하듯이, 초기의 역본들과 필경사들 모두 본문이 난해하다는 것을 알게 되었다(그래서 א 사본에서는 본문을 시작하는 첫 단어인 καί가 생략되었고, 일부 코이네 사본들에서는 두 번째 ἡ γλῶσσα 앞에 οὕτως나 οὕτως καί가 첨가되었다. 이 모든 변경은 구두점을 찍으려는 시도일 것이다).

둘째, 비교적 오래된 일부 주석가 중에서는 ὁ κόσμος를 분명한 의미 이외의 다른 의미로 취하려는 몇 차례 시도가 있었다. 셴(Chaine, 81)은 "악의 장식"을 제안한다. 혀는 악을 매력적이게 한다는 의미라고 한다(참조. 벧전 3:3; Isid. *Epis.* 4.10). 미흘(Michl, 48), 비드(Bede) 그리고 많은 옛 주석가와 마찬가지로 불가타 역은 universitas iniquitatis(악의 "우주" 또는 "총체")라고 번역했다(참조. 잠 17:6). 이러한 설명은 언어학적으로 불가능하지는 않지만 개연성은 작다. 야고보는 κόσμος를 다른 곳에서 4번 사용하고 있으며(1:27; 2:5; 4:4[2번]), 이 중 어느 곳에서도 그러한 의미가 적합한 곳은 한 군데도 없다. 그 대신 ὁ κόσμος τῆς ἀδικίας는 μαμωνᾶς τῆς ἀδικίας와 병행하는 어구로 취급되어야 한다(눅 16:9, 11. 비교. 이와 비슷한 형식이 등장하는 눅 18:6). 이 어구에서 소유격은 형용사 ἄδικος 대신 사용되었다(이 단어의 구조 자체가 아니라 빈도수는 셈어의 영향 때문일 것이다. 형용사는 야고보서에서 적어도 7번 사용되며, 모두 여성형 명사와 연결되었다). "세상"의 악함과 하나님을 대적하는 특성은 초기 기독교 사상에서 매우 흔한 것이어서 초기 독자들이 이 어구를 다르게 이해했다는 것은 생각할 수 없다(참조. J. Guhrt, *DNTT* I, 524-26. 야고보가 이 용어를 사용한 것은 그가 요한1서에도 등장하는 권면 전통에 가까움을 암시한다).

셋째, 많은 주석가는 전통적인 문법과 그 문법의 분명한 의미를 밝히려고 씨름한다. 이 경우 ἡ γλῶσσα πῦρ를 체언문으로 취할 수도 있다. 이 경우, ὁ κόσμος는 주어인 ἡ γλῶσσα와 동격일 수도 있고(Alford, IV, 305), 주어인 ἡ γλῶσσα를 보완하는 καθίσταται의 서술적 보어일 수도 있다(Hort, 71은 1:7, 8과의 병행을 제안한다. Mayor, 113; Mitton, 125–26. Laws, 148–49은 4:4에서 καθίσταται의 재귀적 용법에 주의를 환기시킨다). 또는 καθίσταται를 ἡ γλῶσσα의 두 사용과 함께 암시된 동사로 취급할 수도 있다(Mussner, 162–63; Schrage, 39). 체언문과 서술어-주어-동사의 순서로 된 절이 있는 전자의 구조가 더 가능성이 있다. 이것은 ἡ σπιλοῦσα에 관사가 있는 이유를 설명한다. 하지만 둘 중 어느 것이든지 의미는 같다. 혀는 3:5b의 격언에 언급된 위험한 불이다. 이러한 정서는 상대적으로 유대 사상에 흔했으며(잠 16:27; Sir. 28:22; Pss. Sol. 12:2–3; *Lv. Rab.* 16 on Lv. 14:2), 자연히 다른 비교로 이어진다. 혀가 몸의 여러 지체 중에서 악한 세상 그 자체를 대표한다고 말이다. 저자는 이렇게 말하면서 아마도 혀가 악한 *yēṣer*의 특별한 자리라는 사실을 의미하려 한 것 같다. 야고보서의 상당히 많은 부분이 공동체의 갈등 문제를 다루고 있으며, 3:8–12이 두 마음(두 마음 자체는 악한 충동의 성격이다)을 혀의 특성이라고 지적한다(참조. b. Shab. 105b). 하지만 이 진술을 저자의 인간론에 대한 공식적인 선언으로 너무 몰고 가지 말아야 한다. 본문의 의미는 단순히, 말이 통제하기 가장 힘든 기능이므로, 누구나 말에서 그 사람의 마음에 있는 "세상"을 맨 먼저 관찰하게 된다는 것이다(막 7:14–23 병행구).

예수의 가르침에서처럼 야고보는 혀가 몸 전체를 더럽힌다고 주장한다. 이것과 이어지는 분사구에서 주요 문장의 정확한 의미가 설명된다. 디벨리우스가 표현하는 것처럼, 영혼이나 몸을 더럽힌다는 사상, 즉 몸을 도덕적으로 더럽힌다는 사상은 "몹시 진부한 표현"이다(Dibelius, 195. 비교. Test. Ash. 2:7: Wis. 15:4: 유 23). 더럽혀지는 것은 전형적인 유대적 의미의 몸, 다시 말해서 전인이다(참조. E. Schweizer, *TDNT* VII. 1047–1048, 1058). 사람이 주변 공동체를 통해서든지 자신의 혀로 도덕적으로 더럽혀진다는 것이 분명하기 때문이다. 반면에 혀는 거기서 멈추지 않는다. 혀는 삶의 전 과정에 불을 지른다. 모함이 행동으로 발전되거나 논쟁이 싸움으로 발전되는 것에서 입증되듯이 말이다. 이 불의 기원은 바로 지옥이다.

Τροχὸς τῆς γενέσεως라는 표현의 문제를 주석가들이 오랫동안 논의해왔다. 디벨리우스(Dibelius, 196-98)와 애덤슨(Adamson, 160-64) 및 로우프스(Ropes, 235-39)에 언급된 부록을 살펴볼 필요가 있다. 이들이 제시하는 자세한 내용은 논의의 현재 상태를 단지 요약할 필요가 있음을 의미한다. 디벨리우스가 지적하듯이, 디오니소스 숭배자들의 문헌에 "순환의 과정"(circle of becoming) 사상이 들어 있다(Procl. *In Tim.* [5, 330 A] 3의 κύκλος τῆς γενέσεως). 하지만 정상적인 용어는 단순히 κύκλος다. 비록 γενέσεως τροχῷ가 하나의 본문에 실제로 등장하지만 말이다(Simplicius 2.168b. 그런데 여기서 이 용어는 해석되고 있는 신화에서 나온 것 같다). 이 문헌은 매우 초기의 작품이기도 하다. 따라서 이 비유적인 표현은 후기 그리스 문헌과 유대문헌에 삽입될 충분한 시간이 있었다(Ps.-Phocyl. 27=Sib. 2:87; *Ex. Rab.* 31:3 on Ex. 14:25; b. Shab. 151b; 참조. Kittel, *Probleme*, 141ff.; Philo *Som.* 2.44).

그러므로 이렇게 결론을 내려야 한다. 이 어구는 원래 디오니소스 숭배자들이 사용하던 형식은 의존했을 가능성이 있는 비전문적인 용어라고 말이다. 하지만 이 용어는 이제 그 근원에서 꽤나 멀어져 있어, 지중해 주변의 담화에서 부정확하게 사용되었다. 이 용어가 여러 문헌에서 다양하게 사용되어 그 의미를 정확하게 결정하는 것이 불가능하게 되었지만, 야고보가 이 표현으로써 "삶의 전 과정"을 의미하려 했을 가능성은 크다.

게헨나의 불을 붙인다는 개념 역시 매우 흥미로운 개념이다. Apoc. Abr. 14. 31에는 지옥에 아사셀(사탄)이 있다고 언급되었다. 그래서 그 문헌이 나온 시기에는 사탄이 (요한계시록의 미래와 다르게) 현재 지옥에 거주하는 것으로 밝혀졌다(참조. b. Arak. 15a; Laws, 152; 하지만 W. Foerster, *TDNT* II, 80도 참조하라). 그렇다면 야고보는 이보다도 일찍이 이런 신념을 언급했다고 할 수 있다(특히 본문을 3:15과 4:7과 연결한다면 그렇다). 그런데 이곳에서 야고보가 제시한 표현은 그러한 주장도 넘어선다. 일반적으로 악한 존재들이 고난을 받거나 갇혀 있는 곳으로 여겨지는 장소(참조. J. Jeremias, *TDNT* I, 657-58)인 게헨나(또는 하데스)는 이제 악의 근원을 지칭하는 표현으로 사용되었다(참조. 계 9:1-11; 20:7-8). 두 사실이 두드러진다. (1) 분명하고 이해할 수 있게도 이것은 단수형이다. 옥은 지금 옥에 갇힌 자들을 가리킨다(아마도 살아 있는 사람들에게 주는 경고이기도 할 것이다). (2) 이미 세상이나 악한 충동으로 언급되었던, 사람 속에 있는 악은 지금 처음으로 그 궁극적인 기원으로 사탄에게까지 거슬러 올라간다.

이 시점에서 6절의 난제가 발생한 까닭은 분명하다. 저자는 상당히 많은 어구와 표현을 쌓아놓았다. 이 표현들을 관용적으로 취급하지 않는다면, 그것들은 비유와 문법이 섞여 있어도 원래 독자들에게는 수사학적 명료함으로 다가왔을 것이다. 가끔은 같은 현상이 현대 설교에도 해당한다.

더 자세한 내용은 Carr, "Meaning"; Kittel, τροχόν; Stiglmayr; van Eysinga를 보라.

7절   앞 절에서는 불을 묘사하면서 혀의 거칠고 파괴적인 특성을 제시했다. 이제 야고보는 자연에서 가져온 또 다른 유비를 사용하여 이 이미지를 설명한다(γάρ는 이와 비슷한 것을 나타낸다). 이 유비는 사실 3:3, 4에 이미 제시되었다. 디벨리우스(Dibelius, 200)는 야고보가 "인간의 욕망을 통제하는 인간의 지배를 말하는 비평에" 의존했음을 보여준다고 주장했지만, 그의 주장은 입증되지 못했다. 디벨리우스는 그 이미지들이 일반적이라는 것만을 보여주었을 뿐이고 이미지들이 다양하게 연결되어 있음을 보여주지 못했다.

야고보가 맨 처음으로 관찰한 것은, 과거(δεδάμασται)와 현재(δαμάζεται)의 경험에서 보듯이, **모든**(πᾶσα; 참조. BOF, § 275 [3]) 종류의 동물들을 길들일 수 있다는 것이다. (동사 δαμάζω는 신약성경에서 귀신들린 사람을 제어할 수 없었음을 설명하는 막 5:4에서만 등장한다.) 7절에서처럼 φύσις를 "종류"라고 이해한 예는 Philo *Spec. Leg.* 4.116에서 볼 수 있다. 설령 ἐναλίων("바다생물")이 성경 그리스어에서 단 한 번 사용되는 단어에 해당한다 해도, 동물들을 네 범주로 나누는 것은 성경 전통에서 온 것이다(창 1:26; 9:2은 여기서 다루는 주제를 언급하기에 여기에 암시되었을 수 있다. 신 4:17-18; 행 10:12; 11:6; Eth. Enoch

7:5; Philo *Spec. Leg.* 4.110-116). 하지만 사람이 짐승을 길들일 수 있다는 자랑
은 그리스어를 말하는 세계에서도 상당히 보편적인 것이었다(Cicero *Nat. D.*
2.60.51-158; Seneca *Benef.* 2.29.4; Soph. *Ant.* 342; Epict. 4.1.21; Philo *Decal.* 113; *Leg.
All.* 2.104; *Op. Mund.* 83-86, 148; Aelian 8.4). 그러한 능력은 많은 고대인들에게
힘이나 빠르기를 넘어서는 인간 이성의 탁월함을 입증하는 것이었다. 야고
보는 이 점을 논하는 것이 아니라, 그것을 한 단계 더 진척시켜 다음과 같
은 대조를 의도한다.

8절   대조하려고 δέ를 사용하고 (7절 거대한 짐승과 자유롭게 날아다니
는 새들과 대조하여 사람 몸의 작은 지체를) 선명하게 강조하려고 τὴν γλῶσσαν
을 투입함으로써, 야고보는 자랑의 거품을 터뜨린다. 아무도 자신의 혀를
길들일 수 없다(Schlatter, 216이 관찰한 것처럼, 이것이 더 극명하고 더 절대적이라
는 것을 알리기 위해 οὐδείς는ἀνθρώπων과 떨어져 언급되었다). 이 문제는 그리스의
지혜와 히브리의 지혜에 공히 알려졌으며(참조. Plut. *Gar.* 14; *Lv. Rab.* 16 on Lv.
14:4; *Dt. Rab.* 5:10 on Dt. 17:4), 잠언의 일반적인 교훈의 원천이다(잠 10:20; 13:3;
12:18; 15:2, 4; 21:3; 31:26; 참조. Sir. 14:1; 19:6; 25:8). 이제 야고보는 상황을 설명하
는 데 중요한 역할을 하는 두 개의 명사절로서 이 문제를 확장한다.

첫째, 혀는 ἀκατάστατον κακόν ("쉬지 않는 악")이다. 이것은 헤르마스
가 비난에 관해 말한 것과 비교된다(ἀκατάστατον δαιμόνιον, *Man.* 2.3). 형용사
ἀκατάστατον은 이미 야고보서에 한 번 등장했다(1:8. 신약성경에서 이곳 이외
에는 사용되지 않음). 야고보서 1:8에서 이 단어는 두 마음을 품은 사람이 정
함이 없다는 사실을 언급한다. 이 단어는 3:16에서 성령과 관련이 없는 사
람들의 특징적인 악으로 등장하고 하나님의 성품이 아닌 명사ἀκαταστασία
와 관련이 있다(고전 14:33; 참조. 눅 21:9; 고후 6:5; 12:20; 잠 26:28 LXX에서 그것
은 혀에 의해 야기된다고 한다). 하늘에는 완전한 정함과 평화가 있기 때문이다
(Test. Job 36은 땅을 불안정한 것으로, 하늘을 안정한 것으로 묘사한다. 신약성경에서
이 단어와 대조되는 일반적인 반대말은εἰρήνη[참조. H. Beck; C. Brown, *DNTT* II, 780]
또는ἀπλότης다[Test. Iss.; Hermas *Man.* 2]). 그래서 혀는 정함과 일편단심 및 평
화의 부재를 통해 그것의 마귀적 특성을 보여준다. 야고보가 3:9-10에서

설명하다시피, 혀가 절대로 선한 말을 하지 않는다는 것이 아니라 악한 말
도 한다는 것이다.

일부 사본들(C 33 Syr.와 코이네 증거사본들)은 본문을 ἀκατάσχετον("제멋대로 하는")
이라고 읽는다. 하지만 이 독법은 알렉산드리아 사본의 지지를 받지 못할뿐더
러, 그리스어에서 통상적으로 사용하는 좀 더 이해할 만한 단어를 대체한 것 같
기도 하다. 이 독법은 야고보서의 ἀκατάστατον과 δίψυχος의 심오한 뿌리를 무
시했고, 그래서 야고보서의 광범위한 문맥과 문체를 간과했다.

둘째, 혀는 죽이는 독이 가득하다. 시편 140:3(139:4)에 이와 비슷한
사상이 담겨 있고, 그 구절이 이 비유의 기원일 수도 있다(1QH 5:26-27;
Sir. 28:17-23; 10:11; Test. Gad 5:1; 참조. 욥 5:15; 시 58:4, 5; Sib. 3:32-33, 이 본문은
θανατηφόρος ἰός가 등장하는 유일한 곳이다). 이 비유는 혀의 위험을 표현하기에
매우 적절하다(또한 Act. Phil. [Mayor, 121]에 언급된 것처럼, 자연히 에덴동산의 뱀
을 암시한다). 사실이 그러하다면 야고보의 이 말이 다른 문헌을 의존한 것
이라고 전혀 말할 수 없을 것이다(참조. Hermas Sim. 9.26.7과 O. Michel, TDNT
III, 334-35).

9절   이 시점에서 야고보는 비유적인 언급을 멈추고 혀가 정함이
없다고 한 말의 의미를 분명히 한다. 문제의 핵심은 혀가 서로 어울리지 않
는 행동을 하는 데 사용된다는 것이다. 한편으로 혀는 매우 종교적이다. 그
러나 다른 한편으로 혀는 일상생활에서 매우 불경건하고 모독적이다. 혀
의 이와 같은 이중성을 피해야 한다는 것이 유대인의 윤리와 초기 교회의
윤리에서 아주 흔한 내용이었다(시 62:4[61:5]; 애 3:38; Sir. 5:13; 28:12; Test. Ben.
6:5, 이 본문은 Did. 2:4의 δίγλωσσος와 비슷하다; Philo Decal. 93; 1QH 1:27-31; 10:21-
24; Lv. Rab. 33 on Lv. 25:1, 이 본문은 Plut. Gar. 8; Mor. 506c; Diog. Laert. 1.105에 언급
된 이교적 내러티브와 비슷하다).

9절 전반부에 분명 이 사상의 유대적 자료가 반영되었다. 혀로써 사람
이 하나님을 찬송한다. Τὸν κύριον καὶ πατέρα라는 어구가 유대 문헌에

정확히 이런 식으로 묘사되지는 않았다(대하 29:10; 사 63:16은 근사하지만, 정확하지는 않다. 비교. Sir. 23:1, 4; Jos. *Ant.* 5:93; 일부 비잔틴 계열의 사본들과 불가타 역은 이 어구를 θεὸν καὶ πατέρα로 바꾸었다. 이것은 정확히 병행을 이룬다. 참조. Laws, 155). 하지만 사상은 확실히 구약의 사상이며(Bousset, 291-92), 교회가 이를 모방했다(마 11:25). 하나님을 찬양하는 것은 구약의 또 다른 주제며 70인역에서 εὐλογέω가 하나님을 목적어로 자주 사용된다(시 31:21[30:22]; 103[102]:1, 2 등등). 신약성경에서 하나님은 단순히 εὐλογητός("찬송을 받으실 이")로 언급되었으며, 분명 이것은 랍비들의 글에 등장하는 "그분은 거룩하신 이시요 찬송을 받으실 이"라는 표현과 비슷한 일반적인 유대 용례를 나타낸다(참조. m. Ber. 7:3; Eth. Enoch 77:1; Dalman, *Worte*, 163-64). 신약의 기도에는 종종 하나님이 이런 식으로 언급된다(눅 1:68; 고후 1:3; 엡 1:3; 벧전 1:3). 이것은 유대교 예전의 기도와 비슷한 용례다(참조. 열여덟 기도문에 등장하는 "~하시는 주님 찬송을 받으소서"). 다시 말해 이 축복은 교회 예배와 회당에서부터 교회의 등장에 그 뿌리를 둔 하나님에 대한 예전적인 축복과 사적인 기도인 것이 분명하다(이것은 야고보가 서신을 기록할 때 온전하지는 않았을 것이다).

　　　　9절　　　　후반부 역시 유대와 기독교의 사용례를 반영한다. 사람을 저주하는 것은 구약성경에서 보편적으로 다룬 내용이다(창 9:25; 49:7; 삿 5:23; 9:20; 잠 11:26; 24:24; 26:2; 전 7:21; Sir. 4:5). 구약성경에서도 그런 행동에 부여된 제한이 있었고, 그것에 대해 약간의 불편함이 있었지만 말이다. 신약성경에서는 저주를 금하는 예수의 말씀(눅 6:28)과 바울의 언급(롬 12:14)이 발견되지만, 분명한 것은 그와 같은 금령이 모든 상황에서 절대적인 것으로 해석되지는 않았다는 사실이다. 바울은 적어도 저주와 같은 말들을 했으며(고전 5장; 15:22; 갈 1:1), 다른 예를 들자면, 유다서는 어떤 선생들에게 내린 긴 저주 선언이다.

　　　　야고보가 언급하고 있다고 짐작되는 것은 성내는 중에, 특히 교회 내부에 있는 당파 간의 다툼 중에 저주를 사용하는 것이다(Dibelius, 203에 반대함. Dibelius는 인용된 신약성경이 저주를 금지했다는 것을 근거로, 이 절을 통째로 유대 자료에서 온 것으로 가정한다. 추측할 수 있는 것은, 교회 생활의 첫 1세기에 이러한 제약이 교회에서 출교당한 사람들에 대한 공식적인 저주를 금지하기 위해 적용된 적이 없고, 이러한 교훈이 존재하는 까닭이 초기 교회가 실제로 많은 경우 훨씬 덜 공식적인 상황에서 저주했다는 데 있다는 것이다).

사람이 하나님의 형상으로 지음을 받았다는 개념은 70인역 창세기 1:26을 언급한다(καθ' ὁμοίωσιν. 참조. 창 9:6; Sir. 17:3; Wis. 2:23; 2 Esd. 8:44; Clem. *Hom.* 3:17. 이 문헌들에는 다른 어휘를 사용한 동일한 개념이 담겨 있다). 하지만 이 사실이 사람을 저주하는 것을 배제하는 유대적 전통에 사용되었다는 점을 인식하는 것이 중요하다(*Mek.* on Ex. 20:26; *Gn. Rab.* 24:7-8 on Gn. 5:1; Sl. Enoch 44:1; 52:126; *Sipra* on Lv. 19:18). 하나님을 저주하는 것과 사람을 저주하는 문제가 연결된 이유는 단순하다. 그분(하나님)을 축복하고 논리적으로 그분의 대표자(사람)를 저주할 수 없기 때문이다. 마찬가지로 어떤 사람에게 성을 내며 저주하면서 동시에 제의적으로 하나님을 찬송하는 것은 야고보의 신학적인 관점에서 볼 때 도덕적·논리적인 난센스다. 하지만 사람은 타락했기에 가끔은 난센스 같은 일을 행한다. 그리고 편집적인 "우리"를 사용했음을 볼 때 야고보는 자신이 그러한 죄에 연루될 만큼 그 죄에 가까움을 감지한다. 우리는 이 죄가 "우리 선생들"에 국한되지 않으며, 이것이 저자의 개인적 고백도 아니라고 한 디벨리우스에 동의한다. 하지만 확실한 것은 이러한 편집을 통해 야고보가 이 글을 쓰면서 염두에 둔 구체적인 집단이 선생들이며, 저자가 "우리"라는 단어를 사용할 만큼 그 집단의 인간적인 연약함을 공감하고 있다는 사실이다. 초기의 많은 주석가는 이와 같은 저자 속에 있는 연약함을 받아들일 수 없었다. 그래서 그들은 이 내용을 의문문으로 만듦으로써 이 주장의 의미를 약화시키려 했다.

10절 여기서 저자는 그의 논증을 압축적인 서술로 표현한다. 그는 앞에서 찬송(축복)과 저주(지금은 명사형으로 제시됨)의 대상이 다르다는 점이 실제로 무관하다는 것을 보여주었다. 문제는 찬송과 저주가 ἐκ τοῦ αὐτοῦ στόματος("한 입에서") 나온다는 데 있다. 이것은 야고보가 말하려고 하는 것이 바로 혀가 ἀκατάστατος("정함이 없음")이며, 야고보가 거절한 διγλωσσία에("두 말") 해당함을 입증한다(Sir. 28:13; 5:9; 6:1; 앞의 Test. Ben.과

Hermas에서 인용한 본문들을 참조하라). 이중적이라는 것과 정함이 없다는 것
은 악한 예체르(*yēṣer*)와 마귀적인 것의 표시다.

　　메이어(Mayor. 123)는 본질적으로 이것이 욥기 31:29-30에서 발견할
수 있는 정서에 기초한, 온갖 저주(4:11에 논의된 καταλαλία의 한 형태)를 금하
는 논증이 되었다고 말했는데, 이는 백번 옳다. 야고보가 οὐ χρή, ἀδελφοί
μου, ταῦτα οὕτως γίνεσθαι 라고 서술할 때, 그는 신약성경에서 흔치 않게
사용되는 언어를 사용하고 있을 뿐만 아니라, 저주하는 사람들을 강하게
거절하고 있기도 하다. 그에게는 찬송(축복)하는 것을 거절하려는 의도가
없기 때문이다. 그는 성을 내는 것이나 논쟁적인 저주, 제어하지 못한 혀에
관해서만 생각하고 있을 것이다. 야고보가 이것을 엄숙한 저주와 연결시키
려 한 것 같지는 않다. 현대의 독자들이 (만일 힘든 상황이 아니라면) 이 말을
엄숙한 저주와 연결시킬지는 몰라도 말이다(5:1-6에 언급된 부자에게 내린 화
를 참조하라).

Χρή는 신약성경에서 이곳에서만 등장한다. 70인역에서는 잠언 25:27에 등장
한다. 이 단어는 마가복음 13:14과 디모데후서 2:24에서처럼 ὀφείλομεν이나 δεῖ
에 상응하며, 빠르게 고어체가 되어가는 고전적 전문용어의 학식 있는 사용을
보여준다. 참조. Robertson, 124, 319.

　　11절　　야고보는 그의 핵심적인 요지를 자연에서 가져온 세 개(또는
만일 3:12b이 3:11의 압축된 표현하는 것이라면, 두 개)의 장면으로 예를 든다. 이
것은 그의 의미를 분명하게 할 뿐만 아니라 이처럼 혀가 정함이 없는 것이
얼마나 말이 안 되는 것인지를 보여주기도 한다. 전형적으로 야고보는 고
전 그리스어 이후에 나온 코이네 그리스어인 μήτι로 소개되는 설교체의 수
사의문문을 사용한다(참조. 2:14; 3:12의 μή와 마 7:16의 μήτι. 이는 약 3:12; 26:22;
막 4:21; 14:19에 매우 가까운 병행구다). 여기서 언급하는 것을 메시아 시대의 물
의 섞임(Par. Jer. 9:16; 2 Esd. 5:9)이나, 반대 의견들의 혼합(Test. Gad 5:1), 광
야의 마라(출 15:23-25), 또는 입을 샘에 비교한 그밖의 여러 언급(Philo *Som.*

2,281)으로 이해하는 것은 모두 오해의 소지가 있다. 또한 이것을 플리니우스와 안티고누스에 나오는 이야기로 착각하지 말아야 한다(Pliny, *Nat. Hist.* 2,103; Antigonus, *Mirab.* 148). 여기서 그들은 신선한 물과 염분이 섞인 물을 동시에 내뿜는 샘을 언급한다. 오히려 야고보는 동일한 샘이 두 유형의 물을 내뿜는 법이 없는 요르단 계곡과 지중해 주변의 이와 비슷하게 지질학적으로 활동하는 장소들에서 일반적으로 관찰되는 상당히 자연적인 현상을 언급하고 있다. 이마저도 물 공급이 부족한 팔레스타인에서는 서글픈 삶의 현실이다(참조. Hort, 79; Hadidian, 228; Bishop, 187. 팔레스타인이 이러한 현상이 알려진 유일한 곳은 아니다).

본문에 사용된 어휘는 회화적이다. ’Oπή(“구멍”)는 샘이 흘러나오는 바위의 갈라진 틈을 가리킨다(또한 히 11:38). 성경에서 한 번만 등장하는 βρύει(“내다”)는 고전 그리스어에서 꽃망울을 터뜨리는 것을 가리켰지만, 신약시대에는 거품을 내며 솟아나는 샘을 가리키기 위해 사용되기 시작했다(참조. Justin *Dial.* 114,4; Clem. Alex. *Paed.* 1,6,45; Clem. *Hom.* 2,45,2). 그리고 πικρόν(“쓴”)은 더 일반적으로 사용되는 ἁλυκόν이나 ἁλμυρόν의 대체어다(참조. 3:12. 하지만 계 8:11도 참조하라). 이 단어로 대체된 것은 아마도 그 단어에 야고보가 3:14에서 사용할 도덕적 비유의 의미도 있었기 때문일 것이다. 이 그림에서는 악한 말이 묘사되며 정죄된다. 하지만 어떤 알레고리를 이 본문에 억지로 집어넣지 않도록 주의해야 한다. 이 그림은 알레고리보다 더 적절한 그림이다.

12절   야고보가 앞에 등장한 이미지 뒤에 식물들의 이미지를 이용한 것은 상당히 적합했다. 그는 다시금 선한 성품에서나 선한 충동에서는 악이 나올 수 없다는 사실에 집중한다. 식물의 특성에 따라 열매를 맺는다는 식물 이미지는 스토아 철학의 문헌에 널리 퍼져 있었다(참조. Dibelius, 204-206. Dibelius는 M. Ant. 4,6,1; 8,15; 8,46; 10,8,6; Seneca *Ep.* 87,25; *Ira* 2,10,6; Plut. *Tranq.* 13; Epict. 2,10,18-19을 인용한다. 마지막 두 곳만 본문과 근사한 병행구다). 하지만 이들 문헌에서 직접 빌려왔다고 가정할 필요는 없다. 첫째, 스토아 철학에서 발견되는 병행 어구들은 내용에 있어 전혀 근사하지 않다. 둘째, 이미지의 특성으로 미루어 볼 때, 비슷한 격언적 예화들은 틀림없이 지중해 영역 전체에 두루 퍼져 있던 일반적인 예들이었을 것이다. 셋째, 예수의 가르침이 구전 형식으로 야고보의 생각에 기초가 되었을 것이다(마 7:16-20 병행구; 눅 6:43-45; 비교. 마 12:33-35 병행구; 눅 6:45).

　　야고보서의 교훈이 전적으로 병행을 이루지는 않지만(복음서의 어록들은 선인과 악인 및 그들의 행위와 관련이 있다), 비슷한 요지가 발생한다. 선한 성품이나 선한 충동은 악한 열매를 맺지 않고 선한 열매를 맺는다. 마치 나무가 품종에 따라서만 열매를 맺듯이 말이다. 이 사실에서 도출할 수 있는 결론은 아직 서술되지 않았다. 하지만 이 예시는 이미 앞에서 언급한 두 유형의 지혜를 향해 나아가고 있다.

　　이제 앞에서 예를 들었던 샘이 농사의 예와 나란히 제시된다. 어휘는 πικρόν에서 더 흔히 사용하는 ἁλυκόν으로 바뀌었다. 구성의 선택이 난해하다는 것은 이미 인정된 바다. ᾽Αλυκόν은 염분이 섞인 샘을 가리키는 것이 틀림없다. 그리고 기껏해야 샘의 기능을 가리키는 의외의 단어인 ποιῆσαι는 틀림없이 12a절과의 병행 관계를 분명히 하려고 선택되었을 것이다. 그럼에도 병행구가 발견된다. 샘은 식물처럼 그 특성에 따라 결과를 내놓는다(참조. 창 1:11).

　　이 어구와 관련된 중요한 문제는 본문의 독법이 원래 무엇이었는지의 문제다. 일부 사본은 οὕτως οὐδὲ ἁλυκόν(ℵ C² it. Vg syr.) 또는 οὕτως οὐδεμια πηγὴ ἁλυκὸν καί(K L P)로 읽는다. 앞에서 해석한 본문은 A B C 사본의 지지를 받는다. 비잔틴 사본의 독법은 12b절에서 11절을 반복하게 함으로써 본문의 난해함을 풀어보려고 시도한 것 같다. 시내 사본(ℵ)은 중간 입장으로 보인다. 이 주석은 출판된 본문(Nestle — 역주)을 선택하였다. 그것이 문법적으로는 더 난해하지만 12a절과의 병행에 더 어울리고, 그럼으로써 3:13-18을 지향하는 사상을 전달하는 까닭이다(참조. Metzger, 682). 야고보는 하나의 특성이 두 개의 결과를 생산하는 것의 불가능성으로부터 사람의 행위가 자신의 참된 영감을 계시한다는 관찰로 옮겼다.

2. 순전한 언어는 지혜에서 나온다(3:13-18)

3장의 이 결론 단락에 대해 디벨리우스는 그것이 앞의 내용과 전적으로 독립된 것이라고 주장했다(Dibelius, 208-209). 구조적으로나 문법적으로 이럴 가능성은 무척 크다. 5:13-14에서 이와 비슷한 τίς... + 명령형 구조로 새로운 단락이 소개되기 때문이다. 우리는 적어도 이 문단을 3, 4장의 논의에 속하는 중요한 소단락으로 이해해야 한다. 사실 어휘가 (3:8의 ἀκατάστατον과 3:16의 ἀκαταστασία를 제외하고는) 3:1-12의 어휘와 밀접하게 연결되지 않은 까닭에, 이 단락이 원래 독립적이었으며, 야고보서 전통에서 화평을 지향하는 권면으로 회람되었던 내용이었을 가능성은 있다.

하지만 뮈스너(Mussner, 168-69)가 지적했듯이, 이 단계에서 논의를 마치는 것은 큰 실수가 될 것이다. 편집자가 이 자리에 이 단락을 삽입한 것은 오류가 아니다. Σοφός와 διδάσκαλος는 사실 중첩되는 범주들이며(참조. E. Lohse, *TDNT* VI, 963ff.; Schlatter, 321), 선생들 사이에 벌어지는 분쟁의 "불"(3:5b-12)은 분명 야고보가 지금 정죄하고 있는(3:14) 비통한 시기와 분열을 야기했다. 본문은 기독교 공동체들을 분열할 가능성이 있는 선생들과 다른 지도자들에게 주로 적용된다(공동체 분열에 대한 다른 본문에서 등장하는 σοφός를 주목하라[고전 1장]). 하지만 이것은 자연스럽게 모든 그리스도인의 삶에도 폭넓게 적용될 수 있다.

빈디쉬(Windisch, 25)는 이 단락이 "싸움을 금하는 두 개의 어록으로 이루어진 단락"으로서 4:1-2에도 잘 어울린다는 사실에 주목한다. 이것 역시 올바른 관찰이다. 3:18 끝에 있는 εἰρήνην은 4:1의 πόλεμοι와 대조를 이루기 때문이다. 4:1 단락은 3:13-18의 일반적인 비난을 좀 더 범위를 좁히고 구체화했다. 요지는 이것이다. 디벨리우스가 3:18이 원래 독립된 격언이었다고 주장한 것은 옳았지만, 문맥에서는 그 단락이 독립되어 있지 않다는 의미다. 캄라(Kamlah, 183-84)가 주장했듯이, 이 절이 이제 덕목과 악행의 목록들을 담고 있는 이전 단락의 내용을 요약하고 있으며, 그래서 4:1 이하의 내용과 이어주는 통합적인 가교역할을 하기 때문이다.

그렇다면 선생들(과 그밖에 다른 사람들)은 혀를 잘못 사용하지 않도록 주의해야 한다. 구체적으로 말해서, 그들은 공동체를 화평과 단결로 이끄는 말과 행동을 해야 한다. 그렇지 않다면 그들에게 영감을 준 영이 하나님의 성령이 아니라는 것이 분명하다. 순차적으로 이것은 공동체에서 실제로 발생하고 있는 것을 논의하는 부분으로 연결된다.

더 자세한 내용은 Burton, 205; Easton, "Lists"; Kamlah; Wibbing을 보라.

13절   사사기 7:3, 이사야 50:10, 예레미야 9:11, 시편 107(106):43, 106(105):2; m. Ab. 4:1에서 그러하듯이, τίς...(히브리어의 mî... 구성과 비슷함) 는 본질적으로 생생한 조건적 관계대명사 절이다(εἰ...는 덜 생생한 언어로 동일한 사상을 표현한다). 하지만 이러한 사실로 인해 이 단락이 순전히 추상적인 경고라고 생각해서는 안 된다. 확실한 것은 유대인들 사이에서뿐만 아니라 고린도 교회의 상황과 초기 교회의 모든 곳(고전 1:19; 롬 1:14, 22; 마 11:25; 23:34)의 상황에 비춰볼 때, 저자가 실제의 사례들을 알고 있었(고 그것이 그가 이 글을 쓰는 공동체 안에서도 일어나고 있다고 느꼈)다고 결론을 내려야 한다. 공동체에서는 "영감을 받은" 남녀들이 자신의 신적인 지혜를 주장했지만, 공동체를 분열시키는 결과를 냈다. 이것은 상대적으로 기존 교회에서처럼 성령의 새 술로 충만한 갓 형성된 교회들에서 얼마든지 일어났던 문제였다.

신약성경에 한 번 사용된 용어인 ἐπιστήμων은 70인역 어법인 것 같다. 이 단어가 70인역에서 σοφός와 이런 식으로 결합하여 등장한다(신 1:13, 15; 4:6; 단 5:12). 비록 "하캄 베나본"(ḥākām wᵉnābôn)이 구약성경에서 빈번하게 사용되는 결합어라서 본문이 이런 식으로 결합된 것이 히브리어의 어법일 수도 있겠지만 말이다. 교회의 영적인 지도자라고 주장하는 사람들은 (신명기의 사례에서처럼) 그들의 말에 걸맞은 행위가 있어야 한다. 여기에 약간은 어색한 두 개념이 결합되었다. 첫째, 참 지혜는 그 자체가 선한 행위(즉 자선

행위)로 나타나기 마련이다. 이것은 바른(καλῆς) 생활방식에서 흘러나온다
(ἀναστροφῆς, 벧전 2:12; 3:2, 16; 갈 1:13; 또한 Epict. 1.9.24; 1.22.13; 2 Macc. 6:23도 참
조하라). 이와 비슷한 사상이 랍비 유대교에서도 잘 알려졌다(Rabbi Eleazar
ben Azariah in m. Ab. 3:18). 이 교훈은 확실히 야고보에게 새로운 것도 아니
고 놀라운 것도 아니다. 베드로전서와 히브리서 13:7의 병행구에서 볼 수
있듯이, 이 교훈은 초기 기독교 권면의 특징이다. 생활방식이 신앙고백과
일치하지 않는다면, 신앙고백은 무시되어야 한다.

둘째, 참으로 지혜가 있는 사람은 말만 하지 않고 행위로 보여줄뿐더
러 ἐν πραΰτητι σοφίας("지혜의 온유함으로")도 그 행위를 보여주기 마련
이다. 이 표현은 약간 어색하다. 호트(Hort, 80)와 디벨리우스(Dibelius, 36-
37)가 오래전에 주장했듯이, 아마도 셈어 어법에서 영향을 받은 소유격 구
조가 선호되었기 때문일 것이다. 하지만 그 의미는 분명하다. 모세(민 12:3)
와 예수(마 11:29; 21:5; 고후 10:1)가 친히 보여주지도 변호하지도 않았듯이,
그리스도인은 특히 갈등이 일어날 수 있는 상황에서 특유하게 온유하라는
권함을 받는다(갈 6:1; 엡 4:2; 딤후 2:25; 딛 3:2; 벧전 3:15; 비교. 약 1:21; Sir. 3:19; b.
Sanh. 92a; 그리스 작가들은 온유함과 겸손을 악으로 여겼다. 참조. Osborn, 32; Laws,
160-61). 이처럼 신약의 중요한 악과 덕목을 기록한 목록들(예. 갈 5:23)은 지
혜의 표지다. 그러므로 이 절은 덕목과 악들의 목록인 이 문단에서 주제 문
장으로 기능한다.

14절 야고보는 Did. 1과 1QS 4에 언급된 목록들의 저자들과 다
르게 악들을 언급함으로써 그의 목록을 시작한다. 그런 후 그는 3:13의 덜
직접적인 형식("너희 중에…있는 자가 누구냐? 그는…일지니라")이 아니라 수사
학적으로 강력하게 상대방을 직접 거론한다("너희에게…있으면"). 도입구 εἰ
δέ(A P 33 등 일부 사본은 좀 더 강조하려고 여기에 ἄρα를 첨가했다)는 ζῆλος를 가
진 독자들과 앞 절에 제시된 바람직한 πραΰτητι("온유함")를 분명하게 대조
한다.

야고보가 정죄하는 악은 무엇보다도 "격한 열정"("harsh zeal", Ropes,
245) 또는 "경쟁심"이다. 이 두 번역 모두 "시기"보다는 낫다. 70인역에서

종종 히브리어 키나(*qinʾâ*)를 번역한 ζῆλος는 구약성경에서 긍정적인 의미를 띠곤 했다(왕상 19:10, 14; 또한 Sir. 48:2; 1 Macc. 2:54, 58; 4 Macc. 18:12; 요 2:17; 롬 10:2; 고후 7:7; 11:2; 빌 3:6도 참조하라). 문제는 열정이 쉽게 맹목적인 광신이나, 격렬한 다툼, 또는 역겨운 경쟁 형식 곧 시기로 돌변한다는 사실이다. 그 사람은 자신에 대해 진리를 지키려고 애를 쓰고 있는 사람이라고 생각하겠지만, 하나님과 다른 사람들은 그 사람에게서 진리와 거리가 먼 신랄함과 경직됨과 개인적인 자부심을 본다.

두 번째 악은 ἐριθείαν이다. 이것은 "경쟁하는 지도자들에게서 찾을 수 있는 개인적인 야망"(Hort, 82-83)이나 당파심이다. Ἐριθεία라는 단어는 아리스토텔레스의 글(*Pol.* 5.3 등)에 등장한다. 여기서 이 단어는 "변칙을 이용하여 정치적 직위를 얻으려는 사리추구"를 의미한다(BAG, 309). 그런데 신약성경에서 이 단어의 의미는 정치적인 지위를 추구하는 수단에 한정되지 않는다. 이 단어는 신약성경의 몇몇 악덕 목록에서 ἔρις, ζῆλος, θυμοί(갈 5:20; 고후 12:20) 같은 용어와 함께 등장하며, 이 단어들을 "당파심"으로 특징짓는다. 여기서 시기심이 있거나 성을 내는 지도자는 교회의 다른 사람들에게서 감정적으로나 물리적으로 멀어지게 하는 한 그룹을 이룬다(참조. 빌 1:17; 2:3; Ign. *Phil.* 8:2; F. Büchsel, *TDNT* II, 657ff.). 확실한 것은 이러한 그룹이 교회를 향해 모체가 지혜와 진리를 거부했기에 진리에 헌신한 사람들이 이탈했다고 비난하게 된다는 것이다. 하지만 야고보는 이렇게 말한다. 문제는 외부적인 것이 아니라 "너희 마음속에" 있다고 말이다. 성령이 아니라 내부에 있는 악한 충동이 그와 같은 모든 죄의 원인이기 때문이다(참조. 약 1:13ff.; 막 7:14-23 병행구; Easton, "Lists", 11).

지혜가 있다고 주장하지만 이런 식으로 행동하는 사람은 자랑하며 "진리를 거슬러 거짓말한다." 이 표현은 어색하다. 이 어구는 "스스로 자랑하다"(κατακαυχάομαι의 부정적인 의미, 롬 11:18), 즉 실제로 죄가 되는 것에 대해 자랑하여 진리를 거슬러 거짓말한다는 의미다(즉 실제로는 어리석은데, 지혜 있다고 주장한다. Ropes, 246; Mayor, 127-28; Mussner, 171; Laws, 160은 다 이렇게 이해한다. 또는 "진리를 반대하는 것을 자랑하지 않는다"[Dibelius, 210] 혹은 "진리를 자랑하지 않는다, 즉 거짓말하다"[Cantinat, 189]와 같은 이사일의[hendiadys]의 일부분일 것이다). 이 문제는 늘 독자들을 괴롭혀왔다. 일부 사본들(ℵ 33 syrᵖ)은 본문을 μὴ κατακαυχᾶσθε (κατὰ) τῆς ἀληθείας καὶ ψεύδεσθε ("진리를 거슬러 자랑하지 말고 거짓말하지 말라")라고 읽기 때문이다. 먼저 언급된 주석가들이 옳을 가능성이 높다(진리를 거슬러 거짓말하다에 대해서는 Test. Gad 5:1을 참조하라). 그러나 어쨌든지 그 의미는 분명하다. 당파심으로 가득하고 격한 열성이 있는 사람들은 적어도 정직해야 하고, 자신이 하나님의 하늘의 지혜에 감동을 받았다고 주장하는 것을 멈춰야 한다.

15절　위의 내용을 분명히 하면서, 야고보는 이러한 당파들(만일 지금은 순전히 교리적인 함의가 없다면, "이단"이 더 적절한 단어일 것이다)이 주장하는 "지혜"가 어떤 의미에서든지 하늘에 속한 것은 아니라고 강하게 말한다. **"이러한** 지혜는 위로부터 내려온 것이 **아니다."** 신적인 지혜가 하늘로부터, 즉 하나님으로부터 온 것이라는 사실은 유대 지혜 교훈의 일반적인 가르침이며(잠 2:6; 8:22-31; Sir. 1:1-4; 24:1-12; Wis. 7:24-27; 9:4, 6, 9-18), 야고보도 1:5, 17에서 이미 이 개념을 언급했었다. 또한 지혜가 하나님의 영과 동일시되기 때문에(창 41:38-39; 출 31:3-4; 신 34:9; 사 11:2; 욥 32:7-10; 참조. Rylaarsdam, 100; Wis. 7:7, 22-23; 1:5-7; Kirk, 32-54; 1QH 12:11-13; 1QS 4:2-6, 24; 11QPs 154), 적어도 교회와 쿰란에서는 지혜롭다고 주장하는 것과 하나님의 지혜를 가졌다고 주장하는 것과 하나님의 영으로 충만하다고 주장하는 것은 거의 동일했다(눅 2:40; 행 6:3, 10; 고전 1-3장; 12:8; 엡 1:17; 골 1:9).

그래서 야고보는 지금 이러한 비평가들이 영적인 사람들이고 그들에게 하나님의 지혜가 있다는 것을 강하게 부정하고 있다. 야고보가 그들이 실제로 가지고 있는 것이 무엇인지를 거론하지 않는다는 점은 주목할 만하다. "지혜"라는 용어는 하나님의 선물을 가리키기 위해 사용되는 용어다. 반면 그밖에 소위 지혜라는 것은 단지 간접적으로만 언급할 뿐이고 명사와 함께 사용된 적이 없다(반면에 바울은 고전 1:20; 2:6에서 σοφία τοῦ κόσμου["세상의 지혜"]에 대해서, 고후 1:12에서는 σοφία σαρκική["육체의 지혜"]에 대해 말한다).

그들의 지혜가 하나님에게서 왔다고 주장하는 것과 대조적으로(ἀλλά),

야고보는 지혜문학을 연상시키는 반의대구법 형식을 사용하면서, 오름차순으로 배열된 일련의 세 형용사를 통하여 당파적인 "지혜"가 사실은 귀신의 지혜라고 단언한다.

첫째, 야고보는 그것을 땅 위의 것(ἐπίγειος)이라고 선언한다. 이 단어는 단순히 중립적인 용어일 수 있다(예. Philo Leg. All. 1.43. 여기서 땅에 속한 지혜[τὴν ἐπίγειον σοφίαν]는 하늘에 있는 원형의 복사본이다). 하지만 신약성경에서 땅 위에 속했다는 것은 자주 열등한 것을 나타내며(요 3:12; 빌 3:19; 비교. 고전 15:40; 고후 5:1), 이 문맥에서 그 용어는 분명히 하늘의 영감을 부인하는 것이다(Hermas Man. 9.11에서 ἐπίγειος는 더 자세하게 παρὰ τοῦ διαβόλου["마귀에게서 나온"]로 정의되었다).

둘째, 이 지혜는 영적인 것이 아니거나 성령이 없는 지혜, 즉 육신적인(ψυχική) 지혜다. 디벨리우스(Dibelius, 211-12)는 보록에서 이 단어가 영지주의적 배경을 가진 용어였지만 야고보는 비전문적인 의미로 이 단어를 사용했다고 묘사한다. 슐라터와 뮈스너가 주장하듯이, 쿰란의 이원론과 비슷하게, 여기서 의도한 이원론이 특성상 형이상학적이기보다는 윤리적이라는 것을 확실히 알 수 있을 것이다(Schlatter, 234-36; Mussner, 171). 그리고 신약성경의 다른 모든 곳에서 사용된 이 용어의 의미는 영과 대조된다(고전 2:14에서는 이런 사람들이 하나님의 영의 "일을 받지" 않는다고 한다. 고후 15:44, 46; 유 19에서는 ψυχικοί πνεῦμα μὴ ἔχοντες로 표현되었다. Pearson, 13-14의 주장과는 다르게 야고보는 바울을 문어적으로 의존하지 않았다). 그래서 야고보는 성령이 그러한 교훈과 아무런 관계가 없다는 주장을 분명히 하며, 여기서 한 걸음 더 나아가 심지어 이러한 사람들은 성령이 없는 사람들이라고 주장한다(참조. Burton, 205).

셋째, 공동체를 분열시키는 이러한 교훈은 "귀신의"(δαιμονιώδης) 교훈이다. 야고보는 이미 3:6에서 이러한 결론을 암시했으며, 4:7에서 더 분명하게 언급할 것이다. 그는 사람들이 진리를 거슬러 거짓말을 하고 있다고 주장하면서(3:14), 귀신들의 또 다른 특징을 이미 인용했다(요 8:46; Eth. Enoch 16:4). 성경에서 한 번만 등장하는 이 단어가 단지 이런 사람들이 귀신들과 비슷하게 행동함을 의미할 수는 있지만(Laws, 161, 163; Cantinat, 190; Hort, 84), 1QS 4:1ff.에 있는 것과 이 악의 목록이 비슷하다는 사실과 야고보 서 여러 곳에서 관찰되는 이원론 그리고 초기 교회에서 이 개념의 용례(참 조. Hermas *Sim.* 9.22; 9.23.5; 마 6:13; 비교. Davids, 39-79. Davids는 유혹을 사탄과 연 결시키는 오랜 전통을 지적한다)에 비춰 볼 때, 야고보가 그러한 행위들이 귀신 에게서 영감을 받은 것이라는 취지로 이 말을 했다고 보는 것이 더 이치에 맞는 것 같다. 야고보는 이렇게 말한다. "너희는 성령이 있다고 주장한다. (그러나) 그건 불가능하다! 너희가 영감을 받았다고? 좋다. 그런데 너희는 귀신의 영감을 받은 것이다!"

더 자세한 내용은 Davids, 397ff.; Ellis, 95; G. Fohrer, *TDNT* VII, 488; Lindblom, 193ff.을 보라.

16절   앞에서 밝힌 핵심 내용을 확정하려는 듯이(Dibelius, 212이 주 장하듯 그 내용을 정당화시키기 위한 여담은 아니다. 그것은 강조는 덜 해도 앞의 내 용과 연속된다), 야고보는 이제 일반화한 교훈을 첨가한다. "시기와 당파심 [party spirit, 개역개정에는 "다툼"으로 번역되었음 — 역주]이 있는 곳에 는 혼란과 모든 악한 일이 있음이라." 비난의 내용은 자명하다. 당파심이 공동체의 화평을 어찌 방해할 수 없단 말인가? 시기와 온갖 유형의 악한 행 위들을 정당화시키는 일이 밀접한 관계가 있음을 인식하지 못할 사람이 어 디 있겠는가? (여기서 φαῦλον은 요 3:20; 5:29에서처럼 κακόν의 의미로 사용되었으 며, ἀγαθόν과 반대말이다. 참조. Cantinat, 191.) 하지만 여기서도 심오한 의도가 확실히 존재한다. 우리는 관찰한 내용에서 야고보에게 공동체의 연합에 대 한 부담이 있었다는 사실을 알고 있다(참조. Ward). 따라서 그는 공동체가 안정적이지 못하고 혼란스러운 것을 주요 악으로 본다. 이것은 야고보에게 만 해당하는 것이 아니라, 바울(고후 12:20)과 다른 그룹들에도 해당한다(참 조. 1QS 4:10). 바울이 말했듯이, 하나님은 질서와 화평의 하나님이시고 혼란 과 무질서의 하나님이 아니시다(고전 14:33). 더욱이 혼란은 귀신들의 특성이다. 이런 것은 앞 절에서 언급된 비난에 잘 어울린다(형용사 ἀκατάστατος가 등장하는 3:8과 1:8의 주석을 참조하라). 그리고 혼란은 4:1에 등장할 전쟁과 짝을 이루기도 한다(눅 21:9). 그래서 이 용어는 귀신의 지혜에 관한 인용구와 곧 제시할 공동체의 혼란에 관한 인용구를 연결하면서 반기독교적인 다른 악을 명명하는 연결어로서 기능한다.

혼란을 일으키는 사람들이 누구인지 확신 있게 말할 수는 없다. 분명한 것은 그들이 자칭 선생들이라는 사실이다. 바울 서신과 유다서에 등장하는 사람들과 달리 교리적인 오류가 개입되지는 않았지만 말이다. 그들을 유대주의를 강요하는 유형의 혼란을 일으키는 자들과 동일시하는 뮈스너가 어쩌면 정확할 수도 있다(Mussner, 173). 하지만 어떤 경우든 간에 본문이 사도행전 15장과 21장에서 의인 야고보를 교회의 논쟁에서 중재자와 화평케 하는 자로 제시하는 것과 일치한다는 뮈스너의 주장은 옳다.

더 자세한 내용은 F. Büchsel, *TDNT* II. 660-61을 보라.

17절   야고보는 교회를 어지럽히는 자들이 주장한 소위 지혜를 나열하고 나서 이제 참 지혜를 특징짓는다. 빈디쉬(Windisch, 26)가 지적했듯이, 지혜는 갈라디아서 5:22 이하의 내용에서 πνεῦμα가 기능하는 것처럼 기능한다. 이것은 고린도전서 13장의 ἀγάπη와도 비슷하다(참조. Furnish, 181). 목록을 제시하는 구조는 Hermas *Man.* 9.8과 비슷하다(화평을 강조하는 것도 그렇다). 이것은 초기 기독교 덕목 목록과의 유사성과 "위에서" 난 σοφία와 πνεῦμα가 서로 바꿔 사용되는 현상의 또 다른 예다(Hermas *Man.* 11.5, 8, 9, 21).

참 지혜의 제일 중요한 특성은 성결함(순결함)이다. 여기서 이 단어의 의미는 하나님이 성실하시다는 것(시 12:6[11:7]), 또는 의인의 길은 구부러지거나(잠 21:8 LXX) 불의하지(잠 15:26) 않고 성결하다고 가르치는 구약성경의 의미다. 그렇다면 이 성결함은 그 사람이 하나님의 성품에 참여하는 것을 의미한다. 그는 올곧은 동기로 하나님의 도덕적인 지침들을 따른다. 이

사람은 하나님만을 섬기며, 그러하기에 야고보가 나중에 언급할 정결함이
필요 없는 사람이다(4:7-8; 참조. 1:27; 3:6).

도덕적인 성결함은 음의 유사성(처음에는 ε로 시작하고, 다음 단어는 α로 시
작함)을 이용하여 배열된 일련의 형용사들로 확장되었다. 지혜는 "화평하
게"(εἰρηνική) 한다(이 단어는 이곳과 히 12:11에서만 등장한다. 참조. 잠 3:17). 지혜
는 "관용한다", "다투지 않는다"(ἐπιεικής; Wis. 2:19; Epict. 3,20,11; 빌 4:5; 딛 3:2;
딤전 3:3 병행구, ἄμαχον; 고후 10:1 병행구, πραΰτητος). 이것은 지혜로운 사람이 노
를 발하지 않고, 다투지 않거나 심지어 자극을 받아도 방어적인 태도를 보
이지 않는 것을 의미한다. 지혜는 εὐπειθής다. 이는 신약성경에서 한 번 사
용되는 단어로서, "온순하다", "쉽게 설득되다", "믿을만하다"라는 뜻이다
(Philo Virt. 5; Epict. 2,10,8; 참조. Dibelius, 214에 인용된 Musonius; 이 단어와 반대되
는 단어는 ἀπειθής[행 26:19; 롬 1:30] 또는 δυσπειθής다[Jos. Ant. 4:11]). 이 단어는 누
구의 말에도 동의하고 바람 부는 대로 왔다 갔다 하는 자기 확신이 없는 사
람(참조. 1:5-8)을 가리키는 것이 아니라, 진정한 가르침에 기쁘게 복종하
고 다른 사람을 공격하는 대신에 그의 말에 귀를 기울여 듣는 사람을 가리
킨다.

이어지는 두 단어가 함께 열거된 것은 적절하다. Ἐλέους는 실천적
인 긍휼 또는 구제(ἐλεημοσύνη), 즉 "선한 열매"를 맺는 것으로 보여주는 고
난에 대한 관심이다(참조. 1:26-27; 2:18-26). 이것은 분명 저자의 마음에 담
긴 덕목들이다. 하지만 저자는 계속해서 지혜가 ἀδιάκριτος하다고 주장
한다. 이 단어는 신약성경에 한 번 등장하는 단어인데, "편견이 없다"(참조.
2:1ff.; Test. Zeb. 7:2; Mussner, 174; Michl, 50), 또는 "변함이 없이 한결같다", "의
심하지 않는다"(참조. 1:6; Ropes, 250; Schrage, 42), "당파심이 없다"(독일어로
unparteiisch, 참조. Spitta, 109; Windisch, 26), 또는 "단순하다", "조화롭다", "하
나의 관점을 가지다"(비교. δίψυχος; Ign. Mag. 15:1; Trall. 1:1; Eph. 3:2; Clem. Alex.
Strom. 2,87,2; Dibelius, 214; Adamson, 156; Laws, 164) 등 다양한 의미를 지닌다.
이 의미들은 상대적으로 서로 밀접한 관련이 있다. 참 지혜가 있는 사람은
분명히 파당을 짓지 않는다. 그 대신에 그는 성실하고 그의 의견과 행동은

절대적으로 진실하다. 이러한 묘사는 ἀνυπόκριτος와 잘 어울린다. 이 단어
는 "위선적이지 않다", "진실하다"(벧전 1:22; 롬 12:9; 고후 6:6, 여기서 이 단어는
사랑에 적용되었다; 딤전 1:5; 딤후 1:5, 여기서 이 단어는 믿음에 적용이 되었다). 이러
한 사람은 사람들에게 영향을 주려고 허세를 부리거나 가식적으로 행동하
지 않고, 모든 사람에게 동일하게 행동할 것이다. 그는 사실 하나님께 감동
을 받아 기독교 공동체 안에서 구속력이 있을 것이다.

18절   야고보는 이제 덕목들을 요약하기 위해 격언적인 말이었을
(그래서 Dibelius, 214이 주장하듯이 문맥에서 독립되는) 내용을 첨가한다. 3장 전
체가 다투고 논쟁하고 공동체의 화평과 하나 됨을 방해하는 사람들에게 관
심을 두고 있기에, 이 말씀은 단순히 εἰρήνη - εἰρηνική라는 표어로 제시되
는 말씀이 아니라 본문의 핵심을 강조하고 4:1과 거기서 다루는 싸움과 다
툼 문제를 연결하기에 적합한 결론이다.

"정의/의의 열매"는 성경에서 일반적으로 사용되는 표현이다(사 32:16-
18; 암 6:12; 잠 11:30 LXX; 고후 9:10; 빌 1:11; 히 12:11; 비교. καρπὸς σοφίας, Sir. 1:16;
καρπὸς πνεύματος, 갈 5:22; 등등). 소유격은 의미를 정의하는 소유격이며(즉 그
열매는 의로운 열매다), 그래서 일반적인 표현이 소유격으로 표현될 때 수많
은 열매로 나눠질 수 있게 한다. 이러한 까닭에 소유격은 권면 목록에서 유
용하며 일반적으로 사용된다(Kamlah, 176-96은 소유격을 설명적 보족어를 뜻하
는 소유격으로 이해하는 대부분의 주석가들에 반대한다. Laws, 165-66은 Ropes를 따라
잠 11:30과 약 3:18을 연결하여 지혜는 의의 열매이며, 지혜가 있다는 것은 화평으로써
알게 된다고 주장한다. 화평케 하는 사람에게 지혜가 있기 때문이다).

본문의 의미는 이와 같은 정의롭고 의로운 행위를 어떻게 행할 수 있
는지를 강조한다. 그것은 "화평하게 하는 자들이 화평으로 심는 것"이다.
확실히 여기에 동어반복이 있다(그래서 Cantinat, 194; Dibelius, 215; Laws, 165은
"화평케 하는 사람들을 위하여"라는 말을 선호한다). 하지만 이런 유형의 강조를
위한 동어반복은 수사학적인 효과를 위해서 사용된다. 사실 누가 의롭게
행동하는 사람들이겠는가? 화평케 하는 사람들, 평화로운 방법으로 의로
운 행동을 하는 사람들이다. 이 어구에서 우리는 예수가 마태복음 5:9에서

독자들에게 하시는 말씀을 쉽게 떠올린다. "화평케 하는 자들은 복이 있나니." 그러므로 공동체의 화평은 의를 행하는 문제를 함축적으로 보여준다.

하우크(F. Hauck, *TDNT* III. 615)는 마이어(Meyer, 263)를 따라 하나님이 지혜를 구하는 사람들에게 이런 열매를 주신다고 주장한다. 하지만 심고-거둠의 비유나 위에서 내려오는 지혜와의 연결을 억지로 몰고 가서는 안 된다. 여기에 사용된 비유는 단순히 **실제로** 의를 행하고 있는 사람들을 묘사할 뿐이다. 이 비유는 화평케 하는 것의 결과를 알레고리화 한 것이 아니다.

3. 순전한 기도는 화를 내지 않고 믿는다(4:1-10[12])

앞의 단락에 대한 논리적인 응답으로써 야고보는 그가 이미 주장한 비평을 더 구체적으로 만드는 단락을 덧붙인다. 이제 그는 혀와 일반적인 선생들이 아니라 공동체에 대해 언급한다. 이 단락은 1-3절, 4-6절, 7-10절, 11-12절 등 네 부분으로 나뉘는데, 마지막 단락은 반쯤은 독립적이다. 첫 번째와 두 번째 단락은 공동체 안에서 일어나고 있는 다툼의 원인을 진단한다. 세 번째 단락은 회개를 촉구하고, 네 번째 단락은 구체적인 실천적 충고를 제시한다.

공동체 내부의 싸움은 악한 충동, 즉 우리 속에 있는 탐욕에서 나오며, 기도를 막는다. 그런 그리스도인들은 간음한 자들이다. 그들이 하나님으로 하여금 질투하게 하기 때문이다. 그러므로 그들은 회개해야 하며 마귀와 마귀적 행위에서 돌이켜야 한다. 구체적으로 이것은 다른 사람을 비판하는 것을 그쳐야 함을 의미한다. 비판함으로써 그들은 자신들이 하나님의 특권을 가지고 있다고 생각할 수 있기 때문이다.

더 자세한 내용은 Townsend를 보라.

a. 성냄과 욕심을 가지고 하는 기도(4:1-3)

1절   야고보는 수사적 강조를 위해 "너희 중에 싸움이 어디로부터 다툼이 어디로부터 나느냐?"라는 말을 πόθεν(비잔틴 사본 전통에서는 문체를 부드럽게 하려고 이 단어가 생략되었다)의 반복과 ἐντεῦθεν + ἐκ의 조합으로 시작한다. 이것은 야고보서의 원래 특성이 정열적인 설교였음을 밝혀준다. 문제의 싸움과 다툼은 공동체 외부에서 오는 것이 아니다(Schlatter, 240-41이 믿듯이 유대 공동체 내부에서 일어난 다툼이든지, 아니면 Reicke, *Diakonie*, 341-44이 주장하듯이 로마와 결탁한 유대인들 사이에서 벌어진 열심당원의 혁명세력의 다툼일 것이다). 이것은 전후 문맥에 어울리지 않을뿐더러 본문의 ἐν ὑμῖν을 매우 부자연스럽게 취하는 해석이다. 그렇다면 다툼은 비유적이며, 기독교 공동체 내부에 있다. 이 단락이 원래 어떤 다툼을 언급했는지 확신할 수는 없다. 디벨리우스가 이 단락에 문맥이 없다고 이해한 것은 어쩌면 옳을지도 모른다(Dibelius, 216). 하지만 현재의 문맥에서 그 다툼은 확실히 앞 단락에서 다룬 선생들의 당파심으로 야기된 공동체 내부의 다툼을 언급하려고 의도되었을 것이다(Mussner, 176-77).

> "싸움"과 "다툼"의 비유적인 사용에 대해서는 Philo *Gig.* 51; Pss. Sol. 12:3; Test. Sim. 4:8; Test. Gad 5:1; 1 Clem. 3:2; Epict. 3.20.18에 등장하는 πόλεμος; 그리고 Test. Jud. 16:3; Test. Ben. 6:4; 딤후 2:23; 딛 3:9에 언급된 μάχη를 보라.

공동체의 다툼은 진리나 경건한 지혜를 얻기 위한 열정에서 나온 것이 아니라 "너희 정욕" 또는 더 나은 표현으로 "너희 욕심"에서 나온다. 여기서는 1:14-15에 사용된 ἐπιθυμία에서 다른 용어(ἡδονῶν)로 바뀌었다. 하지만 의미는 동일하다. Ἡδονή라는 용어는 신약성경에 네 번밖에는 등장하지 않지만(이곳과 눅 8:14; 딛 3:3; 벧후 2:13), 그리스 문학 전체에서처럼(참조. G. Stählin, *TDNT* II, 909ff.), 일반적으로 ἐπιθυμία와 병행한다. 디도서 3:3에서는 이전의 잘못된 상태를 (온유함[πραΰτητα]과 대조하여) δουλεύοντες ἐπιθυμίαις καὶ ἡδοναῖς ποικίλαις로 특징지었고, 누가복음 8:14의 씨 뿌리는 자 비유

해석에서 ἡδονῶν τοῦ βίου는 마가복음의 αἱ περὶ τὰ λοιπὰ ἐπιθυμίαι를 대체한다. 여기서 동의어가 사용된 까닭이 무엇인지는 확실히 말하기가 더 어렵다. 한편 우리는 1장에서 사용된 자료(또는 설교. 본서 서론의 53-55, 70-74쪽 참조)와 다른 자료를 다루고 있을지도 모른다. 여기서 ἡδονή는 자료의 이음새 중 하나를 가리킬 것이다. 반면에 4:2에서 사용된 ἐπιθυμεῖτε는 편집자가 그의 어휘를 통일시키지 못하게 했을 수도 있다. 하지만 다툼의 원천은 분명히 욕심, 또는 공동체에 속한 사람들의 예체르(yēṣer)다. 이 다툼이 아무리 "진리를 향한" 고상한 "투쟁"인 것처럼 보인다고 해도, 그것은 악한 경향 곧 그 사람의 타락한 본성의 변장한 모습이다.

욕심은 그들이 "지체 중에서 싸우고 있다"는 말로 묘사되었다. 로우프스(Ropes, 253)는 이것을 교회의 지체들을 의미하며, "몇몇 사람의 몸에 자리를 차지한 쾌락 사이의 전쟁"을 가리킨다고 이해한다. 하지만 이러한 해석은 개연성이 낮다. 다음과 같은 이유에서다. (1) 야고보는 이미 인간의 몸의 한 부분을 지칭하려고 μέλος라는 단어를 두 번 사용했다. (2) μέλος의 정상적인 사용은 인간의 몸의 한 부분을 가리킨다(그래서 바울은 롬 12장과 고전 12장에서 그의 논증의 비유적인 의미를 분명히 해야 했다). (3) 논증의 형식은 공동체의 외부적인 다툼에서 (야고보의 관심사인) 공동체의 내적인 근거로의 이동이다(참조. 1:13ff.; 3:13ff.). (4) 유대적인 예체르 사상은 군사적 비유를 충분히 설명한다.

후기 랍비 전통은 예차림(yeṣārîm, "욕심들")이 육체적인 기관의 어느 한 곳에 자리를 두고 있거나, 몸과 싸우거나, 또는 몸의 248개의 지체를 제어하는 것으로 여겼다(b. Ned. 32b; Ec. Rab. 9:15 § 8; Abot R. Nat. 16). 쿰란의 문헌에도 몸에서 쫓아내야 할 거짓 영에 대하여 언급하는데(1QS 4), 그게 아니었다면 이와 같은 후기 전통에 대해서는 조심스럽게 접근할 것이다. 몸 자체는 중립적이다. 하지만 그것은 종종 죄에 의해 통제를 받는다. 바울이 로마서 6-8장에서 주장하는 내용이 바로 이것이다. 한 사람이 자기 몸으로 하고 싶은 것을 할 수 있기 이전에, 죄가 그리스도에 의해 정복되어야 한다. 따라서 싸움은 그리스도인 개인의 몸 안에서 일어난다.

이러한 싸움은 단지 하나님과 그의 영이나(Test. Dan 5의 유비에 대해서는 Spitta, 113), 영혼(벧전 2:11, στρατεύονται κατὰ τῆς ψυχῆς, Hort, 88)을 거슬러 싸우는 싸움이 아니다. 이런 사람들의 자아는 두 힘에 의해 흔들리는 것 같기 때문이다. 뮈스너(Mussner, 177)가 주장하듯이, 이것은 후기 유대의 용어로 선한 예체르라고 표현된, 그 사람의 "더 나은 통찰" 또는 "양심"을 거스르는 싸움이다. 바울은 이것을 성령으로, 야고보는 지혜로 표현하였다. 1:6-7에서처럼 기도의 맥락에서 제시될 싸움은 자기 양심과 자신의 악한 충동으로 이리저리 흔들리는 두 마음을 가진 사람(δίψυχος)을 묘사한다.

더 자세한 내용은 Davids. 366-76을 보라.

2절   이 구절은 문단의 다음과 같은 하부구조로 시작한다.

a   ἐπιθυμεῖτε
        καὶ οὐκ ἔχετε
b   φονεύετε καὶ ζηλοῦτε
        καὶ οὐ δύνασθε ἐπιτυχεῖν
b   μάχεσθε καὶ πολεμεῖτε
        [καὶ] οὐκ ἔχετε διὰ τὸ μὴ αἰτεῖσθαι ὑμᾶς
a   αἰτεῖτε
        καὶ οὐ λαμβάνετε διότι κακῶς αἰτεῖσθε ἵνα...

당연히 모든 사람이 이 구조를 인정하지는 않는다. 대구법과 (위의 구조에서 괄호로 표시한) 4:3의 καί를 생략한 것에 근거하여 다음과 같은 구조를 주장하는 사람들도 있다(Hort, 89; Mayor, 136; Mitton, 147-48; Ropes, 254-55; Laws, 169; Cantinat, 197-99).

ἐπιθυμεῖτε, καὶ οὐκ ἔχετε· φονεύετε.

καὶ ζηλοῦτε, καὶ οὐ δύνασθε ἐπιτυχεῖν·

μάχεσθε καὶ πολεμεῖτε

이 독법에서 ζηλοῦτε 앞의 καί는 췌언이고, 이것은 히브리어 어법으로 설명된다.

두 가지 논평을 할 필요가 있다. 첫째, 뮈스너와 디벨리우스와 애덤슨이 지적했듯이(Mussner, 173; Dibelius, 218-19; Adamson, 167-68), 호트의 독법에서 췌언 καί는 적어도 첫 번째 독법에서 καί가 생략된 것만큼 문제가 있다. 더욱이 사본 ℵ P it. Vg syr와 그밖에 사본들에는 괄호 안에 καί가 있다. 이것은 이 단어가 원래 있던 단어이거나 적어도 많은 고대의 권위 있는 사본들이 본문을 읽는 방법이었을 가능성을 시사한다. 그래서 더 종합적인 구조에 이점이 있어 보인다.

둘째, 어느 구조도 φονεύετε의 문제를 제거하지 못한다. 살인이 이 일련의 목록에 어떻게 어울리는가? 많은 사람이 "어울리지 않는다!"라고 대답할 것이다. Φονεύετε 대신에 원래 φθονεῖτε("너희는 시기한다")가 본문에 있었다는 에라스무스의 추측이 세 가지 이유로 널리 받아들여지고 있다. (1) 비유적인 "살인"에 대한 어떤 설명도 설득력 있게 입증되지 못했다. (2) 본문이 변경되었다는 것은 싸움과 다툼에 대한 언급이 가까이 있다는 점에서, 그리고 다른 곳에서 본문이 동일하게 변경된 경우가 있다는 점에서 개연성이 있다(Test. Ben. 7:2 in *APOT* II, 357; 벧전 2:1 in B와 1175; 갈 5:21). (3) φθονος-ζῆλος 짝은 성경에서 자주 등장한다(1 Macc. 8:16; Test. Sim. 4:5; 2:7; 비교. 4:7; 갈 5:21; 1 Clem. 3:2; 4:7, 13; 5:2). 그래서 여러 학자 가운데 디벨리우스, 애덤슨, 로스, 빈디쉬, 스피타, 캉티나는 에라스무스가 추측한 것을 선호한다(Dibelius, 217-18; Adamson, 167-68; Laws, 171; Windisch, 27; Spitta, 114; and Cantinat, 197-98).

추측에 의존한 독법은 매우 매력적이다. 하지만 뮈스너(Mussner, 178-79)의 주장을 너무 가볍게 제쳐놓아서는 안 된다. 그 추측은 사본 증거가 전혀 없다. 그래서 또 다른 설명이 본문의 의미를 통하게 한다면 그것이 선호된다. 먼저 주목할 것이 있다. Φονεύω는 많은 본문에서 비유적인 의미로 혀의 죄 및 시기와 연결되었다(예. Sir. 28:17, 21; Test. Gad 4:6; Did. 3:2; 1 Clem. 3:4-6:3). 둘째, 이와 같은 연결에 영향을 주는 가인과 아벨, 아합과 나봇 등과 같은 짝을 이루는 인물들에서 유래한 성경 전통이 있다. 셋째, 살인을 금지하는 기독교적인 경고가 있다(예. 벧전 4:15과 많은 악의 목록들. 여기에는 시기도 포함된다. 이런 면에서 갈 5:21의 예는 Dibelius의 주장에 반대된다). 넷째, 야고보서 2:11(여기서 야고보는 임의로 명령을 선택하지 않았을 것이다)과 5:6을 주목할 필요가 있다. 이 두 곳에서 본 주석은 가난한 사람이나 가난한 자가 압제 받을 때 돌보지 않는 것은 유대 전통에서 종종 살인으로 불렸음을 지적한다. 이처럼 살인의 비유적인 의미(참조. Did. 3:2)는 본문의 어조에 잘 어울린다. 그들은 욕심을 내어도 절대로 얻지 못한다. 그들은 가난한 자들을 압제한다(참조. 2:14ff.). 법적인 탄압이든지 필요한 도움을 베풀지 않든지 말이다. 그들은 더 성공한 사람들을 시기한다. 하지만 그들의 욕심은 채워지지 않는다. 그들 사이에서 행해지는 싸움과 술책들(μάχεσθε καὶ πολεμεῖτε는 분명히 4:1의 구조를 반영한다)은 아무런 결과를 내지 못한다. 그들이 구하지 않기 때문이다. 이 주제는 말라기를 상기시킨다. 불의하게 얻은 부는 하나님께서 그의 복을 거두시기에 빠져나가고 만다.

구하는 것은 확실히 마태복음 7:7-9의 예수가 하신 말씀(αἰτεῖτε καὶ δοθήσεται ὑμῖν...)을 반영한 것이다. 야고보는 다시 한번 독자들을 기도라는 주제와 예수의 약속으로 데려간다. Ἐπιθυμεῖτε는 1장의 친숙한 용어인 ἐπιθυμία로써 ἡδονία(4:1)를 재서술한 것이다. 우리는 아래에서 이러한 이해가 4장의 의심-믿음 간의 대조를 설명하는 데 도움을 준다는 사실을 보게 될 것이다. 의심은 하나님보다도 자신의 책략이나 세상의 권모술수를 의지하는 것이다. 이 소용 없는 싸움, 다툼, 경쟁 대신에 자신의 부족한 것을 채우기 위해 하나님께 구해야 한다.

3절   "너희는 구하여도 받지 못하는도다." 이 사람들은 **기도한다** (Spitta, 115이 주장하는 것처럼, 여기에 기도하는 사람과 싸우는 사람 등 두 부류의 사람이 있는 것은 아니다). 하지만 그들은 "부서진 돌에 입을 맞추는 형식적인 기도를"하는 것과 같다. 복을 받지 못한다. 야고보에게 그 이유는 아주 단순하다. 악한 동기로 하는 기도는 하나님이 듣지 않으신다는 것이다. 하나님은 사람이 적절한 언어를 사용하기만 하면 도우셔야 하는 마술적인 주술이 아니시다.

디벨리우스(Dibelius, 219)는 이것이 이 책이 영적인 의식에 의해 유발된 박살 난 소망과 마태복음 7:7-11 같은 본문에 의해 자극을 받은 종말론적 소망에 대한 반응의 증거라고 생각한다(참조. 요 14:13; 막 11:23-24; 마 17:20). 디벨리우스는 이러한 실패를 설명하는 것으로서 누가복음 18:7, 요한1서 5:14, 16, Hermas *Vis.* 3.10.6과 *Man.* 9.4에 소개된 내용을 주목한다.

인용한 문헌들의 상대적인 연대에 대해서는 논의하지 않고, 야고보서의 말씀들과 같은 조건적인 언급들은 처음부터 무조건적인 말씀들과 나란히 존재했다는 증거가 있다. 첫째, 구약성경은 이미 의인들에게 기도가 응답될 것이라는 구체적인 약속을 주었다(시 34:15-17; 145:18; 잠 10:24). 둘째, 복음서 전통은 분명히 두 유형의 말씀을 나란히 놓는 데 전혀 곤란해 하지 않았다(마 7:7-11; 요한1서가 나오게 된 배경은 요한복음이 나오게 된 배경이기도 하다). 셋째, 적어도 후기 유대교에서는 이러한 문제를 알고 있었던 자료들이 있다(예. b. Sanh. 106b; b. R. Sh. 18a; b. Taan. 4a; m. Ber. 9:3. 특별히 b. R. Sh.에서 중요한 것은 "온 마음을 다하는" 기도다). 그래서 두 유형의 말씀/가르침은 다른 기능을 하고 함께 등장하기도 한다. 무조건적인 형식은 단순히 사람들에게 하나님을 신뢰하고 그분을 의존하라고 권하지만, 조건적인 형식은 사람들에게 **어떻게** 기도하는지, 그리고 잘못 기도하는 것을 **어떻게** 바로 잡을지를 가르친다. 3절의 말씀은 이스라엘의 제의에 대한 예언자의 비난과 병행한다. 불의로 인해 종교적인 행위는 의미가 없어진다. 약속의 무조건적인 형식도 야고보서 5:14-18에 등장할 것이다.

이 문맥에서 αἰτέω가 왜 중간태에서 능동태로, 그리고 다시 중간태로 바뀌었는지 조사하려 할 수 있다. 메이어(Mayor, 138)는 능동태를 기도의 정신을 갖지 않고 말만 하는 것을 가리키는 것으로 이해한 반면에, 호트(Hort, 90-91)는 중간태는 "구하는 것"을 의미하고 능동태는 "사람에게 물어보는 것"을 의미한다고 주장한다. 반면에 디벨리우스는 비슷하게 바뀐 본문들을 인용하면서 둘 사이에 차이가 없다고 믿는다(요일 5:15; 요 16:24, 26; Hermas Vis. 3.10.7; 참조. BDF, 316 [2]; MHT I, 160-61). 하지만 (Mussner, 179이 인정하듯이) 키텔(Kittel, 89)은 예수의 말씀(예. 마 7:7-11)을 의식적으로 암시하려는 까닭에 야고보의 통상적인 중간태 대신에 능동태가 사용되었다고 주장하는데, 아마도 옳은 것 같다.

기도가 악하게 되는 이유는 단순히 정욕으로 쓰려고 기도하는 데 있다 (여기서 ἡδονή가 포함된 것은 아주 적절하며, 그래서 4:1-3을 하나의 단락으로 깔끔하게 마무리한다). Δαπανάω의 사용이 반드시 부정적인 함의를 지니는 것은 아니다. 그 단어는 단순히 "쓰다" 또는 "소비하다"를 의미하기 때문이다(참조. BAG, 169). 요지는 이 선한 선물을 다른 사람과 나누거나 경건한 목적을 위해 구하는 것이 아니라, 욕구 즉 악한 예체르를 충족시키려고 구한다는 데 있다. 그래서 기도는 응답되지 않을 것이다. 동기가 철저하게 이기적이고 세상적인 까닭이다.

b. 타협을 정죄함(4:4-6)

4절   "간음한 여인들아!" 새로운 단락을 시작하면서 저자는 부르짖는다. 이 느닷없는 전환은 캉티나(Cantinat, 201)가 추정하듯이 새로운 전통이 나란히 놓였음을 의미하는 것이 아니라, 그러한 사람들의 진정한 상태에 대한 야고보의 진단을 수사학적으로 강조하는 시작이다. 저자는 갑자기 분석하는 것을 그치고 지금은 회개를 설교하고 있다.

ℵᶜ K P Ψ 사본과 그밖에 다른 사본들이 포괄적인 용어인 μοιχοὶ καὶ μοιχαλίδες ["간음한 남자들과 간음한 여자들"]로써 공동체 전체를 포함시키려 했던 것처럼, 용어 자체는 공동체의 특정한 죄를 비난하는 내용이 아니다. 또한 "간음한 여자들아"라는 말은 호트(Hort, 92)가 믿듯이, 단순히 본문의 말라기 3:5을 배경으로 둔, 삶에서 끌어낸 예화가 아니며, 슐라터(Schlatter, 245)가 주장하듯이 열심당에게서(4:1-3) 유대인들에게로 방향을 돌린 것(4:4ff.)도 아니다. 오히려 이 여성형 호격은 예언서와 (개별적인 의미

에서) 후대 유대교에서 하나님의 불성실한 아내로 맹비난을 받은 이스라엘에 관한 구약성경의 전통 전체로 관심을 돌리려는 촉구인 것이 분명하다 (호 1-3장; 9:1; 렘 3장; 13:27; 사 1:21; 50:1; 54:1-6; 57:3; 겔 16:38; 23:45[에스겔과 예레미야의 자료에는 흥미롭게도 살인과 간음이 결합되었다. 비교. 약 4:2]; *Mek. Baḥodesh* 8 on Exodus 20; 참조. Knowling, 98; Ziegler, 49-85; Eichrodt, I, 67-68, 250-58). 예수는 이 전승을 택하여 유대인들을 "음란한 세대"라고 칭하셨다(막 8:38; 마 12:39; 16:4, γενεὰ πονηρὰ καὶ μοιχαλίς). 매 경우 그 개념은 신구약에서 유대인들에게만 적용되었지 이방인들에게 적용된 적이 없다. 야웨와 언약 관계가 있거나 있다고 주장하는 사람들만 이와 같은 정죄에 포함될 수 있는 까닭이다.

신약성경에서 "간음한 여인"을 교회에 적용할 수 있는 근거는 교회가 그리스도의 신부라는 이미지(고후 11:2; 엡 5:22-24; 계 19, 21장)와 새 이스라엘 이미지에 기인한다. 하지만 본문에서처럼 복수형("간음한 여인들아")은 개인적인 적용을 암시한다. 이것은 비록 디벨리우스가 주장하는 그리스적인 경건의 개인화와 비슷하기는 하지만(Dibelius, 220. 그는 구약의 ἱερὸς γάμος["성혼"]의 개인화의 예로 Philo *Cher.* 50; Clem. *Hom.* 3.27.3-28.1과 롬 7:1-3을 인용한다), 사고의 더 깊은 수준으로 우리의 관심을 돌린다. 쿰란에서처럼, 신실한 남은 자들(본문에서는 교회)은 성실한 사람으로 정의된다. 개인들은 이러한 배교 행위로써 교회와 하나님으로부터 스스로를 분리한다. 그래서 복수형은 단수형보다 훨씬 더 적합하다.

이처럼 사리를 추구하는 것이 배교의 절정이라는 사실은 전형적인 권면 어구인 οὐκ οἴδατε ὅτι로 소개되는, 이어지는 병행 본문에 등장한다(예. 롬 6:16; 고전 3:16; 5:6; 6:2-19; 9:13-24; 비교. 살전 3:3, 4; 4:2; 살후 2:6). 정반대로 대조되는 두 짝이 제시되었다. 벗과 원수는 하나님과 세상 간의 극단적인 대조를 강조하려고 사용되었다. 여기 요한1서 2:15-17과 그밖에 요한 문헌 여러 곳에서 발견되는 급진적인 윤리적 이원론 유형이 있다. 세상은 피조된 질서나 땅이 아니라, 하나님 없이 조직화된 인류의 전체 체계(제도, 구조, 가치, 관습 등)다. 이 개념은 바울의 개념과 다르지 않다(고전 1-3장; 엡 2:2; 골 2:8,

20). 그런데 이 개념은 쿰란이나 그밖에 묵시 공동체와 공통되는 부분이 훨씬 많다(Eth. Enoch 48:7; 108:8은 세상을 미워하는 것을 서술한다. Jub. 30:19-22에는 하나님의 친구가 되거나 원수가 되는 문제가 다뤄져 있다. 참조. Spitta, 117). 중간 지대나 타협은 없다. 하나님의 친구든지 그의 원수다(이 용어들을 대상을 의미하는 소유격으로 칭하면서 하나님의 능동적인 반대를 제거하려는 Ropes, 260의 시도를 Dibelius, 220이 바르게 거부했다. 친구는 능동적이기도 하고 수동적이기도 할 수 있다. 하지만 하나님의 적대감은 확실히 심판으로 여겨졌다). 예수가 의도하신 요지가 바로 이것이다(마 6:24; 눅 16:13). 누구나 "백 퍼센트"여야 한다. 세상을 개선하려는 시도(βουληθῇ는 세상이 이러한 사람을 받아들이지 않을 것을 암시한다)조차 처참하다. 세상의 내적인 성향은 단지 타협하는 사람이나 빈약한 그리스도인이 아니라 하나님과 원수가 되기(καθίσταται) 때문이다! Ἡδονή의 지배를 받는 이 사람들은 가장 위험한 상황에 있는 사람들이다.

> 스피타(Spitta, 116-17)는 첫 번째 진술 ἡ φιλία...ἐστιν이 ὅτι로 소개되는 인용문이고, ὅς...καθίσταται는 저자의 논평이라고 주장한다. 첫 번째 진술은 암시나 인용 중 어떤 것으로든 이해될 수 있다. 그 경우 가장 개연성이 높은 자료의 출처는 아마도 요한의 자료 유형에 속하는 전통에 담겨 있는 예수의 말씀일 것이다. 하지만 가능하기는 해도, 스피타의 가설은 입증되지 못한다. 반복해서 등장하는 병행구는 야고보와 같은 저자에게서 얼마든지 있을 수 있는 일이기 때문이다.

더 자세한 내용은 Davids, 380-93을 보라.

5절   야고보는 자신의 대담한 주장을 지지하면서 대부분의 신약의 저자들처럼, 병행 구조로써 앞으로 이야기할 내용과 연결하려고 성경을 인용한다: οἴδατε(4:4)...δοκεῖτε(4:5). 성경에서 하는 말은 헛된 적이 없다(κενῶς, 신약성경에서 한 번 사용되었음. 참조. 마 5:17-19). 그래서 성경의 인용은 권면을 통해 가르친 요지를 굳게 세운다. 하지만 정확히 말해서 이 인용은 야고보서에서 가장 골치 아픈 문제 중 하나다. 만일 야고보가 성경을 인용하고 있다면, 성경 어디에서 인용했는가? 4:6에서는 70인역의 잠언 3:34을 인용한 것이 분명한데, 4:5에 인용된 성경은 무엇인가?

야고보가 4:5에서 성경을 인용하지 않고 일종의 권면적인 언급이나 미드라시와 유사한 주장을 하고 있다는 주장이 제시되기도 했다(de Wette 와 그밖에 몇 사람이 이렇게 제안한다. 참조. Dibelius, 221; Cantinat, 203). 가장 최근의 이런 주장은 로스가 제안했다(Laws, "Scripture", 214-15). 그는 본문이 두 개의 질문으로 구성되었다고 주장한다. "'성경이 의미 없느냐?(5a절) (성경에 따르면) 이 시기하며 사모하는 것이 영혼에 있는 욕심의 적절한 태도란 말인가?(5b절)' 만일 70인역의 시편 41:2이나 시편 83:3을 암시한 것이라면, 함의된 대답은 절대로 그렇지 않다가 될 것이다." 이 논지는 매력적이고, 일부 문제들은 제거된다. 그런데 이 논지에는 그 자체로 내적인 난제가 있다. (1) 그와 같은 부정적인 대답을 예상하는 수사적 의문문에서는 μή를 기대한다(BDF, § 427). 이러한 해석은 4:4을 괄호로 묶고 바로 4:1-3로 거슬러 올라가야 한다. 이것은 야고보서의 구조에 어긋난다. (2) (구약) 암시는 그다지 설득력 있지 않다. (3) 신약성경의 다른 모든 경우에서 ἡ γραφὴ λέγει 형식은 직접 인용을 소개하지, 의미 인용이나 암시 또는 일반적인 성경 언급을 소개하지 않는다(이럴 경우에는 일반적으로 복수형인 γραφή가 사용된다. 요 7:38이 이 규칙의 **예외일 수** 있다). 로스의 논지와 그가 인용한 이전 작품들뿐만 아니라 성경의 느슨한 의미 인용으로 이해하려는 사람들에게 이 마지막 지적 사항은 치명적이다(출 20:5; 참조. Hort, 93; Mayor, 140; Coppieters, 40).

앞서 언급한 반대가 받아들여진다면, 다른 두 선택이 남아 있다. 첫째, 야고보는 구약성경의 알려지지 않은 어떤 역본을 인용했을 수 있다. 비록 그가 통상적으로 인용하는 역본은 70인역이지만 말이다. 예레미아스(Jeremias)는 욥기 14:15b의 데오도티온 역 또는 *Frg. Tg. on Gn.* 2:2을 제안한다. 로우프스(Ropes, 262)는 알려지지 않은 출애굽기 20:5 번역을 제안한다. 문제는 설득력이 있을 만큼 근사한 인용문을 산출한 다른 제안이 없다는 점이다. 둘째, 저자는 일부 외경 작품을 인용하고 있을 수도 있다(알려지지 않은 외경 작품 — Dibelius, 222; Michl, 174; Mussner, 184; Schrage, 44-45; 기독교 예언 — Schlatter, 248; 엘닷과 모닷의 책 — Spitta, 121; Moffatt, 60; Sidebottom, 52-53; 참조. 민 11:29; Hermas *Vis*. 2.3.4; 1 Clem. 23:2-3; 2 Clem. 11:2-3). 신약성경에는 정경 외 문헌을 사용했다는 증거가 없기 때문에(비교. 유 14), 이런 제안을 둘러싼 문제는 없다. 본문이 알려지지 않았기에, 자연히 이런 가설은 입증을 받을 수가 없다. 하지만 이것은 다음과 같은 점에서 저작 연대를 정하는 데 있어 최상의 제안인 것 같다. (1) 용납할 만하다고 입증된 구체적인 제안은 더 이상 없다. (2) 야고보는 실제로 어떤 본문을 인용하고 있는 것 같다. (3) 야고보서의 묵시적 이미지는 지금까지 알려진 기독교와 유대의 묵시문학에 어울린다(요한계시록, 유다서, 베드로후서, Eth. Enoch, Jub. 등등).

> 외프케(A. Oepke, *TDNT* III. 991)는 로우프스(Ropes, 262) 및 빈디쉬(Windisch, 27)와 의견을 같이하면서 이 절이 성경에서 성경으로 인용된 6운율의 시라고 제안한다. 이에 대해 BDF, 487에는 다음과 같은 적절한 논평이 있다. "구절들과 구절들의 단편을 찾는 것은⋯쓸데없는 시간 낭비이며, 발견된 것들은 언급하지 않는 게 더 나을 만한 그런 것들이다.⋯" 만일 어느 작가에게 어떤 리듬감이 있다면, 결함이 있는 그런 6운율은 단지 우연일 뿐이다.

하지만 5절에서 기원에 관한 문제는 단지 시작일 뿐이다. (저자가 틀림없이 그의 독자들이 알고 있을 것이라고 기대했던) 이 구절을 인용한 본래의 문맥을 우리가 모르기 때문에 이 구절의 의미에 대해 아주 다양한 주장이 대두될 수 있다. 대부분의 학자와 함께 우리는(Spitta, 118, 120과 *Zürcher*에 반대하면서), λέγει 다음에 오고 ἐπιποθεῖ와 잘 어울리는 까닭에 πρὸς φθόνον이 인용의 시작이라는 것과 δέ가 뒤따라오는 까닭에 다음 절은 μείζονα로 시작한다는 점에 동의한다. 하지만 인용구의 주어는 여전히 의문으로 남는다. 그 주어는 (1) 하나님이거나, (2) 성령을 의미하는 πνεῦμα거나, 아니면 (3) 인간의 영혼을 의미하는 πνεῦμα다. 우리는 결론에 이를 때까지 살펴보아야 한다.

의심의 여지없이 κατῴκισεν("거하게 하신")의 주어는 하나님이다(이 단어는 K P L it. Vg Byz. 사본과 Lect.에서 필경사의 오류로 인해 더 일반적으로 사용하는 κατῴκησεν을 야기한, 신약성경에서 단 한 번 사용된 단어다). 사람의 영혼(창 2:7)이든 성령이든, 하나님이 πνεῦμα를 사람 안에 거하게 하신다는 것이 성경의 보편적인 주제다. 이 결론과 하나님이 δίδωσιν("주다")과 λέγει의 주어라는 사실로 인해, 하나님이 주문장의 주어라는 개연성이 미리 뒷받침된다(Findlay처럼 주문장을 수정하지 않는다면 말이다). 그러나 과연 하나님이 πρὸς φθόνον(= φθονερῶς; Mayor, 141; Robertson, 626; MHT I, 250; BAG, 865)이 들어 있는 문장의 주어일 수 있는지 질문이 제기될 수 있다.

미흘(Michl, 170-71과 "Spruch")과 미튼(Mitton, 155-56)은 φθόνος 및 이것과 어원이 같은 단어들이 신약성경에서 긍정적인 의미로 사용된 적이 없고, 세속 그리스어에서도 그런 식으로는 거의 사용되지 않는다는 것(LSJ, 1929에 긍정적인 예 하나가 인용되었다)과 교부들의 그리스어에서도 거의 사용되지 않았다(일반적으로 하나님께는 적용되지 않음; LPGL, 1474은 알렉산드리아에서 그것이 하나님께 세 가지로 적용되었음을 지적한다)고 지적한다. 어근은 70인역에서 하나님의 시기를 가리키기 위해 히브리어 qn'를 번역한 적이 없다. 하나님과 성령이 주어일 수 없는 까닭에, 주어는 반드시 인간의 영혼이어야 한다. "하나님께서 사람에게 심으신 영혼은 시기하는 열망으로 바뀐다"(the spirit which God implanted in man turns towards envious desires, NEB). 여기서 "영"이란 용어는 영혼을 가리킬 수도 있고 악한 충동(yēṣer)을 가리킬 수도 있다. 배경은 아마도 하나님이 악한 충동을 창조하셨다는 사실을 포함하는 인간의 타락에 관한 잘 알려진 교훈이다(1QS 3:13ff.과 일부 랍비 자료들). 그렇다면 4:6의 은혜는 하나님께 복종하는 사람들 속에서 악한 충동에 대항하는 선한 충동이거나 성령이다.

이 해석이 매력적이기는 하지만 문제가 있다. 첫째, 이 번역은 문맥에 잘 맞지 않는다. 구조는 4:4과 병행되는지 몰라도, 이 번역은 4:4을 무시하고 4:1-3로 비약한다. 그렇다면 인용은 4:4의 권면을 지지하지 않는다. 둘째, 1 Macc. 8:16, 1 Clem. 3:2, 4:7, 5:2, Test. Sim. 4:5에 나타나 있듯이, ζῆ λος와 φθόνος는 매우 유사한 용어들이다. 야고보가 ζῆλος를 이미 매우 부정적으로 사용했기에, 그는 아직 사용되지 않은 동의어인 φθόνος를 의도적으로 선택했을 것이다. 셋째, 다른 해석이 이 주장의 근거를 제시하면서 4:4과 잘 어울린다.

그래서 대부분의 주석가는 하나님을 주어로 이해한다(Hort, 93-94; Ropes, 263; Dibelius, 223-24; Mayor, 144-45; Mussner, 182-83). 하나님이 그의 피조물을 열망하신다는 것은 구약성경에서 발견되는 주제다(예. 하나님은 욥 14:15b의 데오도티온 역에서 ἐπιποθεῖν의 주어다. 참조. *Frg. Tg.* on Gn. 2:2, "일곱째 날에 야웨의 메므라[Memra]는 그가 만드신 작품을 열망했다"; 참조. Jeremias; Apoc. Mos. 31:2). 하나님이 질투(시기)하는 분이시라는 주제 역시 잘 알려진 주제다(출 20:5; 34:14; 신 4:24; 등등). 이것은 논리적으로 ζῆλος나 φθόνος로 번역될 수 있다. 하나님이 사람 속에 영을 주셨다는 것 역시 성경적인 근거가 있다(창 6:3 LXX; 6:17; 7:15; 시 104:29-30; 겔 37장; Wis. 12:1). 게다가 일부 본문들은 이 영을 정결하게 지킬 필요를 언급한다(Test. Naph. 10:9[히브리어]; b. Shab. 152b; Test. Jud. 20:1; 1QH 1:15; 12:12; CD 5:11; 7:5). 그래서 만일 영이 세상을 향한다면, 하나님의 질투심이 발휘될 것이다. 이와 같은 경고는 분명히 야고보서 4:4을 지지한다.

핵심적인 병행 본문은 Hermas *Man.* 3.1-2이다. 참조. Dibelius, 23-224; Cirillo; Seitz, "Spirits"에 인용된 *Man.* 5.2.5; 10.2.6; 10.3.2. 반면에 Laws, 176-77은 인정하지 않는다. 이 본문에는 "하나님이 이 육체에 거하게 하신[κατῴκισεν]" 영이 언급되었다. 그 영은 타락하여 거짓말하는 영으로 변하였다. 디벨리우스는 이것을 "귀신적인 윤리"로 읽지만, 유대의 예체르 신학과 쿰란의 두 영 교리에 비춰 볼 때, 이와 같은 생각은 불필요하다. 물론 「헤르마스의 목자」의 본문이 완전히 분명한 것은 아니지만 말이다. 이 논의를 위해서, 중요한 점은 원래 선한 영(영혼? 또는 경향?)이 잘못될 수 있고 악한 것(악한 예체르 또는 악한 영에게 감동을 받는 것)으로 바뀐다는 사실이다. 이 교훈은 경고이며, 그래서 야고보서와 비슷

하다. 그것이 야고보서의 이 본문을 해석한 것이든지 아니면 비슷한 전통에 의
존한 것이든지 말이다.

더 자세한 내용은 Davids, 388-89을 보라.

6절   하나님은 질투하시는 창조자시다. 그는 자신과 교제할 목적으
로 인간의 영을 창조하셨다. 그래서 누구나 하나님 대신에 세상을 찾는다
면 주의해야 한다. 하지만 그런 상황에서 하나님은 그 사람을 거절하지 않
으시고 더 큰 선물(χάριν, "은혜")을 주신다(현재형 δίδωσιν은 창조 때에 "이미 주
신 것"이 아니라 지금 주고 계시는 것을 가리킨다). 그 선물이 성령으로(Schlatter,
252), 또는 사람이 하나님께 나뉘지 않은 마음으로 충성하는 데 주시는 도
움(따라서 성령과 마찬가지. Ropes, 265; Hort, 95-96)으로, 또는 종말론적인 기
대(Mussner, 184)로 해석되었지만, 그 선물은 단순히 죄 용서 곧 회개할 기
회일 수 있다. 70인역 잠언 3:34의 인용에서는(LXX의 κύριος를 지칭하기 위
해 θεός를 사용한 벧전 5:5-6과 1 Clem. 30:2에서처럼) 하나님이 교만한 자를 대적
하시고(이 사상은 5:6에서도 계속된다. 참조. Schökel), 겸손한 자에게 은혜를 주
신다고 한다(참조 1:9). 그렇다면 그 부름은 하나님께 복종하라는 요청이다.
만일 누군가 교만한 상태에 머물고 계속 세상을 구한다면, 하나님의 질투
와 하나님의 대적함이 그에게 임할 것이 확실하다. 하지만 그것이 끝이 아
니다. 여전히 하나님께는 더 큰 은혜로움이 있다. 자신을 낮추기만 한다면,
하나님은 그의 은혜와 자비를 확장시키실 것이다. 그래서 이 구절은 야고
보가 계속 교훈할, 회개하라는 강한 요청을 세우는 견고한 기초다.

더 자세한 내용은 Brushton; Coppieters; Findlay; Jeremias; Laws,
"Scripture"; Michl, "Spruch"; Schökel을 보라.

c. 회개하라는 요청(4:7-10)

7절   접속사 οὖν은 이 명령들(4:7-10에서 모두 10개)이 인용된 잠언 3:34과 앞서 주어진 권면의 확장임을 분명히 보여준다(그러나 Laws, 180-81은 이 견해를 거부하고 그러한 관계가 없는 것으로 생각한다). 잠언 3:34의 이러한 사용은 틀림없이 초기 교회에서 일반화되었을 것이다. 디벨리우스(Dibelius, 225-26)가 지적하듯이, 베드로전서 5:5-9에도 이와 비슷한 사상의 세트가 있다. 즉 하나님께 복종하라(약 4:10에서처럼 ταπεινώθητε가 사용됨)는 명령적 적용을 달리하기는 했지만 1 Clem. 30에서처럼 마귀를 대적하라(ἀντίστητε)는 명령이 그것이다. 구조는 고정된 것이 아니다. 비록 베드로전서의 본문에 적어도 교회의 일부 영역에서 마귀를 대적하는 것이 하나님께 복종하는 것과 연결되었기는 하지만 말이다.

명령 단락의 구조는 분명히 일련의 2행 연구로 이루어졌다(참조. Hill, 12; Ekstrom, 26-27).

$$\text{ὑποτάγητε…(주제)}$$
$$\left\{ \begin{array}{l} \text{ἀντίστητε…καὶ φεύξεται…} \\ \text{ἐγγίσατε…καὶ ἐγγιεῖ…} \end{array} \right.$$
$$\left\{ \begin{array}{l} \text{καθαρίσατε…} \\ \text{ἁγνίσατε…} \end{array} \right.$$
$$\left\{ \begin{array}{l} \text{ταλαιπωρήσατε…} \\ \text{ὁ γέλως…μετατραπήτω…} \end{array} \right.$$
$$\text{ταπεινώθητε…ὑψώσει…(결론)}$$

첫 번째와 마지막 명령은 거의 동의어이기에 수미상관을 이룬다. 9절 사상에서만 2행 연구를 이루거나 아마도 두 개의 단위일 것이다. 마지막 명령절은 구조적으로 첫 번째 2행 연구과 비슷하며 그래서 첫 번째 명령을 전체의 주제로 강조한다.

4:6의 "주제 선언"이 4:7-5:6에서 확장되었다는 쉐켈(Schökel)의 견해는 창의력이 있지만, 그가 4:7-10을 다룬 부분만 설득력이 있다. 쉐켈은 4:11-12을 그의 틀에 맞추지 않는다.

야고보에 따르면, 하나님은 겸손한 자에게 그의 은혜(죄 용서)를 주신다. 그러므로 독자들은 하나님께 복종해야 한다. 이 단락의 나머지 부분에는 어떻게 복종을 하는지가 설명되었다. 시편 37(36):7-9에만 이러한 명령이 있는 것은 아니다(Hort, 97). 비록 베드로전서 5:6만 복종하라는 명령에서 하나님을 언급하고 있다고 해도(아래 4:10 주석을 보라), 이러한 사상은 시편 8:6(7)을 언급하는 신약성경에 일반적으로 드러나며(히 8:1; 고전 15:27-28; 엡 1:22), 권면 문학의 공통적인 교훈이기도 하다. 물론 야고보는 이미 1:9-11에서 이 사상을 사용했다. 동사는 겸손해지는(ταπεινοί) 과정을 암시한다(Ropes, 268).

이러한 복종은 먼저 마귀를 대적하는 것(즉 그에게 복종하는 것이 **아니라**)으로써 이루어진다. 야고보가 보기에 마귀처럼 행동하는 교만한 자들에게 하나님이 행하시는 것이 바로 이처럼 대적하는 것이다(4:6). 마귀를 대적한다는 사상은 신약성경 여러 곳에서 등장할 뿐만 아니라(벧전 5:8-9; 엡 6:13), 열두 족장들의 유언(Test. Sim. 3:3; Test. Iss. 7:7; Test. Dan 5:1; Test. Naph. 8:4; 비교. Test. Ash. 3:3에서는 두 마음을 가진 사람이 벨리알을 섬긴다고 지적한다)과 「헤르마스의 목자」(*Man.* 12.5.2)에도 등장한다. 이 본문들 대부분에서 마귀가 도망가는 것이 분명하게 언급되었다. 대적하는 수단은 선한 행위(Test. XII) 또는 하나님께 전적으로 헌신하는 것이다. 야고보가 여기서 전적인 헌신을 강조하고는 있지만, 그의 생각에 이 둘 사이의 차이는 거의 없다.

그러나 7절에서는 야고보서의 근저에 놓여 있는 신학이 드러난다. 야고보가 앞에서 시험이 악한 충동에서 야기된다(1:13-15)고 주장한 것은 문맥에서 교훈적인 목적으로 작용하며, 하나님이 악한 충동의 원인이시라는 사실을 강하게 부정한다. 이제 야고보는 (3:3, 15에서처럼) 악한 충동 뒤에 마귀가 있다는 사실을 드러낸다. 초인간적인 악의 세력이 개인적인 악 뒤에 있다는 것이다. 여기서 야고보는 바울의 견해와 같이할뿐더러(예. 마귀와 "정사와 권세"에 대한 그의 이해), 복음서 전통과도 입장을 같이한다(마 4:1-11 병행구; 마 8:28-34 병행구; 눅 22:31; 요 13:2, 27).

더 자세한 내용은 Gerhardsson을 보라.

8절　　2행 연구의 후반부는 "하나님을 가까이하라"다. 이것은 전반부에서 다룬 명령의 긍정적인 측면을 제시한다. 마귀를 대적하는 것은 하나님을 따르는 일에 자신을 헌신하거나 하나님을 가까이하는 것이다. 하나님은 그런 사람에게 응답하신다. 한편 이 문장은 백성들의 회개를 암시하는 많은 예언자의 약속을 상기시킨다(대하 15:2-4; 애 3:57; 호 12:6-7; 슥 1:3; 2:3; 말 3:7). 다른 한편, 가까이하는 행위는 제의 이미지를 사용한 다른 성경에서도 등장하는 제의적인 전문 표현이다(출 19:22; 24:2; 신 16:16; 시 122, 145편). 야고보가 어떤 구체적인 사상(예. 모든 신자의 제사장직; 참조. Mitton, 159; Cantinat, 209)을 염두에 두지는 않은 것 같다. 그러나 제의적 이미지는 그가 받은 유산에 속하고 4:7b의 전쟁 비유와 4:8b의 제의적 비유를 연결하는 가교에 해당한다.

　　그다음에 소개되는 2행 연구는 조건절로 사용된 명령형(명령형 + καί + 미래형 = 조건 문장. 이것은 셈어 어법의 영향에 기인한 것으로 보인다)에서 성결하라는 강한 명령적 요청으로 바뀌었다. 손을 씻는 이미지는 원래 순결한 제의였다(출 30:19-21; R. Meyer, *TDNT* III, 421-22; F. Hauck, *TDNT* III, 424). 하지만 구약성경에서도 도덕적인 의미가 재빠르게 발생하였고, 내적인 자아, 마음으로의 전환이 종종 이루어졌다(사 1:16; 렘 4:14; 욥 22:30; 시 26:6). 손과 마음이 그리고 외적인 행위와 내적인 성향이 나란히 놓인 것 역시 기독교 이전 문헌에 등장한다(시 24:4; 73:13; Sir. 38:10). 이처럼 "성결하게 하다"는 용어는 윤리적인 의미를 지니는(벧전 1:22; 요일 3:3; Barn. 5:1; 8:3; 참조. H. Baltensweiler, *DNTT* III, 101-102), 이를테면 제의에 참여함을 가리키기에 적합한 용어다(예. 출 19:10; 민 8:21; 수 3:5; 대상 15:12; 요 11:55; 행 21:24, 26). 그래서

신약성경에서 우리는 요한복음, 히브리서, 베드로전서, 목회 서신 등에서
다룬, 성결하라는 도덕적 요청을 보게 된다(마 5:8; 막 7:21-23 병행구). 그 요
청은 바른 행위와 바른 헌신을 촉구한다. 깨끗한 손은 선한 행위를 할 것이
며 성결한 마음은 전적으로 헌신할 것이다.

이 의미는 두 개의 호격으로 강조된다. Ἀμαρτωλοί("죄인들아", 비교.
5:20)는 하나님의 율법에 거슬러 행동하는 사람들이다(시 1:1-5; 51:15[50:13];
참조. Cantinat, 209). 그들은 자신들의 행동으로 하나님께 불순종한다.
Δίψυχοι("두 마음을 품은 자들아"; 1:8에서 더 자세히 논의한 것을 참조하라)는 Test.
Ben. 6과 Test. Ash. 3:1-2에서처럼 선과 악, 하나님과 세상 등 두 대상에 모
두 헌신하려고 애쓰는 사람들이다. 그들은 ἁπλότης의 덕목이 결여되었다.
따라서 그들은 마음을 실제로 성결하게 해야 한다.

더 자세한 내용은 Wolverton, 172; Edlund, 62-69; Marshall,
"Δίψυχος"; Daniélou, 362-65을 보라.

9절   그들에게 요구한 성결함은 회개의 형식을 취해야 한다. 부정
과거 명령형에 함의된 회개가 시작되어야 한다(MHT I, 76; BDF, § 337). 신약
성경에서 한 번 사용된 ταλαιπωρήσατε("너희는 슬퍼하라")는 자원하는 금욕
(Mayor, 147)이나 종말론적인 심판(Dibelius, 227-28)을 암시하지 않고, 개인
이 통탄할 상황에 있음을 깨달을 때 경험하는 내적인 비애와 비참함을 암
시한다(BAG, 810; 참조. 롬 3:16; 1 Clem. 15:6; 시 12:5[11:6]에서는 ταλαιπωρία가, 롬
7:24; 계 3:17; Epict. 1.3.5; Hermas Sim. 1.3에서는 ταλαίπωρος가 사용되었다. Hermas
Sim. 1.3에서 이 용어는 δίψυχος를 묘사한다). 내적인 태도는 외적인 표현, 즉 슬
퍼하며 애통하는 것과 어울려야 한다. 이것은 한편으로 외적인 위험과 고
통에 대한 적절한 반응이며(시 69:10-11; 사 32:11; 렘 4:8; 9:2; 암 5:16; 말 3:14), 다
른 한편으로 이것은 하나님의 심판에 대한 두려움에 대한 반응, 이를테면
회개하는 마음이다(삼하 19:1; 느 8:9; 눅 6:25; 행 18:11, 15, 19은 모두 이 두 용어를
함께 사용한다). 두 용어는 사실 서로 바꿔 사용할 수 있는 용어들이다(마 5:5;

눅 6:21. 두 경우 죄가 원인일 것이다). 이것은 회개를 설교하는 설교자의 언어다. 심판이 다가오고 있다. 그러므로 지금 슬퍼하라(회개하라). 그래야 그때 슬퍼하지 않을 것이다.

2행 연구의 짝을 이루는 행은 첫 번째 행을 확장한다. 그리스도의 말씀을 기억하거나(눅 6:21, 25; οὐαί, οἱ γελῶντες νῦν, ὅτι πενθήσετε καὶ κλαύσετε) 구약성경의 어조에 맞추어(암 8:10; 잠 14:13; 1 Macc. 9:41; Tob. 2:6), 저자는 웃음과 기쁨을 동반하는 연회(Philo *Exsec.* 171과 아모스서에 따르면 πένθος의 반대말)를 끝낼 것을 명한다(참조. K. H. Rengstorff, *TDNT* I, 658-61. Rengstorff는 웃는 자가 어리석은 자들[잠 10:23; Sir. 21:20; 27:13]과 하나님 없이 독자적으로 살겠다고 선언한 사람들과 관련되었음을 보여준다). 웃음과 기쁨은 모두 세상에 대한 긴장이 없는 삶, 그래서 세속적인 삶으로 특징지어진다(요 16:20; Marty, 164). 그 대신에 비탄과 낙담(근심)이 있어야 한다(κατήφειαν은 성경에서 한 번 등장하는 단어다. Plut. *Mor.* 528; Philo *Spec. Leg.* 3.193). 다가오는 심판이나 현재 죄를 인식한 것에 비춰 볼 때, 이러한 반응이 합당할 뿐이다. 결국 그들은 죄인이다(4:8). 어느 한 상태에서 다른 상태로 전환하는 것은 참된 회개의 표다. 죄의 심각함이 자신의 세계관에 실제로 들이닥치면 슬퍼하는 것이 적절한 반응이다.

신약성경에서 한 번 등장하고 B P 1739 사본들에서 발견된 시적인 용어인 μετατραπήτω는 א A 사본과 비잔틴 사본 전통에서 좀 더 일반적인 μεταστραφήτω로 대체되었다. 이 본문에서 단 한 번 사용되는 단어의 수에 근거하여 자이츠(Seitz, "Relationship")는 이 본문이 1 Clem. 23:3-4과 2 Clem. 11:2-3(비교. Hermas *Sim.* 1.3; *Vis.* 3.7.1)에 인용된 잃어버린 외경에 의존했다고 상정한다. 이러한 가정은 입증되지 못한 것이 분명하다. 인용된 본문에서 인용의 초점이 야고보서의 그것과 다르고 인용의 원래 문맥이 분명 존재하지 않기 때문이다. 참조. Laws, 185.

10절   이러한 참된 회개는 반드시 결과가 있기 마련이다. 하나님

은 겸손한 자에게 은혜를 주실 것이다. 본문에 사용된 용어는 의도적으로 독자들을 이 단락이 미드라시처럼 설명한 인용문과 4:8a로 되돌린다. 4:8a 는 구조적으로 이와 비슷한 셈어 어법으로 만든 구조로써 하나님이 회개 한 자들을 받으심을 먼저 약속한다. 본문의 주제는 구약성경(욥 5:11; 22:29; 시 149:4; 잠 3:34; 29:25; 겔 17:24; 21:31)과 중간기 문학(Sir. 2:17, οἱ φοβούμενοι κύριον...ἐνώπιον αὐτοῦ ταπεινώσουσιν τὰς ψυχὰς αὐτῶ; 3:18; Test. Jos. 10:3; 18:1; 1QH 3:20; 15:16) 그리고 신약성경(마 23:12; 눅 14:11; 18:14)에서 잘 알려졌다. 이 신약의 문헌(이 문헌은 모두 예수의 로기아, 즉 어록이다)은 아마도 야고보서 의 직접적인 배경이 된 것 같다(참조. 어휘의 유사성. 참조. 벧전 5:6). 핵심은 분 명하다. 다 잃은 것은 아니다. 자기를 낮추는 것과 회개만이 세상에서 오는 것이 아니라 하나님에게서 오는 참된 높아짐을 얻는 데 필요하다(참조. 1:9-11).

4. 순전한 말은 정죄하지 않는다(4:11-12)

(그 자체로 하나의 단락을 이루고 있는 것이 분명한) 11-12절과 4장의 다른 본 문들과의 관계는 식별하기가 쉽지 않다. 주제의 익숙함과 접근방식의 전 통성을 고려한다면, 어떤 면에서 11-12절이 단순히 문맥과 독립된 권 면이라는 캉티나(Cantinat, 212)가 옳을 수 있다. 호칭은 4:1-10과는 다 르다. Μοιχαλίδες("간음한 자들아", 4절)와 ἁμαρτωλοί("죄인들아", 8절)에서 ἀδελφοί("형제들아")로 자리를 내주고 만 것이다. 명령형이 있지만, 그것 은 4:7-10의 명령형과 달리 부정적이다. 구조적으로 명령형과 호격 구조 가 야고보서에서는 새로운 단락을 시작한다(1:2, 16; 2:1; 3:1 등). 마찬가지로 4:10은 한 단락을 분명히 마무리 짓는다. 이 두 절이 4:10과 대조를 이룬다 는 미튼의 주장(Mitton, 165)이나, 이 두 절이 2:13 이후에 속한다는 모팻 의 주장(Moffatt, 37)은 설득력이 없다는 것이 입증되었다. 로우프스(Ropes, 273)는 두 절이 부록이라고 주장하지만, 그것이 어떻게 어울리는지는 입증 하지 않았다. 우리가 다루는 것은 원래 구조적으로 문맥에 매이지 않은 권

면적 교훈이었을 본문이다.

반면에 이 두 절은 전체 문맥에 속한 것으로서 부적절하지 않다. 두 절
은 편집적인 기능을 한다. 두 절에 언급된 주제 대부분은 앞의 몇몇 단락에
서 선별된 것들이다(1:19-26; 2:8; 3:1-18). 저자는 공동체의 갈등 문제와 관련
된 더 넓은 단락을 마무리하는 중이다. 그는 처음에 이것을 (4:13-5:6에서 새
로운 방법으로 다시 논한) 세속적인 상태로 밝힌다. 이는 청중들로 하여금 강
한 예언자적 꾸짖음을 얻게 했지만, 다른 사람들을 멸시하는 것(3:9-12)을
비롯하여 공동체 내부의 다툼(4:1)에서 두 마음이 표현되고 있음을 잊지 않
았다. 그러한 상황이 오늘날과 마찬가지로 야고보의 공동체에서 발생하는
문제 중 하나이며, 공동체의 하나 됨에 대해 관심이 많았던 야고보가 말할
수밖에 없었던 것이라고 이해하기 위해서, 다른 그리스도인들을 무법자라
고 배척하는 사람들이 유대화주의자들이었다는 슐라터(Schlatter, 257-60)나
그들을 무지한 자들이라고 배척하는 사람들이 영지주의적 교사들이었다는
샴베르거(Schammberger, 71)에 반드시 동의할 필요는 없다.

자신의 이웃인 동료 공동체를 비난해서는 안 된다. 그렇게 하는 것은
자신을 인간 이상으로 올리고 하나님의 자리를 차지하는 것이기 때문이다.
이와 같은 비난은 이웃을 사랑하라는 율법을 범하는 것이며, 그러므로 스
스로 정죄하는 행위다.

11절   서로 비방하지(καταλαλέω) 말라는 명령은 구약성경에 잘 알
려진 명령이다(레 19:16; 시 50:20; 101:5; 잠 20:13; Wis. 1:11). 비방 역시 신약시
대와 그 이후 유대 공동체에서 비난을 받았다(Test. Iss. 3:4. 이 본문에서 비방
은 진실됨[ἁπλότης]과 대조되었다; Test. Gad 3:3; 5:4; 1QS 4:9, 11; 5:25-26; 6:26; 7:2-9;
Midr. Ps. on Ps. 12:3; *Mek.* on Ex. 14:31; *Dt. Rab.* 6 on Dt. 24:9). 기독교 공동체 역
시 비방함으로써 파괴된 하나 됨이 필요했다. 그래서 그것은 그리스도인들
사이에서도 자주 악의 목록에 제시되곤 했다(롬 1:30; 고후 12:20; 벧전 2:1; 벧후
2:12; 3:16; 1 Clem. 30:1-3, 이 본문은 문맥에서 잠 3:34을 사용한다; Hermas *Man.* 2.2-
3에는 ἁπλότης가 사용됨; 8.3; *Sim.* 8.7.2에는 δίψυχος가 사용됨; 9.23.2-3). 이 본문을
읽다 보면 4:1-10에 등장하는 많은 주제가 다시 등장한다는 것을 발견할

수 있으며, 이러한 재등장은 이 두 절이 여기에 우연히 놓인 것이 아님을 보여준다.

비방하지 말아야 하는 까닭은 공동체에 속한 사람(즉 형제)을 공격하거나 그 사람에게 재판관 행세를 함으로써 자신이 받들어 지키고 있다고 주장하는 율법을 실제로 파괴한다는 데 있다(καταλαλεῖ와 κρίνει가 사용된 것은 그 사람이 율법을 직접 또는 의식적으로 비난한 것이 아니라 그 하나의 행동이 곧 두 행동을 다 하는 것임을 보여준다). 율법과 관련하여 판단할 수 있다면(여기서 εἰ δὲ νόμον κρίνεις["만일 율법을 판단하면"]는 문장의 끝을 향하면서 세목의 목적격[accusative of respect]으로 νόμον을 사용하고 있다), 그는 더 이상 율법 아래(ποιητής νόμου, "율법의 행위자") 있지 않고 재판관이다(κριτής의 절대적 의미는 이미 4:12을 예상한다). 판단하지 말라는 명령은 여러 곳에서 발견된다(마 7:1-5; 눅 6:37-42; 롬 2:1; 14:4; 고전 4:5; 5:12; 비교. 요 7:24; 8:15-16). 하지만 그렇게 판단하는 행위가 왜 율법을 범하는 것인지에 대해 본문에서 주어진 이유는 독특하다. 야고보가 앞에서 인용한 예수의 로기아를 의존했을 수도 있다. 하지만 앞서 2:8-9에서 인용한 레위기 19:18이 아마도 우선적으로 염두에 둔 본문일 것이다(4:12의 πλησίον["이웃"]이라는 단어 사용과 Test. Gad 4:1-2의 이와 비슷한 논증을 참조하라).

12절 4:11에서와 마찬가지로 율법은 또 다른 의미에서 파괴된다. 자신을 재판관으로 세워 하나님의 역할을 찬탈하는 행동이기 때문이다. 하나님이 입법자(즉 율법을 주신 분)라는 것은 구약성경(참조. 시 9:21 LXX의 νομοθέτης를 참조하라)과 후기 작품들(참조. 2 Macc. 3:15; 히 7:11; 8:6의 νομοθετέω)의 명확한 교훈이다. 하나님만이 가지신 판단하는 권한은 요한(요 5장)과 바울(롬 14:4)의 주제다. 하나님만이 생사를 주관하는 권세를 가지시기 때문이다(창 18:25; 신 33:39; 삼상 2:6; 왕하 5:7; 시 75:7; 사 33:22; 마 10:28; 히 5:7; 딤후 4:8; 1QS 10:18; m. Ab. 4:8; Hermas Man. 12,6,3, 이 본문에는 δυνάμενον σῶσαι καὶ ἀπολέσαι["구원하기도 하시며 멸하기도 하시느니라"]도 사용되었다; Sim. 9,23,4; Mek. Amalek 1 on Ex. 17:9; 1 Clem. 59:3). 따라서 다른 사람을 판단함으로써 하나님의 판단하시는 권세를 빼앗는 것은 실제로 신성모독이다(Test. Gad 4:1-2).

사실 그것은 율법을 파괴하는 행동이다. 이런 수사학적인 질문이 제기된 것은 옳다. "너는 누구이기에 이웃을 판단하느냐?" 인간인 주제에 진정 자신을 누구라고 생각하느냐?

비잔틴 사본에는 로마서 14:5의 영향을 받은 사소한 이문이 몇몇 있다. 예를 들어, ὁ κρίνων 대신에 ὃς κρίνεις로, πλησίον 대신에 ἕτερον으로 표기되었다. 특히 야고보가 πλησίον을 사용하여 전하려는 요지를 인식하지 못한다면, 분명 이러한 오류가 쉽게 발생한다.

더 자세한 내용은 Delling, 26-27을 보라.

V. 부를 통한 시험(4:13-5:6)

바로 이전 단락에서는 세상을 사랑함, 두 마음을 품음, 그것이 공동체에 미치는 영향을 다루었다. 이제 야고보는 야고보서의 또 다른 중요한 주제인, 부자와 그들의 죄, 즉 세상을 사랑할 때 따라오는 결과들로 옮긴다.

이 단락은 4:1-12과 직접 연결되어 있지는 않다. 사상의 흐름은 매끄럽지만, 상인들과 지주(地主) 등 구별된 두 계층을 겨냥한 독립된 단락을 이룬다. 이렇게 이 단락은 1:9-11, 27, 2:5-7의 주제들을 다시 다룬다. 두 그룹에 대한 어조는 예언자의 비난 스타일이다. 야고보가 두 문단이 하나의 단위로 읽히기를 의도했다는 것은 반복되는 ἄγε νῦν(4:13; 5:1)과 주제의 결합, 그리고 단락을 마치는 5:7에서 "형제들아"(ἀδελφοί)라고 부르는 것에서 분명히 알 수 있다.

교회에서 상인 계층은 양심의 가책을 받는다. 그들은 하나님의 뜻과 궁극적인 것들보다는 세상적인 이득과 관련해서만 계획하고 생각했기 때문이다. 그들은 오히려 겸손해야 했다. 가난한 사람들에게 나눠주지 않은 것이 그들의 죄인 것으로 보인다. 반면에 지주 계층은 하나님의 심판 아래 있는 부자들이다. 그들이 가진 순식간에 없어질 부는 그들을 정죄하여 지옥에 넣을 것이다. 그들이 가난한 자들에게 마땅히 주어야 할 것을 주지 않았기 때문이다. 가난한 자들의 부르짖음은 그들의 파멸이 될 것이다.

더 자세한 내용은 Noack, "Jakobus"를 보라.

1. 부의 시험(4:13-17)

13절   "이제 오라!" 야고보는 신약성경 이곳(4:13; 5:1)에서만 발견할 수 있지만 이와 비슷한 대화체의 작품에서는 일반적으로 사용되는

(Epict. 1.2.20, 25; 1.6.37; 3.1.37; Xen. *Ap.* 참조. BDF, § 144에는 이 불변사가 굳어진 명령형으로 설명되었다) 당대 특유의 호칭을 사용하여 상인들을 권한다. 상인들은 οἱ πλούσιοι("부자들")가 아니라, οἱ λέγοντες("말하는 자들")로 명명되었다. 이것은 야고보가 그들을 외부에 있는 사람들이 아니라 공동체 내부에 있는 사람으로 보았음을 의미한다(참조. 본서 1:9-11 주석. 하지만 ἀδελφοί가 생략되었다는 사실을 바탕으로 이들이 불신자로 여겨졌다고 이해하는 Laws, 190의 견해와 비교하라). 이런 식으로 에둘러 표현한 것은 상인들이 아직은 부자가 아니었음을 암시할 수도 있다. 팔레스타인에서는 무역을 "멋진 삶"을 살 수 있는 부동산을 구입할 돈을 버는 수단으로 여겨졌다(Grant, 72-76; Heichelheim, 150; Baron I, 255-59; Jeremias, *Jerusalem*, 30-57, 195).

이 상인들은 전형적인 계획을 세우고 있다. 출발시각을 정하고(ἤ는 비잔틴 사본의 καί보다 더 나은 사본의 증거를 받는다), "이런저런 도시"를 선택하고(당시 표현이지만 전문적인 면에서는 ὅδε의 부적절한 사용이다. BDF, § 289을 참조하라), 체류 기간을 결정하며(ἐνιαυτόν: A 사본과 비잔틴 전통은 이 기간을 더 구체적으로 정하려고 ἕνα[1년]를 사용했다), 그 모험으로부터 얻을 유익을 예상하는 일 등이다. 그들의 계획은 확고했고, 그들 자신이 볼 때 예상할 수 있는 것은 확실했다(여기에 사용된 미래형 동사 네 개는 모두 비잔틴 사본에서 발견되는 부정과거 가정법보다 더 개연성이 높다. 그래서 B P ff Vg 등 사본들은 정확한 독법을 보유했다. 참조. 4:15). 이러한 상황에 특이한 것도, 눈에 띄게 비윤리적인 것도 없다. 그리스-로마 세계 전역에서는 일상적으로 이렇게 행했기 때문이다. 야고보의 마음을 괴롭혔던 것은 단순히 자신의 미래를 이렇게 결정할 수 있다고 주제넘게 생각하는 것과, 중요한 가치를 재정적인 이익에 두는, 전적으로 세상적인 차원을 의지해서만 이 계획들이 움직인다는 생각이다.

14절   야고보는 관계절의 파격 구문으로써 그들의 어리석음을 지적한다. "자, 계획을 세우는 사람들아! 너희는 너희가 인생을 참으로 통제하지 못하는 존재라는 사실도 깨닫지 못하고 있구나." 이 사람들은 미래를 (αὔριον, "내일." ℵ K L Vg 사본의 τὸ τῆς αὔριον, A P 33 사본의 τά, 또는 단순하게 p⁷⁴ B 사본의 τῆς αὔριον["내일의 삶"] 가운데 어느 것이 더 나은 독법인지 정하기가 어렵다.

Αὔριον과 ποία의 어미 때문에 처음 두 독법이 생겨났다고 의심하는 사람이 있지만 말이다. 참조. Schlatter, 262-63) 전혀 이해하지 못한 사람이거나(고전적인 οἵ보다는 οἵτινες), 심지어 그들이 어떤 삶을 살게 될지(ποία ἡ ζωὴ ὑμῶν: ποία γάρ [A K L P]와 ποία δέ는 문장을 부드럽게 하려는 부차적인 시도인 것이 확실하다)조차 알지 못한 사람들이다. 진실은 이것이다. 그들의 생명이 짧은 시간에 생겼다가 사라지는 수증기나 연기라는 것이다. 이 개념은 유대 문헌(잠 27:1; Sir. 11:18-19; 욥 7:7, 9, 16; 시 39:5-6; Wis. 2:1-2, 15; 3:14; 2 Esd. 4:24; Philo *Leg. All.* 3.226; Eth. Enoch 97:8; 1QMyst 1:6=1Q27; 1QM 15:10)과 그리스 문헌(Ps.-Phocyl. 116; Seneca *Ep.* 101.4; 참조. Dibelius, 233), 그리고 기독교 문헌(눅 12:16-20, 이 본문은 야고보가 지금 논의하는 내용의 기초가 되었을 것이다; 1 Clem. 17:6; 비교. 약 1:9-11에도 동일한 의미를 띠는 또 다른 비유가 등장한다)에 잘 알려진 진리다. 생명은 생겼다가 사라진다(φαινομένη…ἀφανιζομένη — 음의 유사성을 의도했을 가능성이 있다). 이 사실을 진정으로 깨달은 사람은 마치 그것이 참이 아닌 것처럼 계획을 세우지 않고 생명을 진정으로 지배하시는 분을 바라볼 것이다.

15절 야고보는 바른 관점을 제시하면서 다시 파격 구문을 제시한다. Ἀντὶ τοῦ λέγειν이 훌륭한 그리스어이지만, 그것은 4:13의 οἱ λέγοντες를 변형된 동사로 추정한다. "너희는…라고 말하는 대신에…라고 말한다." 그들이 마땅히 해야 하는 말은 하나님이 모든 생명을 온전히 주관하신다는 사실을 인정하는 것이다. "주의 뜻이면…"이라고 말이다. 이 사상은 기독교에서만 찾을 수 있는 사상은 아니다. 디벨리우스(Dibelius, 233-34)가 충분히 증명했듯이, 다수의 고전 그리스어 저자들이 같은 말을 했다(예. Plato *Alc.* 1.31.135d; *Phdr.* 80d; Epict. 1.1.17; 3.21.12; 3.22.2; 참조. G. Schrenk, *TDNT* III, 47). 유대 저자들과 기독교 저자들 역시 비슷한 주장을 했다(1QS 11:10-11; m. Ab. 2:12; 고전 4:19; 16:7; 히 6:3; 행 18:21; 롬 1:10; 빌 2:19, 24; Ign. *Eph.* 20:1). 이곳에 새로운 내용은 없지만, 예외가 있다면 야고보와 그의 기독교 전통에서 이 주장은 모든 역사를 주관하시기에 반드시 고려되어야 하는 분이 막연한 일반적인 여러 신이 아니라 부활하신 그리스도와 한 분 하나님이심을 뜻한다는 사실이다.

이 첫 문장이 일반적인 표현이라는 사실로 인해 다음 문장이 분명해 진다. "우리는 살기도 하고 이것저것을 하리라." 비잔틴 사본(K L 35 등등)에 는 ζήσομεν, ποιήσομεν(그렇다면 의미는 "주님이 뜻하시면 우리가 살 것이다"일 것 이다)가 있다(두 번째 καί는 생략됨). 이것은 그 말의 일반적인 형식과 대조되 는데, 단모음 ο과 장모음 ω의 혼란과 조건문 구조의 오해에서 기인한다. 야 고보서의 본문은 καί...καί 구조를 "이것과 저것 모두"라고 읽히도록 의도 했든지, 아니면 첫 번째 καί가 귀결절인 셈어의 와우(ωαω) 접속사의 번역 이 되게 하려고 의도했을 것이다. 첫 번째 설명이 더 개연성이 크다.

따라서 바른 태도는 계획을 배제하지 않는다. "우리가 살고 이것저것 을 할 것이다"라는 계획이 적절했음을 가정한다. 하지만 이 태도는 하나님 의 뜻으로 세워진 계획에 영향을 주며, 인간의 유한함과 신적인 주권을 다 인정한다. 이것은 사람이 하나님의 뜻을 의식하여 계획을 세울 때, 자연히 하나님의 도덕적인 지침을 따르며 하나님의 목표를 추구하게 되는 것을 의 미한다.

16절   그런데 이 상인들은 바른 태도를 취하지 않았다. 그것(νῦν에 의해 δέ가 강조되었음)과 대조하여 상인들은 자신들의 교만을 자랑하고 있다. 이 용어가 세상 그리고 구체적으로 신약성경에서 이곳 이외에 한 군데서만 사용된 소유와 연결되었다는 것은 의미심장하다(요일 2:16; 참조. Test. Jos. 17:8; 1 Clem. 21:5에서 ἐγκαυχώμενος ἐν ἀλαζονείᾳ는 하나님을 자랑하는 것과 대조되었고, 잠 21:24; 욥 28:2; 2 Macc. 9:8; 롬 1:30; 딤후 3:2에서 ἀλαζον은 악의 목록에 등장한다). 마치 하나님이 계시지 않고 자신이 하나님을 대신하여 생명을 좌지우지하 는 것처럼 계획을 세우고 행동하는 이런 태도는 악이다. "그러한 자랑은 다 악한 것이다." 자랑(καύχησις)은, 고난과 그리스도나 하나님을 섬기는 일과 관련된 것(약 1:9; 롬 5:2-3; 살전 2:9; 빌 2:16)이 아니라면, 성경에서는 악일 따 름이다(고전 1:29; 5:6; 갈 6:13; 롬 3:27; 4:2). 상인들의 자랑은 고난이나 그리스 도를 섬기는 것에 해당하지 않는다. 이들은 하나님을 자신들의 상업 생활 에서 막아버린 사람들이다. 비록 그들이 교회에서나 가정에서 경건할 수 는 있을지 모르지만 말이다. 야고보는 이처럼 확신에 차서 계획하는 것(πᾶ

σα...τοιαύτη)의 총제적인 범주가 교만이라고까지는 할 수 없지만 악하다고
선언한다. 삶의 어느 한 부분도 하나님의 통치 밖에 있는 것은 없다. 여기서
야고보는 장사하는 사람들의 독립된 길을 내려다보며, 나중에 헤르마스가
이미 온전히 현실화되었다고 힐책하는 위험을 본다(Hermas *Vis.* 2.3.1; *Man.*
3.3; *Sim.* 6.3.5).

　　　17절　　　저자는 그의 교훈을 금언 하나로 마무리한다. 2인칭 복수
에서 3인칭 단수로 바꾼 것과 비인칭 어조는, 이것이 그가 이전에 3:18과
2:13에서 격언들을 사용했듯이, 그에게 잘 알려진 격언임을 암시한다. 개중
에는 이것이 예수의 어록일 수 있다고 추측한 사람도 있고(참조. Adamson,
181), 로스(Laws, 194)가 그것이 잠언 3:27-28의 해석이라고 주장하기는 하
지만, 이 금언의 자료는 확정될 수는 없다. 하지만 어느 정도 셈어에 기원이
있다는 암시가 있다. (1) 종속적인 "만일…그러면" 구조 대신에, 병렬적인
구성(καί)으로 이루어졌다는 점, (2) 췌언을 사용하지만 수사학적인 강조
(αὐτῷ의 사용)가 있다는 점(BDF, 446), (3) 신명기(15:9; 23:21; 24:15 LXX)의 ἐν
σοὶ ἁμαρτία와 유사하다는 점에서 그러하다.

　　　그러나 이 금언은 문맥이 없지 않다. 접속사 οὖν("그러므로")은 저자가
그것을 앞 단락의 요약으로 이해했음을 암시하기 때문이다. 만일 이것이
사실이라면, 그것을 어떤 면에서 요약이라고 할 수 있는가? 첫째, 이 금언
은 태만죄 자체에 대해서는 말하지 않고, 사람이 알고 있는 마땅히 해야 할
행위(εἰδότι...ποιεῖν)와 그것을 하지 않은 것(예. 욥 31:16-18; 눅 12:47-48)에 대
해 말하고 있다. 둘째, 그가 마땅히 행해야 하는 표면적인 선은 하나님을 의
식하며 계획을 세우는 것임이 분명하다. 이렇게 하지 않는 것은 단순히 어
리석거나 나쁜 것(πονηρά)이 아니라 악한 것이다(ἁμαρτία). 셋째, 문맥은 사
업에 대한 관심 때문에 하나님을 잊은 상인들(참조. Sir. 11:10; 31:5)과 탐욕과
자기를 위해 비축해놓는 행위에 대한 기독교적인 경고(예. 눅 12:13-21)가 있
는 문맥이다. 문맥을 고려한다면, 부사 καλῶς 대신(참조. 2:8) 형용사 καλόν
이 사용된 것은 흥미롭다(관사 없는 구조는 주목할 만한 것은 아니다. BDF, § 264).
Καλόν의 사용은 1:21-25의 말씀/율법을 행하는 문제(참조. Cantinat, 219)와

갈라디아서 6:9의 구제를 행하는 것(τὸ δὲ καλὸν ποιοῦντες)과 병행을 이루는 까닭이다.

그러므로 한편에서 야고보는 장사하면서 하나님을 잊은 것에 대해 상인들을 경고하며, 더 깊은 수준에서는 누가복음 12:13-21에 있는 것과 같은 사상을 반추하고, 부를 가지고 선을 행하기(즉 그것을 가난한 자들에게 나눠주는 것)보다 부를 모으는 것의 온전한 동기를 이미 알려진 기독교적 지침의 표준, 즉 다른 사람과 나눔에 관련한 전체 전승을 따르지 않는 것으로 여기고 있다(눅 12장; 참조. Noack, "Jakobus", 19; Reicke, *Diakonie*, 37-38; Laws, 193). 그의 의도가 무엇이든지 간에, 이 해석은 다음 하부단락과 잘 연결된다.

2. 부자에 의한 시험(5:1-6)

야고보는 그의 공동체 안에 있는 상인 계층을 향해 말하고 나서 분명히 공동체 바깥에 있는 지주 계층을 호되게 책망하는 부분으로 이동한다. 둘을 연결하는 것은 두 계층이 부를 향한 욕망으로 미혹을 받은 내적인 연결이지만, 아마도 전통적인 외적 연결도 작용했을 것이다(예. Eth. Enoch 97:8-10). 이 단락이 Wis. 2; Hermas *Vis.* 3.9.3-6 및 그밖에 여러 곳(Dibelius, 235)에서 부자에게 주는 경고와 비슷한 점이 여럿 있지만, 어조는 상당히 다르다. 지금 이 단락은 권면적인 어조나 훈계하는 어조, 또는 심지어 경고하는 어조(토착어로 표현된 4:13-17의 권면)가 아니라 날카롭고 가슴을 찌르는 예언자적 책망의 외침이다. 그들의 파멸이 다가오고 있다. 그들에게 화가 있도다! 야고보 이전 전통에서 이런 어조로 부자들을 다루는 본문은 두 개뿐이다. Eth. Enoch 94-97의 묵시 전통과 그 전통의 누가 형태인 어록 전통(눅 6:20-26)이 그것이다.

더 자세한 내용은 Grill; Riesenfeld, 47-58을 보라.

1절   "이제 오라!"고 야고보는 부르짖는다. 이것은 그들의 지위의 어리석음을 보라는 외침이 아니라(4:13), 그들에게 임박한 형벌에 대해 애통해하라는 부르짖음이다. 지주들은 종교적·시민적 승진을 비롯하여 삶이 제공할 수 있는 최상의 것을 소유하고 있어서 자신들이 부자라고 믿었다. 야고보는 그들에게 통곡하라(κλαύσατε)고 촉구하는데, 이는 재앙을 맞이했을 때 으레 뒤따르는 반응이다(애 1:1-2; 사 15:2, 5; 렘 9:1; 13:17). 재앙이 그들에게 미치고 있기 때문이다. 통곡하는 것은 하나님의 심판으로 인해 부르짖으라는 예언자적 권면을 휩쓰는 "목소리 높여 부르짖는 것"으로 정의된다(ὀλολύζοντες, 이 단어는 신약성경에서 여기서만 사용된 의성어다. 참조. BAG, 567). 70인역의 21회 사용례 모두 예언서에 있다(사 10:1; 13:6, ὀλολύζετε ἐγγὺς γὰρ ἡ ἡμέρα κυρίου; 14:31; 15:2-3; 렘 31:20, 31; 겔 21:12; 호 7:14; 암 8:3; 참조. H. W. Heidland, *TDNT* V. 173-74). 예언자들은 사실 그들에게 닥치고 있는 비참함에 대해 부르짖어야 했다(ταλαιπωρίαις, 이 단어 역시 또 다른 예언자적 용어인데, 신약성경에서는 롬 3:16[=사 59:7]에서만 사용되었다. 참조. 사 7:11; 렘 6:7, 26; 약 4:9). 본문에서 이 단어의 개념은 예언자들이 부자인 악한 자들을 정죄한 것에 근거한 후기 유대교의 부자에 대한 비난 개념이다(암 6:1-9; 참조. Davids, 184-221, 232-66: 본서 서론 100-8쪽; Dibelius, 39-45; Mussner, 76-84). 악한 부자들은 잘살고 있는 것처럼 보인다. 하지만 그들은 울고 통곡해야 한다. 그들의 비참함이 다가오고 있기 때문이다. 종말론적인 시간(그리스도의 임박한 재림의 의미를 생각하고 있는지 상관없이 말이다. 참조. Feuillet, "sens", 278)이 예언자들의 눈에 너무도 생생하고 확실히 현존하기에 이에 적합하게 우는 일은 즉시 시작해야 한다(참조. 눅 6:24; 마 8:12; 13:42; 19:24). 그들이 약 1:2, 12에서 기쁨을 기대하는 것이 적절했듯이 말이다.

　　2-3a절　저자가 울어야 할 첫 번째 이유를 제시하는 부분에서 이처럼 다가올 일에 대한 느낌이 유지된다. "너희 부(재물)는 일시적이다"(그 사건의 예언자적 대망으로 동사 세 개 모두 완료형을 사용했다. 참조. 사 44:23; 53:5-10; 60:1). 각각의 세 묘사에 의해 일시성이 강조된다. (1) 그들의 재물(πλοῦτος, 이는 πλούσιοι를 이어가는 일반적인 서술이다)은 썩었다. Σήπω("썩다")는 신약성경에서는 한 번 등장하는 단어로서 "썩다"라는 의미가 적절하지만, 그 의

미는 확장되어 일반적인 부패를 가리킨다(Sir. 14:19; Bar. 6:72: 참조. LSJ. 1594).
(2) 그들의 옷은 좀먹었다. Σητόβρωτος는 70인역에서 욥기 13:28에서만 사
용되었고, 신약성경에서는 단 한 번 등장하는 단어다. 하지만 그 이미지는
전통적이다(잠 25:20; Sir. 42:13; 사 33:1; 50:9; 51:8). (3) 그들의 금과 은은 녹이
슬었다. 신약성경에 한 번 등장하는 κατιόω는 70인역에서도 한 번 사용되
었다(Sir. 12:11; 비교. Epict. 4.6.14). 마지막 두 용어는 더 일반적인 첫 번째 용
어를 구체화시키는 것 같다. 돈과 옷은 땅을 제외하고 전통적인 부의 형태
인 까닭이다. 용어들의 전통적인 특징과 특히 마지막에 언급한 용어의 과
학적으로 낯선 특성은 문화적인 문맥에서 저자가 의도한 것이 무엇인지
해결하는 실마리를 제공한다(이 단어가 저자의 계층의 기원을 암시한다고 믿는
Windisch, 31에 반대함).

귀금속의 녹과 변색은 잠언적 교훈에 즐겨 사용되었으며(예. Bar. 6:12,
24; Sir. 29:10), 잠언적인 의미는 그것의 일시성뿐만 아니라 소용없음을 암시
한다. "계명을 위해서 가난한 자를 도우라. 그리고 손실 때문에 슬퍼하지
말라. 형제나 친구를 위하여 돈을 잃고, 돈이 돌이나 벽 아래에서 녹슬지 않
도록 하여라.…너의 금고에 구제를 쌓아라. 그러면 그것이 너를 모든 악으
로부터 구원할 것이다"(Sir. 29:9-12, APOT). 좀이 먹는 옷과 변색되고 있는
돈은 그것들을 소유하고 있는 사람에 의해 사용되지 않는다. 이런 것들은
가난한 자들에 의해 사용될 수 있었을 것이다. 그래서 이 본문은 마태복음
6:20의 주석이다. 예수는, 쌓아 두었는데 녹이 슬고 좀이 먹어버린 보화와
구제하며 줄 때 하늘에 있는 영원한 보화를 대조하신다(Riesenfeld, 54-55).
일시성은 동전의 한 면이다. 하지만 재물의 바로 그런 일시성은 하나님이
의도하신 것을 위해 사용하지 않는 것에 관심을 집중시킨다.

3b절   울고 통곡해야 할 두 번째이면서 더 중요한 이유는 이미 첫
번째에 의해 제시되었다. 그들은 일시적인 재물을 이기적으로 사용한 것으
로 인해 심판과 정죄를 받을 것이다. 녹(이것은 옷과 그밖에 다른 물건이 못 쓰게
됨을 자연히 포함한다)이 그들에 대해 증거가 될 것이다(ὑμῖν은 불이익을 뜻하는
여격이다. Cantinat, 223은 유익을 뜻하는 여격을 논하지만, "대하여"[against]가 본문의

의미인 것이 분명하다. Εἰς μαρτύριον에 대해서는 마 8:4; 10:18; 24:14을 보라). 그래서 그들이 저장한 재물과 그것의 부패는 최후의 심판 때(그래서 미래형 ἔσται 가 사용됨) 그들이 가난한 사람들에게 재산을 나눠주지 않았다고 증언할 것이다(참조. Eth. Enoch 96:7). 그들의 죄는 명백히 드러날 것이다(참조. Laws, 198-99).

그들의 죄만 드러나는 것이 아니라 심판도 임할 것이다. 녹이 불같이 그들의 살을 먹을 것이기 때문이다(미래형에 대하여 BDF, § 74을 참조하라; 뒤죽박죽인 이미지들을 분명하게 하려고 A P 614 등 몇몇 사본은 ὡς 앞에 ὁ ἰός를 반복했다. Ropes, 287은 ὡς πῦρ를 이어지는 문장과 연결하려 한다. 교정 내용을 더 보려면 Dibelius, 237을 참조하라). 불같이 자기 살을 먹는 최후의 심판 이미지는 Jud. 16:17에 밝히 설명되었지만, 비슷한 이미지들이 예언서와 그밖의 여러 문헌에 빈번하게 등장한다(민 12:12; 사 30:27; 겔 7:19; 15:7; 암 1:12, 14; 5:6; 7:4; 시 21:9[20:10]; Wis. 1:18; 행 11:5; 1QH 3:29; 6:18-19; 8:30-31). 그림은 무시무시할 정도로 분명하다. 재물의 증거는 그들이 유죄인 것을 강력히 시사하며, 재물은 마치 그들을 살라버리는 불처럼 될 것이다. 여기서 σάρξ("살")는 (레 26:29; 욥 4:15에서처럼) 그 사람을 가리키는 비유다. 그들은 지옥의 불을 받게 될 것이다(마 25:41; 벧후 3:7; 유 23; 계 11:5; 20:9).

이처럼 지옥 불에 떨어질 것에 대한 예고에 더하여 저자는 마지막으로 역설적인 경고를 덧붙인다. "너희는 쌓았도다." 저자는 그들이 너무도 잘 알고 있다고 진술한다. 하지만 때는 "마지막 날" 곧 말세이며, 따라서 그들은 자신들의 유익을 위해서 쌓는 것이 아니라 지옥의 불에 떨어지기 위해 쌓는다. 많은 해석자가 로마서 2:5의 유비를 사용하여, 야고보는 그 사람들이 재물 더미를 보고 있는 동안 그들이 미래의 심판 때에 받게 될 진노를 쌓았다고 믿는다고 주장한다(참조. Adamson, 185). 하지만 이와 같은 해석은 아주 그릇되지는 않았지만, 본문의 종말론적인 긴장을 놓쳤다. "말세"라는 어구는 마지막 때, 즉 절정의 시대가 예수 안에서 세상에 이미 임했다는 신약성경의 확신을 언급한다(예. 호 3:5; 사 2:2; 렘 23:20; 겔 38:16; 단 2:28. 복음서의 "하나님의 나라가 가까이 왔다"; 행 2:17; 히 1:2; 딤후 3:1; 참조. Cullmann). 이 사람들은 마치 자기들이 생명을 지속하고 세상이 영원히 계속될 것인 양 재물을 쌓았다. 하지만 그들에게 회개할 마지막 기회가 되고 그들의 재물을 의로운 용도로 사용할 수 있는 말세가 이미 그들에게 임했다. 역설은 마태복음 6:19-21의 역설일 뿐만 아니라, 어리석은 부자의 역설이기도 하다(눅 12:15-21; 참조. Percy, 70-71; Laws, 200).

4절   "보라." 야고보는 수사학적 감탄사를 이용하여 외친다. 그에게 이것은 문단 안에서 중요한 이미지와 예들에 주의를 집중시키는 기능을 한다(3:4, 5; 5:4, 7, 9, 11). "너희가 부당하게 대우한 사람들의 품삯이 너희를 향하여 소리를 지른다." 부재지주나 부유한 지주의 밭(χώρας, 눅 12:16; 21:21; 요 4:35)에서 추수하는(ἀμάω, 신약성경에 한 번 등장함) 고용 노동자 이미지(ἐργατής, 마 9:37; 10:10; 눅 10:2, 7; 또는 μισθός, 눅 15:17, 19, 21; μισθωτός, 막 1:20; 요 10:12)는 왕정 시대 이후 이스라엘 역사에서 흔했다(참조. de Vaux, 167). 이와 마찬가지로 수많은 법과 예언자들의 경고에서 입증되듯이, 품삯을 늦게 주거나 노동자에게 법적으로 품삯을 속이는 행위는 고대에도 있었다(레 19:13; 신 24:14-15; 욥 7:1-2; 24:10; 31:13, 38-40; 렘 22:13; 말 3:5; Sir. 7:20; 31:4; 34:21ff.; Tob. 4:14; 마 20:8; Test. Job 12:4; Ps.-Phocyl. 19).

א B 사본에서 발견되며 신약성경에 한 번 등장하는 용어인 ἀφυστερημένος("주지 않다")로 읽어야 할지, 아니면 AP 비잔틴 사본 등에서 발견되는 ἀπεστερημένος("강탈하다", "속이다"; 참조. 고전 6:8; 7:5)로 읽어야 하는지는 결정하기가 어렵다. 이것은 말라기 3:5의 비슷한 문맥에서도 발견된다(참조. Sir. 34:22). 전자는 좀 더 난해하고, 후자는 더 전통적인 용어다. 하지만 바로 여기서 야고보가 전통적인 언어를 가장 강한 형태로 사용하고 있다.

음식을 살 돈이 부족하여 굶주렸을 품꾼의 부르짖음은 억울하게도 지급되지 않은 품삯의 부르짖음, 곧 원수를 갚아달라는 애원으로 그려졌다(창 4:10; 18:20; 19:13; 출 2:23; 삼상 9:16; 시 12:5[11:6]; Sir. 21:5; 35:21; 눅 18:17; 계 6:9-10; Eth. Enoch 47:1; 97:5). 추수하는 사람들의 울부짖음(βοή, 신약성경에서

한 번 등장함)이 만군의 주의 귀에 들어갔다고 말하는 것은 그들의 운명의
날이 임박했음을 의미한다. 이 표현은 넓은 땅을 차지하고 있는 사람들에
게 화를 선언한 이사야 5:9 70인역에 두 번이나 등장한다(σαβαώθ은 이사야서
에 60번 사용되었는데, 이것은 LXX의 나머지 전체에서 9번 사용된 것과 대조된다. 참
조. Marshall, 31; Laws, 202-203). 하나님께서 가난한 자들의 부르짖음을 들으
신다는 것은 가난한 자들을 압제하는 자들에게 심판을 내리신다는 의미다
(참조. 시 17:1-6; 18:6; 31:2; Hermas *Vis.* 3.9.6). 여기에 사용된 "만군의 주"라는
용어는 이사야의 예언하시는 하나님의 위엄 있는 능력과 그의 예언에 뒤따
르는 심판을 언급함으로써 이 의미를 강조할 수 있을 뿐이다. 야고보는 압
제자들의 전통적인 계층을 공격하기 위해 전통적인 자료를 사용하고 있다.
구체적으로 품삯을 주지 않은 것을 염두에 두었는지 아니면 넓은 땅 자체
를 소유하고 있는 것을 염두에 두었는지(참조. 사 5:7-9; 막 12:40; 눅 20:47)는
결정하기가 쉽지 않다. 야고보는 불의를 지주들이 그들의 재산을 쌓은 이
유 가운데 본질적인 부분으로 이해한다. 그는 이 마지막 날에 불의가 곧 파
멸을 거두게 된다는 것을 알고 있다.

    5절   이제 야고보는 5:3의 주제를 5:4에서 다룬 불의에 대한 비난
과 연결한다. 부자들은 그들이 나중에 받게 될 것과 대조적으로, 땅에서
사치한 생활을 누렸으며(ἐτρυφήσατε, 신약성경에 한 번 등장하는 단어로서 구약
성경에서는 중립적으로 사용되었다. 느 9:25; 사 66:11; Sir. 14:4), 방탕하게 살았다
(ἐσπαταλήσατε. 딤전 5:6; 겔 16:49; Sir. 21:15; 참조. Sir. 27:13; Hermas *Man.* 6.1.6; 6.2.6;
Barn. 10:3의 경멸적인 어조에 주목하라). 이것은 바로 부자와 나사로 비유에 등
장하는 부자의 생활습관이며(눅 16:19-31), 다른 유대 문헌에서 정죄 받은 삶
의 모습이기도 하다(암 2:6-8; 8:4-6; 사 1:11-17; Eth. Enoch 98:11; 102:9-10). 이런
삶이 정죄를 받은 것은 그들이 다른 사람들의 가난을 보고도 방종했기 때
문이다. 야고보가 누가복음의 비유를 알았든지 몰랐든지 간에, 그는 그 상
황을 잘 그려냈다.

    하지만 이러한 일시적인 삶은 당치 않다. 살육의 날에 자신의 마음을
살찌우는 일(즉 자신의 열정이나 성향을 멋대로 하는 삶)인 까닭이다(참조. 사 6:10;

시 104:15; 막 7:21; 눅 21:34; 그리고 Davids, 1-79; T. Sorg, *DNTT* II, 182). "살육의
날"은 난해한 용어로 이해되어 (비잔틴 사본 전통에서는 ἐν 앞에 ὡς를 첨가하여)
수정되기도 했고["살육의 날에 그러하듯이" — 역주], ἐν을 εἰς와 동등하게
함으로써 미래형으로 바꾸거나(Chaine, 118), 가난한 자들의 죽음과 관련하
여 과거 사건으로 만들었다(Dibelius, 239; Windisch, 31). 마지막에 언급한 해
석과 관련하여 의인들이 고난을 받고 죽임을 당하는 날(Eth. Enoch 100:7; Sir.
34:22)에 부자들은 연회를 즐겼다. 이것은 구체적으로 예수가 십자가에 못
박히신 사건을 염두에 두었을 것이다(Aland, 103).

하지만 이러한 해석들은 이 용어의 배경과 본문의 어조를 무시한 해
석이다. 이 용어가 70인역에서는 문자적으로 등장한 예가 없지만(렘 12:3이
가장 근사한 예다), 그 단어에 해당하는 단어가 마소라 본문에는 등장한다(사
30:24). 이 어구는 하나님의 심판의 날이 원수들을 살육하는 날이라는 오
랜 전통에 속한다(사 30:33; 34:5-8; 렘 46:10; 50:26-27; 겔 39:17; 시 22:29; 37:20;
49:14; 애 2:21-22; Wis. 1:7; 계 19:17-21; 참조. Grill과 사 63:1-6; 렘 12:3; 25:34; 겔
21:15). 더 중요한 것은 「에녹서」에 부자들의 심판이 이와 같은 묵시적인 날
과 분명히 연결되었다는 사실이다. "너희는…살육의 날과 어둠의 날, 그
리고 큰 심판의 날을 대비했다"(Eth. Enoch 94:9, *APOT*; cf. Eth. Enoch 97:8-
10; 99:15; Jub. 36:9-10; Sl. Enoch 50:5). 더욱이 1QH 15:17-18에는 그 표현이
묵시적인 날을 지칭한다. "그러나 너 사악한 자는 학살의 날까지…만들
었다"(*lywm hrgh*: Vermes의 번역). 그리고 이 어구의 의미는 사해사본 여러 곳
에 등장한다(예. 1QS 10:19; CD 19:15, 19; 1QM 1:9-12; 13:14). 다른 말로 표현해
서, 이 전통과 본문의 남은 부분의 묵시적인 어조를 고려해 볼 때, 종말론적
인 심판의 날을 의도했다는 것을 의심할 수 없다(Laws, 203-204; Spitta, 134;
Ropes, 290; Marty, 188; Cantinat, 228; Mussner, 197-98. 여기서 한 걸음 더 나아가 이
어구가 예루살렘의 멸망을 구체적으로 가리킨다고 생각하는 사람들도 있지만, 개연성은
거의 없다. Schlatter, 270; Feuillet, "sens", 273-79).

그렇다면 본문의 내용은 부자와 나사로 비유의 교훈과 어리석은 부자
비유를 혼합한 것이다. 부자는 사치하며 살았고 가난한 자들을 돌보지 않

았다. 마치 이것이 그들 삶의 목표인 것처럼 말이다. 사실 그들은 살육의 날에 사는 것처럼 살았다(그들의 연회에 먹을 짐승을 도살하는 이미지와 관련하여 어느 정도 역설이 의도되었을 것이다). 하지만 살육의 날이 이르렀다. 그들의 살육의 날 말이다. 그들은 하나님께서 모습을 드러내실 때 살육하실 그의 원수들인 "살진 송아지"이다. 예수 안에서 임한 종말론적인 날은 그날의 종점을 향해 움직이고 있기에 그날이 이미 여기에 있음을 확신할 수 있다. 그런데도 그들은 마치 그날이 존재하지 않은 것처럼 살고 있다!

6절   야고보는 본문을 마무리하고 다음 단락과 연결하는 최종적이고 결론적인 비난 하나를 더한다. "너희는 의인들을 정죄하고 죽였다!" 의미는 사법적인 "살인"과 분명 관련된다. Καταδικάζω는 2:6의 비슷한 비난(ἕλκω εἰς κριτήρια; 참조. LSJ, 889)과 병행할 정도로 법정적인 용어다. Φονεύω가 사용된 것으로 봐서, 저자는 법적인 절차의 결과를 도덕적으로 평가하고 있는 것 같다. 이것은 유대의 경건-가난 전통에서 부자가 가난한 자들에게 가한 법적인 공격을 반복적으로 드러내는 평가다(시 9:18; 10:8-9; 37:14, 32, 35; 잠 1:11; 사 3:10, 14; 57:1; 암 2:6; 5:12; Pss. Sol. 3; Eth. Enoch 96:5, 8; 98:12; 99:15; 103:15; 1QH 2:21; 5:17; 15:15-17; 4QpPs37 2:7; Wis. 2:10-20). 야고보가 Wis. 2:20을 의존했다는 스피타(Spitta, 135)와 라이케(Reicke, *Diakonie*, 51)의 주장은 해당 어구의 병행이 부족하므로 확정적이지 않다. 가난한 자들의 재산을 법적으로 몰수한 것을 살인으로 이해한 내용이 Sir. 34:22에 등장한다.

부자들이 살인한 "의인"은 어떤 특정한 사람, 즉 그리스도(행 3:14; 7:52; 22:14; 벧전 3:18; 요일 2:1, 29; 3:7; 참조. 사 53:11; 첫 세 본문에만 이 용어가 칭호로 사용되었다. 참조. 약간은 오래된 주석들; Feuillet, "sens"; Longenecker, 46-47)나 야고보 자신일 수 있다(Rustler, 59; Dibelius. 240 n. 58에 언급된 H. Greeven; Euseb. *HE* 2.23). 혹은 인용된 본문에서 종종 관찰하게 되는 집단적 총칭어일 수도 있다(예. Wis. 2:20; 시 37편; 4QpPs37). 후자가 더 가능성이 커 보인다. 부자가 특별히 그리스도나 야고보를 죽였다는 전통이 없기 때문이다. 확실히 저자가 이 총체적인 의로운 고난 받는 자의 범주에 그리스도를 포함시키겠지만 말이다(참조. Mussner, 199; Laws, 204-06; Cantinat, 229-30).

Οὐκ ἀντιτάσσεται ὑμῖν("너희에게 대항하지 않았다")은 정상적으로는 복음 전통에서 의인의 무저항을 언급하는 진술로 읽히는데(사 53:7; 마 5:39; 롬 12:19; 벧전 2:23; Hermas *Man.* 8.10; Cantinat, 229; Laws, 206-207; Windisch, 31), 이 선택을 배제할 수 없을 것이다. 우리는 ἀντιτάσσεται가 앞에 있는 동사들과 다르게 현재시제라는 사실에 주목한다. 이것은 70인역 이사야 53:5-7에서 처럼 일련의 부정과거 동사들 가운데 있는 생생한 현재시제일 수 있다. 하지만 그 동사의 강조적 위치를 고려한다면, 이 해석은 개연성이 적다(참조. Ropes, 292). 이 동사가 법적인 대항이나 군사적인 대항을 의미할 수 있으므로(LSJ, 164; MM, 49), 이 동사의 극적인 위치와 요한계시록 6:9-11 같은 본문들에 비춰 볼 때, 호트가 그가 만든 Westcott-Hort 본문에서 그리했듯이, 이 동사를 의문문으로 읽는 것이 더 개연성이 커 보인다. "그가 네게 대항하지 않았느냐?" 그렇다. 그는 대항했다. 하나님의 보좌 앞에서 정의를 실현해달라고 탄원함으로써 말이다. 의인은 (굶주림이나 노골적인 살인으로 말미암아) 조용히 죽었다. 그러나 그는 여전히 말하고 있다. 부자들이 가난하고 의로운 그리스도인들을 죽였지만, 그들의 목소리는 지금도 그들을 대항하고 있다(본문에 사용된 언어는 4:6의 하나님의 행위를 상기시킨다). 품삯이 여전히 부르짖고 있듯이 말이다. 종말론적인 날이 여기 있다. 이 파멸의 부르짖음으로 독자는 고난을 겪고 있는 사람들에게 이어지는 위로의 말을 대비하게 된다.

물론 이 해석은 그리스도가 하늘에서 지금 부자들을 대적하시는(또는 종말론적인 심판을 행하시는) 의인이라는 뷔이에의 주장("sens")이나, 의로운 그리스도인들이 그들을 대항하여 증언을 함으로써 이 현 세상에서 그들의 박해자들을 대항한다는 로우프스의 주장을 거부한다. 이처럼 하늘의 기소라는 해석을 주장하는 것은 본문에 종말론적인 어조가 있고 그와 같은 기소와 병행되는 본문(계 6장)이 존재한다는 사실에 근거한다.

더 자세한 내용은 Aland; Longenecker, 46-47을 보라.

VI. 결론적인 서술(5:7-20)

야고보서를 결론짓는 주요 단락은 앞 단락으로부터 자연스럽게 이어진다. 대상은 바뀌었어도, 사상의 끊김은 거의 없다. 그런데 이 단락에서는 야고보서를 마무리하는 복잡한 네 개의 주요 문단이 발견된다. 5:7-11, 12, 13-18, 19-20이 그것이다. 두 번째와 세 번째와 네 번째 문단은 편지 형식의 지배를 받았기에 각각 맹세, 건강을 비는 소원, 글을 쓰는 목적 등을 다룬다. 이 문단 전체는 문학적인 편지에서 기대할 수 있는 것들이며 요한1서와 히브리서의 결론에서도 발견된다(참조. Francis). 첫 번째 문단은 가난한 자들(ἀδελφοί)의 반응을 오래 참고 공동체의 화목을 촉구하는 내용과 결합함으로써 부자와 가난한 자(구제 경건) 주제를 요약한다. 반면에, 다음 세 문단은 혀 사용과 악을 대적하는 주제와 관련이 있다. 그래서 이 요약적인 단락에는 여러 주제와 편집자가 자료들을 다룰 때 발생했음직한 일관성의 부재가 다소 나타난다. 하지만 여러 주제가 다시 제기되고 서로 간의 역동적인 관계로 모이면서 야고보서의 나머지 부분과의 진정한 의미상의 통일성을 이룬다.

1. 시험 중에 인내(5:7-11)

첫 번째 결론짓는 단락(5:7-11)은 1:2-4, 12에서 처음으로 등장한 주제를 다시 꺼내놓음으로써 독자들에게 인내를 실천하라고 권한다(μακροθυμέω[이 단어의 어근은 다섯 절 안에서 4번 등장한다] 혹은 ὑπομονή[이 단어의 어근은 2번 등장한다]). 대항이 아니라 인내가 가난한 사람들의 덕목이다. 그들의 소망이 재림이기 때문이다. 그들은 기다리는 동안 공동체를 화목하게 보존해야 한다(참조. 4:11-12; 3:1-18; 1:19-21). 부자들을 멸하실 분이 그들을 심판하기도 하실 분이기 때문이다. 그러나 가난한 사람들은 예언자들의 고난(예. 히 11장)과 특히 욥에 대해 배운 이야기에서 용기를 얻을 수 있다. 욥은 가난한 자

의 너그러운 구원자이며, 그의 이야기는 온전한 인내에 대해 말한다. 하나
님은 그들을 사랑하시며 그들을 잊지 않으셨다.

7절　　고난받는 그리스도인들(ἀδελφοί)의 반응이 부자들의 확실하
고 현재적인 심판에 비춰 제시된다(οὖν). 5:7-11은 5:1-6과 별도로 읽을 수
없다. 기독교 공동체에 속한 사람들은 인내해야 한다(μακροθυμήσατε; 이 동사
는 신약성경 전체에서 10회 등장하는데, 그중 이 단락에서만 3번 사용되었다). 인내는
시험을 통해 만들어지는 중요한 덕목으로 이미 제시되었다(1:2-4, 12). 그 경
우 동의어인 ὑπομονή가 사용되었지만 말이다. 골로새서 1:11에는 두 용어
가 나란히 배치되었다. 4:1-3에서처럼 저자는 문체적인 이유(다양성) 또는
신학적인 이유 또는 편집적인 이유로 어휘를 바꿨지만, 그의 기본적인 주
제는 바꾸지 않는다. 여기서 후자의 두 이유가 작동하기 시작한다. 본문에
는 1장과 동일한 문체가 없고, 다른 사람들 때문에 받는 고난이라는 요소가
μακροθυμία("인내")를 선호하는 용어로 만들 수 있기 때문이다. 분명한 것
은 저자가 그리스도인들에게 그들 손으로 악한 자들을 심판하지 말고 하나
님께서 그들의 원수를 갚아주시기를 기다리라고 권하고 있다는 사실이다.
동시에 그들은 믿음을 타협하지 말라는 권함을 받는다. 세상에 굴복하는
것과 세상을 공격하는 것 모두 잘못이다(예. 히 6:12, 15; 10:32-39; 12:1ff.; 벧전
4:12-19; 롬 12:9-21; 계 13:10; 14:12; 심지어 요한계시록에서는 성도들이 반격을 가한
경우가 없고 그리스도께서 그들의 원수를 갚아주신다. 참조. F. Horst, *TDNT* IV, 374-
87; F. Hauck, *TDNT* IV, 581-88; U. Falkenroth and C. Brown, *DNTT* II, 768-76).

그들은 인내하고, "주님이 강림하시기까지 길이 참아야" 한다. 이 본문
에 대한 기본적인 두 가지 해석이 제안되었다. 한 그룹은 4장과 5:1-6에서
심판하는 분이 하나님이시며 이 주제가 구약성경과 최후의 심판에 대한 묵
시적 내용에서 일반적인 것이라는 사실을 주목하면서, 의도된 내용이 그리
스도의 강림이 **아니라** 심판하시는 하나님의 강림이라고 주장한다.

참조. Test. Jud. 22:2; Test. Lev. 8:11; Ass. Mos. 10:12; Eth. Enoch 92-105;
Test. Abr. 13; Syr. Bar. 55:6; Hermas *Sim.* 5,5,3; 2 Clem. 7:1. 이 본문 중에는

παρουσία를 사용한 본문이 더러 있다. 하지만 디벨리우스(Dibelius, 243)가 주목하듯이, 매 경우 사본상의 문제가 있다. Spitta, 136-37; Meyer, 121; Bousset, 291; Easton, 66; Cantinat, 232; Feuillet, "sens", 261-80. 쾨이에의 주장은 그가 야고보서 5:1-6을 재해석하는 것은 물론이고 마태복음 전체를 이런 의미로 해석해야 한다는 사실로 인해 좌초된다. 그의 작업은 성공하지 못했다. Dibelius, 243; Mussner, 201에 실린 비평을 참조하라. 또 다른 논증은 야고보서를 기본적으로 유대 문헌으로 읽는 것에 의존한다.

대다수의 주석가는 야고보서 전체에서 강한 기독교적 어조를 간파하고, 하나님의 강림을 암시하는지에 대해 의구심을 가지며, 신약성경에서 재림의 일반적인 전문적 의미를 주목하면서, 여기에 언급된 사건이 그리스도의 강림이라고 주장한다(고전 15:23; 살전 2:19; 4:15; 5:23; 살후 2:1; 벧후 1:16; 3:4; 요일 2:28; 마 24:3, 27, 37, 39; 참조. A. Oepke, *TDNT* V, 865-71; G. Braumann, *DNTT* II, 898-901; Dibelius, 242-43; Mussner, 201; Laws, 208-209). 이것이 가장 이치에 맞는 견해인 것 같다. 야고보서는 기독교화 된 얄팍한 유대 문헌이 아니라 철저하게 기독교적인 문헌이기 때문이다. 그리스도인 작가가 이 용어로써 어떻게 다른 것을 의미할 수 있는지 이해하기 힘들다. 그리고 대부분의 신약 작가들처럼 야고보가 어떻게 심판자로서 제일 먼저 하나님을, 그다음으로 그리스도를 언급할 수 있는지는 이해하기 쉽다(예. 요한계시록). 그렇다면 기독교적인 소망은 고통을 주었던 모든 악한 것이 바르게 될 그리스도의 강림이다.

하지만 하나님이 행동하시기를 기다리는 것은 오랜 과정이다(참조. 벧후 3장!). 그래서 야고보는 그의 독자들에게 일상생활에서 이러한 인내의 예를 제시한다. 그는 예시의 도입부를 강하게 시작하며 "보라"고 말한다. 이 장에서 ἰδού가 4번 사용되었는데, 이는 그중에 두 번째다(이 단어는 3장과 5장에서만 등장한다): "농부가…." 여기서의 장면은 5:4의 품꾼(ἐργάτης)이 아니라 팔레스타인 소농을 묘사한다. 소농은 전에 소농으로서 땅을 소유하기를 꿈꿨지만, 장자가 아니었기에 혹은 불황 탓에 대지주에게 그들의 땅을 잃었다. 소농은 조심스럽게 비축해놓은 씨를 뿌리고, 부족한 식량에 의지해 생활하며 지난 몇 주간을 배고픔의 고통을 겪으면서도 추수를 소망한다. 가족 전체의 생계, 아니 실제로 삶 자체는 풍작에 달려 있다. 농경지를 잃거나, 반쯤은 아사 상태에 있거나, 사망하는 것은 흉년의 결과일 수 있었다. 그래서 농부는 대망하는 미래의 사건을 기다린다(ἐκδέχεται). 곡식이 실제로 얼마나 귀한지는 자신만이 안다(τὸν τίμιον καρπὸν τῆς γῆς는 저자가 소농을 염두에 두었음을 암시한다. 참조. Mussner, 202). 아무리 굶주리더라도 그는 반드시 인내해야 한다(μακροθυμῶν). 그는 다가오는 추수를 염두에 두고 기다린다(ἐπ᾽ αὐτῷ). 이 인내는 "이른 비와 늦은 비를 얻게 될 때까지" 계속되어야 한다.

A P 33 사본은 ἕως 다음에 ἄν을 첨가함으로써 본문의 내용을 분명하게 하려고 했다. 더 중요한 것은 A P 사본과 비잔틴 전통에서 해석으로 ὑετόν이 덧붙여졌으며, 시내사본과 ℵ 398 사본에서는 팔레스타인의 상황과 70인역에 대해 무지한 어떤 사람에 의해 καρπόν이 덧붙여졌다는 사실이다. 반면에 p⁷⁴ B 사본과 it. Vg는 다른 두 본문을 모두 설명하는 본문의 짧은 독법을 보존했다.

비를 받는 것은 열매지(예.αὐτῷ), 농부가 아닌 것 같다. 하지만 이른 비와 늦은 비를 언급한 것은 그간 많은 논의를 불러일으켰다. 첫째, 이 표현은 70인역에서만 등장한다(신 11:14: 렘 5:24: 호 6:3: 욜 2:24: 슥 10:1). 둘째, 식물의 성장에 절대적으로 필요한 이른 비(10월-11월 또는 12월-1월)와 늦은 비(3-4월) 현상은 지중해의 동쪽 끝(즉 타우로스 산맥 남쪽부터 유다의 네게브까지; Baly, 47-52: Dalman, I. 115ff., 172ff., 29lff.)에 한정되었다. 한편 디벨리우스, 마셜, 로스는 이것이 단순히 저자가 지나가는 말로 언급한 전통적인 이미지에 불과했다고 주장한다(Dibelius, 243-44; Marshall, 106; Laws, 212). 특히 신명기 11:14이 쉐마에 속하는 본문이며 그래서 날마다 낭송되었다는 것이 그 이유다(참조. Mussner, 202). 다른 한편으로 이 언급이 야고보서가 팔레스타인에서 기원한 증거라고 주장하는 사람들도 있다(Hadidian, 228: Kittel,

81; Mayor, 162; Adamson, 191; Oesterley, 392ff., 401). 몇 가지 이유를 제시할 수 있다. (1) ʾΥϵτόν이 생략된 것은 성경의 언급에 속하기보다는 야고보의 습관적인 그리스어 문체에 속할 가능성이 크다(예. 3:11). (2) 이 이미지가 팔레스타인 밖이나 기독교 전통 내부에서 사용되었다는 증거를 랍비 문헌이나 그밖에 다른 유대 자료들, 사도 교부들 또는 초기 변증가들에게서 찾을 수가 없다(Ropes, 297). (3) 인용된 본문들의 주제는 야고보서의 인내 주제와 어울리지 않는다. 그래서 적어도 적용은 참신하다. (4) 이곳과 5:1-6의 전체 맥락은 기원후 70년 이전의 팔레스타인 농경 상황과 일치한다. 그래서 이것을 그곳의 기후에 익숙한 저자의 관점에서 자연스러운 이미지로 관찰했다고 하는 것이 최상이다. 저자는 농부가 농작물에게 필요한 비가 내릴 때까지 애타게 그러나 인내를 가지고 지켜보고 있는 것을 생생하게 그리고 있다.

　　8절　　예시가 끝났기에 야고보는 5:7의 명령형을 반복함으로써 결론을 내린다. "**너희도** 길이 참으라"(p[74] ℵ L 사본에서 발견되는 οὖν은 의도는 옳지만 야고보의 문법을 부드럽게 하기 위한 첨가어다). 요지는 기다려야 하는 시간의 길이(즉 재림의 연기)가 아니라, 기다려야 하는 기간을 참을 수 있는지의 문제다. 야고보는 두 번째 명령형("마음을 굳건하게 하라")으로 첫 번째 명령형을 설명한다. 이것은 의심의 길을 열지 말고 믿음 안에서 굳게 서라는 의미다(삿 15:5-8; 시 57:7; 90:17; Sir. 6:37; 22:16-17; 1QH 2:7; 7:6; 롬 1:11; 살전 3:13; 살후 2:17; 히 13:9; 참조. G. Harder, *TDNT* VII, 655-57). 요지는 기다림의 길이가 아니라 "추수 이전"의 중간기에 굳게 있을 필요다. 야고보가 주의 강림이 가깝다(ἤγγικεν)고 말할 때(참조. 5:7), 그가 그 기간이 길 것으로 예상하지 않았음은 분명하다. ῞Ηγγικεν은 공관복음서에서 하나님 나라와 함께 사용된 것으로 유명하지만(예. 막 1:15), 재림에 대해서도 몇 번 사용되었다(롬 13:12; 히 10:25; 벧전 4:7). 5:1-6의 긴장이 다시 계속된다. 주의 강림의 날이 그들에게 거의 임했다. 결승선이 바로 앞에 있다. 중요한 것은 지금 포기해버림으로써 얻기 위해 이미 고난을 겪은 모든 것을 잃어서는 안 된다는 것이다.

더 자세한 내용은 A. Moore, 149-51을 보라.

9절   공동체가 재림을 기다리는 동안 압제를 받으며 욕심/욕망
(ἐπιθυμία/ἡδονή)의 충동 아래 있는 상황에서, 야고보가 공동체가 와해되지
않도록 경고하는 것은 놀라운 일이 아니다. 새로운 대상(ἀδελφοί)이 암시
할 수도 있듯이 디벨리우스가 이 절이 문맥과 전혀 다른 것이라고 느끼지
만(Dibelius, 244), 편집자가 이 구절을 여기에 둔 것은 바로 이 구절이 이 문
맥을 해석한다고 그가 생각했기 때문일 것이다. Μακροθυμία("참음")의 한
면은 μὴ στενάζετε κατ᾽ ἀλλήλων("서로 불평하지 않는 것")이다. 여기서 중
요한 기능을 하는 용어는 κατ᾽ ἀλλήλων이다. 일반적으로 신음이나 투덜거
림은 고통스러운 외적 환경에 어울리는 반응이기 때문이다(막 7:34 — 예수;
롬 8:23; 고후 5:2, 4; 70인역에서 이 용어는 욥, 이사야, 에스겔이 자주 사용한 표현이다.
하지만 히 13:17은 다른 사람들이 불평하도록 하지 말라고 한다. 더 많은 예를 보려면,
LSJ, 1638; BAG, 773을 참조하라). 불평하거나 신음하면, 즉 누군가를 원망하면
(κατά의 부정적인 의미로서), 문제가 발생한다. 특히 그 사람이 공동체 안에 있
는 사람이라면 더욱 그러하다(**공동체의** 조화가 야고보의 관심사다. 5:1-5에 비춰
볼 때, 부자 때문에 불평하는 것은 정당해 보인다!). 이러한 불평은 μὴ καταλαλεῖτε
ἀλλήλων("서로 비방하지 말라," 4:11)을 표현한 또 다른 방법이다. 사실, 어떤
이름을 언급할 때 나오는 한탄은 그 자체로 생생한 표현이 되거나 "내키
지 않는" 비난으로 이어지는 질문을 야기할지도 모른다. "네가 요구했으
니…." 야고보는 이러한 원망이 심판을 낳을 것이라고, 즉 하나님께서 혹
독하게 대하시는 죄를 낳을 것이라고, 그러니 반드시 피해야 한다고 주장
한다(ἵνα μὴ κριθῆτε).

이 본문은 마태복음 7:1의 μὴ κρίνετε, ἵνα μὴ κριθῆτε("비판을 받지 아
니하려거든 비판하지 말라")에 표현된 상호성 형식에 대한 주석이다. 이런 의
미에서 야고보가 동해보복법(*jus talionis*)을 표현하지 않았으므로 그 법을
상정하지 않았거나, 마태복음 7:1-5의 첫 말씀을 마태와 다른 방식으로 적
용했다고 이해한 디벨리우스(Dibelius, 244)에 반대한다. 야고보가 볼 때 최

소한의 비평으로도 누구나 심판을 받게 된다. 공동체의 조화를 방해하는 것에 대한 이와 같은 공격은 다른 곳에서도 필요하다. 쿰란의 문헌을 예로 들 수 있다(4:11-12과 관련한 언급들을 보라. 참조. Mussner는 CD 19:15-26, 특별히 18행에서 불평하고 미워했다고 "유다의 왕자들"을 공격한 내용을 인용한다).

이러한 명령이 특히 중요한 이유는 "심판주가 문밖에 서 계시기" 때문이다. 이 사상은 ἰδού("보라")로 소개된다. 이 단어는 이유에 주목하게 하는 데 있어 γάρ보다 더 강한 불변사다(BAG, 371). 비록 γάρ가 한 번도 사용된 적이 없는 5장에서 ἰδού가 자주 사용되었기에 그것을 야고보가 문체상 더 선호한 단어로 볼 수도 있지만 말이다. 5:7, 8의 강림 문맥에서 심판자는 그리스도일 개연성이 크다(Laws, 213에 반대함). 홀로 그리스도인들을 평가할 권한을 가지시며(4:11-12) 원망하는 그리스도인을 심판하실(예. 고전 3:10-17; 고후 5:10) 심판주가 문 앞에 서 계신다는 것은 임박함의 이미지이지(막 13:29과 병행구인 마 24:33; 계 3:3, 20; 마 24:45-51과 병행구인 눅 12:42-46 및 막 13:34-37의 비유의 의미와 비교하라), 심판의 자리를 표현하는 것은 아니다.

종말론적인 날이 가까이 왔다는 선언은 비단 "죄인들"의 심판을 고대하고 그래서 스스로 믿음에 굳게 서 있게 하는(μακροθυμέω) 자극에 불과한 것이 아니라, 자신의 행동을 돌아보라는 경고이기도 하다. 그래야 가까이 다가오고 계시는 심판주가 마침내 문을 두드리실 때, 문을 열 준비를 할 수 있기 때문이다. 문을 열면 그는 복을 받든지 심판을 받게 된다. 강림하시는 주님은 그리스도인의 심판주이기도 하시다.

10절   공동체를 강하게 하는 것은 고난의 압제 아래서 굳게 서는 것이다(그래서 본문은 5:9보다는 5:7-8과 더 많은 관계가 있다). 야고보는 굳게 선 두 사람의 예를 언급한다. 한 예는 일반적인 예고 다른 한 예는 구체적인 예다. 공동체 일원들은 예언자들의 고난(κακοπαθεία, 신약성경에서는 한 번 사용되었지만, 70인역에서 ὑπομονή와 함께 사용되었다. 말 1:13; 2 Macc. 2:26, 27; 4 Macc. 9:8)과 참음을 "본으로 삼아야" 한다(ὑπόδειγμα, 긍정적인 예로 사용된 경우, Sir. 44:16; 2 Macc. 6:28, 31; 4 Macc. 17:23; 요 13:15; 1 Clem. 5:1; 6:1; 46:1; 63:1; Jos. *War* 6:103; Philo *Rer. Div. Her.* 256; 부정적인 예로 사용된 경우, 히 4:11; 벧후 2:6). 첫 번째 용어는 더 수동적이다. 이를테면, 예언자들이 사실 고난을 당했다는 것이다. 반면에 두 번째 용어는 더 능동적이다. 말하자면 예언자들이 고난의 상황에서 참았다는 것이다. 두 단어는 함께 이사일의(hendiadys)를 이룬다 (BDF, 442 [16]의 예를 보라; 참조. Björck, 1-4). 즉 예언자들이 고난 아래에서 참았거나 "환난 중에 견뎠다"(Björck). 본이 되는 것은 고난이 아니라 고난을 당한 사람들이 사실 오래 참았다는 점이다. 저자는 이와 같은 예를 제시하면서 그의 독자들이 어쩌면 어릴 때부터 들었을지도 모르는 구약성경과 하스몬가 시대의 잘 알려진 훌륭한 이야기들을 언급하고 있다(참조. 5:11의 ἠκούσατε). 이 내러티브들은 덕목과 악 그리고 그 결과를 예증하기 위해 빈번하게 사용되었다. 조금만 반추해 보더라도 그들이 거대한 발자취를 따르고 있음이 드러난다.

Ὑπόδειγμα와 함께 앞에서 제시된 예들 이외에, 에스겔 20:4-5; Sir. 44-50; 1 Macc. 2:49-64; 히브리서 11장; Jub.; Test. XII; 마태복음 23:29-31의 예언자들 숭배; 예언자들에게 가해진 악행을 상기하는 다니엘 9:6; Test. Lev. 16; 마태복음 23:29-39; 마가복음 12:1-12을 보라. 뮈스너(Mussner, 205-206)는 고난 신학과 예언자-순교 전통을 다룬 수많은 문헌을 인용한다.

야고보는 그들을 "주의 이름으로 말한 예언자들"이라고 부르면서 그들의 고난이 하나님을 섬긴 것 때문에 임했음을 암시한다. 그는 그의 목록에서 예언자가 아닌 사람을 제외시키지 않는다. 아브라함부터 다윗을 거쳐 마카베오 순교자들에 이르기까지 자신의 믿음을 고백한 모든 사람이 여기에 포함될 것이다. 히브리서 11:32-38에는 그러한 그룹이 함께 묶여 있으며, 4 Macc. 9:8에는 κακοπάθεια라는 단어가 분명하게 사용되었다. 고난을 받은 사람들 집단은 복을 받았고 후기 기독교 순교자들의 본이 되었다. 중요한 사실은 기독교 순교자들이 부족하다는 것이다. 이것은 야고보서의 기록 연대가 초기이거나, 그 이야기들이 많이 회람되지 않았음을 암시한다. 또한 그리스도가 언급되지 않았는데, 이는 저자가 그리스도를 다른 순교자들과 함께 묶는 것을 주저했기 때문일 것이다(참조. Cantinat, 238. Cantinat는 기독교 문헌이 보통은 그리스도나 다른 사람들을 모두 언급하기보다는 둘 중 하나만 언급한다는 사실에 관심을 돌린다. 그리스도가 인용되는 경우 그는 늘 유일한 예로 제시되고, 그렇지 않은 경우에는 분명히 별개의 범주로 제시된다).

ℵ 사본에는 κακοπάθεια 대신에 좀 더 헬레니즘적 덕성인 καλοκαγαθία로 대체되었다(참조. 4 Macc. 1:10; Ign. Eph. 14:1). A K L 사본에는 전치사 ἐν이 생략되었다.

더 자세한 내용은 Björck를 보라.

11절 저자는 "예언자들"의 고난을 인용한 후 ἰδού를 사용하여 요점을 알아듣게 설명한다. "인내하는 자를 우리가 복되다 하나니." 이 말에 함의된 내용은 분명하다. 너희도 굳게 서 있다면 복을 받을 것이라는 것이다. 복되다는 것이 무엇인지는 1:12에서 이미 언급했다. 여기서는 과거 영웅들에 대한 찬사뿐만 아니라 다시금 그리고 더욱 분명하게 마태복음 5:11-12과 같은 어록들을 염두에 두었다(참조. U. Becker, *DNTT* I, 215-18). 이러한 복을 받기에 필요한 자질은 거대한 행위나 호소력 있는 설교가 아니라 어떤 상황에서든지 인내하고 견디는 것이다. 끝까지 견디는 사람은 참으로 구원을 받을 것이다(마 10:22; 24:13; 눅 21:19; ὑπομένω의 종말론적인 어조에 대해서는 1:3, 4, 12 주석과 F. Hauck, *TDNT* IV, 585-88을 참조하라). 복과 인내를 이런 식으로 연결하는 것은 야고보가 창의적으로 한 것이 아니다(예. Theod. of Dn. 12:12; 4 Macc. 7:22). 야고보는 이렇게 연결함으로써 확실히 기독교 전통에서 관심을 두도록 했을 것이다.

앞에서 인용한 야고보서의 본문에 대해 몇몇 사본은 지시대상이 과거의 중요한 인물이라고 오해하여 부정 과거를 현재형으로 대체했다. 현재 사람들은 이 복을 아직 얻지 않았다는 것이다.

야고보는 중요한 ὑπομονή를 사용하여 ὑπομείναντας라는 용어에 연결하면서(그래서 그 의미를 ἰδού로부터 취하여) 구체적인 예인 욥을 인용한다. 욥의 이야기는 유대인과 기독교 진영에서 즐겨 인용되었다. 그래서 욥이 예로 종종 사용된 것은 그리 놀랄만한 일이 아니다(예. 겔 14:14, 20; Test. Abr. 15:10; 1 Clem. 17; Clem. Alex. *Strom*. 2.103-104). 야고보의 목적에서 더 중요한 것은 욥이 시험을 받는 중에 인내한 최상의 모본이라는 사실이다(참조. Korn, 68-70). 욥이 욥기에서 온전히 인내하지는 못했음을 주목한 사람은 한 둘이 아니다. 캉티나(Cantinat, 239)는 욥기 7:11-16, 10:18, 23:2, 30:20-23을 예로 인용한다. 그러므로 야고보가 욥을 정경에 있는 욥기에서 인용하고 있는 것이 아니라, 공동체가 들었던 광범위한 전통에서 인용하고 있는 것이 확실한 듯하다. 일례로 Test. Job에 기록된 전통과 같은 것이다. 이 작품을 검토해보면, 야고보가 욥을 언급한 몇 가지 이유가 분명히 드러난다. (1) 용어 ὑπομονή와 그것과 어원이 같은 단어들이 자주 등장한다(Test. Job 1.2; 4.5-4.6; 27.3-27.10; 39.11-39.13). (2) 정경에서 매우 두드러진 욥의 불평은 욥의 아내가 한 불평을 제외하고는 완전히 부재한다. (3) 시험은 분명히 사탄으로부터 시험(즉 πειρασμός)을 받은 아브라함의 시험의 형태로 제시된다. (4) 욥의 자선이 강조된다(Test. Job 9-15; 정경에서도 그렇다. 욥 29:12-17; 31:16-23). 그래서 Test. Job에서 드러난 모본은 자신의 재산을 다른 사람들에게 넉넉히 나눠주지만 그가 하나님을 증언하는 것으로 인해 사탄의 분노를 돋우어서 고난을 겪은 한 사람에 관한 모본이다. 욥은 고난을 당하는 동안 극도의 인내를 보여주었고, 이러한 이유로 마지막에 하나님으로부터 의롭다는 칭송을 받았다. 야고보가 현존하는 그리스어로 된 Test. Job을 읽지는 않은 것 같지만, 그와 같은 이야기가 그가 살던 시대에 일반적인 것이었음은 확실하다.

더 자세한 내용은 Davids, "Tradition", 117-19; Spitta, "Testaments", 170-77을 보라.

야고보는 욥의 인내를 인용하고 나서, τὸ τέλος κυρίου εἴδετε ("너희는 주의 결말을 보았다")를 첨가한다. (1739 사본의 ἔλεος 독법은 부차적이다. 이 독법은 11절 마지막 문장의 영향을 받은 것 같다. Dibelius, 247-48이 의심스러워하기는 하지만, 독법 ἴδετε 역시 부차적이다[A B² L P ψ 33 사본. 우리가 사용한 본문은 ℵ B˙ K 등등 사본의 지지를 받는다]. 몇 가지 이유에서다. [1] 야고보는 οἶδα의 명령형을 사용한 적이 없다. [2] ἴδετε가 사용된 문장 구조는 매우 어색할 것이다[κυρίου. ἴδετε ὅτι..., "주의. 너희는 ~를 알아라"]. [3] 현재 본문에서 받아들여진 독법은 야고보서의 일반적인 구성인 ἠκούσατε와 εἴδετε 간의 병행구를 이룬다. [4] 초기의 증거들은 현재의 본문을 지지한다.)

그런데 그들이 주님의 어떤 결말을 알고 있다는 말인가? 개중에는 교정본을 의존한 사람도 있고(예. Preuschen, 79은 κυρίου를 제거하고 거기에 θεοροῦντες와 같은 단어를 첨가한다), 다른 사람들은 τὸ τέλος가 재림을 지칭한다고 보았으며(Strobel, 259, 비록 εἴδετε의 부정과거 시제 때문에 이러한 이해가 배제되기는 하지만 말이다), 많은 사람이 이 어구를 그리스도의(즉 κυρίου) 고난과 죽음(즉 그의 높아지심)을 표현하는 것으로 이해하려 했다(Augustine; Bede; Bischoff, 274-79). 본문에서 κύριος의 이러한 이중적 의미는 개연성이 없으며(앞 문장에서 이 단어는 틀림없이 하나님을 의미했다), 특히 분명히 "주께서 이루신 결과" 또는 "그 사람의 생애의 결과"를 의미하는 τέλος κυρίου와 유사한 예들이 가능하기 때문이다(Test. Gad 7:4; Test. Ben. 4:1; Test. Ash. 6:4; 4 Macc. 12:3; Wis. 2:16-17; 3:19; m. Ab. 1:5, sôp = τέλος; 비교. 히 13:7; 구성 자체는 확실히 셈어 어법이다). 이 어구의 의미는 목적론적인 결과, 즉 하나님의 목적("주의 목적", RSV; 참조. Mitton, 189-90)이 아니라, 이야기에서 알 수 있듯이 하나님이 가져오신 결과, 즉 복이다. 욥의 경우에서처럼 그리스도인은 궁극적인 선을 기대할 수 있다.

이러한 소망을 갖는 이유는 분명하다. 하나님이 악하지 않으시기 때문이다. 그는 사람들이 고난받는 것을 지켜보는 것을 좋아하지 않으신다. 그 대신 그는 동정하신다. Πολύσπλαγχνός("자비하다")라는 단어는 성경에서 한 번 사용된 단어다. 이 단어는 나중에 「헤르마스의 목자」(*Man.* 4.3.5;

Sim. 5.7.4, κύριος = 하나님으로 사용되었음)와 더 나중에 Clem. Alex. *Quis Dives Salvatur* 39.6, Act. Thom. 119(비교. πολυσπλαγχνία는 Hermas *Vis.* 1.3.2; 2.2.8; 4.2.3; *Man.* 9.2에 하나님의 속성으로 등장한다)에 사용되었다. 이 용어는 교회에서 아마도 야고보에 의해 새로 만들어진 것으로서 분명히 강한 의미를 지녔다.

하나님은 긍휼히 여기는(οἰκτίρμων) 분이시기도 하다. 이것은 시편의 교훈이며(시 103[102]:8; 112[111]:4[70인역에서는 ἐλεήμων καὶ οἰκτίρμων ὁ κύριος]; 참조. Sir. 2:11), 성경의 전반적인 어조에 속한다. 하나님은 고난 당하는 사람들을 돌보신다. 그는 모든 것에서 결국 선을 이루실 것이다(롬 8:28ff.). 그래서 욥의 모본에서 볼 수 있듯이, 오래 참는다면 주님의 선한 결말이 드러날 때(재림의 때)가 임할 것이다.

더 자세한 내용은 Bischoff; Gordon; Preuschen; Strobel, 255ff., 259을 보라.

2. 맹세하지 말라(5:12)

12절   저자가 다룰 다음 주제는 맹세다. 이곳에 혀의 사용에 대한 저자의 일반적인 관심과 연속성이 있음은 확실하다(1:26; 3:1-17; 4:1-3; 5:9). 하지만 앞에 있는 어느 것과 구체적으로 연결되어 있지는 않은 것 같다. 임박한 심판 경고(ὑπὸ κρίσιν πέσητε)가 본문이 현재 위치에 놓인 논리적인 이유는 될 수 있겠지만 말이다(참조. 5:7, 8의 ὁ παρουσία; 5:9의 ὁ κριτής). 다시 사용된 도입 어구 ἀδελφοί μου처럼, 접속사 δέ는 사상의 분리를 보여준다. 또한 πρὸ πάντων을 앞의 단락을 언급하고 5:12를 더 중요하게 하는 것으로 볼 것이 아니라(Reicke, 56), 어조가 강한 편지의 서론으로 봐야 한다(예. 벧전 4:8; 요삼 2; 그리고 Cantinat, 241에 인용된 파피루스; Mitton, 191; Mussner, 211). 이곳에는 현대에 인쇄된 성경의 여백에 있는 "별 표시"나 이와 비슷한 표시가 있을 수 있다. 그 표시는 앞으로 다룰 다음 주제에 주의를 환기시킨다. 편지를 마무리하면서 이런 명령을 이곳에 배치한 것은 이와 같은 편지의 결론에서 맹세의 정상적인 사용과 관련이 있다(본서 75-76, 311쪽을 보라).

맹세하는 것은 구약성경에서 이루려는 의지가 있는 것들에 한정되었다(출 20:7; 레 19:12; 민 30:3). 몇몇 사례에서는 맹세하라고 명령을 받기도 했고(출 22:10-11), 사실 하나님이 맹세하시기도 했다(민 14:21; 신 4:31; 7:8). 신약성경에서는 예수(마 26:63)와 바울(롬 1:9; 갈 1:20; 고후 1:23; 11:11; 살전 2:5, 10; 빌 1:8)이 사용하고 반응한 맹세와 관련한 몇몇 예를 찾을 수 있다. 구약성경에서는 너무 가볍게 맹세하는 문제가 이미 존재했으며(렘 5:2; 7:9; 호 4:2; 슥 5:3-4; 말 3:5), 맹세하지 말라는 경고는 나중에 맹세의 경솔한 사용을 막기 위해 맹세를 할 수 있는 상황이라고 하더라도 맹세하지 말라는 충고로 확대되었다(Sir. 23:9, 11; Philo *Decal.* 84-95; *Spec. Leg.* 2.2-38; 참조. J. Schneider, *TDNT* V, 459-61; Laws, 221-22). 이것은 근거가 다르기는 하지만 에픽테토스와 그밖에 그리스 작가들의 충고와 비슷하다(Epict. Ench. 33.5; 참조. Bonhöffer, 30-31, 그리고 Dibelius, 248-49에 인용된 문헌들).

일부 유대인 단체들, 특히 에세네파는 그 단체에 입문하기 위한 맹세나 합법적으로 진행되는 재판에서의 맹세를 제외하고는 맹세를 전적으로 금했다(Jos. *War* 2:135, 139-43; *Ant.* 15:370-72; CD 9:9-10; 15:1-2, 8-10; 16:8-9; 1QS 2:1-18; 5:8-11; 비교. Sl. Enoch 49:1; b. B. M. 49a). 이와 같은 집단은 신약성경에서 맹세를 전적으로 거부하는 것과 가장 가까운 병행을 이룬다. 맹세를 금하는 이유에는 하나님의 이름을 사용하는 것을 금지하는 것만 아니라 매사에 단순하고 정직한 말을 할 필요가 포함되었다.

야고보서에서 맹세를 금지한 내용은 분명히 마태복음 5:33-37(비교. 마 23:16-22)에 있는 예수 어록의 변형인 것이 분명하다.

마 5:34-37	약 5:12
μὴ ὀμόσαι ὅλως·	μὴ ὀμνύετε
μήτε ἐν τῷ οὐρανῷ...	μήτε τὸν οὐρανὸν
μήτε ἐν τῇ γῇ...	μήτε τὴν γῆν
μήτε εἰς Ἱεροσόλυμα...	
μήτε ἐν τῇ κεφαλῇ σου...	
	μήτε ἄλλον τινὰ ὅρκον·
ἔστω δὲ ὁ λόγος ὑμῶν	ἤτω δὲ ὑμῶν
ναὶ ναί, οὒ οὔ·	τὸ ναὶ ναὶ καὶ τὸ οὒ οὔ
τὸ δὲ περισσὸν τούτων	ἵνα μὴ ὑπὸ κρίσιν πέσητε
ἐκ τοῦ πονηροῦ ἐστιν	

두 본문 간의 관계에 대해 몇 가지 문제점을 제기할 수 있다. 첫째, 야고보는 이것을 예수의 말씀으로 인용한 것이 아니다. 예수 전통과 근사하다는 것이 명명백백하지만 그는 어떤 것을 예수의 말씀으로 인용한 적이 없다. 독자들이 자료의 원천을 알도록 기대되었을 수도 있다. 둘째, 마태복음에 있는 전통이 야고보서에 언급된 전통보다 더 온전하다. 더 많은 예가 있고 예들에 대한 설명이 있다(그 예들은 사실 후기 유대교의 알려진 맹세 문구 및 표현들과 일치한다. 예. Philo *Spec. Leg.* 2.2; b. Shebu. 35b; Str-B I, 330-36). 셋째, ὀμνύω 다음에 목적격을 사용하는 야고보서의 전통적인 문법이 더 고전적이다. 반면에, 마태복음의 ἐν + 여격은 셈어의 용례와 일치하는(Robertson, 471; 야고보서의 현재형은 현재 시행되고 있는 것의 금지를 암시하는 반면에, 마태복음의 부정과거 시제는 그렇지 않다. MHT III, 75-77) 전형적인 신약성경의 구조다(참조. 마 23:16-22). 넷째, 후기 기독교 전통은 야고보의 의미에 일치하는 혼합된 어록 형식을 알고 있었다(Justin *Apol.* 1.16.5; Clem. Alex. *Strom.* 5.99.1; 7.50.5; 7.67.5; Clem. *Hom.* 19.2.4; 참조. Dibelius, 250). 다섯째, 마태복음의 결론은 맹세의 기원이 마귀에게 있다고 한다. 반면에, 야고보는 심판에 대해 경고한다(P 사본과 비잔틴 사본 전통에서는 ὑπὸ κρίσιν["심판에"] 대신에 εἰς ὑποκρίσιν["위선에"]이 사용되었는데, 이것은 분명한 오독이고 의미를 약화시킨다. 그밖의 이문들은 조화를 꾀한 것들이다). 하지만 두 금지의 의미는 분명히 동일

하다.

그렇다면 마태복음이 핵심적인 전통을 율법주의적으로 확장한 것인지가 실제적인 문제다. 야고보서의 절대적인 창의성을 고수하는 사람들은 마태가 맹세를 금지하는 교훈을 취하여 그것을 대체어 맹세로 바꾸었다고 주장한다. 이를테면 "너희의 가장 강력한 긍정이나 부정은 이중적인 '그렇다' 혹은 '아니다'라고 표현해야 한다"는 것이다(*Mek. Yitro* [*Baḥodesh*] 5 [66b]; Sl. Enoch 49:1; 42:9; 참조. Dibelius, 249-51; Meyer, 162-63; Marty, 202; Minear; Cantinat, 243-44). 이러한 설명은 불필요하다. "그렇다-그렇다, 아니다-아니다"라는 공식은 "네 말의 (겉으로 하는) '예'가 (진정으로 내부적으로 하는) '예'가 되게 하라"는 셈어의 증거가 있기 때문이다(예. *Sipre* Lv. 91b on Lv. 19:36; b. B. M. 49a; 참조. Kutsch, 206-18; Stählin, 119-20; Mussner, 215-16). 이 증거가 받아들여진다면, 마태와 "너희가 그렇다고 생각하는 것은 (참으로) 그렇다 하고 아니라고 생각하는 것은 (참으로) 아니라 하라"는 야고보 사이에 본질적으로 차이가 없다. 구조적인 다양성은 교회에서 하나의 형식 이상으로 회람되던 어록을 야고보가 더 간략하고 더 고전적인 형태로 만들었고, 마태는 더 길고 더 셈어적인 형태로 만들었음을 암시한다. 우선성 문제는 확정할 수 없다. 특히 혼합된 여러 형태도 알려졌기 때문이다.

그렇다면 야고보는 법정에서와 같은 공식적인 맹세를 금한 것이 아니다(유대의 자료나 기독교적인 자료 어디에서도 이 문제를 다룬 어록이 없기 때문이다. 참조. Windisch, 32-33). 그는 진실성을 입증하기 위해 일상의 대화에서 맹세를 사용하는 것을 금한다. 공동체에 속한 사람들은 맹세하지 말아야 한다. 그들의 "그렇다" 또는 "아니다"라는 말은 맹세가 필요하지 않을 정도로 전적으로 정직해야 한다. 진실성이 중요 사안이다. 하나님이 이 표준을 고수하시므로, 맹세는 위험하다. 맹세는 맹세를 동반하지 않는 말보다 맹세를 동반한 말을 더 정직하게 만드는 경향이 있기 때문이다. 그래서 그가 맹세한 것에 비해 진실하지 못한 것이 드러날 때 이와 같은 속임으로 인해 (문맥으로 보아 최후의 심판 때 있을) 하나님의 심판이 그에게 임하지 않도록 맹세하는 것을 피해야 한다. 야고보가 교회에 요구하는 것은 이것이다. 더도

덜도 아닌, 모든 말에서 절대적으로 진실하라는 것이다(참조 고후 1:15-2:4. 여기서 바울은 그의 말이 진실하지 못하다는 비난에 대해 자신을 변호한다).

더 자세한 내용은 Kutsch; Laws, 219-24; Minear; Stählin을 보라.

3. 기도와 용서로써 서로 도우라(5:13-18〔건강〕)

13절   결론부(참조. 앞의 본서 311쪽)의 이 세 번째 단락에서 야고보는 기도 주제로 다시 돌아간다. 부분적으로는 요약하기 위함이며, 부분적으로는 건강을 기원하는 내용이 서신의 끝부분에 오는 것이 관습이기 때문이고, 부분적으로는 회개하라는 최종적인 권면을 준비하기 위해서다. 이 단락은 세 개의 병렬 단락으로 시작하는데, 각각은 수사적으로 연결어가 생략된 두 절로 이루어졌다(Smyth, 484-86; Robertson, 1023, 430; BDF, § 494). 구조적으로 13절은 고린도전서 7:18, 21, 27과 비슷하다. 디벨리우스(Dibelius, 252)와 뮈스너(Mussner, 217)는 불트만(Bultmann, 15. 참조. Thyen, 40-63)을 따라 이 구조가 "너희 중에 고난 당하는 자가 있으면 기도하라"는 명령이 이어지는 선언적인 문장이라고 주장한다. 하지만 이 구성을 고려한다면, 수사학적인 어조는 대부분의 번역 성경과 네슬레 및 UBS 본문에 있는 것처럼 강하다(그러나 Zürcher 역본과 JB 역본은 이 두 절을 "만일…하다면" 형식으로 재구성했다). 즉 질문에 명령형이 뒤따른다. "너희 중에 고난 당하는 사람이 있느냐? 기도하라!" 야고보는 질문을 자주 사용한다(전부 22번). 3:13은 τις가 분명히 의문문인 병행 형식의 구성이다. 그리고 선언적인 구조를 위해 제시된 예들은 야고보서와 그다지 유사하지 않은 것으로 이해하거나(Philo *Jos.* 144; M. *Ant.* 8.50.1; Teles 6.14; Dem. *De Cor.* 18.274에는 모두 τις, 직설법 동사〔특히 이 절의 첫 번째 위치〕, 명령법이 생략되었다), 아니면 가장 좋게는 의문문 + 명령형으로 이해하면 된다(고전 7:18). 그래서 문체는 구어체의 생생한 담화이지만, 구조의 조건적인 특성이 첫 번째 의문절에 분명히 드러난다(Cantinat, 245).

    이 문단에서 야고보는 고난에서 기쁨으로, 그리고 다시 고난으로 주
제를 바꾼다. 불행한 일을 겪고 있는 사람은 기도해야 한다. Κακοπαθεῖ
로 표현된 불운은 질병이 아니라 물리적인 환경이나 그 사람을 힘들게 만
드는 개인적인 어려움이다. 즉 불운을 견뎌야 하는 내적인 경험이 구체적
인 형태의 불운보다 더 암시되었다(BAG, 398; W. Michaelis, *TDNT* V. 936-37.
Michaelis는 특히 군사적인 불운을 지칭하려고 요세푸스가 사용하는 용어를 인용한다.
참조. 딤후 2:9; 4:5). 문맥에는 (비록 원래는 이런 식으로 제시되지 않았을 테지만) 예
언자들이 받았던 박해와 같은 박해들(5:10), 부자들의 손에 의해 당하는 고
난, 그리고 이와 비슷하게 개인적으로 어려움을 당하는 상황들이 포함되어
야 한다. 야고보가 지적하려는 핵심은 이것이다. 불평하거나 혼자 힘으로
헤쳐 나가지 말아야 하며, 스토아 철학자들이 충고하는 것처럼 조용히 물
러나 그것을 견디지 말고, 기도해야 한다. 이를테면, 경건한 히브리 사람이
시편에서 행한 것처럼 행동해야 하며(시 30장; 50:15; 91:15; Pss. Sol. 15:1), 하나
님께 부르짖어야 하고, 잘못된 것을 바로잡고 악한 자를 고치시는 하나님
을 신뢰해야 한다. 하나님은 "어두움 가운데서" 신뢰할 수 있는 분이시다.

    다른 한편, 만일 그 사람이 기분이 좋아진다면, 다시 말해서 외적인 상
황은 나빠 보이지만 기쁘거나 용기백배할 때도(참조. 행 27:22, 25; Symmachus
Ps. 32:11; 잠 15:15) 하나님을 잊어서는 안 된다. 그는 하나님을 찬송해야
한다. Ψάλλω라는 단어는 70인역에 56번 등장하며, 원래는 현악기를 동반
하는 노래를 가리켰는데(시 33[32]:2, 3; 98[97]:4, 5; 147[146]:7; 149:3), 일반화
되어 모든 종류의 찬송을 가리키게 되었다(시 7:17[18]; 9:2, 11[3, 12]; 등등). 이
교훈은 합리적인 형식이나 "영적인" 형식으로 표현된, 개인적인 찬송과 공
적인 찬송을 다루는 신약의 주제에 적합하다(고전 14:15; 엡 5:19; 참조. 골 3:16).
그러므로 야고보는 독자들이 좋거나 나쁘거나 모든 상황에서 하나님을 기
억하기를 원한다. 곤궁에 처해 있을 때 하나님께 기도하는 것은 진리의 절
반이다. 교회에서든지 홀로 있든지 (어떠한 상황에서든지) 즐거울 때 하나님
을 찬송하는 것이 나머지 절반이다. 하나님은 사람들의 필요를 돕는 심부
름꾼에 불과한 분이 아니시다. 그분은 모든 경우에 예배와 찬송을 받으실

만한 분이시며(빌 4:4, 6; 엡 5:20; 살전 5:16-18), 상황이 어떠하든지 누구나 다 가갈 수 있는 분이시다.

14절 최종적으로 사람들이 처하는 세 번째 상황이 소개되었다. 그 것은 외적인 고난이나 내적인 즐거움이 아니라, 이른바 질병의 상황이다. Ἀσθενέω는 사실 어느 형태든 약함을 가리킬 수 있다(예. 롬 4:19; 고전 8:9; 고후 11:29; 다른 의미에 대해서는 BAG, 114을 참조하라). 하지만 κακοπαθεῖ와의 대조, 장로들을 부를 필요성, 기름의 사용, 그리고 σώσει("구원할 것이다")와 κάμνοντα("병든 자를")는 질병을 염두에 두었음을 암시한다. 여기서 다른 사람들 안에 있는 악으로 인한 외향적인 좌절, 믿음을 위해 받는 고난, 또는 내적인 괴로움(5:13)을 유발하는 비슷한 원인에 대한 문제는 없다. 그 사람은 실제로 아프다. 이것은 그 원인이 인간의 영역 바깥에 있음을 의미한다. 틀림없이 하나님 혹은 악한 세력이 연루되었을 것이다.

이러한 환경에서 그 사람은 "교회의 장로를 청하라"는 권함을 받는다. 이것은 즉시 그 사람이 매우 아프다는 것(즉 너무 아파서 장로들에게 갈 수 없기에 그는 친구나 친척을 장로들에게 보냈을 것이다)과 장로 직분이 이미 교회에 세워졌음을 암시한다. 스피타(Spitta, 144)가 ἐκκλησία("교회")를 마치 συναγωγή("회당")나 "카할"(qāhāl, "총회")인 것처럼 읽으려고 한 것은 초기 기독교의 ἐκκλησία 사용과 유대교 장로들의 역할을 고려할 때 확실히 틀렸다(심지어 Meyer, 163-67도 그렇게 생각한다). 스피타가 그렇게 생각한 것은 70인역에서 ἐκκλησία가 그런 식으로 사용되었고(예. Sir. 30:27), 그래서 이 사람들을 b. B. B. 116a; b. Hag. 3a 및 이와 유사한 내러티브에서 랍비들과 비슷한 유대교 장로들로 이해한 것에 근거한다.

또한 장로들이 교회 "전체"를 가리킨다고 생각하는 슈미트(K. L. Schmidt, *TDNT* III, 513)도 옳지 않다. 장로 직분이 언제 세워졌는지는 결정하기 어렵다. 족장들 사회에서 으레 예상할 수 있듯이, 유대교의 선례가 있기는 하지만(출 3:16; 24:1, 9; 민 11장; 신 5:23; 19:12; 스 10:14; Sus. 5, 29, 34장; 마 26:3), 그 용어는 복음서에서 기독교 직분에 사용된 적이 없고, 사도행전(행 11:30; 14:23; 15:2; 20:17)과 바울 서신(딤전 3장; 5:17; 딛 1:5; 벧전 5:1; 요이 1; 비교. 빌 1:1)

등 초기 내러티브에 갑자기 등장했다. 장로 직분의 적절성을 두고 어떤 논의도 없었다. 그래서 장로 직분이, 비록 뚜렷이 기독교적인 특성을 지니기는 했지만, 회당에서 흡수되었다고 결론을 내리는 것이 이치에 맞다(G. Bornkamm, *TDNT* VI, 651-83; Mussner, 219과 L. Coenen, *DNTT* I, 192-201에 인용된 문헌들을 참조하라).

야고보서에서 부름을 받은 "장로"가 단순히 나이 든 사람이 아니라 직분, 즉 이 경우 확실히 지역 회중인 교회의 장로들이라는 점을 주목할 필요가 있다(롬 1:7; 고전 1:2; 4:17; 11:16; 살전 2:14. 비록 로마 교회와 고린도 교회의 경우에는 한 공동체 이상이 포함되었지만 말이다. 참조. Stuhlmacher, 70-75). 장로를 청하는 것은 일반적인 부름이다. 청한 장로가 한 명인지, 다수인지, 전부인지는 언급되지 않았다. 복수 동사인 점을 고려할 때, 야고보는 여러 명을 청할 것을 기대한 것 같다.

장로들의 행위는 그들의 구체적인 기독교적 기능을 암시한다. 그들은 그 사람을 위하여(ἐπί) 기도한다(전치사는 그 사람을 향한 기도 또는 어쩌면 기도하거나 기름을 붓는 동안 손을 그 사람 위에 얹는 장면을 보여준다). 이런 식의 기도는 유대인들 사이에 잘 알려졌다(시 35:13; 41:4; 욥 2:11; Tob. 1:19; Sir. 7:35; 31:9-15; b. B. B. 116a; b. Ber. 34b [Bar.]; b. Sanh. 101; *Abot R. Nat.* 41; 1QapGen 20:21-22, 29). 그런 기도는 기름을 붓는 일과 동시에 행해졌다(분사는 기름을 붓는 것보다 기도가 우선적인 행위였음을 암시하기는 하지만, 문장 구조는 자연히 기름 부음이 기도 행위에 속하는 것으로 이해된다). 병을 고치는 데 기름을 사용하는 것은 고대 세계에서 일반적인 행위였다(사 1:6; 렘 8:22; 막 6:13; 눅 10:34; Jos. *Ant.* 17:172; *War* 1:657; Life Adam 36; Apoc. Mos. 9:3; Sl. Enoch 22:8-9; 8:35; Philo *Som.* 2.58; Plato *Menex.* 238; Pliny *Nat. Hist.* 23.39-40; Galen 2.10; 참조. H. Schlier, *TDNT* I, 230-32). 하지만 야고보서에서 기름의 기능은 그것이 종말론적 기름의 특성을 지니는 경우를 제외하고는 의료적인 목적이 있었던 것은 아니다(Life Adam 36; Apoc. Mos. 9:3; 사 61:3을 보라). 그러므로 기름은 기도의 내적인 힘의 외적인 표지이든지, 아니면 더 개연성이 있는 마가복음 6:13에서처럼 하나님의 능력의 성례전적인 수단일 것이다(Dibelius, 252).

기름을 바르는 것은 "주의 이름으로" 행해진다(B 사본에서 이 내용이 생략되었고, A 33 사본에서 τοῦ가 생략된 것은 확실히 오류다. 참조. Daube, 236). 세례(행 2:38; 8:16; 10:48; 19:5; 마 28:19. 이 중에 두 본문에는 ἐν이 사용되었다. 참조. 약 2:7)와 치유와 축귀 의식 때 그리스도의 이름을 부르는 것은 초기 교회에서 일상으로 행해지던 것이었다(막 9:38; 눅 10:17; 행 3:6, 16; 4:7, 10; 9:34). 이러한 행습은 이름을 부름으로써 세례를 베푸는 자나 치유하는 자나 축귀하는 자가 하나님의 능력을 부르면서 하나님의 대리인으로 행동하고 있음을 나타낸다(참조. H. Bietenhard, *TDNT* V, 277. 그는 배경도 제시한다). 그 사람을 고치는 것은 하나님의 능력(즉 5:15에 언급된 ὁ κύριος)이다. 그래서 우리는 여기서 치유 의식에서 기도와 기름을 바르는 것과 예수의 이름을 부른 것 등 세 가지 행동을 발견한다. 이것은 마술적인 의식도 아니고 축귀도 아니다(참조. Dibelius, 252). 그 행위는 귀신이 연루된 것과 상관없이 하나님이 개입하시도록 하나님의 능력에 열려 있는 것이다. 이것이 고린도전서 12:9, 28, 30과 다르게 한 개인의 특별한 은사가 아니라 교회의 어떤 직분(신약의 본문 중 치유의 은사가 직분의 자격요건임을 암시하는 것은 없다)의 능력이라는 점을 주목하는 것도 흥미롭다. 이와 같은 직분의 의무로 행하는 종말론적인 능력 행사는 회당의 장로들에게는 존재하지 않았다. 하지만 이러한 능력 행사는 교회가 존재했던 첫 몇 세기 동안 교회에서 정기적으로 행해졌다(참조. Kelsey, 104-99).

더 자세한 내용은 Bord; Priesenhahn; Laws, 225-32; Luff; Lys; Meinertz, "Krankensalbung"; Michaelis, 130-40; Pichar; Vermes, 61-63. 72-78을 보라.

15절   믿음의 기도(εὐχή, 이 단어는 신약성경에서 서원에 두 번 사용되었다. 행 18:18; 21:23. 하지만 70인역과는 다르게 기도를 다룬 그리스 문헌에서는 자주 사용되었다. 참조. BAG, 329)는 병든 자를 구원할 것이다(τὸν κάμνοντα, 신약성경에서 한 번 사용된 단어로서 "지치다, 매우 곤란하다, 병들다"는 의미다. LSJ, 872-73;

LPGL, 700. 단순히 심각한 병에 든 것을 뜻하기는 하지만 죽음 언저리에 있다는 암시는 없다). "기도"라는 용어는 기도를 다룬 5:14을 강조하면서 그 절에 언급된 전체 행위를 요약한다고 보는 것이 자연스럽다. 그것은 믿음의 기도다. 즉 하나님을 믿고, 하나님께 헌신한 것에서 나오는 기도다. 그러한 기도만이 효과를 내기 때문이다(참조. 약 1:5-8; 4:3; 막 2:5; 5:34; 10:52; 6:6; 행 14:9. 여기서는 믿음의 유무가 치료의 조건이다). 믿음은 기도하는 사람, 즉 직무상 치유의 능력을 갖춘 장로들의 믿음이지, 병이 든 사람의 믿음이 아니다(그 사람은 어떤 일을 행할 수 있는 상태에 있을 수도 있고 그렇지 않을 수도 있다).

약속된 결과는 기도의 능력으로 고침을 받으리라는 것이다(막 5:23, 28, 34; 10:52; 요 11:12에서처럼 σώσει는 약 1:21; 2:14; 4:12; 5:20[?]의 종말론적인 의미보다는 병 고침을 의미한다). 여기서 말하는 약속된 결과는 일반적인 현상이었을 것이다(Dibelius, 255에 반대함. 신령주의자들보다 직분자들이 사용된 것은 그 사람이 어떤 직분을 위해 선택된 까닭에 어떤 신령한 은사들이 포함되었을 유효성이나 가능성을 배제하지 않는다). 이 능력이 하나님의 능력이라는 사실은 병행 진술에서 알 수 있다. "주께서 그를 일으키시리라"(막 1:31; 2:9-12; 9:27; 마 9:5-7; 행 3:7; Jos. *Ant.* 19:294). 그래서 ἐγείρω는 σώζω가 육체적인 고침을 의미한다는 사실을 나타낸다. 일어서거나 침상을 들고 가는 것은 병 고침의 자연스러운 결과다. 이 약속은 야고보의 교회에서 믿음이 있는 사람에게 주어졌다.

15절 나머지 부분은 죄의 가능성을 질병과 연결한다. 이러한 개념은 신약성경에 알려졌으며(막 2:5; 요 5:14; 9:2-3; 고전 11:30), 유대교에서는 잘 알려졌다(욥기; 왕하 20:3; 19:15-19; Tob. 1:18; Sir. 3:26-27; m. Shab. 2:6; b. Shab. 32a-33a; b. Ned. 41a; b. Ber. 5a; 참조. Scharbert; Peake; Davids, 94-150). 야고보서에서는 죄가 반드시 질병의 원인은 아니라는 것(그럴지도 모르지만)이 분명하다. Κἄν("그리고 만일," BDF, § 374) + 현재완료 가정법인 ἦ πεποιηκώς는 가능성을 나타낸다. 완료형은 그 사람이 아직은 죄 사함을 받지 못했고 여전히 죄의 상태에 있음을 보여줄 수 있다.

그 사람은 랍비의 충고를 따르고(b. Ber. 5a) 자신을 살피는 것이 좋을 것이다. 죄가 원인이라면, 장로들이 낫기를 위해 기도하는 것은 몸으로 끝나지 않을 것이다. 그 나음은 총체적인 나음이며 영혼과 죄 사함이 포함될 것이다(막 2:5에서처럼 말이다. 비교. 마 12:32; 눅 12:10). 본문의 내용은 단순하고 단도직입적이다. 약속 두 개가 제시되었다. 하나는 (명확하고, 긴급한 필요인) 몸과 관련한 약속이고, 다른 하나는 영혼과 관련한 약속이다. 그 사람은 총체적으로 고침을 받을 것이다.

　　16절　　병 낫는 것이 죄 사함과 연결되었으므로, 저자가 그 주제를 이어서 논의한다고 해서 전혀 놀랍지 않다. 결국 야고보서는 이 방향으로 움직이고 있다. 5:19-20은 계속해서 그 주제를 다룬다. 이러한 까닭에 5:16-18은 사실 전환 단락이다. 하지만 이 전환부의 특성 때문에 5:16에 문제가 제기된다. 그 첫 번째 단락은 앞의 절과 관련이 없는 말씀인 것처럼 보이는데도 οὖν(비잔틴 사본에는 생략됨)과 ἰαθῆτε("너희가 낫기를")로 연결되었다. 이것을 설명하는 칸티나(Cantinat, 254)와 뮈스너(Mussner, 227)는 정확하지 않다. 두 사람은 본문이 70인역 이사야 6:10과 신약성경에 인용된 이사야 본문, 그리고 신명기 30:3, 시편 30:2-3[29:3-4], 벧전 2:24(사 53:6)과 그밖에 70인역에서 병 나음을 영적인 것으로 취급한 다른 본문들을 암시하고 있다고 생각한다. 오히려 디벨리우스(Dibelius, 255)가 확실히 옳다. 그는 문맥에서 편집자가 틀림없이 5:14-15의 육체적인 나음을 생각하고 있었을 것이라는 사실에 주목한다. 신약성경에서 ἰάομαι는 인용문에서 등장할 때를 제외하고 언제나 육체적인 나음을 언급하기 때문이다.

　　문제의 해결은, 야고보가 아마도 익숙한 어록을 사용하여 5:19-20로 이동하고 있지만, 동시에 그가 5:14-15의 구체적인 사례를 의식적으로 일반화하여 예방의학의 일반적인 원리로 만들고 있고, 그래서 병에서 나음이 구체적인 사례나 뮈스너(Mussner, 227)가 주장하듯이 전염병을 언급하기보다는 일반적인 나음을 가리킨다는 데 있는 것 같다. 이 해석은 16절에서 병 든 사람과 장로를 찾아야 하는 문제를 피하고(Ropes, 309이 주장하듯이), 복수형(ἐξομολογεῖσθε, "너희는 고백하며")을 진지하게 취급한다. 반면에 이 해석은 문맥과의 진정한 연결성이 어휘와 문법에 의해 드러난다고 받아들인다(참조. Laws, 232).

그렇다면, 그리스도인들은 자기 죄를 서로 고백해야 한다. 고백 행위는 히브리 종교에서 개인에게(레 5:5; 민 5:7; 시 32:5; 38:3-4; 40:12; 51:3-5; 잠 20:9; 28:13; 욥 33:26-28; Pss. Sol. 9:6; 1QS 1:23-2:1; CD 20:28) 그리고 공동체에게(레 16:21; 26:40; 단 9:4-10; 겔 10:1; Bar. 1:15-2:10; Jud. 9:1-14; Tob. 3:1-6; 3 Macc. 2:2-20; 6:2-15) 중요했다. 이 본문들은 대부분 질병에서 나음을 얻는 것 또는 하나님께서 공동체나 개인에게 가하신 어떤 괴로움에서 구원받는 것과 연결되었다. 이와 마찬가지로 신약성경(막 1:5; 마 3:6; 행 19:18; 요일 1:9)과 초기 교회는 죄의 고백을 알고 있었다(1 Clem. 51:3; 52:1; Did. 4:14; 14:1; Barn. 19:12; Hermas *Vis.* 1,1,3; 3,1,5-6; *Sim.* 9,23,4). 이 모든 경우(요일 1:9을 제외하고는) 통상적으로 교회(나 유대교에서 모이는 공동체)에서 행해지는 개방적이고 공적으로 죄를 인정하는 과정이 있었다(참조. O. Michel, *TDNT* V, 202-20).

시편이 때로는 병 고침을 받기 이전에 행하는 개인적 고백의 공적인 선언 역할을 하기도 했다. 반면에 인용된 많은 본문은 병 고침을 받거나(세례 요한도 국가적인 치유를 기대했다) 기도(Hermas)를 위한 준비로 공공연히 행해졌던 행위를 묘사한다. 그렇다면 야고보는 공동체 모임에서 서로(ἀλλήλοις) 고백하는 것에 대해 말하고 있다(그러나 분명 그는 서로에게 더 상세하고 사적인 고백을 배제하지 않는다). 여기서 장로들의 역할은 언급되지 않았다(하지만 5:15에서는 분명 장로들이 고백하는 것을 듣는다). 그들이 그 과정을 지도했을 것으로 추정할 수 있다.

고백은 공동체를 죄로부터 정결케 한다(야고보가 ἁμαρτία와 그와 어원이 같은 단어를 8번 사용한 것에 비춰 볼 때, 비잔틴 사본이 이 단어를 τὰ παραπτώματα라고 읽은 것은 틀렸다. 하지만 의미는 변함이 없다). 정결함은 공동체에 속한 사람들로 하여금 다른 사람을 위해 기도하도록 하기 위한 준비다. 기도에는 죄 사함을 위한 기도가 포함될 수 있으나, 그 기도는 죄 사함으로 말미암아 공동체의 병든 사람이 나음을 얻을 목적으로 행해졌을 가능성이 더 많다(복수형 ἀλλήλων의 상호성, B A 사본의 εὔχεσθε와 προσεύχεσθε의 복수형[신약성경의 일반 어휘와 일치된 것] 모두 공동체적인 기도에 관심을 집중한다). 그래서 결론은 급성적인 병이든지 잠재적인 질병이든지 병이 낫는 것(ὅπως ἰαθῆτε)이다. 그와 같은 기도로 공동체 안에서 사람들은 건강하게 될 것이다. 고백이나 죄 사함이 없다면 병 나음도 일어나지 않는다(참조. 고전 11:30-32; 요일 5:16-17. 두 본문은 난해하기는 하지만 서신서에서 동일하게 관련된 부분에 등장한다).

그런데 공동체는 기도와 관련하여 몇 가지 질문을 제기할 수 있다. 기도가 어떻게 병을 낫게 할 수 있는가? 기도가 응답되지 않는 경우는 없는가? 어떻게 감히 죄 사함을 위해 기도할 수 있는가? 야고보는 기도의 효과를 확신하며 그들에게 기도하기를 격려한다. 의인의 기도는 큰 힘이 있다(πολὺ ἰσχύει). 의인은 하늘에 있는 엘리야(Spitta, 149)가 아닌 것이 확실하며, 반드시 공동체에 있는 예언자나 특별히 거룩한 자일 필요도 없다. 그들의 모본이 중요하지만 말이다(창 18:16-33; 20:7, 17; 민 21:7; 11:2; 14:13-19; 욥 42:8; 렘 15:1; 암 7장; Sir. 45:23; 참조. Eichrodt, II, 443-53, 462-63; Mussner, 228). 의인은 공동체의 일원이다. 그는 자기 죄를 고백하고 공동체의 표준을 충실히 지키는 사람이다(마 1:19; 히 12:23; 약 5:6; 벧전 4:18; 요일 3:7; 계 22:11; 참조. H. Seebass and C. Brown, *DNTT* III, 358-77. 쿰란의 언약자들처럼 초기 그리스도인들은 자신들을 죄인[1QH 4:30; 1QS 11]과 의인[1QS 9:14; 1QH 2:13]으로 알았다). 이어지는 예에서 보듯이, 기도의 능력이 있는 사람은 비단 장로들이나 예언자들만이 아니라 믿음이 있는 **평범한** 회원이다.

분사 ἐνεργουμένη("역사하다")는 확실하게 번역될 수 없다. 디벨리우스(Dibelius, 256)는 이것을 형용사로 취급하여 "역사하는 믿음"이라고 이해한다(Wis. 15:11; 고후 4:12에서처럼). 캉티나(Cantinat, 256)와 로스(Laws, 234)도 그렇게 취급한다. 뮈스너(Mussner, 228)는 이것을 법(mood)의 분사 또는 시간의 분사로 취급하여, "그것이 효과를 낼 때"(즉 기도가 하나님께 도달하여 그가 기도를 들으실 때)라고 이해한다. 로우프스(Ropes, 309)는 수동태 분사로 취급하여 "그것이 행사될 때"라고 해석하고, 메이어(Mayor, 177-79)는 "그것이 (성령으로 말미암아) 실현될 때"라고 이해한다(롬 8:26). 애덤슨(Adamson, 199)과 많은 옛 영어권 주석가들은 주동사의 한 법으로 취급하여 "그것이 작용하는 데"라고 해석했다. 기도를 강하게 하면 할수록 기도가 응답될 가능성이 커진다는 의미가 아닌 것은 확실하다. 이 분사는 하나님이 능동적인 행위자이심에 관심을 집중한다고 이해한 뮈스너와 메이어가 옳은 것 같다. 기도는 힘이 있다. 기도 그 자체 때문이 아니라 하나님이 기도에 응답하시기 때문이다. 그래서 5:15에서처럼("주께서 일으키시리라") 야고보는 기도와 마술 간의 차이를 분명히 한다. 하나님은 기도를 들으신다. 그래서 그리스도인들은 정결한 양심을 가지고(참조. 4:3!) 담대하게 기도해야 한다(시 145:18; 34:15, 17; 잠 15:29).

　　　더 자세한 내용은 Althaus; Clark를 보라.

　　　17-18절　　　야고보는 그리스도인들에게 기도하라고 격려하고 나서 기도의 효과에 대한 그의 주장을 뒷받침하는 강력한 예를 제시한다. 바로 엘리야다. 엘리야는 그와 관련된 많은 전설이 회자되고 그가 승천했다는 이야기가 있음에도 불구하고(J. Jeremias, *TDNT* II, 929-30; Str-B IV, 769; Schechter, 52-53; Molin; Mussner, 229), 야고보서를 읽고 있는 모든 회중처럼 단순히 또 다른 한 사람이었지(ὁμοιοπαθής, 행 14:15에도 같은 단어가 사용되었음; 참조. Wis. 7:3; 4 Macc. 12:13), 천상적인 존재이거나 특별히 완전한 사람이 아니었다. 이 예가 선택된 까닭은 (구약성경이 아니라) 전설상 엘리야가 기도로 유명해진 사람이었기 때문일 것이다. 열왕기상 17:20-22에는 기도가 언급되었어도, 열왕기상 17:1과 18:42이나 Sir. 48:3에는 기도가 언급되지 않았다. 그래서 엘리야가 기도로 평판이 높은 것은 구약에서 온 것이 아니다. 그러나 후기 전통에서는(예. 2 Esd. 7:109) 엘리야가 기도에 매우 강력한 사람이다(참조. m. Taan. 2:4; b. Sanh. 113a; j. Sanh. 10, 28b; j. Ber. 5, 9b; j. Taan. 1, 63d: 탈무드 본문은 초기의 대중적인 전통을 상세하게 설명한 것이다. 참조. Davids, "Tradition", 119-21). 엘리야는 압제당하는 자들을 돕는 자로 이해되기도 했다(b. Kidd. 40a; b. Ned. 50a; b. Sanh. 109a; 비교. 막 15:34-36).

　　　엘리야가 기도하자 삼 년 육 개월간 비가 내리지 않았다. 시간의 길이 자체는 (눅 4:25에서처럼) 전설에서 온 것이며, 심판의 기간을 상징하는 7의 절반에 해당하는 어림수일 것이다(단 7:25; 12:7; 계 11:2; 12:14; 참조. Dibelius,

256-57, Mussner, 229). 다시 엘리야가 기도하자 하늘이 비를 주고 땅이 열매를 맺었다. 이 예시는 비교점을 강조하기 위해 구성되었다. 땅은 비를 받지 않았다. 분명 독자들은 땅을 메마르고 죽은 것으로 상상했을 것이다. 그리스도인이 병이 들었을 때 느낄 수 있는 것처럼 말이다. 기도는 올라가고, 하늘 곧 하나님(왕상 8:1; 삼상 12:17; Jos. Ant. 14:22)은 새 생명의 결과와 결실인 비를 내려주신다. 기도가 병이 낫는 것으로 응답받을 때 사람들이 느끼는 것과 동일하게 말이다. 엘리야의 예로 인해 누구나 기도할 용기를 얻으며, 깊은 곤경에 빠진 사람들은 이러한 생생한 묘사로 인해 감동할 것이다. 야고보가 이러한 심리학적 힘을 의식했는지는 모르지만 말이다. 결론적으로 기도는 효과를 **낸다.** 공동체의 의로운 사람들은 감히 위대한 엘리야의 능력을 발휘할 수 있다. 하나님이 그들의 기도도 들으실 것이기 때문이다.

> 종속절로 연결하는 대신에 접속사 없이 병렬로 나열하는 구조를 사용한 것, καί 로써 여섯 문장을 다 연결했다는 사실, (창 2:17; 31:30; 사 30:19; 요 3:29; 눅 22:15에서와 같은) προσευχῇ προσηύξατο 구조(참조. BDF, § 198; MHT I, 75-76; Plato *Symp.* 195), 그리고 ἵνα μὴ βρέξαι 대신에 (왕상 1:35; 사 5:6; 행 3:12; 15:20에서와 같은) 특이한 τοῦ μὴ βρέξαι 등, 이 모든 것들은 강한 셈어 어법적 배경을 나타내며, 아마도 셈어 자료를 사용했음을 암시할 것이다.

4. 결론적인 격려(5:19-20)

야고보는 최종적인 권면으로 결론을 맺는다. 그 권면은 한편으로 앞 단락의 죄 고백과 죄 사함이라는 주제(5:13-18)에서 나왔고, 다른 한편으로 저자가 야고보서를 저술한 목적을 보여준다. 즉 사람들을 잘못된 것에서 돌이키게 하고 지키는 것이다(비교. 요일 5:21과의 유사성). Ἀδελφοί μου("내 형제들아")라고 부른 것은 이 두 절이 앞에 있는 것과는 독립된 한 단락이지만, 함께 있는 전통적인 주제들 사이에 내적인 주제적 연결이 종종 있다는 사실을 기억하지 않는다면 그 주제들의 형식적인 독립과 병렬을 볼 수가

없다. 이러한 내적인 주제적 연결은 그 자료가 무엇이든지 간에 이 단락들
이 이곳에 있는 이유다(이 경우는 분명하다).

19절   야고보는 "너희 중에 누가"라는 말로 시작한다(5:13, 14에서
처럼 ἐν ὑμῖν은 비록 고전적인 그리스어의 병행이 있기는 하지만, 셈어화된 구조일 수
있다. MHT III, 210). 이것은 5:15, 16에서나 야고보서 전체에서나, 저자가 유
대인이나 이방인들 사이에서의 선교적 개입에 대한 문제가 아니라(비록 이
것이 현대 해석자에게는 본문에 대한 논리적인 확장이기는 하겠지만 말이다) 배교한
공동체 회원을 생각하고 있음을 암시한다. 이 공동체 일원이 "미혹되어 진
리에서 떠났을" 가능성이 고려되는 상황이다. 미혹된다(πλανηθῇ)는 것은 배
교하는 것, 즉 자의든 (귀신의 세력을 비롯하여) 다른 사람의 속임수로든 하
나님의 계시된 뜻을 저버리고 그것을 거슬러 행동하는 것이다. 이 용어는
70인역에서 율법을 범하는 것, 특히 우상숭배를 지칭하기 위해 사용되었다
(사 9:15; 렘 23:17; 겔 33:10; 비교. 겔 34:4; 잠 14:8; Wis. 5:6; 12:24; Sir. 11:16). 후기
유대교의 묵시문학에서는 이 용어가 쿰란에서도 발견할 수 있는 윤리적인
이원론의 의미를 취했다(Test. Jud. 14:1, 8; 19:4; 23:1; Test. Gad 3:1; Test. Lev. 3:3;
16:1; Test. Dan 2:4; Test. Sim. 2:7 등등; 1QS 3:1; 5:4; CD 3:1; 4:14; 5:20; 이러한 행동의
배후에는 일반적으로 사탄의 영향이 있다고 여겨졌다. 참조. H. Braun, TDNT VI, 233–
53. 안타깝게도 Braun은 자료를 영지주의와 너무 밀접히 연결한다). 바른 길을 저버
리는 것과 도덕적인 타락으로 미혹된다는 것(종종 마귀로 인해)의 이러한 동
일한 의미는 신약성경 여러 곳에 등장한다(마 18:12-13; 24:4-5, 11; 막 12:24,
27; 13:5-6; 롬 1:27; 엡 4:14; 살후 2:11; 딤후 3:13; 딛 3:3; 벧전 2:25; 벧후 2:15, 18; 요일
2:26; 4:6; 계 2:20). 그러므로 문제의 심각성이 처음부터 대두된다. 특히 도덕
적으로 부패한 행위는 초기 교회에서 용납되지도 않았을뿐더러 넘어가지
지도 않았다. 그런 행위는 공개되었고 배척을 받았다.

미혹되는 것은 "진리를 떠나" 미혹된 것이다(p⁷⁴ ℵ 33 81 사본에 ὁδοῦ로 대
체되었거나 τῆς ὁδοῦ가 첨가된 것은 전통적인 어법인 "진리의 길"과 5:20의 용어의 영
향을 받은 교정이 분명하다). 이 사실로 인해 이 어구가 어떤 의미에서 지적으
로 되었다거나 덜 실천적으로 된 것은 아니다. 진리는 걸어가야 할 길이다.

그것은 신약성경에서처럼(마 22:16; 요 3:21; 14:6; 롬 1:18; 엡 6:14; 벧전 1:22; 요일 1:6) 유대교에서 말하는 생명의 길이다(시 25:4-5; 26:3; 86:11; Tob. 3:5; 1QS 1:12, 26; 3:19; 4:17). 이것이 야고보가 의도한 진리의 의미라는 것은 길(ἐκ πλάνης ὁδοῦ αὐτοῦ)이 병행 사상이 된 다음 절(20절)에서 분명하게 드러난다. 어느 한 사람의 "길"은 단지 그의 생각이 아니라 그의 생활양식인 까닭이다(참조. 약 1:8; 신 11:28; 30:19; 시 1:1; 101:2; 139:24; 잠 2:19; Sir. 21:10; 마 7:13-14; 21:32; 22:6[병행구 막 12:14]; 눅 1:79; 행 9:2; 13:10; 19:20; 24:22; 고전 4:17; 12:31; 유 11).

그래서 "길에서 돌아선다"(ἐκ πλάνης ὁδοῦ; "미혹된 길에서", 관사가 생략된 이 표현에는 셈어 색채가 있다. BDF, § 259)는 것은 삶의 잘못된 길, 생활양식의 오류에서 돌아서는 것이다(Wis. 12:24; 잠 2:15; 비교. 사 9:15; 겔 34:4; Wis. 5:6). 그 사람은 잘못된 길에서 바른 길로(참조. Did. 1), 거짓에서 진리로 돌아서야 한다.

공동체 안에서 진리에서 떠났거나 그들의 생활양식과 관련하여 잘못한 사람들은 공동체의 일부 도덕적인 규범을 무시하기에, 누군가 그들을 바로잡고 돌아서게 할(ἐπιστρέψῃ τις αὐτόν) 필요가 있다. 이와 같은 180도 전향은 구약성경과 신약성경(사 6:10; 겔 33:11; Sir. 18:12; Wis. 16:7; 행 3:19; 9:35; 고후 3:16)에서 잘 알려졌으며, 다른 사람들을 돌아서게 동기를 부여하는 욕망(또는 심지어 명령)도 그렇다(레 19:17; 시 51:13; 겔 3:17-21; 33:7-9; Sir. 28:2-3; Test. Ben. 4:5; b. Shab. 54b; 1QS 10:26-11:1; CD 13:9-10; 마 18:12-15; 갈 6:1; 살전 5:14; 살후 3:15; 딤후 2:25; 요일 5:16; 유 23; Polycarp 6:1). 야고보의 약속은 공동체에서 잘못된 사람을 보고 적절한 온유함과 겸손으로(참조. 3:17!) 그를 좁은 길, 공동체의 참 된 길로 되돌리려고 하는 사람들에게 주어진다.

20절   그러한 그리스도인은 이러한 문제에 대해 교회의 가르침을 기억하거나 주의해야 한다(ℵ A K P Vg 등등의 사본의 독법인 γινωσκέτω ὅτι는 P[74]에서는 생략되었으며, B와 69 등의 사본에서는 γινώσκετε ὅτι ["너희는 ~를 알아라"]로 읽는다. 이 후자의 독법은 필경사의 오류이거나 그 동사를 앞에 있는 복수 명령형과 일치시키려는 시도일 가능성이 크다. 이 어구는 주어져야 할 새로운 교훈 혹은, 더 가능성이 큰 것은, 그가 이미 들었던 것을 충분히 인식하고 행동하라는 권면을 암시하는 것 같다. 참조. Metzger, 685-86). 이 교훈은 다른 사람을 회개하게 하는 것, 즉 그를 공동체로 회복시키는 그런 행동이 "그의 영혼을 사망에서 구원하고 많은 죄를 덮을 것이라"는 것이다. 영혼을 사망에서 구원한다는 개념은 분명하다. 사망은 죄의 최종적인 결과이며 통상적으로 영원한 사망이나 최후의 심판으로 생각되는 까닭이다(신 30:19; 욥 8:13; 시 1:6; 2:12; 잠 2:18; 12:28; 14:12; 렘 23:12; 유 23; 2 Esd. 7:48; Syr. Bar. 85:13; Did. 1; Test. Abr. 10; 참조. W. Schmithals, *DNTT* I, 430-41). 죄로 인해 육체적인 사망이 야기될 수 있다는 것 역시 분명하다(앞에 인용한 다수의 구약 본문뿐만 아니라 고전 15:30). 그리고 이것이 (5:14-16에서처럼) 야고보서의 의미에 속할지도 모른다. 하지만 어조는 육체적인 죽음을 넘어서며, 죽음을 종말론적인 실체로 인정하는 듯하다. 적어도 그 죽음이 죄 가운데 맞이하는 경우에라면 말이다(참조. 1:15). 죗값을 치러 죽어야 하는 것은 영혼, 즉 전 인격이다(1:21 주석 참조; Moule, 185; C. Brown, *DNTT* III, 676-89). 우리는 단순히 "어떤 영혼"(K Ψ 사본의 ψυχήν)이나 "죽음 자체로부터 나온 영혼"(P⁷⁴ B 사본의 ψυχὴν ἐκ θανάτου αὐτοῦ)이 아니라, "그의 영혼"(א A P 33 it. Vg 사본의 ψυχὴν αὐτοῦ)으로 읽어야 한다. 부분적으로는 사본 증거의 무게감 때문이고, 또한 그것이 다른 두 이문이 나오게 된 까닭을 설명해 주기 때문이다.

그 사람을 사망에서 구원한다는 것과 병행되는 것은 허다한 죄를 덮는다는 사상이다. 죄를 덮는다는 것은 일반적으로 죄 사함을 얻는 것이다 (시 32:1; 85:2; 단 4:24; Sir. 5:6; Tob. 4:10; 롬 4:7). 본문에서 죄인의 상태가 아니라 죄 사함의 범위를 묘사하는 "허다한 죄"에 대한 이러한 이해는 성경적인 선례가 있다(시 5:10; 85:2; 겔 28:17; Sir. 5:6; 1QH 4:19). "허다한 죄를 덮는다"는 표현은 잠언 10:12("사랑은 모든 허물[허다한 죄]를 가리느니라")에서 발견되며, 베드로전서 4:8, 1 Clem. 49:5, 2 Clem. 16:4에 인용되었다(비교. 고전 13:4-7).

야고보서에 사용된 표현은 야고보가 이 어구를 포함한 유대 기독교적 전통에서 가져온 것일 가능성이 크다(70인역을 의존하지 않았다. 전혀 유사하지 않기 때문이다. 참조. Ropes, 316). 후기 기독교 전통에서 이것은 주님의 말씀으로 여겨졌다(Clem. Alex. *Paed.* 3,91,3; *Didascalia* 4; 참조. Dibelius, 258). 스피타(Spitta, 152)는 기독교 시대 이전에는 사람들이 죄가 하늘의 기록에서 지워진다고 생각했다고 주장하는데, 그의 주장은 옳을 수 있다(참조. Sir. 3:30; Tob. 4:40; Eth. Enoch 98:7; 100:10; Test. Abr. 12:13). 하지만 스피타의 가설은 야고보서의 묵시적인 환상과 조화를 이루기는 하지만 증거의 범위를 벗어난다. 그렇다면 우리는 이 이미지가 죄를 사하는, 속죄하는 이미지라고 결론을 내려야 한다.

　　누구의 영혼이 구원을 받는가? 누구의 죄가 가리움을 받는가? 이 점에서는 의견이 일치하지 않는다. 다른 사람을 회개하게 하는 것은 "설교자"로 하여금 구원이나 죄 사함이나 상을 얻게 하는 것이라는 확실한 증거가 있다. 성경 이후의 본문들에서만 아니라(m. Ab. 5:18; b. Yom. 87a; Barn. 19:10; 2 Clem. 15:1; 17:2; Epistola Apostolarum 39; Pistis Sophia 104; 참조. Dibelius, 259-60), 일부 성경 본문에도 증거가 있다(겔 3:18-21; 33:9; 딤전 4:16).

　　그러므로 이 본문은 다른 사람의 죄를 알고 있는 "그리스도인"에게 책임이 있다는 것과 그가 다른 사람을 돌이킬 때 책임을 완수한다는 것, 그리고 그렇게 그는 자신의 영혼을 구원하고 자신이나 죄에 사로잡힌 사람의 죄를 덮는다는 사실을 말하고 있다고 해석할 수 있다(참조. Cantinat, 262). 그러나 대다수 주석가들은 덮음을 받는 죄가 회심시키는 사람의 것이거나 혹은 회심시키는 자와 죄인 모두의 것일 수 있는 반면, 구원받는 영혼은 죄인의 영혼이라고 믿는다(Dibelius, 258-60; Mussner, 253; Laws, 240-41; Ropes, 315-16). 이 해석은 가능성이 있다. 물론 한쪽에게는 하나의 약속을 하고 다른 쪽에게는 다른 약속을 한다는 것이 비논리적인 것처럼 보이지만 말이다. 야고보는 병행되는 사상을 병행 어구로써 매우 능수능란하게 표현한다(참조. 4:7-9!). 그 사상과 어구 모두 동일한 사람을 언급할 개연성이 크다. 디벨리우스는 이후의 어구로써 표현했을 것 같은 후기의 교리를 초기의 어구에 집어넣어 읽었다. 가장 개연성이 큰 선행사 αὐτοῦ는 죄인(αὐτοῦ + ψυχήν은 αὐτοῦ + ὁδοῦ를 가리킨다)을 가리키기에, 두 어구는 아마도 그의 죄 용서를 언급할 것이다. 그는 멸망에서 구원을 받았으며, 회개를 통해 죄에서 자유를 얻었다. 그러나 형제에 대한 책임을 강조하는 다른 해석을 배제할 수는 없다.

　그러므로 야고보는 그의 저서의 목적을 언급하며 결론을 맺는다. 그는 단순히 도덕화하거나 정죄하려고 죄를 논하지 않는다. 그는 잘못된 공동체의 회원들에게 그들의 행위의 결과를 지적하고 그들로 하여금 회개하게 하려고 죄를 논한다. 야고보는 그들을 지옥으로부터 구원하고 그들의 죄가 사해지기를 소망한다. 그가 독자들을 격려하는 것이 바로 이 사도적인 목표이며, 그들에게 그가 제시한 내용을 따르고 그가 끝낸 곳에서 다시 시작하라고 격려하고 나서 그의 서신을 마무리한다(참조. 요일 5:21).

참고문헌

Adamson	J. B. Adamson, *The Epistle of James* (NICNT), Grand Rapids, 1976.
Adamson "Inductive"	J. B. Adamson, "An Inductive Approach to the Epistle of James," Ph.D. diss., Cambridge, 1954.
Aland	K. Aland, "Der Herrnbruder Jakobus und der Jakobusbrief," *TLZ* 69 (1944) 97-104.
Alford	H. Alford, *The Greek Testament*, London, I-IV, 1857-1861.
Allen	E. L. Allen, "Controversy in the New Testament," *NTS* 1 (1954-1955) 143-149.
Althaus	P. Althaus, "'Bekenne eurer dem anderen seine Sünden': zur Geschichte von Jak 5, 16 seit Augustin," in *Festgabe für Theodor Zahn*, Leipzig, 1928, 165-194.
Amphoux	C.-B. Amphoux, "À propos de Jacques 1, 17," *RHPR* 50 (1970) 127-136.
Amphoux, "description"	C.-B. Amphoux, "Vers une description linguistique de l'Épître de Jacques," *NTS* 25 (1978) 58-92.
Argyle	A. W. Argyle, "Greek Among Palestinian Jews in New Testament Times," *NTS* 20 (1973) 87-89.
Bacon	B. W. Bacon, "James, Epistle of," *Encyclopaedia Britannica*[11] XV, 145-146.
Baird	W. R. Baird, Jr., "Among the Mature," *Int* 13 (1959) 425-432.
Baly	D. Baly, *The Geography of the Bible*, London, 1957.
Bardenhewer	O. Bardenhewer, *Der Brief des heiligen Jakobus*, Freiburg, 1928.
Baron	S. W. Baron, *A Social and Religious History of the Jews*, New York, I-XVI, 1952-1976.
Barrett	C. K. Barrett, *A Commentary on the First Epistle to the Corinthians* (HNTC), London, 1968.
Batley	J. Y. Batley, *The Problem of Suffering in the Old Testament*, Cambridge, 1916.
Bauer	J. B. Bauer, "Sermo Peccati," *BZ* nf 4 (1960) 122-128.
Belser	J. E. Belser, *Die Epistel des heiligen Jakobus*, Freiburg, 1909.
Belser, "Vulgata"	J. E. Belser, "Die Vulgata und der griechische Text im Jakobusbrief," *TQ* 90 (1908) 329-339.
Bennett	W. H. Bennett, *The General Epistles* (Century Bible), Edinburgh, 1901.
Berger	K. Berger, "Abraham 11, 1m Frühjudentum und Neuen Testament," *TRE* 1, 372-382.
Berger, *Exegese*	K. Berger, *Exegese des Neuen Testaments*, Heidelberg, 1977.
Betz	H. D. Betz, *Lukian von Samosata und das neue Testament* (TU 76), Berlin, 1961.

Beyer   K. Beyer, *Semitische Syntax im Neuen Testament*, Göttingen, 1962.

Bieder   W. Bieder, "Christliche Existenz nach dem Zeugnis der Jakobusbrief," *TZ* 5
                (1949) 93-113.

Birkeland   H. Birkeland, '*Anî und 'Anāw in den Psalmen*, Oslo, 1933.

Bischoff   A. Bischoff, "Τὸ τέλος κυρίου," *ZNW* 7 (1906) 274-279.

Bishop   E. F. F. Bishop, *Apostles of Palestine*, London, 1958.

Björck   G. Björck, "Quelques cas de ἕν διὰ δυοῖν dans le Nouveau Testament et
                ailleurs," *ConNT* 4 (1940) 1-4.

Blackman   E. C. Blackman, *The Epistle of James* (Torch Bible Commentaries),
                London, 1957.

Boismard   M.-E. Boismard, "Une Liturgie Baptismale dans la Prima Petri II. — son
                Influence sur l'Épître de Jacques," *RB* 64 (1957) 161-183.

Bolkestein   H. Bolkestein, *Wohltätigkeit und Armenpflege in vorchristlichen Altertum*,
                Utrecht, 1939.

Bonhöffer   A. F. Bonhöffer, *Epiktet und das Neue Testament*, Giesse, 1911, 1964.

Bord   J. B. Bord, *L'Extrême Onction d'après l'Épître de S. Jacques examinée dans
                la tradition*, Brussels, 1923.

Bornkamm   G. Bornkamm, *Jesus of Nazareth*, London, 1960.

Bornkamm,   G. Bornkamm, G. Barth, and H. J. Held, *Tradition and Interpretation in
   Tradition   Matthew*, London, 1963.

Bousset   W. Bousset, *Kyrios Christos*, Nashville, 1970.

Bowker   J. Bowker, *The Targums and Rabbinic Literature*, Cambridge, 1969.

Bowman   J. W. Bowman, *The Letter of James* (Layman's Bible Commentary 24),
                Richmond, 1962.

Brandt   W. Brandt, "Der Spruch von lumen internum," *ZNW* 14 (1913) 177-201.

Braun   H. Braun, "Qumran und das Neue Testament," *TRu* 28 (1962) 97-234; 29
                (1963) 142-176; 189-260; 30 (1964) 89-137.

Brinktrine   J. Brinktrine, "Zu Jak 2, l." *BiB* 35 (1954) 40-42.

Brockington   L. H. Brockington, "The Septuagintal Background to the New Testament
                Use of δόξα," in D. E. Nineham (ed.), *Studies in the Gospels* (for R. H.
                Lightfoot), Oxford, 1955, 1-8.

Brooks   J. A. Brooks, "The Place of James in the New Testament," *SWJT* 12 (1969)
                41-55.

Brown   S. Brown, *Apostasy and Perseverance in the Theology of Luke* (AnBib 36),
                Rome, 1969.

Bruce   F. F. Bruce, "The General Letters." in G. C. D. Howley (ed.), *A New
                Testament Commentary*, London, 1969.

Brushton   C. Brushton, "Une 'crux interpretum' Jacq, 4.5," *RTQR* 4 (1907) 368-377.

Büchler   A. Büchler, *The Economic Conditions in Judea after the Destruction of the
                Second Temple*, London, 1912.

Bultmann	R. Bultmann, *Der Stil der paulinischen Predigt und die kynisch-stoiische Diatribe*, Göttingen, 1910.
Bultmann, *Theology*	R. Bultmann, *Theology of the New Testament*, London, I, 1952, II, 1955.
Burchard	C. Burchard, "Gemeinde in der strohernen Epistel," in D. Lührmann and G. Strecker (eds.), *Kirche* (für G. Bornkamm), Tübingen, 1980.
Burchard, "Jakobus"	C. Burchard, "Zu Jakobus 2, 14-66," *ZNW* 71 (1980) 27-45.
Burge	G. M. Burge, "'And Threw Them Thus on Paper': Recovering the Poetic Form of James 2:14-26." *StBTh* 7 (1977) 31-45.
Burkitt	F. C. Burkitt, *Christian Beginnings*, London, 1924.
Burkitt, "Papyrus"	F. C. Burkitt, "The Hebrew Papyrus of the Ten Commandments," *JQR* 15 (1903) 392-408.
Burton	E. D. Burton, *Spirit, Soul, and Flesh*, Chicago, 1918.
Cadbury	H. J. Cadbury, "The Single Eye," *HTR* 47 (1954) 69-74.
Cadoux	A. T. Cadoux, *The Thought of ST. James*, London, 1944.
Cantinat	J. Cantinat, *Les Épîtres de Saint Jacques et de Saint Jude* (SB), Paris, 1973.
Carmignac	J. Carmignac, *Recherches sur le "Notre Pere."* Paris, 1969.
Carmignac' "théologie"	J. Carmignac, "La théologie de la souffrance dans les Hymnes de Qumrân." *RevQ* 3 (1961) 365-386.
Carpenter	W. B. Carpenter, *The Wisdom of James the Just*, London, 1903.
Carr	A. Carr, *The General Epistle of ST. James* (Cambridge Greek Testament for Schools and Colleges), Cambridge, 1896.
Carr, "Meaning"	A. Carr, "The Meaning of Ο ΚΌΣΜΟΣ in James iii, 6," *Ex* ser, 7, 8 (1909) 318-325.
Carroll	K. L. Carroll, "The Place of James in the Early Church." *BJRL* 44 (1961) 49-67.
Causse	A. Causse, *Les "Pauvres" d'Israël*, Strasbourg, 1922.
Chadwick	H. Chadwick, "Justification by Faith and Hospitality," *SP* 4/2 = TU 79 (1961) 281.
Chaine	J. Chaine, *L'Epître de Saint Jacques* (EBib), Paris, 1927.
Cirillo	L. Cirillo, "La christologie pneumatique de la cinquième parabole du Pasteur d'Hermas," *RHR* 184 (1973) 25-48.
Clark	K. W. Clark, "The Meaning of ΕΝΕΡΓΈΩ and ΚΑΤΡΓΈΩ in the New Testament," *JBL* 54 (1935) 93-101.
Conzelmann	H. Conzelmann, "Paulus und die Weisheit," *NTS* 12 (1966) 231-244.
Cooper	R. M. Cooper, "Prayer: a Study in Matthew and James," *Encounter* 29 (1968) 268-277.
Coppieters	H. Coppieters, "La Signification et la Provenance de la citation Jac, IV, 5," *RB* 12 (1915) 35-58.

Cranfield	C. E. B. Cranfield, "The Message of James," *SJT* 18 (1965) 182-193, 338-345.
Crenshaw	J. L. Crenshaw, "Popular Questioning of the Justice of God in Ancient lsrael." *ZAW* 82 (1970) 380-395.
Cronbach	A. Cronbach, "The Social Ideas of the Apocrypha and the Pseudepigrapha," *HUCA* 18 (1944) 119-156.
Cullmann	O. Cullmann, Christ and Time, London, 1951.
Culter	C. R. Culter, "The Aktionsart of the Verb in the Epistle of James," Ph.D. diss., Southwestern Baptist Theological Seminary, 1959.
Dale	R. W. Dale, *The Epistle of James*, London, 1895.
Dalman	G. Dalman, *Arbeit und Sitte in Palästina*, Gütersloh, I-VII, 1928-1942.
Dalman, *Jesus*	G. Dalman, *Jesus-Jeshua*, London, 1929.
Dalman, *Worte*	G. Dalman, *Die Worte Jesu*, Darmstadt, 1965.
Daniélou	J. Daniélou, *The Theology of Jewish Christianity*, London, 1964.
Daube	D. Daube, *The New Testament and Rabbinic Judaism*, London, 1956.
Davids	P. H. Davids, "Themes in the Epistle of James that are Judaistic in Character," Ph.D, diss., Manchester, 1974.
Davids, "Meaning"	P. H. Davids , "The Meaning of Απειρατος in James 1.13." *NTS* 24 (1978) 386-392.
Davids, "Poor"	P. H. Davids, "The Poor Man's Gospel," *Th* 1 (1976) 37-41.
Davids, "Tradition"	P. H. Davids, "Tradition and Citation in the Epistle of James." in W. W. Gasque and W. S. LaSor (eds.), *Scripture, Tradition, and Interpretation* (for E. F. Hanison), Grand Rapids, 1978, 113-126.
Davies	W. D. Davies, "'Knowledge' in the Dead Sea Scrolls and Matthew 11:25-30." *HTR* 46 (1953) 113-139.
Davies, *Paul*	W. D. Davies, *Paul and Rabbinic Judaism*, London, 1962.
Davies, *Setting*	W. D. Davies, *The Setting of the Sermon on the Mount*, Cambridge, 1964.
Davies, *Torah*	W. D. Davies, *Torah in the Messianic Age and/or the Age to Come*, Philadelphia, 1952.
Deasley	A. R. G. Deasley, "The Idea of Perfection in the Qumran Texts." Ph.D, diss., Manchester, 1972.
Degenhardt	H.-J. Degenhardt, *Lukas-Evangelist der Armen*, Stuttgart, 1965.
Deissmann	A. Deissmann, *Light from The Ancient East*, London, 1927, repr, 1978.
Delling	G. Delling, "Partizipiale Gottesprädikationen in den Briefen des Neuen Testaments," *ST* 17 (1963) 1-59.
de Vaux	R. de Vaux, *Ancient Israel: Its Life and Institutions*, London, I-II, 1961.

DeWette	W. M. L. DeWette, *Kurzgefasstes exegetisches Handbuch zum Neuen Testament*, Leipzig, I-III, 1965[3].
Dibelius	M. Dibelius, *Der Brief des Jakobus* (revised by H. Greeven, MeyerK), Göttingen, 1964[11] = James (Hermeneia), Philadelphia, 1976.
Dibelius, "Motiv"	M. Dibelius, "Das soziale Motiv im Neuen Testament," in *Borschaft und Geschichte* I, Tübingen, 1953.
Drane	J. W. Drane, *Paul: Libertine or Legalist?* London, 1975.
Drummond	J. Drummond, *The New Testament in the Apostolic Fathers*, Oxford, 1905.
Du Plessis	P. J. Du Plessis, ΤΕΛΕΙΟΣ, *The Idea of Perfection in the New Testament*, Kampen, 1959.
Dupont	J. Dupont, "Les pauvres en esprit," in *À la rencontre de Dieu* (au A. Gelin), Le Puy, 1961, 265-272.
Easton	B. S. Easton, *The Epistle of James* (IB 12), New York, 1957.
Easton, "Lists"	B. S. Easton, "New Testament Ethical Lists," *JBL* 51 (1932) 1-12.
Eckart	K.-G. Eckart, "Zur Terminologie des Jakobusbriefes," *TLZ* 89 (1964) 521-526.
Edlund	C. A. E. Edlund, *Das Auge der Einfalt* (ASNU 19), Lund, 1952.
Edsman	C.-M, Edsman, "Schöpferwille und Geburt. Jac. 1, 18," *ZNW* 38 (1939) 11-44.
Eichholz	G. Eichholz, *Glaube und Werk bei Paulus Und Jakobus*, Munich, 1961.
Eichholz, *Jakobus*	G. Eichholz, *Jakobus Und Paulus*, Munich, 1953.
Eichrodt	W. Eichrodt, *Theology of the Old Testament*, London, I, 1964, II, 1967.
Eichrodt, "Vorsehungs-glaube"	W. Eichrodt, "Vorsehungsglaube und Theodizee im Alten Testament," in A. Alt (ed.), *Festschrift Otto Procksch*, Leipzig," 1934, 45-70.
Ekstrom	J. O. Ekstrom, "The Discourse Structure of the Book of James," International Linguistics Center, Dallas, Texas, n.d.
Eleder	F. Eleder, "Jakobusbrief und Bergpredigt," Ph.D, diss., ViennA. 1966.
Elliott-Binns	L. E. Elliott-Binns, *Galilean Christianity* (SBT 1/16), London, 1956.
Eliott-Binns, "James I. 18"	L. E. Elliott-Binns, "James I. 18: Creation or Redemption?", *NTS* 3 (1956) 148-161.
Elliott-Binns, "James i, 21"	L. E. Elliott-Binns, "James i. 21 and Ezekiel xvi, 36: An Odd Coincidence," *ExpTim* 66 (1955) 273.
Elliott-Binns "Meaning"	L. E. Elliott-Binns, "The Meaning of ὕλη in Jas. III. 5," *NTS* 2 (1955) 48-50.
Ellis	E. E. Ellis, "Wisdom and Knowledge in I Corinthians," in *Prophecy and Hermeneutic in Early Christianity*, Tübingen, 1978, 45-62 = *TynB* 25 (1974) 82-98.

Exler	F. X. J. Exler, *The Form of the Ancient Greek Letter*, Washington, 1923.
Fabris	R. Fabris, "La 'Legge' della Libertà in Giac, 1:25, 2:12," Ph.D, diss., Pontifical Biblical Institute, Rome, 1972.
Feuillet	A. Feuillet, "Jésus et le sagesse divine d'après les Evangiles synoptiques," *RB* 62 (1955) 161-196.
Feuillet, "sens"	A. Feuillet, "Le sens du mot Parousie dans l' Évangile de Matthieu." in W. D. Davies and D. Daube (eds.), *The Background of the New Testament and its Eschatology* (for C. H. Dodd), Cambridge, 1956.
Findlay	J. A. Findlay, "James iv, 5, 6," *ExpTim* 37 (1926) 381-382.
Flusser	D. Flusser, "Qumran and Jewish 'Apotropaic' Prayers," *IEJ* 16 (1966) 194-205.
Fonjallaz	O. Fonjallaz, "Le probleme de l'Épître de Jacques," Ph.D, diss., Lausanne, 1965.
Forbes	P. B. R. Forbes, "The Structure of thè Epistle of James," *EvQ* 44 (1972) 147-153.
Francis	F. O. Francis, "The Form and Function of the Opening and Closing Paragraphs of James and 1 John," *ZNW* 61 (1970) 110-126.
Friesenhahn	H. Friesenhahn, "Zur Geschichte der Überlieferung Exegese des Textes bei Jak V, 14f," *BZ* 24 (1938) 185-190.
Furnish	V. P. Furnish, *The Love Command in the New Testament*, Nashville, 1972.
Geffcken	J. Geffcken, *Kynika und Verwandtes*, Heidelberg, 1909.
Gelin	A. Gelin, *Les Pauvres de Yahvé*, Paris, 1953.
Gerhardsson	B. Gerhardsson, *The Testing of God's Son* (ConB 2), Lund, 1966.
Gerhardsson. "Parable"	B. Gerhardsson, "The Parable of the Sower and Its Interpretation," *NTS* 14 (1968) 165-193.
Gertner	M. Gertner, "Midrashic Terms and Techniques in the New Testament: the Epistle of James, a Midrash on a Psalm," *SE* 3 (1964)463 = TU 88.
Gertner, "Midrashim"	M. Gertner, "Midrashim in the New Testament," *JSS* 7 (1962) 267-292.
Ginzberg	L. Ginzberg, *The Legends of the Jews*, Philadelphia, I-IX, 1909-1938.
Gnilka	J. Gnilka, "Die Kirche des Matthäus und die Gemeinde von Qumran," *BZ* nf 7 (1963) 43-63.
Godet	F. Godet, *Studies in the New Testament*, London, 1876.
Goodenough	E. R. Goodenough, *Jewish Symbols in the Greco-Roman Period*, New York, I-XII, 1953-1965.
Goodspeed	E. J. Goodspeed, *An Introduction to the New Testament*, Chicago, 1937.
Gordon	R. P. Gordon, "καί τό τέλος τοῦ κυρίου εἴδετε (Jas. 5, 11)," *JTS* 26 (1975) 91-95.
Gotaas	D. Gotaas, "The Old Testament in the Epistle to the Hebrews, the Epistle of James, and the Epistle of Peter," Ph.D, diss., Northern Baptist

Theological Seminary, Chicago, 1958.

Gowan — D. E. Gowan, "Wisdom and Endurance in James," paper read at the Eastern Great Lakes Biblical Society, Pittsburgh, 1980.

Grant — F. C. Grant, *The Economic Background of the Gospels*, Oxford, 1926.

Graves — A. W. Graves, "The Judaism of James," Ph.D, diss., Southern Baptist Theological Seminary, Louisville, 1942.

Greeven — H. Greeven, "Jede Gabe is gut, Jak 1, 17," *TZ* 14 (1958) 1-13.

Grill — S. Grill, "Der Schlachttag Jahwes," *BZ* nf 2 (1958) 278-283.

Guillaume — A. Guillaume, "The Midrash in the Gospels," *ExpTim* 37 (1926) 394.

Guthrie — D. Guthrie, "The Development of the Idea of Canonical Pseudepigrapha in New Testament Criticism," *VE* 1 (1962) 4-59.

Guthrie, *Introduction* — D. Guthrie, *New Testament Introduction*, Downers Grove, Illinois, 1970[3].

Hadidian — D. Y. Hadidian, "Palestinian Pictures in the Epistle of James," *ExpTim* 63 (1952) 227-228.

Hadorn — F. Hadorn, *Christus will den ganzen Menschen*, Zurich, 1953.

Hadot — J. Hadot, *Penchant mauvais et volenté libre dans la sagesse de Ben Sira*, Brussels, 1970.

Halston — B. R. Halston, "The Epistle of James: 'Christian Wisdom?'," *SE* 4 (1968) 308-314 = TU 102.

Hamann — H. P. Hamann, "Faith and Works in Paul and James," *Lutheran Theological Journal* 9 (1975) 33-41.

Hamman — A. Hamman, "Prière et culte dans la lettre de ST. Jacques," *ETL* 34 (1958) 35-47.

Hatch — W. H. P. Hatch, "Note on the Hexameter in James 1:17," *JBL* 28 (1909) 149-151.

Hauck — F. Hauck, *Die Briefe des Jakobus, Petrus, Judas und Jakobus* (NTD 3), Göttingen, 1937,

Heichelheim — F. M. Heichelheim, "Roman Syria," in T. Frank (ed.), *An Economic Survey of Ancient Rome*, Baltimore, IV, 1938, 121-257.

Henderlite — R. Henderlite, "The Epistle of James," *Int* 3 (1949) 460-476.

Hengel — M. Hengel, *Property, and Riches in the Early Church*, London, 1974.

Hiers — R. H. Hiers, "Friends by Unrighteous Mammon," *JAAR* 38 (1970) 30-36.

Hill — R. Hill, "An Analysis of James 3-5 to the Paragraph Constituent Level," International Linguistics Center, Dallas, Texas, 1978.

Hoppe — R. Hoppe, *Der theologische Hintergrund des Jakobusbriefes* (Forschung zur Bibel 28), Würzburg, 1977.

Hort — F. J. A. Hort, *The Epistle of ST. James*, London, 1909.

Humbert — P. Humbert, "Le mot biblique ʾebyôn," *RHPR* 32 (1952) 1-6.

Huther — J. E. Huther, *Critical and Exegetical Handbook to the General Epistles of*

James and John (MeyerK), Edinburgh, 1882.

Jacob　　　　　I. Jacob, "The Midrashic Background for James 11, 21-23," *NTS* 22(1975) 457-464.

Jeremias　　　　J. Jeremias, "Jac 4, 5: epipothei," *ZNW* 50 (1959) 137-138.

Jeremias,　　　J. Jeremias, *Jerusalem in the Time of Jesus*, London, 1969.
　Jerusalem

Jeremias,　　　J. Jeremias, *Neutestamentliche Theologie*, Gütersloh, 1973[2].
　Theologie

Jeremias,　　　J. Jeremias, "Paul and James," *ExpTim* 66 (1954-1955) 368-371.
　"Paul"

Jeremias,　　　J. Jeremias, *The Prayers of Jesus* (SBT 2/6), London, 1967.
　Prayers

Jocelyn　　　　H. D. Jocelyn, "Horace, Epistles 1," *Liverpool Classical Monthly* 4(1979) 145-146.

Jocz　　　　　　J. Jocz, "God's 'Poor' People," *Judaica* 28 (1972) 7-29.

Johanson　　　B. C. Johanson, "The Definition of 'Pure Religion' in James 1:27 Reconsidered," *ExpTim* 84 (1973) 118-119.

Jones, P.　　　　P. R. Jones, "Approaches to the Study of the Book of James," *RevExp* 66 (1969) 425-434.

Jones, R.　　　　R. B. Jones, *The Epistles of James, John, and Jude*, Grand Rapids, 1961.

Judge　　　　　E. A. Judge, *The Social Pattern of Christian Groups in the First Century*, London, 1960.

Kamlah　　　　E. Kamlah, *Die Form der katalogischen Paränese im Testament* (WUNT 7), Tübingen, 1964.

Keck　　　　　L. E. Keck, "The Poor Among the Saints in the New Testament," *ZNW* 56 (1965) 100-129.

Kelsey　　　　　M. Kelsey, *Healing and Christianity*, London, 1973.

Kennedy　　　H. A. A. Kennedy, "The Hellenistic Atmosphere of the Epistle of James," *Ex* ser. 8, 2 (1911) 37-52.

Kidd　　　　　B. J. Kidd, *Documents Illustrative of the History of the Church*, London, I-III, 1923.

Kilpatrick　　　G. D. Kilpatrick, "Übertreter des Gesetzes, Jak 2:11," *TZ* 23 (1967) 433.

King　　　　　G. H. King, *A Belief that Behaves*, Fort Washington, Pennsylvania, 1941.

Kirk　　　　　J. A. Kirk, "The Meaning of Wisdom in James," *NTS* 16 (1969) 24-38.

Kittel　　　　　G. Kittel, "Der geschichtliche Ort des Jakobusbriefes," *ZNW* 41 (1942) 71-105.

Kittel,　　　　　G. Kittel, "Der Jakobusbrief und die apostolischen Vâter," *ZNW* 43 (1950)
　"Jakobusbrief" 54-112.

Kittel,　　　　　G. Kittel, *Die Probleme des palästinensischen Spätjudentums*, Stuttgart,
　Probleme　　1926.

Kittel, "Stellung"	G. Kittel, "Die Stellung des Jakobus zu Judentum und Heidenschristentum," *ZNW* 30 (1931) 145-157.
Kittel. "τροχόν"	G. Kittel, "τὸν τροχόν τῆς γενέσεω," *TLB Beilege 1*, 141ff.
Klausner	J. Klausner, *Jesus of Nazareth*, London, 1925.
Klostermann	E. Klostermann, "Zum Texte des Jakobusbriefes," in W. Foerster(ed.), *Verbum Dei* (für O. Schmitz), Witten, 1953.
Knowling	R. J. Knowling, *The Epistle of ST. James*, London, 1904.
Knox	W. L. Knox, "The Epistle of ST. James," *JTS* 46 (1945) 10-17.
Koch	R. Koch, "Die Wertung des Besitzes im Lukasevangelium," *BiB* 38 (1957) 151-169.
Korn	J. H. Korn, ΠΕΙΡΑΣΜΟΣ, *Die Versuchung des Gläubigen in der griechischen Bibel* (BWANT), Stuttgart, 1937.
Krauss	S. Krauss, *Talmudische Archäologie*, Leipzig, I-III, 1910-1912.
Kromrei	G. Kromrei, *Sozialismus aus Glauben*, Stuttgart, 1948.
Kugelman	R. Kugelman, *James and Jude*, Wilmington, Delaware, 1980.
Kümmel	W. G. Kümmel, *Introduction to the New Testament*, London, 1966.
Kürzdorfer	K. Kürzdorfer, "Der Charakter des Jakobusbriefes," Ph.D. diss., Tübingen, 1966.
Kuschke	A. Kuschke, "Arm und reich im Alten Testament," *ZAW* 57 = nf 16 (1939) 31-57.
Kutsch	E. Kutsch, "Eure Rede aber sei ja ja, nein nein." *EvT* 20 (1960) 206-218.
Laws	S. Laws, *A Commentary on the Epistle of James*, London, 1980.
Laws, "Ethics"	S. S. Laws, "The Doctrinal Basis for the Ethics of James," *SE* (forthcoming).
Laws, "Scripture"	S. S. Laws, "Does Scripture Speak in Vain?" *NTS* 20 (1974) 210-215 (cf. S. S. C. Marshall).
Leaney	A. R. C. Leaney, "Eschatological Significance of Human Suffering in the Old Testament and the Dead Sea Scrolls," *SJT* 16 (1963) 286-296.
Légasse	S. Légasse, "Les pauvres en esprit et les 'volontaires' de Qumran," *NTS* 8 (1962) 336-345.
Lightfoot	J. B. Lightfoot, *Saint Paul's Epistle to the Galatians*, London, 1896.
Lindblom	J. Lindblom, "Wisdom in the Old Testament Prophets," in M. Nothand D. W. Thomas (eds.), *Wisdom in Israel and in the Ancient Near East* (for H. H. Rowley) (VTSup 3), Leiden, 1955, 192-204.
Lindemann	A. Lindemann, *Paulus im ältesten Christentum* (BHT 58), Tübingen, 1979.
Lohmeyer	E. Lohmeyer, *The Lord's Prayer*, London, 1965.
Lohse	E. Lohse, "Glaube und Werke - zur Theologie des Jakobus," *ZNW* 48 (1957) 1-22.
Longenecker	R. N. Longenecker, *The Christology of Early Jewish Christianity* (SBT 2/17),

London, 1970.

Longenecker,   R. Longenecker, *Biblical Exegesis in the Apostolic Period*, Grand Rapids,
 Exegesis   1975.

Longenecker,   R. N. Longenecker, *Paul, Apostle of Liberty*, Grand Rapids, 1976.
 Paul

Luck U. Luck, "Der Jakobusbriefund die Theologie des Paulus," *TGL*/61 (1971) 161-179.

Luck,   U. Luck, "Weisheit" und Leiden: zum Problem Paulus und Jakobus," *TLZ*
 "Weisheit"   92 (1967) 253-258.

Luff   S. G. A. Luff, "The Sacrament of the Sick," *Clergy Review* 52 (1967) 56-60.

Lührmann   D. Lührmann, *Glaube im frühen Christentum*, Gütersloh, 1976.

Lys   D. Lys, *L'Onction dans la Bible* (ETR), Montpellier, 1954.

MacGorman   J. W. MacGorman, "Introducing the Book of James," *SWJT* 12 (1969) 9-22.

McNeile   A. H. McNeile, *Introduction to the Study of the New Testament*, Oxford,
              1953[2].

Malina   B. J. Malina, "Some Observations on the Origin of Sin in Judaism and St.
              Paul," *CBQ* 31 (1969) 18-34.

Manson   T. W. Manson, "The Lord's Prayer," *BJRL* 38 (1955) 99-113, 436-448.

Marmorstein   A. Marmorstein, "The Background of the Haggadah," *HUCA* 6 (1926)
              141-204 = *Studies in Jewish Theology*, Oxford, 1950, 1-71.

Marmorstein   A. Marmorstein, *The Doctrine of Merits in Old Rabbinic Literature*,
 Doctrine   London, 1920.

Marshall   S. S. C. Marshall, "The Character, Setting, and Purpose of the Epistle of St,
              James," Ph.D, diss., Oxford, 1968.

Marshall,   S. S. C. Marshall, "Δίψυχος: A Local Term?", *SE* 6 (1969) 348-351 = TU 112
 "Δίψυχοι"   (1973).

Martin   R. P. Martin, "The Life-Setting of the Epistle of James in the Light of
              Jewish History," in G. A. Tuttle (ed.), *Biblical and Near Eastern Studies* (for
              W. S. LaSor), Grand Rapids, 1978, 97-103.

Martin,   R. P. Martin, *New Testament Foundations*, Grand Rapids, I, 1975, II, 1978.
 Foundations

Martin-Achard R. Martin-Achard, "Yahwé et les 'anāwim," *TZ* 21 (1965) 349-357 =
              Approche des Psaumes, Neuchâtel, 1969, 18-25.

Marty   J. Marty, *L'Epître de Jacques*, Paris, 1935.

Maston   T. B. Maston, "Ethical Dimensions of James," *SWJT* 12 (1969) 23-39.

Mayor   J. B. Mayor, *The Epistle of St. James*, London, 1913[3].

Meecham   H. G. Meecham, "The Epistle of James," *ExpTim* 49 (1937) 181-183.

Meinertz   M. Meinertz, *Der Jakobusbrief*, Bonn, 1921.

Meinertz,   M. Meinertz, "Die Krankensalbung Jak 5, 14f," *BZ* 20 (1932) 23-36.
 "Krankensalbung"

Metzger   B. M. Metzger, *A Textual Commentary on the Greek New Testament*,

London, 1971.

Meyer   A. Meyer, *Das Rätsel des Jakobusbriefes*, Giessen, 1930.

Michaelis   W. Michaelis, *Das Ätestenamt*, Bern, 1953.

Michl   J. Michl, *Die Katholischen Briefe* (RNT 8), Regensburg, 1968².

Michl,   J. Michl, "Der Spruch Jakobusbrief 4, 5," in J. Blinzler (et al., eds.),
 "Spruch"   *Neutestamentliche Aufsätze* (für J. Schmid), Regensburg, 1963, 167-174.

Minear   P. S. Minear, "Yes or No, The Demand for Honesty in the Early Church,"
                 NovT 13 (1971) 1-13.

Miranda   J. Miranda, *Marx and the Bible*, Maryknoll, New York, 1974.

Mitton   C. L. Mitton, *The Epistle of James*, London, 1966.

Moffatt   J. Moffatt, *The General Epistles* (MNTC), London, 1928.

Molin   G. Molin, "Der Prophet und sein Weiterleben in den Hoffnungen des
                 Judentums und der Christenheit," *Judaica* 8 (1952) 65-94.

Moore, A.   A. L. Moore, *The Parousia in the New Testament*, Leiden, 1966.

Moore, G.   G. F. Moore, *Judaism in the First Centuries of the Christian Era*,
                 Cambridge, Massachusetts, I-III, 1927-1930.

Motyer   J. A. Motyer, *The Tests of Faith*, London, 1970.

Moule   C. F. D. Moule, *An Idiom Book of New Testament Greek*, Cambridge, 1968.

Moulton   J. H. Moulton, "The Epistle of James and the Sayings of Jesus," *Ex* ser, 7, 4
                 (1907) 45-55.

Murphy   R. E. Murphy, "*Yēṣer* in the Qumran Literature," *BiB* 39 (1958) 334-344.

Mussner   F. Mussner, *Der Jakobusbrief* (HTKNT 13/1), Freiburg, 1967².

Mussner,   F. Mussner, "'Direkte' und 'indirekte' Christologie im Jakobusbrief," *Cath*
 "Christologie" 24 (1970) 111-117.

Mussner,   F. Mussner, "Die Tauflehre des Jakobusbriefes," in H. auf der-Maur and B.
 "Tauflehre"   Kleinheyer (eds.), *Zeichen des Glaubens*(für B. Fischer), Zurich, 1972, 61-
                 67.

Nauck   W. Nauck, "Freude im Leiden," *ZNW* 46 (1955) 68-80.

Nauck,   W. Nauck, "Lex inculpta in der Sektenschrift," *ZNW* 46 (1955) 138-140.
 "Lex"

Navone   J. Navone, *Themes of St. Luke*, Rome, 1970.

Noack   B. Noack, "Jacobsbrevet sem Kanonisk skrift," *DTT* 27 (1964) 163-173.

Noack,   B. Noack, "Jakobus wider die Reichen," *ST* 18 (1964) 10-25.
 "Jakobus"

Noret   J. Noret, "Une Scholie de l'Epître de Jacques tirée de Syméon
                 Métaphraste," *Bib* 55 (1974) 74-75.

Nötscher   F. Nötscher, "'Gesetz der Freiheit' im NT und in der Mönchsgemeinde am
                 Toten Meer," *Bib* 34 (1953) 193-194.

Nötscher,   F. Nötscher, *Zur theologischen Terminologie der Qumrantexte*, Bonn, 1956.
 Terminologie

Obermüller	R. Obermüller, "Contaminacion? En torno a una definicion de la religion (SanT. 1, 27)," *Revist* 34 (1972) 13-19.
Obermüller, "Themen"	R. Obermüller, "Hermeneutische Themen im Jakobusbrief," *Bib* 53 (1972) 234-244.
O'Callaghan	J. O'Callaghan, "New Testament Papyri in Qumrān Cave 7?" sup. to *JBL* 91 (1972) 1-14 = *Bib* 53 (1972) 91-100(Spanish).
Oesterley	W. E. Oesterley, *The General Epistle of James* (Expositor's Greek Testament 4), London, 1910.
Orbiso	T. A. Orbiso, "Zelus pro errantium conversione," *VD* 32 (1954) 193-208.
Osborn	E. Osborn, *Ethical Patterns in Early Christian Thought*, Cambridge, 1976.
Parry	R. St. J. Parry, *A Discussion of the General Epistle of St. James*, London, 1903.
Peake	A. S. Peake, *The Problem of Suffering in the Old Testament*, London, 1904.
Pearson	B. A. Pearson, *The Pneumatikos-Psychikos Terminology in 1 Corinthians*, Missoula, Montana, 1973.
Percy	E. Percy, *Die Botschaft Jesu* (LUÅ 1 Avd, 49, 5), Lund, 1953.
Perrin	N. Perrin, *What is Redaction Criticism?* London, 1970.
Peterson	E. Peterson, ΕΙΣ ΘΕΟΣ, Göttingen, 1926.
Pichar	C. Pichar, "'Is anyone sick among you?'", *CBQ* 7 (1945) 165-174.
Plummer	A. Plummer, *The General Epistles of St. James and St. Jude* (Expositor's Bible), London, 1891.
Plumptre	E. H. Plumptre, *The General Epistle of St. James* (Cambridge Bible for Schools and Colleges), Cambridge, 1876.
Polhill	J. B. Polhill, "The Life-Situation of the Book of James," *Rep* 66 (1969) 369-378.
Porter	F. C. Porter, *The Yeçer Hara: A Study in the Jewish Doctrine of Sin* (*Biblical and Semitic Studies*), New York, 1902, 93-156.
Powell	C. H. Powell, "'Faith' in James and its Bearing on the Problem of the Date of the Epistle," *ExpTim* 62 (1950) 311-314.
Prentice	W. K. Prentice, "James, the Brother of the Lord," in P. R. Coleman-Norton (ed.), *Studies in Roman Economic and Social History* (for A. C. Johnson), Princeton, 1951, 144-151.
Preuschen	E. Preuschen, "Jac 5, 11," *ZNW* 17 (1916) 79.
Radermacher	L. Radermacher, "Der erste Petrusbrief und Silvanus," *ZNW* 25 (1926) 287-299.
Rahlfs	A. Rahlfs, 'Anî und 'Anāw in den Psalmen, Göttingen, 1892.
Rankin	O. S. Rankin, *Israel's Wisdom Literature*, Edinburgh, 1936.
Reicke	B. I. Reicke, *The Epistles of James, Peter and Jude* (AB), Garden City, New York, 1964.
Reicke,	B. I. Reicke, *Diakonie, Festfreude und Zelos* (UUÅ, 1951), Uppsala, 1951.

Diakonie

Reicke, "Gnosticism"	B. L. Reicke, "Traces of Gnosticism in the Dead Sea Scrolls?", *NTS* 1 (1964) 137-141.
Rendall	G. H. Rendall, *The Epistle of St. James and Judaic Christianity*, Cambridge, 1927.
Rendtorff	H. Rendtorff, *Hörer und Täter*, Hamburg, 1953.
Resch	A. Resch, "Agrapha," *TU* 14/2 (1896) 253.
Riesenfeld	H. Riesenfeld, "Von Schätzesammeln und Sorgen," in H. Baltensweiler (ed.), *Neotestamentica et Patristica* (für O. Cullmann), Leiden, 1962, 47-58.
Rigaux	B. Rigaux, "Révélation des mystères et perfection à Qumran et dans le Nouveau Testament," *NTS* 4 (1959) 237-262.
Roberts	D. J. Roberts, "The Definition of 'Pure Religion' in James 1:27," *ExpTim* 83 (1972) 215-216.
Robertson	A. T. Robertson, *A Grammar of the Greek New Testament in the Light of Historical Research*, Nashville, 1934.
Robinson	J. A. T. Robinson, *Redating the New Testament*, London, 1976.
Ropes	J. H. Ropes, *A Critical and Exegetical Commentary on the Epistle of St. James* (ICC), Edinburgh, 1916.
Ross	A. Ross, *The Epistles of James and John* (NICNT), Grand Rapids, 1967.
Rost	L. Rost, "Archäologische Bemerkungen zu einer Stelle des Jakobusbriefes (Jak, 2, 2f)," *Palästinajahrbuch* 29 (1933) 53-66.
Rountree	C. Rountree, "Further Thoughts on the Discourse Structure of James," International Linguistics Center, Dallas, Texas, 1976.
Rusche	H. Rusche, *L'Epître de Saint Jacques (Lumières Bibliques)*, Le Puy, n.d.
Rustler	K. Rustler, "Thema und Disposition des Jakobusbriefes," Ph.D, diss., Vienna, 1952.
Rylaarsdam	J. C. Rylaarsdam, *Revelation in Jewish Wisdom Literature*, Chicago, 1946.
Salmon	G. Salmon, *A Historical Introduction to the Study of the Books of the New Testament*, London, 1894[7].
Sanday	W. Sanday, "Some Further Remarks on the Corbey St. James (ff)," *St* 1 (1885) 233-263.
Sanders, E.	E. P. Sanders, *Paul and Palestinian Judaism*, Philadelphia, 1977.
Sanders, J. A.	J. A. Sanders, *Suffering as Divine Discipline in the Old Testament and Post-Biblical Judaism*, Rochester, New York, 1955.
Sanders, J. T.	J. T. Sanders, *Ethics in the New Testament*, Philadelphia, 1975.
Schammberger	H. Schammberger, *Die Einheitlichkeit des Jakobusbriefes im antignostischen Kampf*, Gotha, 1936.
Scharbert	J. Scharbert, *Der Schmerz im Alten Testament*, Bonn, 1955.
Schechter	S. Schechter, *Some Aspects of Rabbinic Theology*, London, 1909.
Schlatter	A. Schlatter, *Der Brief des Jakobus*, Stuttgart, 1932.

Schmithals   W. Schmithals, *Paul and James* (SBT 1/46), London, 1965.

Schnackenburg   R. Schnackenburg, *The Moral Teaching of the New Testament*, London, 1965.

Schneider   J. Schneider, *Die Briefe des Jakobus, Petrus, Judas und Johannes* (NTD 10), Göttingen, 1961.

Schökel   L. A. Schökel, "James 5, 2 [sic] and 4, 6," *Bib* 54 (1973) 73-76.

Schoeps   H. J. Schoeps, *Theologie und Geschichte des Judenchristentums*, Tübingen, 1949.

Schrage   W. Schrage, *Der Jakobusbrief*, in H. Balz and W. Schrage (eds.), *Die Katholischen Briefe* (NTD 10), Göttingen, 1973[11].

Schürer   E. Schürer, *The History of the Jewosh People in the Age of Jesus Christ* (revised and edited by G. Vermes and F. Millar), Edinburgh, I, 1973, II, 1979.

Schürmann   H. Schürmann, *Das Gebet des Herrn*, Leipzig, 1957.

Schwarz   G. Schwarz, "'Ihnen gehört das Himmenreich?' (Matthäus v. 3)," *NTS* 23 (1977) 341-343.

Seitz   O. J. F. Seitz, "Afterthoughts on the Term 'Dipsychos,'" *NTS* 4 (1958) 327-334.

Seitz,   O. J. F. Seitz, "Antecedents and Significance of the Term 'ΔΙΨΥΧΟΣ,'" *JBL* 66
"Antecedents"   (1947) 211-219.

Seitz,   O. J. F. Seitz, "James and the Law," *SE* 2 (1964) 472-486 = TU 87 (1964).
"James"

Seitz,   O. J. F. Seitz, "The Relationship of the Shepherd of Hermas to the Epistle
"Relationship" of James," *JBL* 63 (1944) 131-140.

Seitz,   O. J. F. Seitz, "Two Spirits in Man: An Essay in Biblical Exegesis," *NTS* 6
"Spirits"   (1959) 82-95.

Selwyn   E. G. Selwyn, *The First Epistle of St. Peter*, London, 1947.

Sevenster   J. N. Sevenster, *Do You Know Greek?* (NovTSup 19), Leiden, 1968.

Shepherd   M. H. Shepherd, "The Epistle of James and the Gospel of Matthew," *JBL* 75 (1956) 40-51.

Sidebottom   E. M. Sidebottom, *James, Jude and 2 Peter* (Century Bible), London, 1967.

Sisti   A. Sisti, "La parola e le opere (Giac, 1.22-27)," *BibOr* 6 (1964) 78-85.

Smalley   S. S. Smalley, "The Delay of the Parousia," *JBL* 83 (1964) 41-54.

Smith, C.   C. R. Smith, *The Bible Doctrine of Salvation*, London, 1946.

Smith, G.   G. A. Smith, *Jerusalem*, London, I, 1907, II, 1908.

Smith, H.   H. M. Smith, *The Epistle of S. James*, Oxford, 1914.

Smith, M.   M. L. Smith, "James 2:8," *ExpTim* 21 (1910) 329.

Smyth   H. W. Smyth, *Greek Grammar*, Cambridge, Massachusetts, 1956.

Souček   J. B. Souček, "Zu den Problemen des Jakobusbriefes," *EvT* 18 (1958) 460-

468.

Souter   A. Souter, *The Text and Canon of the New Testament*, London, 1913.

Spicq   C. Spicq, "ΑΜΕΤΑΜΕΛΗΤΟΣ dans Rom., XI, 29," *RB* 67 (1960) 210-219.

Spitta   F. Spitta, *Der Brief des Jakobus untersucht*, Göttingen, 1896.

Spitta, "Testaments"   F. Spitta, "Das Testaments Hiobs und das Neue Testament," in *Zur Geschichte und Literature des Urchristentums*, Göttingen, 1907, III/2, 139-206.

Stacey   W. D, Stacey, *The Pauline View of Man in Relation to its Judaic and Hellenistic Background*, London, 1956.

Stählin   G. Stählin, "Zum Gebrauch von Beteuerungsformeln im Neuen Testament," *NovT* 5 (1962) 115-143.

Stamm   J. J. Stamm, *Das Leiden des Unschuldigen in Babylon und Israel* (ATANT 10), Zürich, 1946.

Stauffer   E. Stauffer, "Zum Kalifat des Jakobus," *ZRGG* 4 (1952) 193-214.

Stauffer, "Gesetz"   E. Stauffer, "Das 'Gesetz der Freiheit' in der Ordensregel von Jericho," *TLZ* 77 (1952) 527-532.

Stendahl   K. Stendahl, *Paul Among Jews and Gentiles*, Philadelphia, 1976.

Stiglmayr   P. J. Stiglmayr, "Zu Jak, 3,6: Rota nativitatis nostrae inflammata," *BZ* 2 (1913) 49-52.

Strauss   L. Strauss, *James Your Brother*, Neptune, New Jersey, 1956.

Strobel   A. Strobel, *Untersuchungen zum eschatologischen Verzögerungsproblem* (NovTSup 2), Leiden, 1961.

Stuhlmacher   P. Stuhlmacher, *Der Brief an Philemon* (EKKNT), Neukirchen, 1975.

Sumner   J. B. Sumner, *Practical Exposition of the General Epistles of James, Peter, John, and Jude*, London, 1840.

Sutcliffe   E. F. Sutcliffe, *Providence and Suffering in the Old and New Testaments*, London, 1955.

Tasker   R. V. G. Tasker, *The General Epistle of James* (TNTC), London, 1956.

Taylor   C. Taylor, "St. James and Hermas," *ExpTim* 16 (1905) 334.

Tennant   F. R. Tennant, *The Sources of the Doctrine of the Fall and of Original Sin*, Cambridge, 1903.

Thomas   J. Thomas, "Anfechtung und Vorfreude," *KD* 14 (1968) 183-206.

Thrall   M. E. Thrall, *Greek Particles in the New Testament* (NTTS 3), Grand Rapids, 1962.

Thyen   H. Thyen, *Der Stil der Jüdisch-Hellenistischen Homile*. Göttingen, 1935.

Torakawa   K. Torakawa, "Literary-Semantic Analysis of James 1-2," International Linguistics Center, Dallas, Texas, 1978.

Townsend   M. J. Townsend, "James 4:1-4," *ExpTim* 87 (1975) 211-213.

Trench   R. C. Trench, *Synonyms of the New Testament*, London, 1876[8].

Trocmé   E. Trocmé, "Les Eglises pauliniennes vue du dehors: Jacques 2, 1 à 3, 12,"

	SE II (1964) 660-669.
Urbach	E. E. Urbach, *The Sages*, Jerusalem, 1975.
van der Ploeg	J. van der Ploeg, "Les pauvres d'Israël et leur piété," *OTS* 7(1950) 236-270.
van Eysinga	G. A. van den Bergh van Eysinga "De Tong...en Erger! Proeve van Verklarung van Jakobus 3, vs. 6," *NedTTs* 20 (1931) 303-320.
van Unnik	W. C van Unnik, "The Teaching of Good Works in 1 Peter," *NTS* 1 (1954) 92-110.
Vermes	G. Vermes, *Jesus the Jew*, London, 1973.
Via	D. O. Via, "The Right Strawy Epistle Reconsidered," *JR* 49 (1969) 261-262.
Völter	D. Völter, "Zwei neue Wörter für das Lexicon des griechischen Neuen Testaments?", *ZNW* 10 (1909) 326-329.
von Campen-hausen	H. von Campenhausen, *Die Askese im Urchristentum* (SGV 192), Tübingen, 1949.
von Campen-hausen, "Nachfolge"	H. von Campenhausen, "Die Nachfolge des Jakobus zur Frage eine urchristlichen 'Kalifats,'" *ZKT* 63 (1950) 133-144.
von Rad	G. von Rad, *Old Testament Theology*, London, I, 1962, II, 1965.
von Waldow	H. E. von Waldow, "Social Responsibility and Social Structure in Early Israel," *CBQ* 32 (1970) 182-204.
Walker	R. Walker, "Allein aus Werken. Zur Auslegung von Jakobus 2, 14-26," *ZTK* 61 (1965) 155-192.
Ward	R. B. Ward, "The Communal Concern of the Epistle of James," Ph.D, diss., Harvard, 1966.
Ward, "Partiality"	R. B. Ward, "Partiality in the Assembly: James 2:2-4," *HTR* 62 (1969) 87-97.
Ward, "Works"	R. B. Ward, "The Works of Abraham: James 2:14-26," HTR 61 (1968) 283-290.
Wessel	W. W. Wessel, "An Inquiry into the Origin, Literary Character, Historical and Religious Significance of the Epistle of James," Ph.D, diss., Edinburgh, 1953.
Wibbing	S. Wibbing, *Die Tugend- und Lasterkataloge im Neuen Testament* (BZNW 25), Berlin, 1959.
Wichmann	W. Wichmann, *Die Leidenstheologie: eine Form der Leidensdeutung im Spärjudentum* (BWANT 4/2), Stuttgart, 1930.
Wifstrand	A. Wifstrand, "Stylistic Problems in the Epistles of James and Peter," *ST* 1 (1948) 170-182.
Williams, N.	N. P. Williams, *The Ideas of the Fall and of Original Sin*, London, 1927.
Williams, R.	R. R. Williams, *The Letters of John and James* (Cambridge Bible Commentary), Cambridge, 1965.
Windisch	H. Windisch, *Die Katholischen Briefe* (HNT 15), Tübingen, 1951.

Wolverton   W. I. Wolverton, "The Double-minded Man in the Light of the Essene Psychology," *ATR* 38 (1956) 166-175.

Wordsworth   J. Wordsworth, "The Corbey St. James (ff) and its Relation to Other Latin Versions and to the Original Language of the Epistle," *StB* 1 (1885) 113-123.

Yadin   Y. Yadin, *The Scroll of the War of the Sons of Light against the Sons of Darkness*, Oxford, 1962.

Yoder   J. H. Yoder, *The Politics of Jesus*, Grand Rapids, 1972.

Young   F. W. Young, "The Relation of I Clement to the Epistle of James," *JBL* 67 (1948) 339-345.

Zahn   T. Zahn, *Introduction to the New Testament*, Edinburgh, I-III, 1909.

Ziegler   J. Ziegler, *Die Liebe Gottes bei den Prophete*, Münster, 1930.

Ziener   G. Ziener, *Die theologische Begriffssprache im Buche der Weisheit*, Bonn, 1956.

Ziesler   J. A. Ziesler, *The Meaning of Righteousness in Paul*, Cambridge, 1972.

성경 및 기타 고대 문헌 색인

3:3　289
6:4　321

Test. Ben.
3:3　158
4:1　321
4:5　338
6　291
6:4　274
6:5　257
6:5ff.　151
7　166
7:2　277

Test. Dan
2:4　337
4:3　179
5　276
5:1　289

Test. Gad
3:1　174
3:3　294
4:1f.　295
4:6　278
4:6f.　216
4:7　232
5:1　257, 260, 267, 274
5:4　294
6:1　217
7:4　321

Test. Iss.
3:1　84
3:4　294
3:8　148
4:6　195

5:2　213
6:2　84
7:7　289

Test. Jos.
2:7　121, 142
10:1　142
10:3　293
10:14　236
17:8　300
18:1　293

Test. Jud.
14:1　337
14:8　337
16:3　274
19장　103
19:4　337
20:1　286
22:2　312
23:1　337
25:4　103

Test. Lev.
3:3　337
6장　178
8:11　312
13:1　151
16장　318
16:1　337

Test. Naph.
8:4　289
10:9　286

Test. Reub.
2장　166

Test. Sim.
2:7　277, 337
3:3　289
4:5　277, 286
4:8　274
Test. Zeb.
7:2　271
8:3　218

/사해사본/

CD
2장　147
3:1　337
4:14　337
5:11　286
5:17f.　170
5:20　337
6:3　118
7:5　286
9:9f.　323
13:9f.　338
15:1f.　323
15:8ff.　323
16:8f.　323
19:15　308
19:15ff.　317
19:19　308
20:28　333

1QapGen.
20:21f.　329

1QH
1:15　286
1:20f.　245

NIGTC 야고보서

Copyright ⓒ 새물결플러스 2019

1쇄 발행 2019년 9월 27일
2쇄 발행 2021년 1월 25일

지은이 피터 H. 데이비스
옮긴이 오광만
펴낸이 김요한
펴낸곳 새물결플러스

편 집 왕희광 정인철 노재현 한바울 정혜인
이형일 나유영 노동래 최호연
디자인 윤민주 황진주 박인미 이지윤
마케팅 박성민 이원혁
총 무 김명화 이성순
영 상 최정호 곽상원
아카데미 차상희

홈페이지 www.holywaveplus.com
이메일 hwpbooks@hwpbooks.com
출판등록 2008년 8월 21일 제2008-24호
주 소 (우) 04118 서울특별시 마포구 아현동 마포대로19길 33
전 화 02) 2652-3161
팩 스 02) 2652-3191

ISBN 979-11-6129-121-5 93230

책값은 뒤표지에 있습니다.